*Dans la même collection*

1. Aristophane, *Lysistrata.*
2. Aristote, *Constitution d'Athènes.*
3. Cicéron, *L'Amitié.*
4. Platon, *Alcibiade.*
5. Suétone, *Vies des douze Césars, Claude ~ Néron.*
6. Plotin, *Première Ennéade.*
7. Eschyle, *Les Sept contre Thèbes.*
8. Platon, *Critias.*
9. Aristote, *La Poétique.*
10. Horace, *Odes.*
11. Pline l'Ancien, *Histoire Naturelle,* XXXV, *La peinture.*
12. Virgile, *Bucoliques.*
13. Platon, *Ménexène.*
14. Tacite, *Vie d'Agricola ~ La Germanie.*
15. Platon, *Protagoras.*
16. Sophocle, *Antigone.*
17. Sénèque, *La Vie heureuse ~ La Providence.*
18. Cicéron, *Le Bien et le Mal, De finibus*, III.
19. Platon, *Gorgias.*
20. Hérodote, *L'Égypte, Histoires*, II.
21. César, *Guerre des Gaules*, I-II.
22. Ovide, *Les Amours.*
23. Plotin, *Deuxième Ennéade.*
24. Sophocle, *Œdipe Roi.*
25. Tite-Live, *Histoire romaine, I, La Fondation de Rome.*
26. Virgile, *Géorgiques.*
27. Pseudo-Sénèque, *Octavie.*
28. Catulle, *Poésies.*
29. Aristote, *Politique*, II.
30. Aristophane, *Les Guêpes.*
31. Homère, *Iliade*, chants I à VIII.
32. Euripide, *Les Bacchantes.*
33. Plaute, *Pseudolus.*
34. Tertullien, *Apologétique.*
35. Homère, *Iliade*, chants IX à XVI.
36. Platon, *Phèdre.*
37. Homère, *Iliade*, chants XVII à XXIV.
38. Salluste, *La Conjuration de Catilina.*
39. Cicéron, *Pro Milone.*
40. Platon, *Lysis.*
41. Plotin, *Troisième Ennéad*

I0893999

42. Diogène Laërce, *Vie de Platon.*
43. Pline l'Ancien, *Histoire naturelle*, XXXIII, *Nature des métaux.*
44. Pétrone, *Satiricon.*
45. Apulée, *Apologie.*
46. Lucien, *Alexandre ou le faux prophète.*
47. Plutarque, *Les Vies parallèles. Alcibiade ~ Coriolan.*
48. Démosthène, *Sur la Couronne.*
49. Euripide, *Hécube.*
50. Mamertin, *Panégyriques de Maximien* (289 et 291).
51. Platon, *Hippias mineur.*
52. Xénophon, *Anabase*, I-II.
53. Suétone, *Vies des douze Césars, Tibère ~ Caligula.*
54. Salluste, *La Guerre de Jugurtha.*
55. Eschyle, *Les Perses.*
56. Sophocle, *Ajax.*
57. Horace, *Satires.*
58. Homère, *Odyssée*, chants I à VII.
59. Homère, *Odyssée*, chants VIII à XV.
60. Homère, *Odyssée*, chants XVI à XXIV.
61. Juvénal, *Satires.*
62. Cicéron, *De la vieillesse (Caton l'Ancien).*
63. Julien, *Misopogon.*
64. Aristote, *Économique.*
65. Pline l'Ancien, *Histoire naturelle*, XXX, *Magie et pharmacopée.*
66. Platon, *Apologie de Socrate.*
67. Eschyle, *Les Suppliantes.*
68. Christopher Marlowe, *La Tragique Histoire du Docteur Faust.*
69. *La Bhagavad-Gîtâ.*
70. Ben Jonson, *Volpone ou le Renard.*
71. William Shakespeare, *Richard II.*
72. William Shakespeare, *Les Joyeuses Commères de Windsor.*
73. Pierre Gassendi, *Vie et mœurs d'Épicure*, vol. I & II.
74. Thomas Middleton, *Femmes, méfiez-vous des femmes.*
75. John Marston, *La Tragédie de Sophonisbe.*
76. John Webster, *La Duchesse d'Amalfi.*
77. Jean Second, *Les Baisers* - Michel Marulle, *Épigrammes.*
78. Plutarque, *Sur les oracles de la Pythie.*
79. Euripide, *Hélène.*
80. Hérodote, *Marathon, Histoires*, VI.
81. Sénèque, *Lettres à Lucilius*, livres III et IV.
82. Apulée, *Les Métamorphoses ou L'Âne d'or.*
83. Suétone, *Vies des douze Césars, César ~ Auguste.*
84. Aristophane, *Ploutos.*

85. Plutarque, *Érotikos. Dialogue sur l'amour.*
86. Xénophon, *Économique.*
87. Julien, *Lettres.*
88. Hésiode, *Théogonie.*
89. Lucien, *Portraits de philosophes.*
90. Lucien, *Voyages extraordinaires.*
91. Aristophane, *Nuées.*
92. Théocrite, *Idylles.*
93. Ovide, *Les Métamorphoses.*
94. Mullâ Sadrâ Shîrâzî, *Le verset de la lumière. Commentaire.*
95. Thucydide, *La Guerre du Péloponnèse*, livres I, II.
96. Thucydide, *La Guerre du Péloponnèse*, livres III, IV, V.
97. Thucydide, *La Guerre du Péloponnèse*, livres VI, VII, VIII.
98. Cicéron, *Pour Sextus Roscius.*
99. Lucrèce, *De la Nature.*
100. Platon, *Le Banquet.*
101. Lysias, *Contre Ératosthène.*
102. Lucien, *Comédies humaines.*
103. Plutarque, *Sur les délais de la justice divine.*
104. Sénèque, *Tragédies.*
105. Basile de Césarée, *Aux jeunes gens.*
106. Sophocle, *Philoctète.*
107. Aristophane, *Les Grenouilles.*
108. Euripide, *Médée.*
109. Cicéron, *Les Catilinaires.*
110. Achille Tatius, *Le Roman de Leucippé et Clitophon.*
111. Porphyre, *Vie de Plotin.*
112. Virgile, *L'Énéide.*
113. Cicéron, *Les Devoirs.*
114. Eschyle, *Agamemnon.*
115. Plutarque, *Vie d'Antoine.*
116. Lucien, *Dans les secrets des dieux.*
117. Lucien, *Jouer avec les mots.*
118. Flavius Josèphe, *Guerre des Juifs*, V.
119. Flavius Josèphe, *Contre Apion.*
120. Euripide, *Héraclès.*
121. Hésiode, *Les Travaux et les Jours.*
122. Porphyre, *Lettre à Marcella.*
123. Pline le Jeune, *Panégyrique de Trajan.*
124. Épicure, *Lettres, Maximes et Sentences.*
125. Ovide, *Héroïdes.*
126. Aristophane, *L'Assemblée des femmes.*
127. Athénée, *Les Deipnosophistes*, livre XII, *Les plaisirs.*

*Ce volume,*
*le soixantième*
*de la collection « Classiques en poche »,*
*publié aux Éditions Les Belles Lettres,*
*a été achevé d'imprimer*
*en août 2025*
*sur les presses de*
*l'imprimerie Présence Graphique*
*37260 Monts, France*

*N° d'éditeur : 11311*
*N° d'imprimeur : 082582152-02*
*Dépôt légal : mars 2017*
*Imprimé en France*

CLASSIQUES EN POCHE

*Collection dirigée par Hélène Monsacré*

HOMÈRE

# ODYSSÉE

## Chants XVI à XXIV

*Texte établi et traduit par Victor Bérard*
*Notes de Silvia Milanezi*

Sixième tirage

LES BELLES LETTRES

2025

*Ce texte et la traduction sont repris du volume correspondant dans la Collection des Universités de France (C.U.F.), toujours disponible avec apparat critique et scientifique.*
*Homère,* Odyssée, *Tome III*



*Première édition 2001*

*ISBN : 978-2-251-79959-9*
*ISSN : 1275-4544*

# ODYSSÉE

## Chants XVI – XXIV

## ΑΝΑΓΝΩΡΙΣΜΟΣ ΟΔΥΣΣΗΟΣ ΥΠΟ ΤΗΛΕΜΑΧΟΥ

Τὼ δ' αὖτ' ἐν κλισίῃ Ὀδυσεὺς καὶ δῖος ὑφορβὸς
ἐντύνοντ' ἄριστον ἅμ' ἠοῖ, κηαμένω πῦρ,
ἔκπεμψάν τε νομῆας ἅμ' ἀγρομένοισι σύεσσι·
Τηλέμαχον δὲ περίσσαινον κύνες ὑλακόμωροι,
οὐδ' ὕλαον προσιόντα. νόησε δὲ δῖος Ὀδυσσεὺς
σαίνοντάς τε κύνας· περὶ τε κτύπος ἦλθε ποδοῖιν
αἶψα δ' ἄρ' Εὔμαιον ἔπεα πτερόεντα προσηύδα·
ΟΔΥ. — Εὔμαι', ἦ μάλα τίς τοι ἐλεύσεται ἐνθάδ' ἑταῖρος
ἢ καὶ γνώριμος ἄλλος, ἐπεὶ κύνες οὐκ ὑλάουσιν,
ἀλλὰ περισσαίνουσι· ποδῶν δ' ὑπὸ δοῦπον ἀκούω.
Οὔ πω πᾶν εἴρητο ἔπος, ὅτε οἱ φίλος υἱὸς
ἔστη ἐνὶ προθύροισι· ταφὼν δ' ἀνόρουσε συβώτης·
ἐκ δ' ἄρα οἱ χειρῶν πέσεν ἄγγεα, τοῖσ' ἐπονεῖτο
κιρνὰς αἴθοπα οἶνον· ὁ δ' ἀντίος ἦλθε ἄνακτος,
κύσσε δέ μιν κεφαλήν τε καὶ ἄμφω φάεα καλὰ
χεῖράς τ' ἀμφοτέρας· θαλερὸν δέ οἱ ἔκπεσε δάκρυ.
ὡς δὲ πατὴρ ὃν παῖδα φίλα φρονέων ἀγαπάζῃ
ἐλθόντ' ἐξ ἀπίης γαίης δεκάτῳ ἐνιαυτῷ,
[μοῦνον τηλύγετον, τῷ ἔπ' ἄλγεα πολλὰ μογήσῃ,]
ὣς τότε Τηλέμαχον θεοειδέα δῖος ὑφορβὸς
πάντα κύσεν περιφύς, ὥς ἐκ θανάτοιο φυγόντα,
καί ῥ' ὀλοφυρόμενος ἔπεα πτερόεντα προσηύδα·

## Fils et père

*(CHANT XVI.)* Dans la cabane, Ulysse et le divin porcher préparaient le repas du matin : dès l'aurore, ils avaient allumé le feu et mis en route la cohue des pourceaux, suivis de leurs bergers. Télémaque approchait : ces grands hurleurs de chiens l'assaillaient de caresses, mais sans un aboiement.

Quand le divin Ulysse vit frétiller les chiens, puis entendit les pas, tout de suite, au porcher, il dit ces mots ailés :

Ulysse. – « Eumée, on vient te voir…, quelqu'un de tes amis ou de tes connaissances : les chiens, sans un aboi, l'assaillent de caresses[1] ; j'entends un bruit de pas.

Il n'avait pas fini de parler que son fils se dressait à la porte.

Étonné, le porcher se lève et, de ses mains, laisse tomber les vases, dans lesquels il était en train de mélanger un vin aux sombres feux. Il va droit à son maître : il lui baise le front, baise ses deux beaux yeux et baise ses deux mains ; il verse un flot de larmes : tel un père accueillant, de toute sa tendresse, l'enfant le plus chéri, qui lui revient, après dix ans, de l'étranger, ce fils unique, objet de si cruels émois ! tel le divin porcher embrassait et couvrait de baisers Télémaque au visage de dieu.

Il le voyait vivant ! Il sanglotait ; il lui disait ces mots ailés :

1. L'accueil que les chiens font à Télémaque contraste avec celui réservé à Ulysse en XIV, 29 sq.

ΕΥΜ. — Ἦλθες, Τηλέμαχε, γλυκερὸν φάος. οὔ σ' ἔτ' ἐγώ γε
ὄψεσθαι ἐφάμην, ἐπεὶ ᾤχεο νηῒ Πύλον δέ.
ἀλλ' ἄγε νῦν εἴσελθε, φίλον τέκος, ὄφρά σε θυμῷ
τέρψομαι εἰσορόων νέον ἄλλοθεν ἔνδον ἐόντα.
οὐ μὲν γάρ τι θάμ' ἀγρὸν ἐπέρχεαι οὐδὲ νομῆας,
ἀλλ' ἐπιδημεύεις· ὣς γάρ νύ τοι εὔαδε θυμῷ,
ἀνδρῶν μνηστήρων ἐσορᾶν ἀΐδηλον ὅμιλον.

[Τὸν δ' αὖ Τηλέμαχος πεπνυμένος ἀντίον ηὔδα·
ΤΗΛ. — Ἔσσεται οὕτως, ἄττα· σέθεν δ' ἕνεκ' ἐνθάδ' ἱκάνω,
ὄφρά σέ τ' ὀφθαλμοῖσι ἴδω καὶ μῦθον ἀκούσω·
ἤ μοι ἔτ' ἐν μεγάροις μήτηρ μένει; ἦέ τις ἤδη
ἀνδρῶν ἄλλος ἔγημεν, Ὀδυσσῆος δέ που εὐνὴ
χήτει ἐνευναίων κάκ' ἀράχνια κεῖται ἔχουσα;
Τὸν δ' αὖτε προσέειπε συβώτης, ὄρχαμος ἀνδρῶν·
ΕΥΜ. — Καὶ λίην κείνη γε μένει τετληότι θυμῷ
σοῖσιν ἐνὶ μεγάροισιν· ὀϊζυραὶ δέ οἱ αἰεὶ
φθίνουσιν νύκτές τε καὶ ἤματα δάκρυ χεούσῃ.]

Ὣς ἄρα φωνήσας οἱ ἐδέξατο χάλκεον ἔγχος·
αὐτὰρ ὅ γ' εἴσω ἴεν καὶ ὑπέρβη λάϊνον οὐδόν·
τῷ δ' ἕδρης ἐπιόντι πατὴρ ὑπόειξεν Ὀδυσσεύς.
Τηλέμαχος δ' ἑτέρωθεν ἐρήτυε φώνησέν τε·
ΤΗΛ. — Ἧσο, ξεῖν'· ἡμεῖς δὲ καὶ ἄλλοθι δήομεν ἕδρην
σταθμῷ ἐν ἡμετέρῳ· πάρα δ' ἀνήρ, ὃς καταθήσει.
Ὣς φάθ'· ὁ δ' αὖτις ἰὼν κατ' ἄρ' ἕζετο· τῷ δὲ συβώτης
χεῦεν ὕπο χλωρὰς ῥῶπας καὶ κῶας ὕπερθεν·
ἔνθα καθέζετ' ἔπειτα Ὀδυσσῆος φίλος υἱός·

EUMÉE. – « Te voilà, Télémaque, ô ma douce lumière ! Je te savais parti pour Pylos et croyais ne jamais te revoir ! Entre, mon cher enfant ! qu'à plein cœur, je m'en donne de te voir là, chez moi, à peine débarqué ! Tu te fais rare aux champs et près de tes bergers ! tu restes à la ville : as-tu si grand plaisir à n'avoir sous les yeux que le vilain troupeau des seigneurs prétendants ? »

Posément, Télémaque le regarda et dit :

TÉLÉMAQUE. – « C'est bien ! c'est bien ! vieux frère ! c'est pour toi que je viens, pour te voir de mes yeux, pour apprendre de toi si ma mère au manoir continue de rester ou si quelqu'un déjà est son nouveau mari et si le lit d'Ulysse, en proie aux araignées, n'est plus qu'un cadre vide[2]. »

Eumée, le commandeur des porchers, répliqua :

EUMÉE. – « Elle résiste encor de tout son cœur fidèle ! toujours en ton manoir où, sans arrêt, ses jours et ses nuits lamentables se consument en larmes ! »

À ces mots, le porcher prit la lance de bronze des mains de Télémaque. Le fils d'Ulysse avait franchi le seuil de pierre et déjà, comme il pénétrait dans la cabane, son père lui cédait la place sur le banc.

Mais, l'arrêtant du geste, Télémaque lui dit :

TÉLÉMAQUE. – « Reste assis, étranger ! nous trouverons ailleurs un siège en notre loge ! Je vois ici quelqu'un qui va nous l'arranger. »

Il disait, et son père avait repris sa place. Mais déjà le porcher avait, de ramée verte et de peaux de moutons, rembourré l'autre banc, et c'est là que le fils d'Ulysse vint s'asseoir.

2. Ces vers font écho aux propos que tenait Athéna à Télémaque alors que le jeune homme se trouvait à Sparte, XV, 10 sq., pour le presser de rentrer.

τοῖσιν δὲ κρειῶν πίνακας παρέθηκε συβώτης
ὀπταλέων, ἅ ῥα τῇ προτέρῃ ὑπέλειπον ἔδοντες,
σῖτον δ' ἐσσυμένως παρενήνεεν ἐν κανέοισιν,
ἐν δ' ἄρα κισσυβίῳ κίρνη μελιηδέα οἶνον,
αὐτὸς δ' ἀντίον ἷζεν Ὀδυσσῆος θείοιο·
οἱ δ' ἐπ' ὀνείαθ' ἑτοῖμα προκείμενα χεῖρας ἴαλλον.
Αὐτὰρ ἐπεὶ πόσιος καὶ ἐδητύος ἐξ ἔρον ἕντο,
δὴ τότε Τηλέμαχος προσεφώνεε δῖον ὑφορβόν·
ΤΗΛ. — Ἄττα, πόθεν τοι ξεῖνος ὅδ' ἵκετο; πῶς δέ ἑ ναῦται
ἤγαγον εἰς Ἰθάκην; τίνες ἔμμεναι εὐχετόωντο;
Τὸν δ' ἀπαμειβόμενος προσέφης, Εὔμαιε συβῶτα·
ΕΥΜ. — Ἐκ μὲν Κρητάων γένος εὔχεται εὐρειάων,
φησὶ δὲ πολλὰ βροτῶν ἐπὶ ἄστεα δινηθῆναι
πλαζόμενος· ὣς γάρ οἱ ἐπέκλωσεν τά γε δαίμων.
νῦν αὖ Θεσπρωτῶν ἀνδρῶν παρὰ νηὸς ἀποδρὰς
ἤλυθ' ἐμὸν πρὸς σταθμόν· ἐγὼ δέ τοι ἐγγυαλίξω·
ἕρξον ὅπως ἐθέλεις· ἱκέτης δέ τοι εὔχεται εἶναι.
Τὸν δ' αὖ Τηλέμαχος πεπνυμένος ἀντίον ηὔδα·
ΤΗΛ. — Εὔμαι', ἦ μάλα τοῦτο ἔπος θυμαλγὲς ἔειπες·
πῶς γὰρ δὴ τὸν ξεῖνον ἐγὼν ὑποδέξομαι οἴκῳ;
αὐτὸς μὲν νέος εἰμὶ καὶ οὔ πω χερσὶ πέποιθα
ἄνδρ' ἀπαμύνασθαι, ὅτε τις πρότερος χαλεπήνῃ·
μητρὶ δ' ἐμῇ δίχα θυμὸς ἐνὶ φρεσὶ μερμηρίζει
ἤ' αὐτοῦ παρ' ἐμοί τε μένῃ καὶ δῶμα κομίζῃ,
εὐνήν τ' αἰδομένη πόσιος δήμοιό τε φῆμιν,
ἤ' ἤδη ἅμ' ἕπηται Ἀχαιῶν ὅς τις ἄριστος
[μνᾶται ἐνὶ μεγάροισιν ἀνὴρ καὶ πλεῖστα πόρῃσιν].
ἀλλ' ἤτοι τὸν ξεῖνον, ἐπεὶ τεὸν ἵκετο δῶμα,
ἕσσω μιν χλαῖνάν τε χιτῶνά τε, εἵματα καλά,

vers 59 : οὐ μὲν γάρ τί ἑ πεζόν ὀίομαι ἐνθάδ' ἱκέσθαι
vers 61 : τοὶ γὰρ ἐγώ τοι, τέκνον, ἀληθέα πάντ' ἀγορεύσω

Puis Eumée, leur servant sur les plateaux à viandes ce qu'on avait laissé, la veille, du rôti, se hâta d'entasser le pain dans les corbeilles, de mêler dans sa jatte un vin fleurant le miel, et vint enfin s'asseoir, face au divin Ulysse. Alors aux parts de choix, préparées et servies, ils tendirent les mains.

Quand on eut satisfait la soif et l'appétit, c'est au divin porcher que parla Télémaque :

TÉLÉMAQUE. – « Cet hôte que voilà, d'où te vient-il, vieux frère ? comment les gens de mer l'ont-ils mis en Ithaque ? avaient-ils un pays de qui se réclamer ? car ce n'est pas à pied qu'il t'est venu, je pense. »

Mais toi, porcher Eumée, tu lui dis en réponse :

EUMÉE. – « Oui, mon fils, tu sauras toute la vérité. Il prétend être né dans les plaines de Crète ; il dit qu'il a roulé dans des villes sans nombre, au long des aventures que le ciel lui fila ; pour venir à ma loge, il se serait enfui d'un vaisseau des Thesprotes ; mais je te le remets ; fais-en ce que tu veux ! il est ton suppliant et de toi se réclame. »

Posément, Télémaque le regarda et dit :

TÉLÉMAQUE. – « Eumée, tu viens de dire un mot qui m'est cruel : voyons ! comment, chez moi, prendre cet étranger ? Je suis trop jeune encor pour compter sur mon bras et protéger un hôte qu'on voudrait outrager, sans qu'il y fût pour rien. Ma mère ? deux désirs se partagent son cœur : rester auprès de moi, veiller sur ma maison, en gardant le respect des droits de son époux et l'estime du peuple, ou suivre, pour finir, l'Achéen de son choix, qui saurait au manoir faire sa cour avec les plus beaux des présents. Puisque cet étranger est venu sous ton toit, je lui donne les habits neufs, robe et manteau, un

πέμψω δ' ὅππῃ μιν κραδίη θυμός τε κελεύει. 81
εἰ δ' ἐθέλεις, σὺ κόμισσον ἐνὶ σταθμοῖσιν ἐρύξας·
εἵματα δ' ἐνθάδ' ἐγὼ πέμψω καὶ σῖτον ἅπαντα
ἔδμεναι, ὡς ἂν μή σε κατατρύχῃ καὶ ἑταίρους·
κεῖσε δ' ἂν οὔ μιν ἐγώ γε μετὰ μνηστῆρας ἐῷμι 85
ἔρχεσθαι· λίην γὰρ ἀτάσθαλον ὕβριν ἔχουσι·
μή μιν κερτομέωσιν· ἐμοὶ δ' ἄχος ἔσσεται αἰνόν.
πρῆξαι δ' ἀργαλέον τι μετὰ πλεόνεσσιν ἐόντα
ἄνδρα καὶ ἴφθιμον, ἐπεὶ ἦ πολὺ φέρτεροί εἰσι.
Τὸν δ' αὖτε προσέειπε πολύτλας δῖος Ὀδυσσεύς· 90
ΟΔΥ. — Ὦ φίλ', ἐπεί θήν μοι καὶ ἀμείψασθαι θέμις ἐστίν·
ἦ μάλα μευ καταδάπτετ' ἀκούοντος φίλον ἦτορ,
οἷά φατε μνηστῆρας ἀτάσθαλα μηχανάασθαι
ἐν μεγάροισ', ἀέκητι σέθεν τοιούτου ἐόντος.
εἰπέ μοι, ἠὲ ἑκὼν ὑποδάμνασαι; ἦ σέ γε λαοὶ 95
ἐχθαίρουσ' ἀνὰ δῆμον, ἐπισπόμενοι θεοῦ ὀμφῇ;
ἦ τι κασιγνήτοισ' ἐπιμέμφεαι, οἷσί περ ἀνὴρ
μαρναμένοισι πέποιθε, καὶ εἰ μέγα νεῖκος ὄρηται;
αἲ γὰρ ἐγὼν οὕτω νέος εἴην τῷδ' ἐπὶ θυμῷ
ἢ παῖς ἐξ Ὀδυσῆος ἀμύμονος ἠὲ καὶ αὐτός, 100
αὐτίκ' ἔπειτ' ἀπ' ἐμεῖο κάρη τάμοι ἀλλότριος φώς, 102
εἰ μὴ ἐγὼ κείνοισι κακὸν πάντεσσι γενοίμην· 103
εἰ δ' αὖ με πληθυῖ δαμασαίατο μοῦνον ἐόντα, 105
βουλοίμην κ' ἐν ἐμοῖσι κατακτάμενος μεγάροισι
τεθνάμεν ἢ τάδε γ' αἰὲν ἀεικέα ἔργ' ὁράασθαι. 107

vers 80 : δώσω δὲ ξίφος ἄμφηκες καὶ ποσσὶ πέδιλα
vers 101 : ἔλθοι ἀλητεύων· ἔτι γὰρ καὶ ἐλπίδος αἶσα
vers 104 : ἐλθὼν ἐς μέγαρον Λαερτιάδεω Ὀδυσῆος
vers 108 : ξείνους τε στυφελιζομένους δμῳάς τε γυναῖκας
109 : ῥυστάζοντας ἀεικελίως κατὰ δώματα καλά,
110 : καὶ οἶνον διαφυσσομένους καὶ σῖτον ἔδοντας
111 : μάψ αὔτως, ἀτέλεστον, ἀνηνύστῳ ἐπὶ ἔργῳ

glaive à deux tranchants, les sandales aux pieds, et le ferai conduire où que puissent aller les désirs de son cœur… À moins que tu préfères le garder en ta loge ici ! Je vous ferais tenir ici sa subsistance, son pain, ses vêtements, sans que toi ni tes gens l'ayez à votre charge. Mais qu'il aille là-bas, parmi les prétendants ! je ne saurais l'admettre, oh ! non ! je connais trop leur violence impie ! Quand ils l'outrageraient, j'aurais trop de chagrin ! quel moyen de lutter, si brave que l'on soit ? ne sont-ils pas les plus nombreux et les plus forts ? »

Le héros d'endurance, Ulysse le divin, lui fit cette réponse :

ULYSSE. – « Ami, puisque aussi bien j'ai le droit de répondre, vous me poignez le cœur lorsque je vous entends raconter les complots des prétendants chez toi ! et leurs impiétés ! et ton servage, à toi, né pour un autre sort ! Dis-moi : c'est de plein gré que tu portes le joug ? ou, dans ton peuple, as-tu la haine d'un parti qui suit la voix d'un dieu ? Est-ce parmi tes frères que tu n'as pas trouvé l'appui que, dans la lutte, on attendrait d'un frère, au plus fort du danger[3] ? Ah ! si j'avais encor ta jeunesse en ce cœur ! Si j'étais soit le fils de l'éminent Ulysse, soit Ulysse en personne rentré de son exil (il reste de l'espoir)! Je veux bien qu'aussitôt, ma tête roule aux pieds de quelque mercenaire, si, de tous ces gens-là, je n'étais le fléau, dès mon entrée dans le manoir d'Ulysse, fils de Laërte : oui ! quand je serais seul, écrasé par le nombre, j'aimerais mieux encor mourir en mon manoir qu'assister tous les jours à ces œuvres indignes, voir assaillir mes hôtes, traîner au déshonneur dans tout ce beau logis mes femmes de service, mon vin couler à flots et gâcher tous mes vivres, hélas ! jusques à quand ? et pour quel résultat ? »

3. Ulysse pose ces questions pour tester la fidélité de Télémaque à son égard, mais également pour savoir sur qui il peut compter pour mener à bien sa vengeance.

Τὸν δ' αὖ Τηλέμαχος πεπνυμένος ἀντίον ηὔδα·
ΤΗΛ. — Τοὶ γὰρ ἐγώ τοι, ξεῖνε, μάλ' ἀτρεκέως ἀγορεύσω.
οὔτέ τί μοι πᾶς δῆμος ἀπεχθόμενος χαλεπαίνει·
οὔτε κασιγνήτοισ' ἐπιμέμφομαι, οἷσί περ ἀνὴρ
μαρναμένοισι πέποιθε, καὶ εἰ μέγα νεῖκος ὄρηται.
ὧδε γὰρ ἡμετέρην γενεὴν μούνωσε Κρονίων·
μοῦνον Λαέρτην Ἀρκέσσιος υἱὸν ἔτικτε·
μοῦνον δ' αὖτ' Ὀδυσῆα πατὴρ τέκεν· αὐτὰρ Ὀδυσσεὺς
μοῦνον ἔμ' ἐν μεγάροισι τεκὼν λίπεν, οὐδ' ἀπόνητο.
ἀλλ' ἤτοι μὲν ταῦτα θεῶν ἐν γούνασι κεῖται·
ἄττα, σὺ δ' ἔρχεο θᾶσσον, ἐχέφρονι Πηνελοπείῃ
εἴφ' ὅτι οἱ σῶς εἰμι καὶ ἐκ Πύλου εἰλήλουθα.
αὐτὰρ ἐγὼν αὐτοῦ μενέω· σὺ δὲ δεῦρο νέεσθαι
οἴῃ ἀπαγγείλας· τῶν δ' ἄλλων μή τις Ἀχαιῶν
πευθέσθω· πολλοὶ γὰρ ἐμοὶ κακὰ μηχανόωνται.
Τὸν δ' ἀπαμειβόμενος προσέφης, Εὔμαιε συβῶτα·
ΕΥΜ. — Γινώσκω, φρονέω· τά γε δὴ νοέοντι κελεύεις.
ἀλλ' ἄγε μοι τόδε εἰπὲ καὶ ἀτρεκέως κατάλεξον·
ἢ καὶ Λαέρτῃ αὐτὴν ὁδὸν ἄγγελος ἔλθω

vers 121 : τῶ νῦν δυσμενέες μάλα μυρίοι εἴσ' ἐνὶ οἴκῳ.
122 : ὅσσοι γὰρ Νήσοισιν ἐπικρατέουσιν ἄριστοι,
123 : Δουλιχίῳ τε Σάμῃ τε καὶ ὑλήεντι Ζακύνθῳ,
124 : ἠδ' ὅσσοι κραναὴν Ἰθάκην κάτα κοιρανέουσι,
125 : τόσσοι μητέρ' ἐμὴν μνῶνται, τρύχουσι δὲ οἶκον·
126 : ἡ δ' οὔτ' ἀρνεῖται στυγερὸν γάμον οὔτε τελευτὴν
127 : ποιῆσαι δύναται· τοὶ δὲ φθινύθουσιν ἔδοντες
128 : οἶκον ἐμόν· τάχα δή με διαραίσουσι καὶ αὐτόν

Posément, Télémaque le regarda et dit :

TÉLÉMAQUE. – « Oh ! mon hôte, je vais te répondre sans feinte. Ce n'est pas tout mon peuple qui me hait ou me brave, et des frères, non plus, ne m'ont pas refusé le secours que, d'un frère, on attend dans la lutte, au plus fort du danger : jamais Zeus n'a donné qu'un fils à notre race ; d'Arkésios[4], Laërte était le fils unique ; Ulysse fut le fils unique de Laërte et ne laissa chez lui qu'un fils unique, – moi, dont il n'a pas joui ! Mais j'ai dans mon manoir une armée d'ennemis : tous les chefs, tant qu'ils sont, qui règnent sur nos îles, Doulichion, Samé, Zante[5] la forestière, et tous les tyranneaux[6] des monts de notre Ithaque, tous courtisent ma mère et pillent ma maison : elle, sans repousser un hymen qu'elle abhorre, n'ose pas en finir ; on les voit aujourd'hui dévorer mon avoir, on les verra bientôt me déchirer moi-même. Mais laissons tout cela sur les genoux des dieux ! Toi, vieux frère, va-t'en informer au plus tôt la sage Pénélope[7] : dis-lui que, sain et sauf, je rentre de Pylos, mais que je reste ici. Puis, tu nous reviendras, sans voir prévenu personne d'autre qu'elle ; aucun des Achéens ne doit rien en savoir ; car ils sont trop de gens à machiner ma perte. »

Mais toi, porcher Eumée, tu lui dis en réponse :

EUMÉE. – « Je comprends : j'ai saisi ; j'avais prévu ton ordre. Mais, voyons ! réponds-moi sans feinte, point par point : dois-je aller chez Laërte et, de ce même pas,

4. Sur ce héros, cf. IV, 755 et note.

5. Pour ces îles du royaume d'Ulysse, cf. I, 246 et note.

6. En grec, *koiraneousi*, du verbe *koiraneô*, « être chef » ou « être roi » en temps de paix. Hoekstra, *ad loc.* (cf. West, *ad* I, 247), suggère que ce verbe fut plus tard remplacé par *basileuô*, « régner » ou *archô*, « diriger ». La traduction de V. Bérard est donc ici une interprétation qui peut induire en erreur.

7. Télémaque avait donné des instructions précises à Euryclée, la nourrice d'Ulysse, sur le moment à choisir pour annoncer son départ à Pénélope ; cf. II, 373-376.

δυσμόρφῳ, ὃς τεῖως μὲν Ὀδυσσῆος μέγ' ἀχεύων
ἔργά τ' ἐποπτεύεσκε μετὰ δμώων τ' ἐνὶ οἴκῳ
πῖνε καὶ ἦσθ', ὅτε θυμὸς ἐνὶ στήθεσσιν ἀνώγοι·
αὐτὰρ νῦν, ἐξ οὗ σύ γ' ⟨ἀπ⟩ῴχεο νηὶ Πύλον δέ,
οὔ πώ μίν φασιν φαγέμεν καὶ πιέμεν αὔτως,
οὐδ' ἐπὶ ἔργα ἰδεῖν· ἀλλὰ στοναχῇ τε γόῳ τε
ἧσται ὀδυρόμενος· φθινύθει δ' ἀμφ' ὀστεόφι χρώς.
Τὸν δ' αὖ Τηλέμαχος πεπνυμένος ἀντίον ηὔδα·
ΤΗΛ. — Ἄλγιον, ἀλλ' ἔμπης μιν ἐάσομεν ἀχνύμενοί περ·
εἰ γάρ πως εἴη αὐτάγρετα πάντα βροτοῖσι,
πρῶτόν κεν τοῦ πατρὸς ἑλοίμεθα νόστιμον ἦμαρ.
ἀλλὰ σύ γ' ἀγγείλας ὀπίσω κίε, μηδὲ κατ' ἀγροὺς
πλάζεσθαι μετ' ἐκεῖνον, ἀτὰρ πρὸς μητέρα εἰπεῖν
ἀμφίπολον ταμίην ὀτρυνέμεν ὅττι τάχιστα
κρύβδην· κείνη γάρ κεν ἀπαγγείλειε γέροντι.
Ἦ ῥα καὶ ὦρσε συφορβόν· ὁ δ' εἵλετο χερσὶ πέδιλα,
δησάμενος δ' ὑπὸ ποσσὶ πόλιν δ' ἴεν. οὐδ' ἄρ' Ἀθήνην
λῆθεν ἀπὸ σταθμοῖο κιὼν Εὔμαιος ὑφορβός,
ἀλλ' ἥ γε σχεδὸν ἦλθε, δέμας δ' ἤικτο γυναικὶ
καλῇ τε μεγάλῃ τε καὶ ἀγλαὰ ἔργ' εἰδυίῃ,
στῆ δὲ κατ' ἀντίθυρον κλισίης Ὀδυσῆι φανεῖσα·
οὐ δ' ἄρα Τηλέμαχος ἴδεν ἀντίον, οὐδὲ νόησεν·
ἀλλ' Ὀδυσεύς τε κύνες τε ἴδον, καὶ ῥ' οὐχ ὑλάοντο,
κνυζηθμῷ δ' ἑτέρωσε διὰ σταθμοῖο φόβηθεν.
Ἡ δ' ἄρ' ἐπ' ὀφρύσι νεῦσε· νόησε δὲ δῖος Ὀδυσσεύς,
στῆ δὲ πάροιθ' αὐλῆς. τὸν δὲ προσέειπεν Ἀθήνη·

vers 161 : οὐ γάρ πως πάντεσσι θεοὶ φαίνονται ἐναργεῖς
vers 165 : ἐκ δ' ἦλθεν μεγάροιο παρὲκ μέγα τειχίον αὐλῆς

lui porter la nouvelle ? il est si malheureux ! C'est Ulysse autrefois qui le mettait en deuil : encor le voyait-on surveiller ses cultures ; chez lui, avec ses gens, quand le cœur lui disait, il mangeait et buvait. Mais, depuis qu'il te sait en route vers Pylos, on dit qu'il veut plus rien manger ni rien boire : sans regarder ses champs, il gémit, il sanglote, il reste à te pleurer, et déjà, sur ses os, on voit fondre les chairs. »

Posément, Télémaque le regarda et dit :

TÉLÉMAQUE. – « Tant pis ! mais, que veux-tu ? quel qu'en soit mon chagrin, il nous faut le laisser ! Si le ciel nous servait au gré de nos désirs, c'est d'abord pour mon père que je demanderais la journée du retour… Va porter mon message et nous reviens ici, sans aller chez Laërte à travers la campagne. Pourtant, dis à ma mère d'envoyer au plus vite, en secret, l'intendante[8] ; cette femme pourrait avertir le vieillard. »

Il dit : tout aussitôt, le porcher se leva et, prenant ses sandales, il les mit à ses pieds, puis s'en fut vers la ville.

À peine le porcher eut quitté la cabane qu'Athéna qui l'avait guetté se présenta. Elle avait pris ses traits de grande et belle femme, artiste en beaux ouvrages. En face de la porte, debout, elle apparut, mais aux seuls yeux d'Ulysse : Télémaque l'avait devant lui sans la voir. Tous les yeux ne voient pas apparaître les dieux. Comme Ulysse, les chiens avaient vu la déesse : sans japper, mais grognants, ils s'enfuirent de peur dans un coin de la loge.

La déesse avait fait un signe des sourcils. Ulysse, ayant compris, sortit du mégaron et, longeant le grand mur, il traversa la cour, sortit devant la cour.

La déesse lui dit :

8. Allusion probable à Eurynomé. Si au chant IV, 345, Euryclée était présentée comme l'intendante, *tamiês*, du trésor d'Ulysse, ce rôle est tenu également par Eurynomé à partir du chant XVII, 495.

ΑΘΗ. — Διογενὲς Λαερτιάδη, πολυμήχαν' Ὀδυσσεῦ,
ἤδη νῦν σῷ παιδὶ ἔπος φάο μηδ' ἐπίκευθε,
ὡς ἂν μνηστῆρσιν θάνατον καὶ κῆρ' ἀραρόντε
ἔρχησθον προτὶ ἄστυ περικλυτόν· οὐδ' ἐγὼ αὐτὴ
δηρὸν ἀπὸ σφῶιν ἔσομαι μεμαυῖα μάχεσθαι.
Ἦ καὶ χρυσείῃ ῥάβδῳ ἐπεμάσσατ' Ἀθήνη·
φᾶρος μέν οἱ πρῶτον ἐυπλυνὲς ἠδὲ χιτῶνα
θῆκ' ἀμφὶ στήθεσσι, δέμας δ' ὤφελλε καὶ ἥβην.
[ἂψ δὲ μελαγχροιὴς γένετο, γναθμοὶ δὲ τάνυσθεν,
κυάνεαι δ' ἐγένοντο γενειάδες ἀμφὶ γένειον.]
Ἡ μὲν ἄρ' ὣς ἔρξασα πάλιν κίεν· αὐτὰρ Ὀδυσσεὺς
ἤιεν ἐς κλισίην· θάμβησε δέ μιν φίλος υἱός,
ταρβήσας δ' ἑτέρωσε βάλ' ὄμματα, μὴ θεὸς εἴη,
καί μιν φωνήσας ἔπεα πτερόεντα προσηύδα·
ΤΗΛ. — Ἀλλοῖός μοι, ξεῖνε, φάνης νέον ἠὲ πάροιθεν,
ἄλλα δὲ εἵματ' ἔχεις, καί τοι χρὼς οὐκέθ' ὁμοῖος.
ἦ μάλα τις θεός ἐσσι, τοὶ οὐρανὸν εὐρὺν ἔχουσιν;
ἀλλ' ἵληθ', ἵνα τοι κεχαρισμένα δώομεν ἱρὰ
ἠδὲ χρύσεα δῶρα, τετυγμένα· φείδεο δ' ἡμέων.
Τὸν δ' ἠμείβετ' ἔπειτα πολύτλας δῖος Ὀδυσσεύς·
ΟΔΥ. — Οὔ τίς τοι θεός εἰμι· τί μ' ἀθανάτοισιν ἐΐσκεις;
ἀλλὰ πατὴρ τεός εἰμι, τοῦ εἵνεκα σὺ στεναχίζων
πάσχεις ἄλγεα πολλά, βίας ὑποδέγμενος ἀνδρῶν.
Ὣς ἄρα φωνήσας υἱὸν κύσε κὰδ δὲ παρειῶν
δάκρυον ἧκε χαμᾶζε· πάρος δ' ἔχε νωλεμὲς αἰεί.
Τηλέμαχος δ', οὐ γάρ πω ἐπείθετο ὃν πατέρ' εἶναι,
ἐξαῦτίς μιν ἔπεσσιν ἀμειβόμενος προσέειπεν·
ΤΗΛ. — Οὐ σύ γ' Ὀδυσσεύς ἐσσι, πατὴρ ἐμός, ἀλλά με δαίμων
θέλγεις, ὄφρ' ἔτι μᾶλλον ὀδυρόμενος στεναχίζω·
οὐ γάρ πως ἂν θνητὸς ἀνὴρ τάδε μηχανόῳτο
ᾧ αὐτοῦ γε νόῳ, ὅτε μὴ θεὸς αὐτὸς ἐπελθὼν
ῥηιδίως ἐθέλων θείη νέον ἠὲ γέροντα.

ATHÉNA. – « Fils de Laërte, écoute ! ô rejeton des dieux, Ulysse aux mille ruses ! il est temps de parler : ton fils doit tout savoir ; il vous faut combiner la mort des prétendants et prendre le chemin de ta fameuse ville ; vous m'aurez avec vous ; je serai là, tout près, ne rêvant que bataille. »

À ces mots, le touchant de sa baguette d'or, Athéna lui remit d'abord sur la poitrine sa robe et son écharpe tout fraîchement lavée, puis lui rendit sa belle armure et sa jeunesse : sa peau redevint brune, et ses joues bien remplies ; sa barbe aux bleus reflets lui revint au menton ; le miracle achevé, Athéna disparut.

Quand Ulysse rentra dans la loge, son fils, plein de trouble et d'effroi, détourna les regards, craignant de voir un dieu, puis, élevant la voix, lui dit ces mots ailés :

TÉLÉMAQUE. – « Quel changement, mon hôte ! À l'instant, je t'ai vu sous d'autres vêtements ! et sous une autre peau ! Serais-tu l'un des dieux, maîtres des champs du ciel ? Du moins, sois-nous propice ; prends en grâce les dons, victime ou vases d'or, que nous voulons t'offrir, et laisse-nous la vie ! »

Le héros d'endurance, Ulysse le divin, lui fit cette réponse :

ULYSSE. – « Je ne suis pas un dieu ! pourquoi me comparer à l'un des Immortels ? Crois-moi ; je suis ton père, celui qui t'a coûté tant de pleurs et d'angoisses et pour qui tu subis les assauts de ces gens ! »

Il disait et baisait son fils et, de ses joues, tombaient au sol les larmes qu'il avait bravement contenues jusque-là.

Mais sans admettre encor que ce fût bien son père, Télémaque à nouveau lui disait en réponse :

TÉLÉMAQUE. – « Non, tu n'es pas mon père Ulysse ! un dieu m'abuse, afin de redoubler mes pleurs et mes sanglots. Car un simple mortel ne peut trouver en soi le moyen d'opérer de pareils changements : il faut qu'un dieu l'assiste et le fasse, à son gré, ou jeune homme ou

ἦ γάρ τοι νέον ἦσθα γέρων καὶ ἀεικέα ἕσσο·
νῦν δὲ θεοῖσι ἔοικας, οἳ οὐρανὸν εὐρὺν ἔχουσι.
Τὸν δ' ἀπαμειβόμενος προσέφη πολύμητις Ὀδυσσεύς·
ΟΔΥ. — Τηλέμαχ', οὔ σε ἔοικε φίλον πατέρ' ἔνδον ἐόντα
οὔτέ τι θαυμάζειν περιώσιον οὔτ' ἀγάασθαι·
οὐ μὲν γάρ τοι ἔτ' ἄλλος ἐλεύσεται ἐνθάδ' Ὀδυσσεύς·
ἀλλ' ὅδ' ἐγὼ τοιόσδε, παθὼν κακά, πολλὰ δ' ἀληθείς,
ἤλυθον εἰκοστῷ ἔτεϊ ἐς πατρίδα γαῖαν·
αὐτάρ τοι τόδε ἔργον Ἀθηναίης ἀγελείης
ἥ τέ με τοῖον ἔθηκεν, ὅπως ἐθέλει, δύναται γάρ,
ἄλλοτε μὲν πτωχῷ ἐναλίγκιον, ἄλλοτε δ' αὖτε
ἀνδρὶ νέῳ καὶ καλὰ περὶ χροῒ εἵματ' ἔχοντι·
ῥηΐδιον δὲ θεοῖσι, τοὶ οὐρανὸν εὐρὺν ἔχουσιν,
ἠμὲν κυδῆναι θνητὸν βροτὸν ἠδὲ κακῶσαι.
Ὣς ἄρα φωνήσας κατ' ἄρ' ἕζετο· Τηλέμαχος δὲ
ἀμφιχυθεὶς πατέρ' ἐσθλὸν ὀδύρετο δάκρυα λείβων·
ἀμφοτέροισι δὲ τοῖσιν ὑφ' ἵμερος ὦρτο γόοιο·
[κλαῖον δὲ λιγέως, ἀδινώτερον ἤ τ' οἰωνοί,
φῆναι ἢ αἰγυπιοὶ γαμψώνυχες, οἷσί τε τέκνα
ἀγρόται ἐξείλοντο πάρος πετεηνὰ γενέσθαι·
ὣς ἄρα τοί γ' ἐλεεινὸν ὑπ' ὀφρύσι δάκρυον εἶβον.]
καί νύ κ' ὀδυρομένοισιν ἔδυ φάος ἠελίοιο,
εἰ μὴ Τηλέμαχος προσεφώνεε ὃν πατέρ' αἶψα·
ΤΗΛ. — Ποίῃ γὰρ νῦν δεῦρο, πάτερ φίλε, νηΐ σε ναῦται
ἤγαγον εἰς Ἰθάκην; τίνες ἔμμεναι εὐχετόωντο;
Τὸν δ' αὖτε προσέειπε πολύτλας δῖος Ὀδυσσεύς·

vers 224 : οὐ μὲν γάρ τί σε πεζὸν ὀΐομαι ἐνθάδ' ἱκέσθαι

vieillard... Tu n'étais à l'instant qu'un vieux, couvert de loques : voici que tu parais semblable à l'un des dieux, maîtres des champs du ciel ! »

Ulysse l'avisé lui fit cette réponse :

ULYSSE. – « La rentrée de ton père au logis, Télémaque, ne doit pas exciter ta surprise et ta crainte. Ici tu ne verras jamais un autre Ulysse : c'est moi qui suis ton père ! Après tant de malheurs, après tant d'aventures, si, la vingtième année, je reviens au pays, c'est l'œuvre d'Athéna qui donne le butin[9]. Oui ! c'est elle qui peut – et vouloir lui suffit – me montrer tout à tour sous les traits d'un vieux pauvre et sous les beaux habits d'une homme jeune encore : il est facile aux dieux, maîtres des champs du ciel, de couvrir un mortel ou d'éclat ou d'opprobre ! »

À ces mots, il reprit sa place et Télémaque, tenant son noble père embrassé, gémissait et répandait des larmes ! Il leur prit à tous deux un besoin de sanglots. Ils pleuraient et leurs cris étaient plus déchirants que celui des orfraies, des vautours bien en griffes, auxquels des paysans ont ravi leurs petits avant le premier vol... C'était même pitié que leurs yeux pleins de larmes ! et le soleil couchant eût encor vu leurs pleurs, si le fils n'eût soudain interrogé son père :

TÉLÉMAQUE. – « Mais pour rentrer ici, mon père, en notre Ithaque, dis-moi sur quel vaisseau, quels marins t'avaient pris ? et quel est le pays dont ils se réclamaient, car ce n'est pas à pied que tu nous viens, je pense ? »

Le héros d'endurance, Ulysse le divin, lui fit cette réponse :

9. Cette épithète *(ageleiê)*, qui se construit sur *agô*, « emmener », et *leia*, « butin », est attribuée à Athéna, dans l'*Iliade* (cf. IV, 128 ; VI, 296 ; voir aussi Hés., *Th.*, 318). En l'utilisant, Ulysse insiste sur sa valeur guerrière, sur la protection d'Athéna qui livrera à ses côtés un nouveau combat dont l'enjeu est la vengeance. De cette façon, le meurtre des prétendants peut être compris comme un exploit digne de ceux que les Achéens accomplirent devant Troie.

ΟΔΥ. — Φαίηκές μ' ἄγαγον ναυσικλυτοί, οἵ τε καὶ ἄλλους
ἀνθρώπους πέμπουσιν, ὅτίς σφεας εἰσαφίκηται,
καί μ' εὕδοντ' ἐν νηὶ θοῇ ἐπὶ πόντον ἄγοντες
κάτθεσαν εἰς Ἰθάκην, ἔπορον δέ μοι ἀγλαὰ δῶρα,
χαλκόν τε χρυσόν τε ἅλις ἐσθῆτά θ' ὑφαντήν·
καὶ τὰ μὲν ἐν σπήεσσι θεῶν ἰότητι κέονται·
νῦν αὖ δεῦρ' ἱκόμην ὑποθημοσύνῃσιν Ἀθήνης,
ὄφρά κε δυσμενέεσσι φόνου πέρι βουλεύσωμεν.
ἀλλ' ἄγε μοι μνηστῆρας ἀριθμήσας κατάλεξον,
ὄφρ' εἰδέω ὅσσοί τε καὶ οἵ τινες ἀνέρες εἰσί·
καί κεν ἐμὸν κατὰ θυμὸν ἀμύμονα μερμηρίξας
φράσσομαι ἤ κεν νῶι δυνησόμεθ' ἀντιφέρεσθαι
μούνω ἄνευθ' ἄλλων, ἦ καὶ διζησόμεθ' ἄλλους.
Τὸν δ' αὖ Τηλέμαχος πεπνυμένος ἀντίον ηὔδα·
ΤΗΛ. — Ὦ πάτερ, ἤτοι σεῖο μέγα κλέος αἰὲν ἄκουον,
χεῖράς τ' αἰχμητὴν ἔμεναι καὶ ἐπίφρονα βουλήν·
ἀλλὰ λίην μέγα εἶπας· ἄγη μ' ἔχει· οὐδέ κεν εἴη
ἄνδρε δύω πολλοῖσι καὶ ἰφθίμοισι μάχεσθαι.
μνηστήρων δ' οὔτ' ἂρ δεκὰς ἀτρεκὲς οὔτε δύ' οἶαι,
ἀλλὰ πολὺ πλέονες· τάχα δ' εἴσεαι αὐτὸς ⟨ἐπελθών.⟩
[ἐκ μὲν Δουλιχίοιο δύω καὶ πεντήκοντα
κοῦροι κεκριμένοι, ἓξ δὲ δρηστῆρες ἕπονται·
ἐκ δὲ Σάμης πίσυρές τε καὶ εἴκοσι φῶτες ἔασιν,
ἐκ δὲ Ζακύνθου ἔασιν ἐείκοσι κοῦροι Ἀχαιῶν,
ἐκ δ' αὐτῆς Ἰθάκης δυοκαίδεκα πάντες ἄριστοι,
καί σφιν ἅμ' ἐστὶ Μέδων κῆρυξ καὶ θεῖος ἀοιδὸς

vers 226 : τοὶ γὰρ ἐγώ τοι, τέκνον, ἀληθείην καταλέξω

10. Punis par Poséidon pour avoir transporté Ulysse jusqu'à Ithaque, les Phéaciens seront désormais obligés d'abandonner leur métier de passeurs : cf. XIII, 151 et 173-183.

ULYSSE. – « Oui, mon fils, tu sauras toute la vérité. Je viens de Phéacie ; ce peuple d'armateurs fait métier de passer quiconque va chez eux[10]. Pendant que je dormais, c'est un de leurs croiseurs qui m'apporta sur mer et me mit en Ithaque, avec le bronze, l'or, les vêtements tissés, tous les cadeaux de prix, dont ils m'avaient comblé et qui sont, grâce aux dieux, déposés dans la grotte. Les ordres d'Athéna m'ont fait venir ici, pour tramer avec toi la mort de nos rivaux... Mais, avant tout, dis-moi et leur nombre et leurs noms : que je sache combien ils sont et ce qu'ils valent ; puis je réfléchirai en mon cœur valeureux et je déciderai si, tout seuls, nous pouvons les attaquer sans aide ou s'il nous faut aller chercher quelque renfort. »

Posément, Télémaque le regarda et dit :

TÉLÉMAQUE. – « Ah ! mon père, j'avais entendu célébrer ta prudence au conseil et ta force au combat. Mais quel mot tu dis là ! j'en ai comme un vertige ! Comment lutter à deux contre un nombre pareil ? et de gens vigoureux ! car, si les prétendants n'étaient en vérité qu'une dizaine ou deux ! Mais ils sont tant et tant ! Tu le verras toi-même aussitôt arrivé. Tu veux savoir leur nombre ? Doulichion leva cinquante-deux seigneurs, que suivent six valets ; vingt-quatre de Samé ; de Zante, une vingtaine, et tous, fils d'Achéens, sans compter ceux d'Ithaque, douze de nos plus braves[11], et le héraut Médon[12], et le divin aède[13], et deux autres servants pour

11. Les prétendants de Pénélope sont tous originaires du royaume d'Ulysse, formé par toutes les îles évoquées dans ces vers. Cf. aussi I, 246 sq. et notes.

12. Sur ce personnage, loyal à Pénélope, donc à Ulysse, cf. IV, 678 sq.

13. Télémaque fait allusion à Phémios. Sur ce personnage, cf. I, 154 et note.

καὶ δοιὼ θεράποντε, δαήμονε δαιτροσυνάων.
τῶν εἴ κεν πάντων ἀντήσομεν ἔνδον ἐόντων,
μὴ πολύπικρα καὶ αἰνὰ βίας ἀποτίσεαι ἐλθών.]
ἀλλὰ σύ γ', εἰ δύνασαί τιν' ἀμύντορα μερμηρίξαι,
φράζευ, ὅ κέν τις νῶιν ἀμύνοι πρόφρονι θυμῷ.

Τὸν δ' αὖτε προσέειπε πολύτλας δῖος Ὀδυσσεύς·

ΟΔΥ. — Τοὶ γὰρ ἐγὼ ἐρέω· σὺ δὲ σύνθεο καί μευ ἄκουσον
καὶ φράσαι ⟨ἤ⟩ κεν νῶιν Ἀθήνη σὺν Διὶ πατρὶ
ἀρκέσει, ἦέ τιν' ἄλλον ἀμύντορα μερμηρίξω.

Τὸν δ' αὖ Τηλέμαχος πεπνυμένος ἀντίον ηὔδα·

ΤΗΛ. — Ἐσθλώ τοι τούτω γ' ἐπαμύντορε, τοὺς ἀγορεύεις,
ὕψι περ ἐν νεφέεσσι καθημένω· ὥ τε καὶ ἄλλοις
ἀνδράσι τε κρατέουσι καὶ ἀθανάτοισι θεοῖσι.

Τὸν δ' αὖτε προσέειπε πολύτλας δῖος Ὀδυσσεύς·

ΟΔΥ. — Οὐ μέν τοι κείνω γε πολὺν χρόνον ἀμφὶς ἔσεσθον
φυλόπιδος κρατερῆς, ὁπότε μνηστῆρσι καὶ ἡμῖν
ἐν μεγάροισιν ἐμοῖσι μένος κρίνηται Ἄρηος.
ἀλλὰ σὺ μὲν νῦν ἔρχευ ἅμ' ἠοῖ φαινομένηφι
οἴκαδε καὶ μνηστῆρσιν ὑπερφιάλοισιν ὁμίλει·
αὐτὰρ ἐμὲ προτὶ ἄστυ συβώτης ὕστερον ἄξει,
πτωχῷ λευγαλέῳ ἐναλίγκιον ἠδὲ γέροντι.
εἰ δέ μ' ἀτιμήσουσι δόμον κάτα, σὸν δὲ φίλον κῆρ
τετλάτω ἐν στήθεσσι κακῶς πάσχοντος ἐμεῖο,
ἤν περ καὶ διὰ δῶμα ποδῶν ἕλκωσι θύραζε
ἢ βέλεσιν βάλλωσι· σὺ δ' εἰσορόων ἀνέχεσθαι,
ἀλλ' ἤτοι παύεσθαι ἀνωγέμεν ἀφροσυνάων,
μειλιχίοισ' ἐπέεσσι παραυδῶν· οἱ δέ τοι οὔ τι
πείσονται· δὴ γάρ σφι παρίσταται αἴσιμον ἦμαρ.
ἄλλο δέ τοι ἐρέω· [σὺ δ' ἐνὶ φρεσὶ βάλλεο σῇσιν·
ὁππότε κεν πολύβουλος ἐνὶ φρεσὶ θῇσιν Ἀθήνη,
νεύσω μέν τοι ἐγὼ κεφαλῇ, σὺ δ' ἔπειτα νοήσας,
ὅσσά τοι ἐν μεγάροισιν ἀρήια τεύχεα κεῖται,

trancher aux festins. Nous vois-tu nous heurter à toute cette bande, maîtresse du manoir ? Ah ! je crains que, d'un prix terriblement amer, tu n'aies en arrivant à payer ta vengeance... Mais voyons, réfléchis, n'as-tu pas d'allié qui, d'un cœur dévoué, pourrait nous secourir ? »

Le héros d'endurance, Ulysse le divin, lui fit cette réponse :

ULYSSE. – « Je vais t'en nommer deux : écoute et me comprends ! Si nous avions, avec Zeus le père, Athéna, crois-tu qu'ils suffiraient ? ou faudrait-il chercher un autre défenseur ? »

Posément, Télémaque le regarda et dit :

TÉLÉMAQUE. – « Pour de bons alliés, ceux que tu dis le sont, bien qu'ils trônent un peu trop haut dans les nuées ! Il est vrai qu'ils disposent des mortels et des dieux. »

Le héros d'endurance, Ulysse le divin, lui fit cette réponse :

ULYSSE. – « C'est eux qu'avant longtemps, au plus fort de la lutte, tu verras à l'ouvrage, lorsque, dans le manoir, les prétendants et nous n'aurons plus d'autre arbitre que la force d'Arès. Dès la pointe du jour, demain, tu t'en iras retrouver au logis ces fous de prétendants ; en ville, un peu plus tard, Eumée me conduira ; j'aurai repris les traits d'un vieux pauvre et mes loques. Quels que soient les affronts qu'au logis je rencontre, que ton cœur se résigne à me voir maltraité ! Si même tu les vois me traîner par les pieds, à travers la grand-salle, et me mettre dehors ou me frapper de loin, laisse faire ! regarde ! ou, pour les détourner de leurs folies, n'emploie que les mots les plus doux ; ils te refuseront ; car pour eux, aura lui la journée du destin ! Écoute un autre avis, et le mets en ton cœur. Sur l'avis d'Athéna, la bonne conseillère, tu me verras te faire un signe de la tête ; dès que tu l'auras vu, ramasse, en la grand-salle, tous les engins de guerre qui s'y peuvent trouver, puis va les entasser au fond du haut trésor et si les prétendants

ἐς μυχὸν ὑψηλοῦ θαλάμου καταθεῖναι ἀείρας
πάντα μάλ'· αὐτὰρ μνηστῆρας μαλακοῖσ' ἐπέεσσι
παρφάσθαι, ὅτε κέν σε μεταλλῶσιν ποθέοντες·
— 'Εκ καπνοῦ κατέθηκ', ἐπεὶ οὐκέτι τοῖσι ἐῴκει
οἷά ποτε Τροίην δὲ κιὼν κατέλειπεν 'Οδυσσεύς,
ἀλλὰ κατ⟨ηεί⟩κισται, ὅσον πυρὸς ἵκετ' ἀυτμή,
πρὸς δ' ἔτι καὶ τόδε μεῖζον ἐνὶ φρεσὶ θῆκε Κρονίων,
μή πως οἰνωθέντες, ἔριν στήσαντες ἐν ὑμῖν,
ἀλλήλους τρώσητε καταισχύνητέ τε δαῖτα
καὶ μνηστύν· αὐτὸς γὰρ ἐφέλκεται ἄνδρα σίδηρος.
— Νῶιν δ' οἴοισιν δύο φάσγανα καὶ δύο δοῦρε
καλλιπέειν καὶ δοιὰ βοάγρια χερσὶν ἑλέσθαι,
ὡς ἂν ἐπιθύσαντες ἑλοίμεθα. τοὺς δέ κ' ἔπειτα
Παλλὰς 'Αθηναίη θέλξει καὶ μητίετα Ζεύς.
ἄλλο δέ τοι ἐρέω·] σὺ δ' ἐνὶ φρεσὶ βάλλεο σῇσιν·
εἰ ἐτεόν γ' ἐμός ἐσσι καὶ αἵματος ἡμετέροιο,
μή τις ἔπειτ' 'Οδυσῆος ἀκουσάτω ἔνδον ἐόντος,
μήτ' οὖν Λαέρτης [ἴστω τό γε μήτε συβώτης
μήτέ τις οἰκήων] μήτ' αὐτὴ Πηνελόπεια·
ἀλλ' οἶοι σύ τ' ἐγώ τε γυναικῶν γνώομεν ἰθύν·
καί κέ τεο δμώων ἀνδρῶν ἔτι πειρηθεῖμεν,
ἠμὲν ⟨ὅτις που⟩ νῶι τίει καὶ δείδιε θυμῷ,
ἠδ' ὅτις οὐκ ἀλέγει, σὲ δ' ἀτιμᾷ τοῖον ἐόντα.
Τὸν δ' ἀπαμειβόμενος προσεφώνεε φαίδιμος υἱός·
ΤΗΛ. — Ὦ πάτερ, ἤτοι ἐμὸν θυμὸν καὶ ἔπειτά γ', ὀίω,
γνώσεαι· οὐ μὲν γάρ τι χαλιφροσύναι γέ μ' ἔχουσιν·
ἀλλ' οὔ τοι τόδε κέρδος ἐγὼν ἔσσεσθαι ὀίω
ἡμῖν ἀμφοτέροισι· σὲ δὲ φράζεσθαι ἄνωγα.
δηθὰ γὰρ αὔτως εἴσῃ ἑκάστου πειρητίζων,
ἔργα μετερχόμενος· τοὶ δ' ἐν μεγάροισι ἕκηλοι
χρήματα δαρδάπτουσιν ὑπέρβιον, οὐδ' ἔπι φειδώ.
ἀλλ' ἤτοί σε γυναῖκας ἐγὼ δεδάασθαι ἄνωγα,

vers 317 : αἵ τέ σ' ἀτιμάζουσι καὶ αἳ νηλίτιδές εἰσιν

en remarquent l'absence et veulent des raisons, paie-les de gentillesses ; dis-leur : “Je les ai mis à l'abri des fumées ! Qui pourrait aujourd'hui reconnaître ces armes qu'à son départ pour Troie, Ulysse avait laissées ? les vapeurs du foyer les ont mangées de rouille ! Et voici l'autre idée que Zeus m'a mise en tête : j'ai redouté surtout qu'un jour de beuverie, une rixe entre vous n'amenât des blessures et ne souillât ma table et vos projets d'hymen : de lui-même le fer attire à lui son homme.” Tu laisseras pour nous deux piques, deux épées et deux écus en buffle à tenir à la main ; nous nous élancerons pour nous en emparer, quand Pallas Athéna et Zeus notre complice aveugleront nos gens. Écoute un autre avis, et le mets en ton cœur. Si c'est bien de mon sang, de moi, que tu naquis, personne n'entendra parler de ma présence : que Laërte l'ignore et le porcher aussi, et tous nos serviteurs, et même Pénélope. À nous seuls, toi et moi, nous devrons éprouver la droiture des femmes et nous devrons aussi, parmi nos domestiques, chercher qui nous respecte et nous craint en son âme ou qui, sans plus d'égards, méprisa ta détresse. »

Son noble fils alors, en réponse, lui dit :

TÉLÉMAQUE. – « Père, tu connaîtras mon âme par la suite : tu n'y trouveras pas, je crois, d'étourderie. Mais ce n'est pas ainsi que je vois pour nous deux le plus grand avantage. Calcule, je te prie : que de temps, que de pas à travers nos domaines, si tu veux éprouver chacun de nos bergers, cependant qu'au manoir, ces gens tout à loisir dévorent dévorent tes richesses en cette folle vie qui ne ménage rien ! Oh ! les femmes, tu dois, je crois, t'en enquérir ; lesquelles t'ont manqué ; lesquelles sont

ἀνδρῶν δ' οὐκ ἂν ἐγώ γε κατὰ σταθμοὺς ἐθέλοιμι
ἡμέας πειράζειν, ἀλλ' ὕστερα ταῦτα πένεσθαι,
εἰ ἐτεόν γέ τι οἶσθα Διὸς τέρας αἰγιόχοιο.
Ὣς οἱ μὲν τοιαῦτα πρὸς ἀλλήλους ἀγόρευον·
ἡ δ' ἄρ' ἔπειτ' Ἰθάκην δὲ κατήγετο νηῦς εὐεργής,
ἣ φέρε Τηλέμαχον Πυλόθεν καὶ πάντας ἑταίρους.
οἱ δ' ὅτε δὴ λιμένος πολυβενθέος ἐντὸς ἵκοντο,
νῆα μὲν οἵ γε μέλαιναν ἐπ' ἠπείροιο ἔρυσσαν·
αὐτίκα δ' ἐς Κλυτίοιο φέρον περικαλλέα δῶρα·
αὐτὰρ κήρυκα πρόεσαν δόμον εἰς Ὀδυσῆος,
ἀγγελίην ἐρέοντα περίφρονι Πηνελοπείῃ,
οὕνεκα Τηλέμαχος μὲν ἐπ' ἀγροῦ, νῆα δ' ἀνώγει
ἄστυ δ' ἀποπλείειν, ἵνα μὴ δείσασ' ἐνὶ θυμῷ
ἰφθίμη βασίλεια τέρεν κατὰ δάκρυον εἴβοι.
τὼ δὲ συναντήτην κῆρυξ καὶ δῖος ὑφορβὸς
τῆς αὐτῆς ἕνεκ' ἀγγελίης, ἐρέοντε γυναικί.
Ἀλλ' ὅτε δή ῥ' ἵκοντο δόμον θείου βασιλῆος,
κῆρυξ μέν ῥα μέσῃσι μετὰ δμῳῇσιν ἔειπεν·
— Ἤδη τοι, βασίλεια, φίλος πάις ἐκ Πύλου ἦλθε.
Πηνελοπείῃ δ' εἶπε συβώτης ἄγχι παραστὰς
πάνθ' ὅσα οἱ φίλος υἱὸς ἀνώγει μυθήσασθαι·
αὐτὰρ ἐπεὶ δὴ πᾶσαν ἐφημοσύνην ἀπέειπε,
βῆ ῥ' ἴμεναι μεθ' ὕας, λίπε δ' ἕρκεά τε μέγαρόν τε.
Μνηστῆρες δ' ἀκάχοντο κατήφησάν τ' ἐνὶ θυμῷ,
ἐκ δ' ἦλθον μεγάροιο παρὲκ μέγα τειχίον αὐλῆς,
αὐτοῦ δὲ προπάροιθε θυράων ἑδριόωντο.
Τοῖσιν δ' Εὐρύμαχος, Πολύβου παῖς, ἦρχ' ἀγορεύειν·

vers 326 : τεύχεα δέ σφ' ἀπένεικαν ὑπέρθυμοι θεράποντες

fidèles ; mais les hommes, comment aller de loge en loge pour éprouver chacun[14] ? Nous y verrons plus tard, sur un signe certain que le Zeus à l'égide aura pu t'envoyer. »

Pendant qu'ils échangeaient ces paroles, voici qu'entrait au port d'Ithaque le solide navire, qui, de Pylos, avait ramené Télémaque et tous ses compagnons. Quand ils furent entrés jusqu'au fond de la rade, à la grève, on tira d'abord le noir vaisseau (les servants empressés emportaient les agrès) ; ensuite, on emporta d'abord tout droit, chez Clytios[15], les présents magnifiques ; puis, au logis d'Ulysse, un héraut s'en alla prévenir Pénélope, la plus sage des femmes, que son fils Télémaque aux champs était resté, mais avait renvoyé le vaisseau vers la ville, qu'il ne fallait donc pas que la crainte et les larmes amollissent le cœur de la vaillante reine.

Or le divin porcher rencontra ce héraut, comme ils allaient tous deux porter le même avis chez la femme du maître. Mais, à peine entraient-ils chez le divin Ulysse, que le héraut criait devant toutes les femmes : « C'est fait, reine ! ton fils est rentré de Pylos ! », tandis que le porcher, allant à Pénélope, lui disait tout ce dont son fils l'avait chargé et, quand il eut fini de rendre son message, reprenait le chemin de ses porcs, en quittant la salle, puis l'enceinte.

Au cœur des prétendants, quel trouble consterné ! Ils sortent de la salle et traversent la cour ; au-devant du grand mur, à l'entrée du portail, ils vont tenir séance et le premier qui prend la parole est le fils de Polybe, Eurymaque.

14. Télémaque met son père en garde contre ses propres serviteurs qui, à l'exemple de Mélanthos (XVII, 212 sq.) ou de sa sœur (XVIII, 321 sq., et XIX, 65 sq.), sont tout acquis à la cause des prétendants.

15. Père de Piraeos (cf. XV, 539-540), le compagnon fidèle de Télémaque qui rapporta à Ithaque les cadeaux de Ménélas.

ΕΥΡ. — Ὦ φίλοι, ἦ μέγα ἔργον ὑπερφιάλως τετέλεσται
Τηλεμάχῳ ὁδὸς ἥδε· φάμεν δέ οἱ οὐ τελέεσθαι.
ἀλλ' ἄγε νῆα μέ⟨ν αἶψα⟩ ἐρύσσομεν, ἥ τις ἀρίστη,
ἐς δ' ἐρέτας ἁλιῆας ἀγείρομεν, οἵ κε τάχιστα
κείνοισ' ἀγγείλωσι θοῶς οἶκον δὲ νέεσθαι.
Οὔ πω πᾶν εἴρηθ', ὅτ' ἄρ' Ἀμφίνομος ἴδε νῆα,
στρεφθεὶς ἐκ χώρης λιμένος πολυβενθέος ἐντός,
ἱστία τε στέλλοντας ἐρετμά τε χερσὶν ἔχοντας,
ἡδὺ δ' ἄρ' ἐκγελάσας μετεφώνεε οἷσ' ἑτάροισι·
ΑΜΦ. — Μή τιν' ἔτ' ἀγγελίην ὀτρύνομεν· οἵδε γὰρ ἔνδον·
ἤ τίς σφιν τόδ' ἔειπε θεῶν, ἢ' ἔσιδον αὐτοὶ
νῆα παρερχομένην, τὴν δ' οὐκ ἐδύναντο κιχῆναι.
Ὣς ἔφαθ'· οἱ δ' ἀνστάντες ἔβαν ἐπὶ θῖνα θαλάσσης,
αἶψα δὲ νῆα μέλαιναν ἐπ' ἠπείροιο ἔρυσσαν·
τεύχεα δέ σφ' ἀπένεικαν ὑπέρθυμοι θεράποντες·
αὐτοὶ δ' εἰς ἀγορὴν κίον ἀθρόοι, οὐδέ τιν' ἄλλον
εἴων οὔτε νέων μεταΐζειν οὔτε γερόντων.
Τοῖσιν δ' Ἀντίνοος μετέφη, Εὐπείθεος υἱός·
ΑΝΤ. — Ὢ πόποι, ὡς τόνδ' ἄνδρα θεοὶ κακότητος ἔλυσαν.
ἤματα μὲν σκοποὶ ἷζον ἐπ' ἄκριας ἠνεμοέσσας
αἰὲν ἐπασσύτεροι· ἅμα δ' ἠελίῳ καταδύντι
οὔ ποτ' ἐπ' ἠπείρου νύκτ' ἄσαμεν, ἀλλ' ἐνὶ πόντῳ
νηὶ θοῇ πλείοντες ἐμίμνομεν Ἠῶ δῖαν,
Τηλέμαχον λοχόωντες, ἵνα φθίσωμεν ἑλόντες
αὐτόν· τὸν δ' ἄρα τέως μὲν ἀπήγαγε οἴκαδε δαίμων,
ἡμεῖς δ' ἐνθάδε οἱ φραζώμεθα λυγρὸν ὄλεθρον
Τηλεμάχῳ, μηδ' ἧμας ὑπεκφύγοι· οὐ γὰρ ὀίω
τούτου γε ζώοντος ἀνύσσεσθαι τάδε ἔργα.

EURYMAQUE. – « Mes amis ! il est donc accompli, ce voyage ! quel exploit d'insolence ! Nous l'avions interdit pourtant à Télémaque[16]. Allons ! vite, levons des rameurs du grand large et mettons-les en mer sur un vaisseau de choix ; que là-bas, au plus tôt, ils aillent avertir nos amis de rentrer[17]. »

Il n'avait pas fini de parler que, soudain Amphinomos, tournant la tête, apercevait un vaisseau qui rentrait jusqu'au fond de la rade et, les voiles carguées, se mettait à la rame.

Avec un bon sourire, il dit aux camarades :

AMPHINOMOS. – « Nous n'avons plus besoin de leur donner l'avis ! les voici dans le port ! L'ont-ils su par un dieu ? ont-ils vu de leurs yeux passer l'autre navire, mais sans pouvoir l'atteindre ? »

Il dit ; mais, se levant de leurs bancs, les rameurs avaient déjà pris pied sur la grève de mer et tiré prestement au sec le noir vaisseau ; les servants empressés emportaient les agrès, et les maîtres, en troupe, allaient à l'agora.

Tous témoins écartés, jeunes gens ou vieillards, Antinoos, le fils d'Euphitès, leur parla :

ANTINOOS. – « Ah ! misère ! notre homme est sauvé par les dieux : il est hors de danger... Tout le jour, nos vigies allaient se relever dans le vent des falaises, et, le soleil couché, jamais nous ne passions la nuit sur le rivage ; mais, le navire en mer, jusqu'à l'aube divine, nous restions à croiser, à guetter Télémaque, pour nous saisir de lui et le faire mourir ! Puisqu'un dieu nous l'enlève et le ramène au port, nous voici réunis pour lui trouver enfin une mort sans douceur, car il faut en finir : croyez-moi, lui vivant, jamais nous ne viendrons à bout de notre affaire ; il est homme de sens, de conseil et

16. Sur cette interdiction, cf. II, 256 ; 265-266.

17. C'est-à-dire, ceux qui avaient préparé un guet-apens pour donner la mort à Télémaque : cf. IV, 665 sq. ; XV, 27 sq.

αὐτὸς μὲν γὰρ ἐπιστήμων βουλῇ τε νόῳ τε·
λαοὶ δ' οὐκέτι πάμπαν ἐφ' ἡμῖν ἦρα φέρουσιν.
ἀλλ' ἄγετε, πρὶν κεῖνον ὁμηγυρίσασθαι Ἀχαιοὺς
εἰς ἀγορήν· οὐ γάρ τι μεθησέμεναί μιν ὀίω,
ἀλλ' ἀπομηνίσει, ἐρέει δ' ἐν πᾶσιν ἀναστὰς
οὕνεκά οἱ φόνον αἰπὺν ἐράπτομεν οὐδὲ κίχημεν·
οἱ δ' οὐκ αἰνήσουσιν ἀκούοντες κακὰ ἔργα·
μή τι κακὸν ῥέξωσι καὶ ἡμέας ἐξελάσωσι
γαίης ἡμετέρης, ἄλλων δ' ἀφικώμεθα δῆμον.
ἀλλὰ φθέωμεν ἑλόντες ἐπ' ἀγροῦ νόσφι πόληος
ἢ' ἐν ὁδῷ, βίοτον δ' αὐτοὶ καὶ κτήματ' ἔχωμεν,
δασσάμενοι κατὰ μοῖραν ἐφ' ἡμέας, οἰκία δ' αὖτε
κείνου μητέρι δοῖμεν ἔχειν ἠδ' ὅς τις ὀπυίοι.
εἰ δ' ὔμιν ὅδε μῦθος ἀφανδάνει, ἀλλὰ βόλεσθε
αὐτόν τε ζώειν καὶ ἔχειν πατρώια πάντα,
μή οἱ χρήματ' ἔπειτα ἅλις θυμή⟨ρ⟩ε' ἔδωμεν
ἐνθάδ' ἀγειρόμενοι· ἀλλ' ἐκ μεγάροιο ἕκαστος
μνάσθω ἐέδνοισιν διζήμενος· ἡ δέ κ' ἔπειτα
γήμαιθ' ὅς κε πλεῖστα πόροι καὶ μόρσιμος ἔλθοι.
  Ὣς ἔφαθ'· οἱ δ' ἄρα πάντες ἀκὴν ἐγένοντο σιωπῇ.
τοῖσιν δ' Ἀμφίνομος [ἀγορήσατο καὶ μετέειπε,
Νίσου φαίδιμος υἱός, Ἀρητιάδαο ἄνακτος,
ὅς ῥ' ἐκ Δουλιχίου πολυπύρου, ποιήεντος,
ἡγεῖτο μνηστῆρσι, μάλιστα δὲ Πηνελοπείῃ
ἥνδανε μύθοισι· φρεσὶ γὰρ κέχρητ' ἀγαθῇσιν.
ὅ σφιν ἐυφρονέων] ἀγορήσατο καὶ μετέειπεν·

18. Sur les questions juridiques soulevées par ces vers, cf. Glotz, 1968, 66-67, et Ruzé, 1997, 91.

d'adresse, et ce n'est plus à nous que va – tout au contraire –, le dévouement du peuple… Allons ! n'attendons pas qu'il ait à l'agora réuni l'assemblée de tous les Achéens. Il ne va pas, je crois, déposer sa colère. Vous verrez sa fureur, quand il se lèvera pour raconter au peuple la mort, que nous voulions, mais que nous n'avons pu déchaîner sur sa tête. Le peuple en l'écoutant va crier au forfait ! mal pour mal, s'ils allaient nous décréter d'exil[18] ? Qui veut, loin du pays, aller à l'étranger ? Non ! prenons les devants : aux champs, loin de la ville, ou le long de la route, faisons-le disparaître et qu'à nous appartiennent[19] ses vivres et ses biens : faisons le bon partage, et quant à ses maisons, laissons-les à sa mère et à qui l'aura prise ! Mon avis vous déplaît ? vous désirez qu'il vive et que son patrimoine entier lui soit acquis ? Alors ne restons plus à lui manger ici les biens qui font sa joie ; dispersons-nous, rentrons, chacun en son manoir d'où nos cadeaux viendront faire ici notre cour, et c'est le plus offrant ou l'élu du destin qui deviendra l'époux. »

Il dit : tous se taisaient. Mais, après un silence, ce fut Amphinomos qui reprit la parole. Noble fils de Nisos, il avait eu le roi Arétès pour aïeul et, chef des prétendants qui, de Doulichion, l'île au froment, l'île aux grands prés, étaient venus, c'est lui dont les discours plaisaient à Pénélope : car il n'avait au cœur qu'honnêtes sentiments[20].

C'est pour le bien de tous qu'il prenait la parole :

19. À partir de ce chant, le poète insiste de plus en plus sur l'arrogance, sur l'*hubris* des prétendants, déjà évoquée lors de l'assemblée d'Ithaque au chant II.

20. Dans l'*Odyssée*, il n'est nullement fait allusion à un rapport privilégié entre Pénélope et Amphinomos.

ΑΜΦ. — Ὦ φίλοι, οὐκ ἂν ἐγώ γε κατακτείνειν ἐθέλοιμι
Τηλέμαχον· δεινὸν δὲ γένος βασιλήιόν ἐστι
κτείνειν· ἀλλὰ πρῶτα θεῶν εἰρώμεθα βουλάς·
εἰ μέν κ' αἰνήσωσι Διὸς μεγάλοιο θέμιστες,
αὐτός ⟨ἑ⟩ κτενέω τούς τ' ἄλλους πάντας ἀνώξω·
εἰ δέ κ' ἀποτρωπῶσι θεοί, παύσασθαι ἄνωγα.
Ὣς ἔφατ' Ἀμφίνομος· τοῖσιν δ' ἐπιήνδανε μῦθος. 406
αὐτίκ' ἔπειτ' ἀνστάντες ἔβαν δόμον εἰς Ὀδυσῆος,
ἐλθόντες δὲ κάθιζον ἐπὶ ξεστοῖσι θρόνοισιν.

[Ἡ δ' αὖτ' ἄλλ' ἐνόησε περίφρων Πηνελόπεια,
μνηστήρεσσι φανῆναι ἀπεχθομένοισί περ ἔμπης·
πεύθετο γὰρ οὗ παιδὸς ἐνὶ μεγάροισιν ὄλεθρον·
κῆρυξ γάρ οἱ ἔειπε Μέδων, ὃς ἐπεύθετο βουλάς·
βῆ δ' ἴμεναι μέγαρον δὲ σὺν ἀμφιπόλοισι γυναιξίν.
Ἀλλ' ὅτε δὴ μνηστῆρας ἀφίκετο δῖα γυναικῶν,
στῆ ῥα παρὰ σταθμὸν τέγεος πύκα ποιητοῖο,
ἄντα παρειάων σχομένη λιπαρὰ κρήδεμνα,
Ἀντίνοον δ' ἐνένιπε ἔπος τ' ἔφατ' ἔκ τ' ὀνόμαζεν·
ΠΗΝ. — Ἀντίνο', ὕβριν ἔχων, κακομήχανε, καὶ δέ σέ φασιν
ἐν δήμῳ Ἰθάκης μεθ' ὁμήλικας ἔμμεν ἄριστον
βουλῇ καὶ μύθοισι· σὺ δ' οὐκ ἄρα τοῖος ἔησθα.
μάργε, τί ἢ δὲ σὺ Τηλεμάχῳ θάνατόν τε μόρον τε
ῥάπτεις, οὐδ' ἱκέτας ἐμπάζεαι, οἷσιν ἄρα Ζεὺς
μάρτυρος ; οὐδ' ὁσίη κακὰ ῥάπτειν ἀλλήλοισιν.
ἦ' οὐ οἶσθ' ὅτε δεῦρο πατὴρ τεὸς ἵκετο φεύγων,
δῆμον ὑποδείσας ; δὴ γὰρ κεχολώατο λίην
οὕνεκα ληιστῆρσιν ἐπισπόμενος Ταφίοισιν
ἤκαχε Θεσπρωτούς· οἱ δ' ἡμιν ἄρθμιοι ἦσαν.
τόν ῥ' ἔθελον φθῖσαι καὶ ἀπορραῖσαι φίλον ἦτορ
ἠδὲ κατὰ ζωὴν φαγέειν μενοεικέα πολλήν·
ἀλλ' Ὀδυσεὺς κατέρυκε καὶ ἔσχεθε ἱεμένους περ.
τοῦ νῦν οἶκον ἄτιμον ἔδεις, μνάᾳ δὲ γυναῖκα
παῖδά τ' ἀποκτείνεις, ἐμὲ δὲ μεγάλως ἀκαχίζεις.
ἀλλά σε παύσασθαι κέλομαι καὶ ἀνωγέμεν ἄλλους.

AMPHINOMOS. – « Pour l'instant, mes amis, je ne suis pas d'avis de tuer Télémaque : c'est grave d'attenter à la race des rois ! il faudrait commencer par consulter les dieux. Si nous avons pour nous un arrêt du grand Zeus, c'est moi qui frapperai et, tous, vous me verrez vous inciter, vous autres ! Si les dieux refusaient, je suis pour qu'on s'abstienne ! »

Il dit : tous d'approuver ces mots d'Amphinomos et, se levant en hâte, ils revinrent s'asseoir dans la maison d'Ulysse, sur les fauteuils polis.

La sage Pénélope eut alors son dessein : devant les prétendants à l'audace effrénée, elle voulut paraître ; car le héraut Médon, qui savait leurs projets, venait de l'informer qu'au manoir on tramait la perte de son fils ; pénétrant dans la salle, avec ses chambrières, voici qu'elle arriva devant les prétendants, cette femme divine, et, debout au montant de l'épaisse embrasure, ramenant sur ses joues ses voiles éclatants, ce fut Antinoos qu'elle prit à partie :

PÉNÉLOPE. – « Antinoos, cœur furieux, tisseur de maux, on a beau te vanter en ce pays d'Ithaque comme le plus sensé et le plus éloquent de tous ceux de ton âge : je ne te vois pas tel ! pauvre fou, c'est donc toi qui veux à Télémaque ourdir mort et trépas ! Tu ris des suppliants, dont Zeus est le témoin ! Ourdir les maux d'autrui, n'est-ce pas sacrilège ? Ignores-tu qu'un jour ton père vint ici, fuyant devant le peuple et craignant leurs fureurs, quand, ligué avec les pirates de Taphos, il avait assailli nos amis les Thesprotes ? On demandait sa tête ; on voulait le tuer et dévorer ses biens dont tous avaient envie. Mais Ulysse intervint et brida leur colère... Aujourd'hui, sans payer, tu manges sa maison, tu courtises sa femme et veux tuer son fils ! Ah ! tu me fais horreur ! Il faut cesser, crois-moi, et ramener les autres. »

Τὴν δ' αὖτ' Εὐρύμαχος, Πολύβου παῖς, ἀντίον ηὔδα·
ΕΥΡ. — Κούρη Ἰκαρίοιο, περίφρον Πηνελόπεια,
θάρσει· μή τοι ταῦτα μετὰ φρεσὶ σῇσι μελόντων.
οὐκ ἔσθ' οὗτος ἀνὴρ οὐδ' ἔσσεται οὐδὲ γένηται
ὅς κεν Τηλεμάχῳ, σῷ υἱέι, χεῖρας ἐποίσει
ζώοντός γ' ἐμέθεν καὶ ἐπὶ χθονὶ δερκομένοιο.
ὧδε γὰρ ἐξερέω, καὶ μὴν τετελεσμένον ἔσται·
αἶψά οἱ αἷμα κελαινὸν ἐρωήσει περὶ δουρὶ
ἡμετέρῳ, ἐπεὶ ἦ καὶ ἐμὲ πτολίπορθος Ὀδυσσεὺς
πολλάκι γούνασι οἷσιν ἐφεσσάμενος κρέας ὀπτὸν
ἐν χείρεσσιν ἔθηκεν, ἐπέσχε τε οἶνον ἐρυθρόν.
τώ μοι Τηλέμαχος πάντων πολὺ φίλτατός ἐστιν
ἀνδρῶν· οὐδέ τί μιν θάνατον τρομέεσθαι ἄνωγα
ἔκ γε μνηστήρων· θεόθεν δ' οὐκ ἔστ' ἀλέασθαι.
Ὣς φάτο θαρσύνων, τῷ δ' ἤρτυεν αὐτὸς ὄλεθρον.
Ἡ μὲν ἄρ' εἰσαναβᾶσ' ὑπερώια σιγαλόεντα
κλαῖεν ἔπειτ' Ὀδυσῆα, φίλον πόσιν, ὄφρα οἱ ὕπνον
ἡδὺν ἐπὶ βλεφάροισι βάλε γλαυκῶπις Ἀθήνη.]

Ἑσπέριος δ' Ὀδυσῆι καὶ υἱέι δῖος ὑφορβὸς
ἤλυθεν· οἱ δ' ἄρα δόρπον ἐπισταδὸν ὁπλίζοντο,
σῦν ἱερεύσαντες ἐνιαύσιον. αὐτὰρ Ἀθήνη
ἄγχι παρισταμένη Λαερτιάδην Ὀδυσῆα
ῥάβδῳ πεπληγυῖα πάλιν ποίησε γέροντα,
λυγρὰ δὲ εἵματα ἕσσε περὶ χροΐ, μή ἑ συβώτης
γνοίη ἐς ἄντα ἰδὼν καὶ ἐχέφρονι Πηνελοπείῃ
ἔλθοι ἀπαγγέλλων, μηδὲ φρεσὶν εἰρύσσαιτο.
Τὸν καὶ Τηλέμαχος πρότερος πρὸς μῦθον ἔειπεν·
ΤΗΛ. — Ἦλθες, δῖ' Εὔμαιε. τί δὴ κλέος ἔστ' ἀνὰ ἄστυ;
ἦ ῥ' ἤδη μνηστῆρες ἀγήνορες ἔνδον ἔασιν

Eurymaque, le fils de Polybe, intervint :

Eurymaque: « Que la fille d'Icare, la sage Pénélope, se rassure ! pourquoi te mettre en tels soucis ? Ne crains pas qu'il existe ou puisse jamais être, l'homme qui porterait la main sur Télémaque ! sur ton enfant ! jamais, tant que, les yeux ouverts, je serai de ce monde ! ou, – je te le promets et tu verras la chose –, le sang noir giclera autour de notre lance... Je n'ai pas oublié comment, sur ses genoux, le preneur d'Ilion, Ulysse m'asseyait, quand, mettant dans mes mains un morceau de rôti, il me donnait à boire un coup de son vin rouge[21]. Aussi, pour Télémaque, ai-je plus d'amitié que pour homme qui vive ! Ce n'est pas de la main des prétendants, crois-moi, que lui viendra la mort ; mais nous ne pouvons rien contre la main des dieux. »

Il ne parlait ainsi que pour la rassurer ; mais son cœur ne pensait qu'à perdre Télémaque. La reine regagna son étage brillant.

Elle y pleurait encore Ulysse, son époux, à l'heure où la déesse aux yeux pers, Athéna, lui versa sur les yeux le plus doux des sommeils.

Or le divin porcher rentrait au soir tombant. Déjà, pour le souper, Télémaque et son père rôtissaient, tour à tour, le porcelet d'un an qu'ils avaient immolé. Athéna, revenue près du fils de Laërte, l'avait touché de sa baguette et, de nouveau, Ulysse n'était plus qu'un vieillard en haillons[22] : la déesse avait craint que, face à face, Eumée ne reconnût le maître et ne pût s'empêcher d'avertir Pénélope.

Il entra. Le premier, Télémaque lui dit :

Télémaque. – « C'est toi, divin Eumée ? en ville, que dit-on ?... Nos fougueux prétendants sont-ils enfin

21. Ces vers rappellent la tendresse que Phénix manifeste à Achille, cf. *Il.*, IX, 486-489.

22. Pour ce type d'intervention divine, cf. XIII, 429 et note ; voir aussi XVI, 172.

ἐκ λόχου, ἦ' ἔτι μ' αὖθ' εἰρύαται ἔνδον ἐόντα;
Τὸν δ' ἀπαμειβόμενος προσέφης, Εὔμαιε συβῶτα·
ΕΥΜ. — Οὐκ ἔμελέν μοι ταῦτα μεταλλῆσαι καὶ ἐρέσθαι
ἄστυ καταβλώσκοντα· τάχιστά με θυμὸς ἀνώγει
ἀγγελίην εἰπόντα πάλιν δεῦρ' ἀπονέεσθαι.
ὡμήρησε δέ μοι παρ' ἑταίρων ἄγγελος ὠκύς,
κῆρυξ, ὃς δὴ πρῶτος ἔπος σῇ μητέρ'. ἔειπεν.
ἄλλο δέ τοι τό γε οἶδα· τὸ γὰρ ἴδον ὀφθαλμοῖσιν.
ἤδη ὑπὲρ πόλιος, ὅθι θ' Ἕρμαιος λόφος ἐστίν,
ἦα κιών, ὅτε νῆα θοὴν ἰδόμην κατιοῦσαν
ἐς λιμέν' ἡμέτερον· πολλοὶ δ' ἔσαν ἄνδρες ἐν αὐτῇ,
βεβρίθει δὲ σάκεσσι καὶ ἔγχεσιν ἀμφιγύοισι·
καί σφεας ὠίσθην τοὺς ἔμμεναι, οὐ δέ τι οἶδα.
Ὣς φάτο· μείδησεν δ' ἱερὴ ἲς Τηλεμάχοιο
ἐς πατέρ' ὀφθαλμοῖσι ἰδών, ἀλέεινε δ' ὑφορβόν.
Οἱ δ' ἐπεὶ οὖν παύσαντο πόνου τετύκοντό τε δαῖτα,
δαίνυντ'· οὐδέ τι θυμὸς ἐδεύετο δαιτὸς ἐίσης.
αὐτὰρ ἐπεὶ πόσιος καὶ ἐδητύος ἐξ ἔρον ἕντο,
κοίτου τε μνήσαντο καὶ ὕπνου δῶρον ἕλοντο.

rentrés ? ou, toujours embusqués, me guettent-ils encor, même après mon retour ? »

Mais toi, porcher Eumée, tu lui dis en réponse :

EUMÉE. – « Ah ! j'avais bien souci de parler de cela ou de m'en enquérir ! En courant par la ville, je n'avais qu'un désir : revenir au plus tôt, mon message rendu. J'ai croisé le héraut, que tes gens envoyaient : c'est de ce messager rapide que ta mère a su d'abord la chose... J'ai pourtant mon idée : voici ce que j'ai vu. J'étais sur le chemin du retour, j'arrivais au-dessus de la ville, sur la butte d'Hermès[23], quand je vis un croiseur entrer dans notre port : il était plein de gens, chargé de boucliers, de lances à deux douilles ; je crois que c'était eux, mais ne sais rien de plus. »

À ces mots du porcher, Sa Force et Sainteté Télémaque sourit, en regardant son père. Mais Eumée ne vit rien.

Les apprêts achevés et le souper servi, on mangea, tout aux joies de ce repas d'égaux, puis, ayant satisfait la soif et l'appétit, on parla de dormir et l'on s'en fut goûter les présents du sommeil.

23. Certains spécialistes voient dans ce vers une allusion à une colline où Hermès aurait reçu un culte ; d'autres considèrent qu'il évoque un tas de pierres, *hermaion*, qui jalonnait les chemins ou qui bordait les champs. Chaque passant y déposait sa pierre en hommage au dieu des chemins, du voyage. Sur la question, cf. Séchan-Lévêque, 1990, 274-275.

## ⟨ΤΑ ΕΜ ΠΟΛΕΙ⟩

Ἦμος δ' ἠριγένεια φάνη ῥοδοδάκτυλος Ἠώς,
δὴ τότ' ἔπειθ' ὑπὸ ποσσὶν ἐδήσατο καλὰ πέδιλα
Τηλέμαχος, φίλος υἱὸς Ὀδυσσῆος θείοιο,
εἵλετο δ' ἄλκιμον ἔγχος, ὅ οἱ παλάμηφιν ἀρήρει,
ἄστυ δὲ ἱέμενος, καὶ ἑὸν προσέειπε συβώτην·
ΤΗΛ. — Ἄττ', ἤτοι μὲν ἐγὼν εἶμ' ἐς πόλιν, ὄφρά με μήτηρ
ὄψεται· οὐ γάρ μιν πρόσθεν παύσεσθαι ὀίω
κλαυθμοῦ τε στυγεροῖο γόοιό τε δακρυόεντος,
πρίν γ' αὐτόν με ἴδηται· ἀτὰρ σοί γ' ὧδ' ἐπιτέλλω·
τὸν ξεῖνον δύστηνον ἄγ' ἐς πόλιν, ὄφρ' ἂν ἐκεῖθι
δαῖτα πτωχεύῃ· δώσει δέ οἱ ὅς κ' ἐθέλῃσι
πύρνον καὶ κοτύλην· ἐμὲ δ' οὔ πως ἐστιν ἅπαντας
ἀνθρώπους ἀνέχεσθαι ἔχοντά περ ἄλγεα θυμῷ.
ὁ ξεῖνος δ' εἴ περ μάλα μηνίει, ἄλγιον αὐτῷ
ἔσσεται· ἦ γὰρ ἐμοὶ φίλ' ἀληθέα μυθήσασθαι.

Τὸν δ' ἀπαμειβόμενος προσέφη πολύμητις Ὀδυσσεύς·
ΟΔΥ. — Ὦ φίλος, οὐδέ τοι αὐτό⟨θ'⟩ ἐρύκεσθαι μενεαίνω·

vers 18 : πτωχῷ βέλτερόν ἐστι κατὰ πτόλιν ἠὲ κατ' ἀγρούς
19 : δαῖτα πτωχεύειν· δώσει δέ μοι ὅς κ' ἐθέλῃσιν

# À LA VILLE

*(CHANT XVII.)* De son berceau de brume, à peine était sortie l'Aurore aux doigts de roses que le fils du divin Ulysse, Télémaque, après s'être chaussé de ses belles sandales, prenait sa forte lance pour se rendre à la ville et, l'ayant bien en main, disait à son porcher :

TÉLÉMAQUE. – « Vieux frère, écoute-moi, je vais rentrer en ville me montrer à ma mère ; je la connais ; je sais que ses cris lamentables, ses sanglots et ses pleurs ne trouveront de fin qu'après m'avoir revu. Mais toi, voici mes ordres : pour mendier son pain, amène-nous là-bas notre pauvre étranger ; lui donne qui voudra ou la croûte ou la tasse[1] ; j'ai déjà trop d'ennuis ; je ne puis me charger de tout le genre humain ; si notre hôte le prend en mal, tant pis pour lui ! j'aime mon franc-parler[2]. »

Ulysse l'avisé lui fit cette réponse :

ULYSSE. – « Ne va pas croire, ami, que j'aie si grande envie qu'on me garde céans : quand on mendie son pain, on trouve son dîner en ville mieux qu'aux champs ; me donne qui voudra ! penses-tu que je sois d'âge à rester

1. En grec, *kotylê*, « cavité », « creux », d'où écuelle. Le cotyle est une mesure pour les liquides, équivalant à un quart de litre.

2. La rudesse de Télémaque à l'égard du mendiant est dictée par la volonté d'Ulysse qui veut être mis en contact avec les prétendants et se poster sur son seuil pour mieux jauger les gens de sa maisonnée et mener à bien sa vengeance. Cf. XVI, 267 sq.

οὐ γὰρ ἐπὶ σταθμοῖσι μένειν ἔτι τηλίκος εἰμί,
ὥς τ' ἐπιτειλαμένῳ σημάντορι πάντα πιθέσθαι.
ἀλλ' ἔρχευ· ἐμὲ δ' ἄξει ἀνὴρ ὅδε, τὸν σὺ κελεύεις,
αὐτίκ' ἐπεί κε πυρὸς θερέω ἀλέη τε γένηται·
αἰνῶς γὰρ τάδε εἵματ' ἔχω κακά· μή με δαμάσσῃ
στίβη ὑπηοίη· ἕκαθεν δέ τε ἄστυ φάτ' εἶναι.
  Ὣς φάτο· Τηλέμαχος δὲ διὲκ σταθμοῖο βεβήκει,
κραιπνὰ ποσὶ προβιβάς, κακὰ δὲ μνηστῆρσι φύτευεν.
  Αὐτὰρ ἐπεί ῥ' ἵκανε δόμους εὖ ναιετάοντας,
ἔγχος μὲν στῆσε πρὸς κίονα μακρὸν ἐρείσας,
αὐτὸς δ' εἴσω ἴεν καὶ ὑπέρβη λάινον οὐδόν.
  Τὸν δὲ πολὺ πρώτη ἴδε τροφὸς Εὐρύκλεια,
κώεα καστορνῦσα θρόνοισ' ἔνι δαιδαλέοισι,
δακρύσασα δ' ἔπειτ' ἰθὺς κίεν· ἀμφὶ δ' ἄρ' ἄλλαι
δμῳαὶ Ὀδυσσῆος ταλασίφρονος ἠγερέθοντο,
καὶ κύνεον ἀγαπαζόμεναι κεφαλήν τε καὶ ὤμους.
  Ἡ δ' ἴεν ἐκ θαλάμοιο περίφρων Πηνελόπεια,
[Ἀρτέμιδι ἰκέλη ἠὲ χρυσῇ Ἀφροδίτῃ]
ἀμφὶ δὲ παιδὶ φίλῳ βάλε πήχεε δακρύσασα,
κύσσε δέ μιν κεφαλήν τε καὶ ἄμφω φάεα καλὰ
καί ῥ' ὀλοφυρομένη ἔπεα πτερόεντα προσηύδα·
ΠΗΝ. — Ἦλθες, Τηλέμαχε, γλυκερὸν φάος· οὔ σ' ἔτ' ἐγώ γε
ὄψεσθαι ἐφάμην, ἐπεὶ ᾤχεο νηὶ Πύλονδε
λάθρῃ, ἐμεῦ ἀέκητι, φίλου μετὰ πατρὸς ἀκουήν.
ἀλλ' ἄγε μοι κατάλεξον ὅπως ἤντησας ὀπωπῆς.
  [Τὴν δ' αὖ Τηλέμαχος πεπνυμένος ἀντίον ηὔδα·

3 Certains spécialistes s'appuient sur ces vers (et également V, 270 sq., et XIV, 459 sq.) pour affirmer que le retour d'Ulysse a lieu en automne, voire au début de l'hiver.

4. L'accueil qu'Euryclée réserve à Télémaque annonce celui de Pénélope aux vers suivants et évoque la tendresse d'Eumée pour le fils d'Ulysse, cf. XVI, 11 sq. et 190 sq.

aux loges pour obéir en tout aux ordres d'un patron ? Non ! non ! tu peux partir : sitôt qu'un air de feu et le soleil venu m'auront ragaillardi[3], j'aurai, pour m'emmener, cet homme – il a tes ordres –, car, avec ces haillons terriblement mauvais, la gelée du matin m'aurait vite abattu, et la ville n'est pas, disiez-vous, toute proche. »

Il disait. Télémaque avait quitté la loge et, de son pas alerte, il s'en allait, plantant des maux aux prétendants.

Au grand corps de logis quand il fut arrivé, il s'en alla dresser la lance, qu'il portait, à la haute colonne, puis, entrant dans la salle, franchit le seuil de pierre. Bien avant tous les autres, la nourrice Euryclée, qui couvrait de toisons les fauteuils ouvragés, aperçut Télémaque, et ses larmes, jaillirent[4]. Elle vint droit à lui, et les autres servantes du valeureux Ulysse l'entouraient, le fêtaient, couvraient de leurs baisers sa tête et ses épaules.

Mais voici Pénélope, la plus sage des femmes, qui sortait de sa chambre : on eût dit Artémis ou l'Aphrodite d'or[5]. Elle prit dans ses bras son enfant et, pleurant, le baisant sur le front et sur ses deux beaux yeux, lui dit ces mots ailés à travers ses sanglots :

PÉNÉLOPE. – « Te voilà, Télémaque ! ô ma douce lumière ! Ah ! j'ai cru ne jamais te revoir quand j'ai su qu'embarqué en secret, contre ma volonté, tu partais pour Pylos t'informer de ton père ! Allons ! dis-moi, qu'as-tu rencontré ! qu'as-tu vu ? »

Posément Télémaque la regarda et dit :

5. Cette double présentation de Pénélope s'adapte parfaitement, selon Russo, *ad loc.*, à la situation de la reine : privée de son époux, comme la déesse vierge, elle s'était gardée de l'amour. Cependant, malgré son refus de se choisir un nouveau mari, telle Aphrodite, elle suscite le désir dans le cœur des prétendants.

ΤΗΛ. — Μῆτερ ἐμή, μή μοι γόον ὄρνυθι μηδέ μοι ἦτορ
ἐν στήθεσσιν ὄρινε φυγόντι περ αἰπὺν ὄλεθρον,
ἀλλ' ὑδρηναμένη, καθαρὰ χροῒ εἵμαθ' ἑλοῦσα,
εὔχεο πᾶσι θεοῖσι τεληέσσας ἑκατόμβας
ῥέξειν, αἴ κέ ποθι Ζεὺς ἄντιτα ἔργα τελέσσῃ.
αὐτὰρ ἐγὼν ἀγορὴν δ' ἐσελεύσομαι, ὄφρα καλέσσω
ξεῖνον, ὅτις μοι κεῖθεν ἅμ' ἕσπετο δεῦρο κιόντι.
τὸν μὲν ἐγὼ προὔπεμψα σὺν ἀντιθέοισ' ἑτάροισι,
Πείραιον δέ μιν ἠνώγεα προτὶ οἶκον ἄγοντα
ἐνδυκέως φιλέειν καὶ τιέμεν, εἰς ὅ κεν ἔλθω.
"Ως ἄρ' ἐφώνησεν· τῇ δ' ἄπτερος ἔπλετο μῦθος.
Ἡ δ' ὑδρηναμένη, καθαρὰ χροῒ εἵμαθ' ἑλοῦσα,
εὔχετο πᾶσι θεοῖσι τεληέσσας ἑκατόμβας
ῥέξειν, αἴ κέ ποθι Ζεὺς ἄντιτα ἔργα τελέσσῃ.
Τηλέμαχος δ' ἄρ' ἔπειτα διὲκ μεγάροιο βεβήκει
ἔγχος ἔχων· ἅμα τῷ γε δύω κύνες ἀργοὶ ἕποντο·
θεσπεσίην δ' ἄρα τῷ γε χάριν κατέχευεν Ἀθήνη·
τὸν δ' ἄρα πάντες λαοὶ ἐπερχόμενον θηεῦντο·
ἀμφὶ δέ μιν μνηστῆρες ἀγήνορες ἠγερέθοντο
ἔσθλ' ἀγορεύοντες, κακὰ δὲ φρεσὶ βυσσοδόμευον.
Αὐτὰρ ὁ τῶν μὲν ἔπειτα ἀλεύατο πουλὺν ὅμιλον,
ἀλλ' ἵνα Μέντωρ ἧστο καὶ Ἄντιφος ἠδ' Ἁλιθέρσης,
οἵ τέ οἱ ἐξ ἀρχῆς πατρώιοι ἦσαν ἑταῖροι,
ἔνθα καθέζετ' ἰών· τοὶ δ' ἐξερέεινον ἅπαντα.

vers 49 : εἰς ὑπερῷ' ἀναβᾶσα σὺν ἀμφιπόλοισι γυναιξίν

6. Il s'agit de Théoclymène, cf. XV, 223 sq.

7. Sur ce personnage, cf. XV, 539-546.

8. Contrairement à ce que semble indiquer cette traduction, il n'est pas question dans ce texte d'une assemblée. Les gens d'Ithaque sont simplement réunis à l'agora pour discuter entre eux des nouvelles.

TÉLÉMAQUE. – « Ne me fais pas pleurer, ne trouble pas mon cœur, mère ! puisque, sur moi, la mort n'est pas tombée. Mais baigne ton visage ; mets des habits sans tache et monte à ton étage avec tes chambrières pour faire à tous les dieux le vœu d'une hécatombe, si Zeus prend quelque jour le soin de nous venger. Je vais à l'agora, j'y dois trouver un hôte[6] qu'en rentrant de là-bas, je ramenais ici ; mais, sur mon ordre, avec mes compagnons divins, il a pris les devants ; j'ai dit à Piraeos[7] de l'emmener chez lui et, jusqu'à mon retour, de le soigner en l'honorant comme un ami. »

Il disait : sans qu'un mot s'envolât de ses lèvres, Pénélope, baignant son visage, alla mettre des vêtements sans tache et faire à tous les dieux le vœu d'une hécatombe, si Zeus prenait un jour le soin de les venger.

Mais Télémaque était sorti de la grand-salle et, reprenant sa lance, emmenait avec lui deux de ses lévriers. Athéna le parait d'une grâce céleste. Vers lui, quand il entra, tous les yeux se tournèrent ; en groupe, autour de lui, les fougueux prétendants lui faisaient mille grâces, mais roulaient la traîtrise au gouffre de leurs cœurs.

Télémaque évita leur nombreuse cohue et s'en vint prendre place à l'endroit où siégeaient[8] ensemble Halithersès[9], Antiphos[10] et Mentor[11], que son père avait eus pour amis dès l'enfance.

9. Pour ce vieillard, ami d'Ulysse et devin, cf. II, 157 sq.

10. Un personnage portant le même nom, compagnon d'Ulysse, est cité en II, 19. Cependant, ce fils d'Égyptios, avait été tué par le Cyclope. Il est probable que le poète ait utilisé ce nom pour Égyptios.

11. Le meilleur ami d'Ulysse, celui à qui le héros aurait confié le soin de veiller sur sa maisonnée. Il apparaît aux chants II, 225-241 ; XVII, 68 ; XXIV, 456. Athéna prend souvent son apparence alors qu'elle doit intervenir à Ithaque, en faveur soit de Télémaque, soit d'Ulysse, cf. II, 267-268 ; II, 401 (cf. III, 22 ; 240) ; IV, 654-655 ; XXII, 205-206 ; 213 ; 235 ; 249 ; XXIV, 466 ; 503 ; 548.

τοῖσι δὲ Πείραιος δουρικλυτὸς ἐγγύθεν ἦλθε
ξεῖνον ἄγων ἀγορὴν δὲ διὰ πτόλιν· οὐδ' ἄρ' ἔτι δὴν
Τηλέμαχος ξείνοιο ἑκὰς τράπετ', ἀλλὰ παρέστη.
Τὸν καὶ Πείραιος πρότερος πρὸς μῦθον ἔειπε·
ΠΕΙ. — Τηλέμαχ', αἶψ' ὄτρυνον ἐμὸν ποτὶ δῶμα γυναῖκας,
ὥς τοι δῶρ' ἀποπέμψω, ἅ τοι Μενέλαος ἔδωκε.
Τὸν δ' αὖ Τηλέμαχος πεπνυμένος ἀντίον ηὔδα·
ΤΗΛ. — Πείραι', οὐ γάρ ἴδμεν ὅπως ἔσται τάδε ἔργα.
εἴ κεν ἐμὲ μνηστῆρες ἀγήνορες ἐν μεγάροισι
λάθρῃ κτείναντες πατρώια πάντα δάσωνται,
αὐτὸν ἔχοντά σε βούλομ' ἐπαυρέμεν ἤ τινα τῶνδε·
εἰ δέ κ' ἐγὼ τούτοισι φόνον καὶ κῆρα φυτεύσω,
δὴ τότε μοι χαίροντι φέρειν πρὸς δώματα χαίρων.
Ὣς εἰπὼν ξεῖνον ταλαπείριον ἦγεν ἐς οἶκον.
Αὐτὰρ ἐπεί ῥ' ἵκοντο δόμους εὐναιετάοντας,
χλαίνας μὲν κατέθεντο κατὰ κλισμούς τε θρόνους τε,
ἐς δ' ἀσαμίνθους βάντες ἐυξέστας λούσαντο·
τοὺς δ' ἐπεὶ οὖν δμῳαὶ λοῦσαν καὶ χρῖσαν ἐλαίῳ,
ἀμφὶ δ' ἄρα χλαίνας οὔλας βάλον ἠδὲ χιτῶνας,
ἔκ ῥ' ἀσαμίνθων βάντες ἐπὶ κλισμοῖσι κάθιζον.
Χέρνιβα δ' ἀμφίπολος προχόῳ ἐπέχευε φέρουσα
καλῇ, χρυσείῃ, ὑπὲρ ἀργυρέοιο λέβητος,
νίψασθαι, παρὰ δὲ ξεστὴν ἐτάνυσσε τράπεζαν.
σῖτον δ' αἰδοίη ταμίη παρέθηκε φέρουσα,
εἴδατα πόλλ' ἐπιθεῖσα, χαριζομένη παρεόντων·
μήτηρ δ' ἀντίον ἷζε παρὰ σταθμὸν μεγάροιο
κλισμῷ κεκλιμένη, λέπτ' ἠλάκατα στρωφῶσα·
οἱ δ' ἐπ' ὀνείαθ' ἑτοῖμα προκείμενα χεῖρας ἴαλλον.

12. Cf. XV, 539-546.
13. Pour ces cadeaux, cf. XV, 99-130.

Comme ils l'interrogeaient sur toutes les nouvelles, voici que Piraeos[12], à la lance fameuse, approchait : par la ville, il avait amené son hôte à l'agora. Sans tarder un instant, Télémaque s'en vint accueillir l'étranger.

Mais déjà Piraeos avait pris la parole :

PIRAEOS. – « Télémaque, envoie-nous au plus tôt des servantes pour reprendre chez moi tous les cadeaux que tu reçus de Ménélas[13]. »

Posément, Télémaque le regarda et dit :

TÉLÉMAQUE. – « Piraeos, attendons ! je ne vois pas encor la fin de tout cela. Il se peut qu'au manoir, les fougueux prétendants me tuent en trahison et que mon patrimoine entier soit leur partage : plutôt qu'à l'un d'entre eux, j'aime mieux t'en laisser, à toi, la jouissance. Si c'est moi qui leur plante et le meurtre et la mort, nous aurons même joie, moi de les recevoir et toi de me les rendre. »

Il dit et reprit avec son hôte infortuné le chemin du manoir. Quand ils eurent atteint le grand corps du logis et laissé leurs manteaux aux sièges et fauteuils, ils allèrent au bain dans les cuves polies. Puis, baignés, frottés d'huile, par la main des servantes, et vêtus de la robe et du manteau de laine, au sortir des baignoires, ils prirent siège à table.

Vint une chambrière qui, portant une aiguière en or, et du plus beau, leur donnait à laver sur un bassin d'argent et dressait devant eux une table polie. Vint la digne intendante : elle apportait le pain et le mit devant eux, puis leur fit les honneurs de toutes ses réserves, tandis qu'en l'embrasure, en face de son fils, Pénélope, allongée sur son siège, tournait sa quenouille légère[14].

Vers les morceaux de choix préparés et servis, ils tendirent les mains.

14. Comme Arété en Phéacie, Pénélope s'active pendant que les hommes mangent ou bavardent dans le *mégaron*, cf. VI, 305 sq.

Αὐτὰρ ἐπεὶ πόσιος καὶ ἐδητύος ἐξ ἔρον ἕντο,
τοῖσι δὲ μύθων ἦρχε περίφρων Πηνελόπεια·
ΠΗΝ. — Τηλέμαχ', ἤτοι ἐγὼν ὑπερώιον εἰσαναβᾶσα
λέξομαι εἰς εὐνήν, ἥ μοι στονόεσσα τέτυκται,
αἰεὶ δάκρυσ' ἐμοῖσι πεφυρμένη, ἐξ οὗ Ὀδυσσεὺς
ᾤχεθ' ἅμ' Ἀτρείδῃσιν ἐς Ἴλιον· οὐδέ μοι ἔτλης,
πρὶν γ' ἐλθεῖν μνηστῆρας ἀγήνορας ἐς τόδε δῶμα,
νόστον σοῦ πατρὸς σάφα εἰπέμεν, εἴ που ἄκουσας.]

Τὴν δ' αὖ Τηλέμαχος πεπνυμένος ἀντίον ηὖδα·
ΤΗΛ. — Τοὶ γὰρ ἐγώ τοι, μῆτερ, ἀληθείην καταλέξω.
ᾠχόμεθ' ἔς τε Πύλον καὶ Νέστορα, ποιμένα λαῶν·
δεξάμενος δέ με κεῖνος ἐν ὑψηλοῖσι δόμοισιν
ἐνδυκέως [ἐφίλει, ὡς εἴ τε πατὴρ ἑὸν υἱὸν
ἐλθόντα χρόνιον νέον ἄλλοθεν· ὣς ἐμὲ κεῖνος
ἐνδυκέως] ἐκόμιζε σὺν υἱάσι κυδαλίμοισιν·
αὐτὰρ Ὀδυσσῆος ταλασίφρονος οὔ ποτ' ἔφασκε,
ζωοῦ οὐδὲ θανόντος ἐπιχθονίων τευ ἀκοῦσαι,
ἀλλά μ' ἐς Ἀτρείδην, δουρικλειτὸν Μενέλαον,
ἵπποισι προύπεμψε καὶ ἅρμασι κολλητοῖσιν.
ἔνθ' ἴδον Ἀργείην Ἑλένην, ἧς εἵνεκα πολλὰ
Ἀργεῖοι Τρῶές τε θεῶν ἰότητι μόγησαν·
εἴρετο δ' αὐτίκ' ἔπειτα βοὴν ἀγαθὸς Μενέλαος
ὅττευ χρηΐζων ἱκόμην Λακεδαίμονα δῖαν·
αὐτὰρ ἐγὼ τῷ πᾶσαν ἀληθείην κατέλεξα.
καὶ τότε δή μ' ἐπέεσσιν ἀμειβόμενος προσέειπε·

vers 124 : Ὢ πόποι, ἦ μάλα δὴ κρατερόφρονος ἀνδρὸς ἐν εὐνῇ
125 : ἤθελον εὐνηθῆναι ἀνάλκιδες αὐτοὶ ἐόντες.
126 : ὡς δ' ὁπότ' ἐν ξυλόχῳ ἔλαφος κρατεροῖο λέοντος
127 : νεβροὺς κοιμήσασα νεηγενέας γαλαθηνοὺς
128 : κνημοὺς ἐξερέησι καὶ ἄγκεα ποιήεντα

Quand on eut satisfait la soif et l'appétit, la plus sage des femmes, Pénélope, reprit :

PÉNÉLOPE. – « Télémaque, faut-il que, remontant chez moi, je m'étende en ce lit qu'emplissent mes sanglots et que trempent mes larmes, depuis le jour qu'Ulysse avec les fils d'Atrée[15] partit vers Ilion ? Veux-tu donc me laisser – quand ici vont entrer les fougueux prétendants –, sans daigner me parler du retour de ton père ? En sais-tu quelque chose ? »

Posément, Télémaque la regarda et dit :

TÉLÉMAQUE. – « Non ! voici tout au long, ma mère, la vérité. Je m'en fus à Pylos où Nestor, le pasteur du peuple, me reçut en sa haute demeure et m'entoura de soins, comme un père accueillant un fils qui rentrerait après un an d'absence[16]. C'est un pareil accueil que me fit le vieillard avec ses nobles fils. Du malheureux Ulysse, il ne put rien me dire, n'ayant jamais appris de personne en ce monde qu'il fût vivant ou mort. Mais Nestor, me donnant ses chevaux et son char aux panneaux bien plaqués, m'envoya chez le fils d'Atrée, chez Ménélas à la lance fameuse[17]... Et c'est là que j'ai vu Hélène l'Argienne, celle pour qui les gens et d'Argos et de Troie, sous le courroux des dieux, ont subi tant d'épreuves ! Le premier mot de Ménélas le bon crieur fut pour me demander quel besoin m'amenait en sa Sparte divine ; point par point, je lui dis toute la vérité, et voici quelle fut aussitôt sa réponse : "Misère ! ah ! C'est au lit du héros de vaillance que voudraient se coucher ces hommes sans vigueur ! Quand le lion vaillant a quitté sa tanière, il se peut que la biche y vienne remiser les deux faons nouveau-nés qui la tètent encore, puis s'en aille brouter, par les pentes

15. C'est-à-dire Ménélas et Agamemnon.

16. Cf. chant III, *passim*.

17. Pour le séjour chez Ménélas, cf. chant IV et XV, 1-181.

— Ταῦτα δ', ἅ μ' εἰρωτῇς καὶ λίσσεαι, οὐκ ἂν ἐγώ γε 138
ἄλλα παρὲκ εἴποιμι παρακλιδόν, οὐδ' ἀπατήσω·
ἀλλὰ τὰ μέν μοι ἔειπε γέρων ἅλιος νημερτής, 140
τῶν οὐδέν τοι ἐγὼ κρύψω ἔπος οὐδ' ἐπικεύσω·
φῆ μιν ὅ γ' ἐν νήσῳ ἰδέειν κατὰ δάκρυ χέοντα,
νύμφης ἐν μεγάροισι Καλυψοῦς, ἥ μιν ἀνάγκῃ
ἴσχει· ὁ δ' οὐ δύναται ἣν πατρίδα γαῖαν ἱκέσθαι. 144
— Ὣς ἔφατ' Ἀτρείδης, δουρικλειτὸς Μενέλαος. 147
ταῦτα τελευτήσας νεόμην· ἔδοσαν δέ μοι οὖρον
ἀθάνατοι, τοί μ' ὦκα φίλην ἐς πατρίδ' ἔπεμψαν.
Ὣς φάτο· τῇ δ' ἄρα θυμὸν ἐνὶ στήθεσσιν ὄρινε. 150

[Τοῖσι δὲ καὶ μετέειπε Θεοκλύμενος θεοειδής·
ΘΕΟ. — Ὦ γύναι αἰδοίη Λαερτιάδεω Ὀδυσῆος,
ἦτοι ὅ γ' οὐ σάφα οἶδεν· ἐμεῖο δὲ σύνθεο μῦθον·
ἀτρεκέως γάρ τοι μαντεύσομαι οὐδ' ἐπικεύσω 154

vers 129 : βοσκομένη, ὁ δ' ἔπειτα ἑὴν εἰσήλυθεν εὐνήν,
130 : ἀμφοτέροισι δὲ τοῖσιν ἀεικέα πότμον ἐφῆκεν,
131 : ὣς Ὀδυσεὺς κείνοισιν ἀεικέα πότμον ἐφήσει.
132 : αἳ γάρ, Ζεῦ τε πάτερ καὶ Ἀθηναίη καὶ Ἄπολλον,
133 : τοῖος ἐὼν οἷός ποτ' ἐυκτιμένῃ ἐνὶ Λέσβῳ
134 : ἐξ ἔριδος Φιλομηλείδῃ ἐπάλαισεν ἀναστάς,
135 : κὰδ δ' ἔβαλε κρατερῶς, κεχάροντο δὲ πάντες Ἀχαιοί,
136 : τοῖος ἐὼν μνηστῆρσιν ὁμιλήσειεν Ὀδυσσεύς·
137 : πάντές κ' ὠκύμοροί τε γενοίατο πικρόγαμοί τε
vers 145 : οὐ γάρ οἱ πάρα νῆες ἐπήρετμοι καὶ ἑταῖροι,
146 : οἵ κέν μιν πέμποιεν ἐπ' εὐρέα νῶτα θαλάσσης
vers 155 : ἴστω νῦν Ζεὺς πρῶτα θεῶν ξενίη τε τράπεζα
156 : ἱστίη τ' Ὀδυσῆος ἀμύμονος, ἣν ἀφικάνω

boisées, les combes verdoyantes : il rentre se coucher et leur donne à tous deux un destin sans douceur. C'est un pareil destin et sans plus de douceur qu'ils obtiendraient d'Ulysse, si demain, Zeus le Père ! Athéna ! Apollon ! il pouvait revenir tel qu'aux murs de Lesbos, nous le vîmes un jour accepter le défi du fils de Philomèle[18] et lutter avec lui et, de son bras robuste, le tomber pour la joie de tous nos Achéens ! Qu'il rentre cet Ulysse, parler aux prétendants ; tous auront la vie courte et des noces amères ! Je vais répondre à tes prières et demandes, sans un mot qui t'égare ou te puisse abuser. Oui ! tout ce que j'ai su par un Vieux de la mer[19] au parler prophétique, le voici sans omettre et sans changer un mot : il m'a dit qu'il avait aperçu, dans une île, Ulysse tout en larmes, qu'en un manoir, là-bas, la nymphe Calypso le retient malgré lui et qu'il ne peut rentrer au pays de ses pères, n'ayant ni les vaisseaux à rames ni les hommes pour voguer sur le dos de la plaine marine[20]." Voilà ce que m'a dit l'Atride Ménélas à la lance fameuse. Ma tâche était remplie : je revins et le vent, que les dieux me donnèrent, me ramena tout droit à la terre natale. »

Il dit, et Pénélope en était remuée jusqu'au fond de son cœur.

Alors Théoclymène au visage de dieu :

THÉOCLYMÈNE. – « Digne épouse du fils de Laërte, d'Ulysse, tu vois que Ménélas ne savait pas grand-chose ; mais retiens mon avis ; je prédis à coup sûr et ne te cache rien. Que Zeus m'en soit témoin, et tous les autres dieux et ta table, ô mon hôte, comme aussi ce foyer de l'éminent Ulysse où me voici rendu ! Sache

18. Ce roi cruel invitait les étrangers débarqués à Lesbos à se mesurer avec lui. Il aurait été vaincu par Ulysse et Diomède alors que les Achéens revenaient de Troie ; cf. IV, 343 et note.

19. Allusion à Protée. Pour son entrevue avec Ménélas, cf. IV, 447 sq.

20. Sur ces vers, cf. IV, 551-558. Sur la Nymphe Calypso, cf. I, 14 et note ; voir aussi tout le chant V.

ὡς ἤτοι Ὀδυσεὺς ἤδη ἐν πατρίδι γαίῃ,
ἥμενος ἢ' ἕρπων, τάδε πευθόμενος κακὰ ἔργα
ἔστιν, ἀτὰρ μνηστῆρσι κακὸν πάντεσσι φυτεύει,
οἷον ἐγὼν οἰωνὸν ἐυσσέλμου ἐπὶ νηὸς
ἥμενος ἐφρασάμην καὶ Τηλεμάχῳ ἐγεγώνευν.
Τὸν δ' αὖτε προσέειπε περίφρων Πηνελόπεια·
ΠΗΝ. — Αἲ γὰρ τοῦτο, ξεῖνε, ἔπος τετελεσμένον εἴη·
τῶ κε τάχα γνοίης φιλότητά τε πολλά τε δῶρα
ἐξ ἐμεῦ, ὡς ἄν τίς σε συναντόμενος μακαρίζοι.
Ὣς οἱ μὲν τοιαῦτα πρὸς ἀλλήλους ἀγόρευον.]

Μνηστῆρες δὲ πάροιθεν Ὀδυσσῆος μεγάροιο
δίσκοισιν τέρποντο καὶ αἰγανέῃσιν ἱέντες,
ἐν τυκτῷ δαπέδῳ, ὅθι περ πάρος, ὕβριν ἔχοντες.
Ἀλλ' ὅτε δὴ δείπνηστος ἔην καὶ ἐπήλυθε μῆλα
πάντοθεν ἐξ ἀγρῶν, οἱ δ' ἤγαγον, οἳ τὸ πάρος περ,
καὶ τότε δή σφιν ἔειπε Μέδων ὃς γάρ ῥα μάλιστα
ἥνδανε κηρύκων καί σφιν παρεγίνετο δαιτί·
ΜΕΔ. — Κοῦροι, ἐπεὶ δὴ πάντες ἐτέρφθητε φρέν' ἀέθλων,
ἔρχεσθε πρὸς δώμαθ', ἵν' ἐντυνώμεθα δαῖτα·
οὐ μὲν γάρ τι χέρειον ἐν ὥρῃ δεῖπνον ἑλέσθαι.
Ὣς ἔφαθ'· οἱ δ' ἀνστάντες ἔβαν πείθοντό τε μύθῳ.
αὐτὰρ ἐπεί ῥ' ἵκοντο δόμους εὐναιετάοντας,
χλαίνας μὲν κατέθεντο κατὰ κλισμούς τε θρόνους τε,
ἱέρευον δὲ σύας σιάλους καὶ βοῦν ἀγελαίην,
δαῖτ' ἐντυνόμενοι· τοὶ δ' ἐξ ἀγροῖο πόλιν δὲ
ὠτρύνοντ' Ὀδυσεύς τ' ἰέναι καὶ δῖος ὑφορβός.
Τοῖσι δὲ μύθων ἦρχε συβώτης, ὄρχαμος ἀνδρῶν·

vers 180 : οἱ δ' ἱέρευον ὄις μεγάλους καὶ πίονας αἶγας

21. La prophétie de Théoclymène fait écho à celle d'Halithersès en II, 161 sq. Ulysse mendiant reprendra, en quelque sorte, les propos de Théoclymène en XIX, 300-306.

qu'en sa patrie, Ulysse est revenu, qu'il y siège, y circule et, connaissant déjà leurs vilaines besognes, prépare un vilain sort à tous les prétendants[21]... Voilà ce qu'est venu me révéler l'augure, ce que je révélai moi-même à Télémaque sur les bancs du vaisseau. »

La plus sage des femmes, Pénélope, reprit :

PÉNÉLOPE. – « Ah ! puisse s'accomplir ta parole, ô mon hôte ! tu trouverais chez moi une amitié si prompte et des dons si nombreux que chacun, à te voir, vanterait ton bonheur[22]. »

Pendant qu'ils échangeaient ces paroles entre eux, les prétendants, devant la grand-salle d'Ulysse, se jouaient à lancer disques et javelots sur la dure esplanade, théâtre coutumier de leur morgue insolente[23].

Vint l'heure du repas : on vit entrer les bêtes que, suivant la coutume, des bergers amenaient des champs, de toutes parts, et voici que Médon, leur héraut préféré, leur compagnon de table, disait aux prétendants :

MÉDON. – « Si vos cœurs, jeunes gens, ont assez de la joute, rentrons dans le logis préparer le repas ; c'est un plaisir aussi que de dîner à l'heure. »

Il dit et, se levant, ils acceptent l'invite. Au grand corps du logis une fois arrivés, ils laissent leurs manteaux aux sièges et fauteuils, ils abattent de grands moutons, des chèvres grasses, abattent une vache amenée du troupeau et des porcs gras à lard, puis le dîner s'apprête.

Aux champs, à la même heure, Ulysse et le divin porcher se préparaient, pour venir à la ville.

Eumée, le commandeur des porchers, discourait :

22. Ces vers sont répétés en XIX, 309-311. Voir aussi XV, 536-538.

23. Cf. aussi IV, 625-627, où les prétendants s'adonnent aux jeux. Pour une interprétation de ces vers, cf. Krischer, 1992, 19-25.

ΕΥΜ. — Ξεῖν', ἐπεὶ ἂρ δὴ ἔπειτα πόλιν δ' ἴμεναι μενεαίνεις
σήμερον, ὡς ἐπέτελλε ἄναξ ἐμός, ἦ σ' ἂν ἐγώ γε 186
αὐτοῦ βουλοίμην σταθμῶν ῥυτῆρα λιπέσθαι·
ἀλλὰ τὸν αἰδέομαι καὶ δείδια, μή μοι ὀπίσσω
νεικείῃ· χαλεπαὶ δὲ ἀνάκτων εἰσὶν ὁμοκλαί.
ἀλλ' ἄγε νῦν ἴομεν· δὴ γὰρ μέμβλωκε μάλιστα 190
ἦμαρ· ἀτὰρ τάχα τοι ποτὶ ἕσπερα ῥίγιον ἔσται.
Τὸν δ' ἀπαμειβόμενος προσέφη πολύμητις Ὀδυσσεύς·
ΟΔΥ. — Γινώσκω, φρονέω· τά γε δὴ νοέοντι κελεύεις.
ἀλλ' ἴομεν· σὺ δ' ἔπειτα διαμπερὲς ἡγεμόνευε,
δὸς δέ μοι, εἴ ποθί τοι ῥόπαλον τετμημένον ἐστί, 195
σκηρίπτεσθ', ἐπεὶ ἦ φατ' ἀρισφαλέ' ἔμμεναι οὐδόν.
Ἦ ῥα καὶ ἀμφ' ὤμοισιν ἀεικέα βάλλετο πήρην· 197
Εὔμαιος δ' ἄρα οἱ σκῆπτρον θυμαρὲς ἔδωκε. 199
Τὼ βήτην· σταθμὸν δὲ κύνες καὶ βώτορες ἄνδρες 200
ῥύατ' ὄπισθε μένοντες· ὁ δ' ἐς πόλιν ἦγε ἄνακτα
πτωχῷ λευγαλέῳ ἐναλίγκιον ἠδὲ γέροντι,
σκηπτόμενον· τὰ δὲ λυγρὰ περὶ χροῒ εἵματα ἕστο.
Ἀλλ' ὅτε δὴ στείχοντες ὁδὸν κάτα παιπαλόεσσαν
ἄστεος ἐγγὺς ἔσαν καὶ ἐπὶ κρήνην ἀφίκοντο 205
τυκτήν, καλλίροον ὅθεν ὑδρεύοντο πολῖται,
[τὴν ποίησ' Ἴθακος καὶ Νήριτος ἠδὲ Πολύκτωρ,]
ἀμφὶ δ' ἄρ' αἰγείρων ὑδατοτρεφέων ἦν ἄλσος
πάντοσε κυκλοτερές· κατὰ δὲ ψυχρὸν ῥέεν ὕδωρ
ὑψόθεν ἐκ πέτρης· βωμὸς δ' ἐφύπερθε τέτυκτο 210
Νυμφάων, ὅθι πάντες ἐπιρρέζεσκον ὁδῖται,

vers 198 : πυκνὰ ῥωγαλέην· ἐν δὲ στρόφος ἦεν ἀορτήρ

24. Ces héros bâtisseurs seraient les fondateurs d'Ithaque et de Céphalonie, cf. Russo, *ad loc.*

EUMÉE. – « Puisque c'est ton envie, mon hôte, de partir aujourd'hui, pour la ville, je m'en vais obéir aux ordres de mon maître. Tu sais que, volontiers, je t'aurais conservé pour garder notre loge. Mais lui, je le respecte ! et je craindrais qu'ensuite, il ne me querellât ; or reproches du maître ont toujours peu de charme... Mettons-nous en chemin : tu vois, le jour s'avance ; le soir, qui tôt viendra, pourrait bien être frais. »

Ulysse l'avisé lui fit cette réponse :

ULYSSE. – « Je comprends ; j'ai saisi ; j'avais prévu l'invite : en route ! va devant ! mène-moi jusqu'au bout ! Mais encore un cadeau : tu dois bien avoir là un bâton de coupé ; il me faut un appui ; vous disiez que la route est plutôt un glissoir. »

Il disait et, tandis qu'il jetait sur son dos la sordide besace qui n'était que lambeaux, pendus à une corde, le porcher lui donnait le bâton demandé.

Et le couple partit, en laissant la cabane à la garde des chiens et des autres bergers. Le porcher conduisait à la ville son roi : son roi, ce mendiant, ce vieillard lamentable ! quel sceptre dans sa main ! quels haillons sur sa peau !

Ils atteignaient le bas de la côte escarpée ; ils approchaient du bourg et venaient de passer la source maçonnée, construite par Ithaque, Nérite et Polyktor[24], la source aux belles eaux où la ville s'abreuve : sous les peupliers d'eau, qui, d'un cercle complet, enferment la fontaine, ils voyaient du rocher tomber son onde fraîche, sous cet autel des Nymphes[25], où chacun en passant fait

25. Les habitants d'Ithaque semblent très attachés aux nymphes et particulièrement aux Naïades. Cependant, dans ces vers, il n'y a pas d'allusion à la grotte où Ulysse range ses trésors en arrivant à Ithaque ; cf. XIII, 350 et note. Suivant les résultats des fouilles archéologiques réalisées à Port-Polis, J. Bérard, *ad loc.*, suggère que cette fontaine serait celle retrouvée près de Stavros, sur le chemin qui mène à la ville.

ἔνθά σφεας ἐκίχανεν υἱὸς Δολίοιο Μελανθεύς, 212
τοὺς δὲ ἰδὼν νείκεσσε ἔπος τ' ἔφατ' ἔκ τ' ὀνόμαζεν 215
ἔκπαγλον καὶ ἀεικές· ὄρινε δὲ κῆρ Ὀδυσῆος·
ΜΕΛ. — Νῦν μὲν δὴ μάλα πάγχυ κακὸς κακὸν ἡγηλάζει.
[ὡς αἰεὶ τὸν ὁμοῖον ἄγει θεὸς ὡς τὸν ὁμοῖον.]
πῇ δὴ τόνδε μολοβρὸν ἄγεις, ἀμέγαρτε συβῶτα; 219
ὃς πολλῇσι φλιῇσι παραστὰς φλίψεται ὤμους 221
[αἰτίζων ἀκόλους, οὐκ ἄορας οὐδὲ λέβητας.]
τόν κ' εἴ μοι δοίης σταθμῶν ῥυτῆρα γενέσθαι
σηκοκόρον τ' ἔμεναι θαλλόν τ' ἐρίφοισι φορῆναι,
καί κεν ὀρὸν πίνων μεγάλην ἐπιγουνίδα θεῖτο. 225
ἀλλ' ἐπεὶ οὖν δὴ ἔργα κάκ' ἔμμαθεν, οὐκ ἐθελήσει
ἔργον ἐποίχεσθαι, ἀλλὰ πτώσσων κατὰ δῆμον
βούλεται αἰτίζων βόσκειν ἣν γαστέρ' ἄναλτον.
[ἀλλ' ἔκ τοι ἐρέω· τὸ δὲ καὶ τετελεσμένον ἔσται·
αἴ κ' ἔλθῃ πρὸς δώματ' Ὀδυσσῆος θείοιο, 230
πολλά οἱ ἀμφὶ κάρη σφέλα ἀνδρῶν ἐκ παλαμάων
πλευραὶ ἀποτρίψουσι δόμον κάτα βαλλομένοιο.]
Ὣς φάτο καὶ παριὼν λὰξ ἔνθορεν ἀφραδίῃσιν
ἰσχίῳ, οὐ δέ μιν ἐκτὸς ἀταρπιτοῦ ἐστυφέλιξεν·
ἀλλ' ἔμεν' ἀσφαλέως. ὁ δὲ μερμήριξεν Ὀδυσσεὺς 235
ἠὲ μεταΐξας ῥοπάλῳ ἐκ θυμὸν ἕλοιτο,
ἦ πρὸς γῆν ἐλάσειε κάρη ἀμφουδὶς ἀείρας,
ἀλλ' ἐπετόλμησε, φρεσὶ δ' ἔσχετο. τὸν δὲ συβώτης
νείκεσ' ἐς ἄντα ἰδών, μέγα δ' εὔξατο χεῖρας ἀνασχών·

vers 213 : αἶγας ἄγων, αἳ πᾶσι μετέπρεπον αἰπολίοισι,
214 : δεῖπνον μνηστήρεσσι· δύω δ' ἅμ' ἕποντο νομῆες
vers 220 : πτωχὸν ἀνιηρόν, δαιτῶν ἀπολυμαντῆρα

26. Chevrier d'Ulysse, très proche des prétendants. Sur son père Dolios, fidèle serviteur, cf. IV, 735, et particulièrement XXIV, 222, 387, 397, 409, 411, 492, 497-498.

toujours quelque offrande. C'est là que Mélantheus[26], le fils de Dolios, les croisa sur la route. Pour le repas des prétendants, il amenait ses chèvres les plus belles ; deux bergers le suivaient. Aussitôt qu'il les vit, il n'eut à leur adresse que paroles d'insulte violente et grossière ; Ulysse en sursauta :

MÉLANTHEUS. – « Voilà le roi des gueux qui mène un autre gueux ! comme on voit que les dieux assortissent les paires ! Misérable porcher, où mènes-tu ce goinfre[27], l'odieux mendiant ! ce fléau des festins ? à combien de montants va-t-il monter la garde et s'user les épaules en quémandant, non des femmes, ni des chaudrons, mais seulement des croûtes ? Si tu me le donnais pour garder notre étable, balayer le fumier, faire aux chevreaux du vert ! avec mon petit-lait, il se ferait des cuisses... Mais il n'a jamais su que mauvaises besognes : il ne daignerait pas se donner à l'ouvrage ! il préfère gueuser, quêter de porte en porte, emplir ce ventre, un gouffre ! Eh bien ! je te préviens et tu verras la chose ! qu'il entre seulement chez ton divin Ulysse ! de la main des seigneurs, je vois les escabelles lui voler à la tête et lui polir les côtes ! quels coups en notre salle[28] ! »

Et passant, à ces mots, près d'Ulysse, ce fou lui détacha un coup de talon dans la hanche. Ulysse tint le coup sans lâcher le sentier ; mais il se demanda si, d'un revers de trique, il n'allait pas l'abattre ou, l'enlevant du sol, l'assommer contre terre... Mais il se résigna et dompta son envie, et ce fut le porcher qui, les yeux dans les yeux, querella Mélantheus, puis, les mains vers le ciel, cria cette prière :

27. En grec *molobron*. Les spécialistes ne s'accordent pas souvent sur le sens de ce mot, « glouton » ou « chauve ». Sur la question, cf. Russo, *ad loc.* ; voir aussi Coughanowr, 1979, 229 sq.

28. Ulysse est effectivement agressé ainsi par les prétendants en XVII, 409.

ΕΥΜ. — Νύμφαι κρηναῖαι, κοῦραι Διός, εἴ ποτ' Ὀδυσσεὺς
ὔμμ' ἐπὶ μηρί' ἔκηε, καλύψας πίονι δημῷ,
ἀρνῶν ἠδ' ἐρίφων, τόδε μοι κρηήνατ' ἐέλδωρ,
ὡς ἔλθοι μὲν κεῖνος ἀνήρ· ἀγάγοι δέ ἑ δαίμων·
τῶ κέ τοι ἀγλαΐας γε διασκεδάσειεν ἁπάσας,
τὰς νῦν ὑβρίζων φορέεις, ἀλαλήμενος αἰεὶ
ἄστυ κάτ'· αὐτὰρ μῆλα κακοὶ φθείρουσι νομῆες.
Τὸν δ' αὖτε προσέειπε Μελάνθιος, αἰπόλος αἰγῶν
ΜΕΛ. — Ὢ πόποι, οἷον ἔειπε κύων ὀλοφώια εἰδώς,
τόν ποτ' ἐγὼν ἐπὶ νηὸς ἐυσσέλμοιο μελαίνης
ἄξω τῆλ' Ἰθάκης, ἵνα μοι βίοτον πολὺν ἄλφοι.
αἲ γὰρ Τηλέμαχον βάλοι ἀργυρότοξος Ἀπόλλων
σήμερον ἐν μεγάροισ' ἢ ὑπὸ μνηστῆρσι δαμείη,
ὡς Ὀδυσῆΐ γε τηλοῦ ἀπώλετο νόστιμον ἦμαρ.
Ὣς εἰπὼν τοὺς μὲν λίπεν αὐτόθι ἦκα κιόντας·
αὐτὰρ ὁ βῆ, μάλα δ' ὦκα δόμους ἵκανε ἄνακτος,
αὐτίκα δ' εἴσω ἴεν, μετὰ δὲ μνηστῆρσι κάθιζεν,
ἀντίον Εὐρυμάχου· τὸν γὰρ φιλέεσκε μάλιστα.
τῷ παρὰ μὲν κρειῶν μοῖραν θέσαν οἳ πονέοντο·
σῖτον δ' αἰδοίη ταμίη παρέθηκε φέρουσα.
Ἀγχίμολον δ⟨ὲ δόμοισ'⟩ Ὀδυσεὺς καὶ δῖος ὑφορβὸς
στήτην ἐρχομένω· περὶ δέ σφεας ἤλυθ' ἰωὴ
φόρμιγγος γλαφυρῆς· ἀνὰ γάρ σφισι βάλλετ' ἀείδειν
Φήμιος· αὐτὰρ ὁ χειρὸς ἑλὼν προσέειπε συβώτην·

29. La vente d'hommes, couramment pratiquée par les marins, voire par les pirates, était un moyen très facile de s'enrichir. Le poète de l'*Odyssée* évoque la pratique à maintes reprises, cf. VII, 7 sq. ; XIV, 297-298 ; 449-452, etc.

EUMÉE. – « Nymphes de cette source, ô vous, filles de Zeus, si pour vous, quelquefois, Ulysse a fait brûler des cuisses de chevreaux ou d'agneaux, recouvertes d'un large champ de graisse, accordez à nos vœux que le maître revienne ! que le ciel nous le rende ! Il aura bientôt fait de rabattre la morgue et les airs insolents, que tu vas, chaque jour, promener à la ville, en laissant ton troupeau aux pires des bergers ! »

Le maître-chevrier, Mélantheus, répliqua :

MÉLANTHEUS. – « Ah ! misère ! que dit ce chien qui sent la rage ? Quelque jour, sous les bancs d'un noir vaisseau, j'irai te vendre loin d'Ithaque ! et je ferai fortune[29] ! Et quant au fils d'Ulysse, ah ! si dès aujourd'hui le dieu à l'arc d'argent, Apollon, pouvait donc venir en plein manoir l'abattre[30] ou le livrer aux coups des prétendants, aussi vrai que le père a perdu, loin de nous, la journée du retour ! »

Il dit et, les laissant marcher d'un train plus lent, il s'en fut à grands pas vers le manoir du maître. Il entra dans la salle et s'en vint prendre place parmi les prétendants, en face d'Eurymaque : c'était son grand ami[31]. Devant lui, les servants mirent sa part des viandes ; puis, la digne intendante lui présenta le pain.

Or, devant le manoir, Ulysse et le divin porcher avaient fait halte ; autour d'eux, bourdonnait un bruit de lyre creuse ; car Phémios[32], avant de chanter, préludait.

Ulysse prit la main du porcher et lui dit :

30. Ce dieu était associé aux morts subites, cf. III, 380 et note. Il y a comme une ironie tragique dans les propos de Mélanthios. Cependant, ses vœux ne se réaliseront pas car, pendant la fête d'Apollon, ce sont les prétendants qui seront exécutés par Ulysse.

31. Il était aussi l'amant de la sœur de Mélanthios, Mélantho. Cf. XVIII, 325.

32. Sur ce personnage, cf. I, 154 et note.

ΟΔΥ. — Εὔμαι', ἦ μάλα δὴ τάδε δώματα κάλ' Ὀδυσῆος·
ῥεῖα δ' ἀρίγνωτ' ἐστὶ καὶ ἐν πολλοῖσι ἰδέσθαι.
ἐξ ἑτέρων ἕτερ' ἐστίν· ἐπήσκηται δέ οἱ αὐλὴ
τοίχῳ καὶ θριγκοῖσι· θύραι δ' εὐερκέες εἰσὶ
δικλίδες· οὐκ ἄν τίς μιν ἀνὴρ ὑπεροπλίσσαιτο.
γινώσκω δ' ὅτι πολλοὶ ἐν αὐτῷ δαῖτα πένονται
ἄνδρες, ἐπεὶ κνίση μὲν ἐνήνοθεν, ἐν δέ τε φόρμιγξ
ἠπύει, ἣν ἄρα δαιτὶ θεοὶ ποίησαν ἑταίρην.
Τὸν δ' ἀπαμειβόμενος προσέφης, Εὔμαιε συβῶτα·
ΕΥΜ. — 'Ρεῖ' ἔγνως, ἐπεὶ οὐδὲ τά τ' ἄλλά πέρ ἐσσ' ἀνοήμων.
ἀλλ' ἄγε δὴ φραζόμεθ' ὅπως ἔσται τάδε ἔργα·
ἠὲ σὺ πρῶτος ἔσελθε δόμους εὐναιετάοντας,
δύσεο δὲ μνηστῆρας· ἐγὼ δ' ὑπολείψομαι αὐτοῦ·
εἰ δ' ἐθέλεις, ἐπίμεινον· ἐγὼ δ' εἶμι προπάροιθε.
μὴ δὲ σὺ δηθύνειν, μή τίς σ' ἔκτοσθε νοήσας
ἢ βάλῃ ἢ' ἐλάσῃ. τὰ δέ σε φράζεσθαι ἄνωγα.
Τὸν δ' ἠμείβετ' ἔπειτα πολύτλας δῖος Ὀδυσσεύς·
ΟΔΥ. — Γινώσκω, φρονέω· τά γε δὴ νοέοντι κελεύεις.
ἀλλ' ἔρχευ προπάροιθεν· ἐγὼ δ' ὑπολείψομαι αὐτοῦ·
οὐ γάρ τι πληγέων ἀδαήμων οὐδὲ βολάων.
[τολμήεις μοι θυμός, ἐπεὶ κακὰ πολλὰ πέπονθα
κύμασι καὶ πολέμῳ· μετὰ καὶ τόδε τοῖσι γενέσθω.
γαστέρα δ' οὔ πως ἔστιν ἀποκρύψαι μεμαυῖαν,
οὐλομένην, ἣ πολλὰ κάκ' ἀνθρώποισι δίδωσι,
τῆς ἕνεκεν καὶ νῆες ἐύζυγοι ὁπλίζονται
πόντον ἐπ' ἀτρύγετον, κακὰ δυσμενέεσσι φέρουσαι.]
Ὣς οἱ μὲν τοιαῦτα πρὸς ἀλλήλους ἀγόρευον·
ἂν δὲ κύων κεφαλήν τε καὶ οὔατα κείμενος ἔσχεν,
Ἄργος, Ὀδυσσῆος ταλασίφρονος, ὅν ῥά ποτ' αὐτὸς
θρέψε μέν, οὐ δ' ἀπόνητο, πάρος δ' ἐς Ἴλιον ἱρὴν

ULYSSE. – « Eumée, ce beau manoir, c'est bien celui d'Ulysse ? Il est facile à reconnaître entre cent autres. On le distingue à l'œil : quelle enceinte à la cour ! quel mur et quelle frise ; et ce portail à deux barres, quelle défense ! je ne sais pas d'humain qui puisse le forcer. Là-dedans, j'imagine, un festin est servi à de nombreux convives : sens-tu l'odeur des graisses ? entends-tu la cithare, que les dieux ont donnée pour compagne au festin ? »

Mais toi, porcher Eumée, tu lui dis en réponse :

EUMÉE. – « Tu l'as bien reconnu ; en ceci comme en tout, non ! tu n'as rien d'un sot ! Mais discutons un peu ce que nous allons faire : entres-tu le premier dans les corps du logis, au milieu de ces gens ? je resterai derrière... Aimes-tu mieux rester et que j'aille devant ? Alors ne traîne pas ! si l'on te voit dehors, c'est les coups ou la chasse... Décide, je te prie. »

Le héros d'endurance, Ulysse le divin, lui fit cette réponse :

ULYSSE. – « Je comprends ; j'ai saisi ; j'avais prévu l'invite. Prends les devants ; c'est moi qui resterai derrière : qu'importent les volées et les coups ? j'y suis fait ; mon cœur est endurant ; j'ai déjà tant souffert au combat ou sur mer ; s'il me faut un surcroît de peines, qu'il me vienne ! Il faut bien obéir à ce ventre odieux, qui nous vaut tant de maux ! c'est lui qui fait partir et vaisseaux et rameurs, pour piller l'ennemi sur la mer inféconde. »

Pendant qu'ils échangeaient ces paroles entre eux, un chien couché leva la tête et les oreilles[33] ; c'était Argos[34], le chien que le vaillant Ulysse achevait d'élever, quand il fallut partir vers la sainte Ilion, sans en avoir joui.

33. Pour une analyse des vers 290-327, cf. Frank, 1993, 202-203 ; Most, 1991, 144-168.

34. Littéralement, « blanc », « luisant » ou « rapide ». Pour Ulysse et les chiens, cf. Beck, 1991, 158-167.

ᾤχετο· τὸν δὲ πάροιθεν ἀγίνεσκον νέοι ἄνδρες
αἶγας ἐπ' ἀγροτέρας ἠδὲ πρόκας ἠδὲ λαγωούς·
δὴ τότε κεῖτ' ἀπόθεστος ἀποιχομένοιο ἄνακτος
ἐν πολλῇ κόπρῳ, ἥ οἱ προπάροιθε θυράων
ἡμιόνων τε βοῶν τε ἅλις κέχυτ', ὄφρ' ἂν ἄγοιεν
δμῶες Ὀδυσσῆος τέμενος μέγα κοπρήσοντες·
ἔνθα κύων κεῖτ' Ἄργος ἐνίπλειος κυνοραιστέων.
  Δὴ τότε γ', ὡς ἐνόησεν Ὀδυσσέα ἐγγὺς ἐόντα,
οὐρῇ μέν ῥ' ὅ γ' ἔσηνε καὶ οὔατα κάμβαλεν ἄμφω,
ἆσσον δ' οὐκέτ' ἔπειτα δυνήσατο οἷο ἄνακτος
ἐλθέμεν. αὐτὰρ ὁ νόσφι ἰδὼν ἀπομόρξατο δάκρυ,
ῥεῖα λαθὼν Εὔμαιον, ἄφαρ δ' ἐρεείνετο μύθῳ·
ΟΔΥ. — Εὔμαι', ἦ μάλα θαῦμα κύων ὅδε κεῖτ' ἐνὶ κόπρῳ·
καλὸς μὲν δέμας ἐστίν· ἀτὰρ τόδε γ' οὐ σάφα οἶδα,
⟨ἦ⟩ δὴ καὶ ταχὺς ἔσκε θέειν ἐπὶ εἴδεϊ τῷδε,
ἦ' αὔτως οἷοί τε τραπεζῆες κύνες ἀνδρῶν
γίνοντ', ἀγλαΐης δ' ἕνεκεν κομέουσι ἄνακτες.
  Τὸν δ' ἀπαμειβόμενος προσέφης, Εὔμαιε συβῶτα·
ΕΥΜ. — Καὶ λίην ἀνδρός γε κύων ὅδε τῆλε θανόντος.
εἰ τοιόσδ' εἴη ἠμὲν δέμας ἠδὲ καὶ ἔργα,
οἷόν μιν Τροίηνδε κιὼν κατέλειπεν Ὀδυσσεύς,
αἶψά κε θηήσαιο ἰδὼν ταχυτῆτα καὶ ἀλκήν.
οὐ μὲν γάρ τι φύγεσκε βαθείης βένθεσιν ὕλης
κνώδαλον, ὅττι ἴδοιτο· καὶ ἴχνεσι γὰρ περιῄδη.
νῦν δ' ἔχεται κακότητι· ἄναξ δέ οἱ ἄλλοθι πάτρης
ὤλετο· τὸν δὲ γυναῖκες ἀκηδέες οὐ κομέουσι·
δμῶες δ', εὖτ' ἂν μηκέτ' ἐπικρατέωσι ἄνακτες,
οὐκέτ' ἔπειτ' ἐθέλουσιν ἐναίσιμα ἐργάζεσθαι·
ἥμισυ γάρ τ' ἀρετῆς ἀποαίνυται εὐρύοπα Ζεὺς
ἀνέρος, εὖτ' ἄν μιν κατὰ δούλιον ἦμαρ ἕλῃσιν.
  Ὣς εἰπὼν εἰσῆλθε δόμους εὐναιετάοντας,
βῆ δ' ἰθὺς μεγάροιο μετὰ μνηστῆρας ἀγαυούς.

Avec les jeunes gens, Argos avait vécu, courant le cerf, le lièvre et les chèvres sauvages. Négligé maintenant, en l'absence du maître, il gisait, étendu au-devant du portail, sur le tas de fumier des mulets et des bœufs où les servants d'Ulysse venaient prendre de quoi fumer le grand domaine ; c'est là qu'Argos était couché, couvert de poux. Il reconnut Ulysse en l'homme qui venait et, remuant la queue, coucha les deux oreilles : la force lui manqua pour s'approcher du maître.

Ulysse l'avait vu : il détourna la tête en essuyant un pleur, et, pour mieux se cacher d'Eumée[35], qui ne vit rien, il se hâta de dire :

ULYSSE. – « Eumée ! L'étrange chien couché sur ce fumier ! il est de belle race ; mais on ne peut plus voir si sa vitesse à courre égalait sa beauté ; peut-être n'était-il qu'un de ces chiens de table, auxquels les soins des rois ne vont que pour la montre. »

Mais toi, porcher Eumée, tu lui dis en réponse :

EUMÉE. – « C'est le chien de ce maître qui mourut loin de nous : si tu pouvais le voir encore actif et beau, tel qu'Ulysse, en partant pour Troie, nous le laissa ! tu vanterais bientôt sa vitesse et sa force ! Au plus profond des bois, dès qu'il voyait les fauves, pas un ne réchappait ! pas de meilleur limier ! Mais le voilà perclus ! son maître a disparu loin du pays natal ; les femmes n'ont plus soin de lui ; on le néglige... Sitôt qu'ils ne sont plus sous la poigne du maître, les serviteurs n'ont plus grand zèle à la besogne ; le Zeus à la grand-voix prive un homme de la moitié de sa valeur, lorsqu'il abat sur lui le joug de l'esclavage. »

À ces mots, il entra au grand corps du logis, et, droit à la grand-salle, il s'en fut retrouver les nobles préten-

35. Cf. VIII, 83-95, où Ulysse dissimule sa douleur et son identité. Voir aussi XIX, 209-212.

Ἄργον δ' αὖ κατὰ μοῖρ' ἔλαβεν μέλανος θανάτοιο
αὐτίκ' ἰδόντ' Ὀδυσῆα ἐεικοστῷ ἐνιαυτῷ.
Τὸν δὲ πολὺ πρῶτος ἴδε Τηλέμαχος θεοειδὴς
ἐρχόμενον κατὰ δῶμα συβώτην, ὦκα δ' ἔπειτα
νεῦσ' ἐπὶ οἷ καλέσας· ὁ δὲ παπτήνας ἕλε δίφρον 330
⟨ποικίλ⟩ον, ἔνθά ⟨τ⟩ε δαιτρὸς ἐφίζεσκε κρέα πολλὰ
δαιόμενος μνηστῆρσι δόμον κάτα δαινυμένοισι·
τὸν κατέθηκε φέρων πρὸς Τηλεμάχοιο τράπεζαν
ἀντίον, ἔνθα δ' ἄρ' αὐτὸς ἐφέζετο· τῷ δ' ἄρα κῆρυξ
μοῖραν ἑλὼν ἐτίθει κανέου τ' ἐκ σῖτον ἀείρας. 335
Ἀγχίμολον δὲ μετ' αὐτὸν ἐδύσετο δώματ' Ὀδυσσεύς, 336
ἷζε δ' ἐπὶ ⟨ξεστοῦ⟩ οὐδοῦ ἔντοσθε θυράων. 339
Τηλέμαχος δ' ἐπὶ οἷ καλέσας προσέειπε συβώτην, 342
ἄρτόν τ' οὖλον ἑλὼν περικαλλέος ἐκ κανέοιο
καὶ κρέας, ὥς οἱ χεῖρες ἐχάνδανον ἀμφιβαλόντι·
ΤΗΛ. — Δὸς τῷ ξείνῳ ταῦτα φέρων αὐτόν τε κέλευε 345
αἰτίζειν μάλα πάντας ἐποιχόμενον μνηστῆρας·
αἰδὼς δ' οὐκ ἀγαθὴ κεχρημένῳ ἀνδρὶ παρεῖναι.
Ὣς φάτο· βῆ δὲ συφορβός, ἐπεὶ τὸν μῦθον ἄκουσεν,
ἀγχοῦ δ' ἱστάμενος ἔπεα πτερόεντ' ἀγόρευε·
ΕΥΜ. — Τηλέμαχός τοι, ξεῖνε, διδοῖ τάδε καί σε κελεύει 350
αἰτίζειν μάλα πάντας ἐποιχόμενον μνηστῆρας·
αἰδῶ δ' οὐκ ἀγαθὴν φησ' ἔμμεναι ἀνδρὶ προΐκτῃ.

vers 337 : πτωχῷ λευγαλέῳ ἐναλίγκιος ἠδὲ γέροντι,
338 : σκηπτόμενος· τὰ δὲ λυγρὰ περὶ χροῒ εἵματα ἕστο
vers 340 : κλινάμενος σταθμῷ κυπαρισσίνῳ, ὅν ποτε τέκτων
341 : ξέσσεν ἐπισταμένως καὶ ἐπὶ στάθμην ἴθυνε

dants. Mais Argos n'était plus : les ombres de la mort avaient couvert ses yeux qui venaient de revoir Ulysse après vingt ans.

Bien avant tous les autres, quelqu'un vit le porcher entrer au mégaron, et ce fut Télémaque au visage de dieu, qui, d'un signe de tête, aussitôt l'appela. Eumée, cherchant des yeux, vint prendre l'escabelle aux brillantes couleurs, où, d'ordinaire, était assis le grand tranchant, qui taillait et coupait les parts des prétendants attablés dans la salle. Eumée, portant ce siège, alla se mettre à table en face de son maître ; quand il se fut assis, le héraut lui servit sa part avec le pain, qu'il prit dans la corbeille.

Mais voici qu'après lui, Ulysse était entré sous les traits d'un vieillard, d'un triste mendiant ! quel sceptre dans sa main ! quels haillons sur sa peau ! Restant au seuil poli, il s'assit dans la porte au seuil en bois de frêne[36], en appuyant son dos au montant de cyprès que l'artisan, jadis, en maître avait poli et dressé au cordeau.

Télémaque appela le porcher et lui dit (il avait pris, dans la plus belle des corbeilles, un gros morceau de pain, avec autant de viande que ses deux mains, en coupe, en pouvaient contenir) :

TÉLÉMAQUE. – « Va porter à notre hôte et dis-lui qu'il s'en vienne quêter, de table en table, à chaque prétendant ; car réserve ne sied aux gens dans la misère. »

Il dit et le porcher eut à peine entendu que, s'en allant trouver Ulysse, il lui disait ces paroles ailées :

EUMÉE. – « Voici ce que t'envoie Télémaque, ô mon hôte ; mais il t'invite aussi à quêter dans la salle à tous les prétendants, car réserve, dit-il, ne sied pas aux miséreux. »

36. Sur cette position « liminale » qu'occupera Ulysse avant la restauration de son pouvoir, cf. Segal, 1967, 337-340. Sous l'apparence d'un mendiant, Ulysse fera l'espion, exactement comme à Troie (cf. IV, 240 sq.). À partir de ce moment, il est constamment désigné comme le « preneur d'Ilion ».

Τὸν δ' ἀπαμειβόμενος προσέφη πολύμητις Ὀδυσσεύς·
ΟΔΥ. — Ζεῦ ἄνα, Τηλέμαχόν μοι ἐν ἀνδράσιν ὄλβιον εἶναι,
καί οἱ πάντα γένοιτο, ὅσα φρεσὶ ᾗσι μενοινᾷ.
Ἦ ῥα καὶ ἀμφοτέρῃσιν ἐδέξατο καὶ κατέθηκεν
αὖθι ποδῶν προπάροιθεν, ἀεικελίης ἐπὶ πήρης,
ἤσθιε δ' ἕως ὃ τ' ἀοιδὸς ἐνὶ μεγάροισιν ἄειδεν·
[εὖθ' ὁ δεδειπνήκειν, ὁ δ' ἐπαύετο θεῖος ἀοιδός·
μνηστῆρες δ' ὁμάδησαν ἀνὰ μέγαρ'. αὐτὰρ Ἀθήνη
ἄγχι παρισταμένη Λαερτιάδην Ὀδυσῆα
ὄτρυν', ὡς ἂν πύρνα κατὰ μνηστῆρας ἀγείροι,
γνοίη θ' οἵ τινές εἰσιν ἐναίσιμοι οἵ τ' ἀθέμιστοι·
ἀλλ' οὐδ' ὧς τιν' ἔμελλ' ἀπαλεξήσειν κακότητος.]
βῆ δ' ἴμεν αἰτήσων ἐνδέξια φῶτα ἕκαστον,
πάντοσε χεῖρ' ὀρέγων, ὡς εἰ πτωχὸς πάλαι εἴη.
οἱ δ' ἐλεαίροντες δίδοσαν καὶ ἐθάμβεον αὐτόν,
ἀλλήλους τ' εἴροντο τίς εἴη καὶ πόθεν ἔλθοι.
Τοῖσι δὲ καὶ μετέειπε Μελάνθιος, αἰπόλος αἰγῶν·
ΜΕΛ. — Κέκλυτέ μευ, μνηστῆρες ἀγακλειτῆς βασιλείης,
τοῦδε περὶ ξείνου· ἦ γάρ μιν πρόσθεν ὄπωπα·
ἤτοι μέν οἱ δεῦρο συβώτης ἡγεμόνευεν·
αὐτὸν δ' οὐ σάφα οἶδα πόθεν γένος εὔχεται εἶναι.
Ὣς ἔφατ'· Ἀντίνοος δ' ἔπεσιν νείκεσσε συβώτην·
ΑΝΤ. — Ὦ ἀρίγνωτε συβῶτα, τί ἦ δὲ σὺ τόνδε πόλιν δὲ
ἤγαγες; ἦ' οὐ ἅλις ἧμιν ἀλήμονές εἰσι καὶ ἄλλοι,
πτωχοὶ ἀνιηροί, δαιτῶν ἀπολυμαντῆρες;
ἦ' ὄνοσαι ὅτι τοι βίοτον κατέδουσι ἄνακτος
ἐνθάδ' ἀγειρόμενοι; σὺ δὲ καὶ προτὶ τόνδε κάλεσσας.
Τὸν δ' ἀπαμειβόμενος προσέφης, Εὔμαιε συβῶτα·
ΕΥΜ. — Ἀντίνο', οὐ μὲν καλὰ καὶ ἐσθλὸς ἐὼν ἀγορεύεις·
[τίς γὰρ δὴ ξεῖνον καλεῖ ἄλλοθεν αὐτὸς ἐπελθὼν
ἄλλόν γ', εἰ μὴ τῶν οἳ δημιοεργοὶ ἔασι,
μάντιν ἢ ἰητῆρα κακῶν ἢ τέκτονα δούρων,

Ulysse l'avisé lui fit cette réponse :

ULYSSE. – « Zeus le roi ! je t'en prie ! rends heureux Télémaque entre tous les humains, et que le plein succès comble tous ses désirs ! »

Il dit et, des deux mains, prit le pain et la viande qu'à ses pieds, il posa sur l'immonde besace, puis se mit à manger, cependant que chantait l'aède en la grand-salle ; ils finirent ensemble, Ulysse de dîner, l'aède de chanter. Les prétendants faisaient vacarme en la grand-salle : Athéna vint alors dire au fils de Laërte de mendier les croûtes auprès des prétendants, pour connaître les gens de cœur et les impies ; mais aucun ne devait échapper à la mort.

Ulysse alors, de gauche à droite, s'en alla près de chaque convive, tendant partout la main, comme si, de sa vie, il n'eût que mendié. Par pitié, l'on donnait ; mais, surpris à sa vue, les prétendants entre eux se demandaient son nom et d'où venait cet homme. Le maître-chevrier, Mélantheus, leur disait :

MÉLANTHEUS. – « Deux mots, ô prétendants de la plus noble reine ! l'étranger que voilà, je l'ai vu ce matin, qui s'en venait ici, conduit par le porcher ; mais j'ignore son nom et sa noble origine. »

Il dit ; Antinoos fit querelle au porcher :

ANTINOOS. – « Porcher, te voilà bien ; amener ça en ville ! Voyons ! Nous n'avions pas assez de vagabonds, d'odieux quémandeurs, fléaux de nos festins ! Tu n'es pas satisfait encor de l'assemblée, qui déjà mange ici les vivres de ton maître ! Il te fallait encore inviter celui-là ! »

Mais toi, porcher Eumée, tu lui dis en réponse :

EUMÉE. – « Ce sont, Antinoos, vilains mots pour un noble ! Quels hôtes s'en va-t-on quérir à l'étranger ? ceux qui peuvent remplir un service public, devins et médecins et dresseurs de charpentes ou chantre aimé du

ἢ καὶ θέσπιν ἀοιδόν, ὅ κεν τέρπησιν ἀείδων;
οὗτοι γὰρ κλητοί γε βροτῶν ἐπ' ἀπείρονα γαῖαν.
πτωχὸν δ' οὐκ ἄν τις καλέοι τρύξοντα ἓ αὐτόν.]
ἀλλ' αἰεὶ χαλεπὸς περὶ πάντων ἧς μνηστήρων
δμωσὶν Ὀδυσσῆος, περὶ δ' αὖτ' ἐμοί· αὐτὰρ ἐγώ γε
οὐκ ἀλέγω, εἷως μοι ἐχέφρων Πηνελόπεια
ζώει ἐνὶ μεγάρῳ καὶ Τηλέμαχος θεοειδής.
Τὸν δ' αὖ Τηλέμαχος πεπνυμένος ἀντίον ηὔδα·
ΤΗΛ. — Σίγα, μή μοι τοῦτον ἀμείβεο πόλλ' ἐπέεσσιν·
Ἀντίνοος δ' εἴωθε κακῶς ἐρεθιζέμεν αἰεὶ
μύθοισιν χαλεποῖσιν, ἐποτρύνει δὲ καὶ ἄλλους.
Ἦ ῥα καὶ Ἀντίνοον ἔπεα πτερόεντα προσηύδα·
ΤΗΛ. — Ἀντίνο', ἦ μευ καλὰ πατὴρ ὣς κήδεαι υἷος,
ὃς τὸν ξεῖνον ἄνωγας ἀπὸ μεγάροιο δίεσθαι
μύθῳ ἀναγκαίῳ· μὴ τοῦτο θεὸς τελέσειε.
δός οἱ ἑλών· οὔ τοι φθονέω· κέλομαι γὰρ ἐγώ γε.
ἀλλ' οὔ τοι τοιοῦτον ἐνὶ στήθεσσι νόημα·
αὐτὸς γὰρ φαγέμεν πολὺ βούλεαι ἢ δόμεν ἄλλῳ.
Τὸν δ' αὖτ' Ἀντίνοος ἀπαμειβόμενος προσέειπε·
ΑΝΤ. — Τηλέμαχ' ὑψαγόρη, μένος ἄσχετε, ποῖον ἔειπες;
εἴ οἱ τόσσον πάντες ὀρέξειαν μνηστῆρες,
καί κέν μιν τρεῖς μῆνας ἀπόπροθι οἶκος ἐρύκοι.
Ὣς ἄρ' ἔφη, καὶ θρῆνυν ἑλὼν [ὑπέφηνε τραπέζης
κείμενον, ᾧ ῥ' ἔπεχεν λιπαροὺς πόδας εἰλαπινάζων.
οἱ δ' ἄλλοι πάντες δίδοσαν, πλῆσαν δ' ἄρα πήρην
σίτου καὶ κρειῶν· τάχα δὴ καὶ ἔμελλεν Ὀδυσσεὺς

vers 401 : μήτ' οὖν μητέρ' ἐμὴν ἄζευ τό γε μήτέ τιν' ἄλλον
402 : δμώων, οἳ κατὰ δώματ' Ὀδυσσῆος θείοιο

37. Sur ces *démiourgoi*, cf. Finley, 1990, 65-67, et Vernant-Vidal-Naquet, 1988, 37 sq.

ciel, qui charme les oreilles[37] ! voilà ceux que l'on fait venir du bout du monde ! Mais s'en aller chercher un gueux qui vous dévore ? Mais nous te connaissons : aucun des prétendants n'est d'humeur plus hargneuse envers les gens d'Ulysse et surtout envers moi... Oh ! je m'en soucie peu, tant qu'au manoir survit la sage Pénélope, ainsi que Télémaque au visage de dieu ! »

Posément, Télémaque le regarda et dit :

TÉLÉMAQUE. – « Silence ! Et ne dis plus un seul mot à cet homme ! Tu sais qu'Antinoos est toujours querelleur, et ses aigres propos excitent tous les autres. »

Et, pour Antinoos, il dit ces mots ailés :

TÉLÉMAQUE. – « Antinoos, je sais que ton cœur n'a pour moi que paternels soucis. Tu veux que je renvoie cet hôte de ma salle, sans ménager les mots. Ah ! que le ciel m'en garde ! Non ! prends et donne-lui, sans craindre mes reproches ; oui ! c'est moi qui t'en prie... Va ! ne crains ni ma mère ni l'un des serviteurs qui sont dans le manoir de ce divin Ulysse. Mais voilà des pensées inconnues à ton cœur. Il te plaît de manger, mais non d'offrir aux autres[38] ! »

Antinoos alors, de répondre et de dire :

ANTINOOS. – « Quel discours, Télémaque ! ah ! prêcheur d'agora[39] à la tête emportée ! Que chaque prétendant lui donne autant que moi ! et pour trois mois entiers, il videra ces lieux. »

Il dit et, sous la table, il prit le tabouret[40] où, pendant le festin, posaient ses pieds brillants. Il le brandit. Ulysse avait déjà reçu les dons de tous les autres : de viandes et

38. Pour une étude de l'ironie contenue dans cette tirade, cf. di Luca, 1993, 145-170.

39. Littéralement, *hupsagoros* signifie « celui qui a le verbe haut », donc « fier ». Cette épithète est utilisée également en I, 385, par Antinoos et souligne son hostilité à l'égard du jeune Télémaque.

40. Cf. vv. 231-232.

αὖτις ἐπ' οὐδὸν ἰὼν προικὸς γεύσεσθαι Ἀχαιῶν,
στῆ δὲ παρ' Ἀντίνοον καί μιν πρὸς μῦθον ἔειπε·
ΟΔΥ. — Δός, φίλος· οὐ μέν μοι δοκέεις ὁ κάκιστος Ἀχαιῶν
ἔμμεναι, ἀλλ' ὤριστος, ἐπεὶ βασιλῆι ἔοικας.
τῶ σε χρὴ δόμεναι καὶ λώιον ἠέ περ ἄλλοι
σίτου· ἐγὼ δέ κέ σε κλείω κατ' ἀπείρονα γαῖαν.
καὶ γὰρ ἐγώ ποτε οἶκον ἐν ἀνθρώποισιν ἔναιον
ὄλβιος ἀφνειὸν καὶ πολλάκι δόσκον ἀλήτῃ
τοίῳ, ὁποῖος ἔοι καὶ ὅτευ κεχρημένος ἔλθοι·
ἦσαν δὲ δμῶες μάλα μυρίοι ἄλλά τε πολλὰ
οἷσίν τ' εὖ ζώουσι καὶ ἀφνειοὶ καλέονται.
ἀλλὰ Ζεὺς ἀλάπαξε Κρονίων, ἤθελε γάρ που,
ὅς μ' ἅμα ληιστῆρσι πολυπλάγκτοισιν ἀνῆκεν
Αἴγυπτον δ' ἰέναι, δολιχὴν ὁδόν, ὄφρ' ἀπολοίμην.
ἔνθ' ἤτοι μὲν ἐγὼ κελόμην ἐρίηρας ἑταίρους
αὐτοῦ πὰρ νήεσσι μένειν καὶ νῆα ἔρυσθαι,
ὀπτῆρας δὲ κατὰ σκοπιὰς ὤτρυνα ⟨ἰδ⟩έσθαι·
οἱ δ' ὕβρει εἴξαντες, ἐπισπόμενοι μένεϊ σφῷ,
αἶψα μάλ' Αἰγυπτίων ἀνδρῶν περικαλλέας ἀγροὺς
πόρθεον, ἐκ δὲ γυναῖκας ἄγον καὶ νήπια τέκνα,
αὐτούς τε κτεῖνον· τάχα δ' ἐς πόλιν ἵκετ' ἀυτή.
οἱ δὲ βοῆς ἀίοντες ἅμ' ἠοῖ φαινομένηφιν
ἦλθον· πλῆτο δὲ πᾶν πεδίον πεζῶν τε καὶ ἵππων
χαλκοῦ τε στεροπῆς· ἐν δὲ Ζεὺς τερπικέραυνος
φύζαν ἐμοῖσ' ἑτάροισι κακὴν βάλεν, οὐδέ τις ἔτλη
στῆναι ἐναντίβιον· περὶ γὰρ κακὰ πάντοθεν ἔστη.
ἔνθ' ἡμέων πολλοὺς μὲν ἀπέκτανον ὀξέι χαλκῷ,
τοὺς δ' ἄναγον ζωούς, σφίσι ἐργάζεσθαι ἀνάγκῃ.

vers 427 : στῆσα δ' ἐν Αἰγύπτῳ ποταμῷ νέας ἀμφιελίσσας

41. Cf. le récit crétois qu'Ulysse fait à Eumée en XIV, 258-272.

de pain, sa besace était pleine ; il revenait au seuil et s'en allait goûter aux dons des Achéens.

Auprès d'Antinoos, il était arrivé ; il s'adressait à lui :

ULYSSE. – « Donne, ami ! Tu n'es pas, parmi ces Achéens, le moins noble, je pense ! à ta mine de roi, tu me sembles leur chef ! Il faut donc te montrer plus généreux qu'eux tous : un beau morceau de pain ! et, jusqu'au bout du monde, j'irai te célébrant... Il fut un temps aussi où j'avais ma maison, où les hommes vantaient mon heureuse opulence : que de fois j'ai donné à de pauvres errants, sans demander leur nom, sans voir que leurs besoins ! Car j'avais, par milliers, serviteurs et le reste, ce qui fait la vie large et le renom des riches. Mais le fils de Cronos, – sa volonté soit faite ! – Zeus m'a tout enlevé. C'est lui qui, pour me perdre, un jour me fit aller dans l'Égyptos avec mes rouleurs de corsaires[41] ! Ah ! la route sans fin ! Dans le fleuve Égyptos, je mouille mes vaisseaux. Une fois arrivés, j'ordonne à tous mes braves de rester à leurs bords, pour garder les navires, tandis que j'envoyais des vigies sur les guettes. Mais, cédant à leur fougue et suivant leur envie, les voilà qui se ruent sur les champs merveilleux de ce peuple d'Égypte, les pillant, massacrant les hommes, ramenant les enfants et les femmes. Le cri ne tarde pas d'en venir à la ville : dès la pointe de l'aube, accourus à la voix, piétons et gens de chars emplissent la campagne de bronze scintillant. Zeus, le joueur de foudre, nous jette la panique, et pas un de mes gens n'a le cœur de tenir en regardant en face : nous étions, il est vrai, dans un cercle de mort ; j'en vois périr beaucoup sous la pointe du bronze ; pour le travail forcé, on emmène le reste[42].

42. Ulysse modifie son histoire. Dans la version qu'il raconte à Eumée, le roi d'Égypte l'avait grâcié (cf. XIV, 285 sq.), maintenant, face à Antinoos, il évoque les services forcés et l'esclavage.

αὐτὰρ ἔμ' ἐς Κύπρον ξείνῳ δόσαν ἀντιάσαντι,
Δμήτορι Ἰασίδῃ, ὃς Κύπρου ἶφι ἄνασσεν·
ἔνθεν δὴ νῦν δεῦρο τόδ' ἵκω πήματα πάσχων.
Τὸν δ' αὖτ' Ἀντίνοος ἀπαμείβετο φώνησέν τε·
ΑΝΤ. — Τίς δαίμων τόδε πῆμα προσήγαγε δαιτὸς ἀνίην;
στῆθ' οὕτως ἐς μέσσον, ἐμῆς ἀπάνευθε τραπέζης,
μὴ τάχα πικρὴν Αἴγυπτον καὶ Κύπρον ἵκηαι·
ὥς τις θαρσαλέος καὶ ἀναιδής ἐσσι προίκτης.
[ἑξείης πάντεσσι παρίστασαι· οἱ δὲ διδοῦσι
μαψιδίως, ἐπεὶ οὔ τις ἐπίσχεσις οὐδ' ἐλεητὺς
ἀλλοτρίων χαρίσασθαι, ἐπεὶ πάρα πολλὰ ἑκάστῳ.]
Τὸν δ' ἀναχωρήσας προσέφη πολύμητις Ὀδυσσεύς·
ΟΔΥ. — Ὢ πόποι, οὐκ ἄρα σοί γ' ἐπὶ εἴδεϊ καὶ φρένες ἦσαν.
οὐ σύ γ' ἂν ἐκ οἴκου σῷ ἐπιστάτῃ οὐδ' ἅλα δοίης,
ὃς νῦν ἀλλοτρίοισι παρήμενος οὔ τί μοι ἔτλης
σίτου ἀποπροελὼν δόμεναι· τὰ δὲ πολλὰ πάρεστιν.
Ὣς ἔφατ'· Ἀντίνοος δὲ χολώσατο κηρόθι μᾶλλον,
καί μιν ὑπόδρα ἰδὼν ἔπεα πτερόεντα προσηύδα·
ΑΝΤ. — Νῦν δή σ' οὐκέτι καλὰ διὲκ μεγάροιό γ' ὀίω
ἂψ ἀναχωρήσειν, ὅτε δὴ καὶ ὀνείδεα βάζεις.
Ὣς ἄρ' ἔφη, καὶ θρῆνυν ἑλὼν] βάλε δεξιὸν ὦμον,
πρυμνότατον κατὰ νῶτον· ὁ δ' ἐστάθη ἠύτε πέτρη
ἔμπεδον· οὐδ' ἄρα μιν σφῆλεν βέλος Ἀντινόοιο·
ἀλλ' ἀκέων κίνησε κάρη [κακὰ βυσσοδομεύων.
ἂψ δ' ὅ γ' ἐπ' οὐδὸν ἰὼν κατ' ἄρ' ἕζετο, κὰδ δ' ἄρα πήρην
θῆκεν ἐυπλείην, μετὰ δὲ μνηστῆρσιν ἔειπε·

Et moi je connus Chypre[43] : un étranger passait ; on fit cadeau de moi à ce fils d'Iasos, Dmétor[44], dont la puissance était grande sur Chypre... C'est de là que j'arrive à travers mille maux. »

Antinoos alors, de répondre et de dire :

Antinoos. – « Pour gâter nos festins, quel dieu nous amena le fléau que voilà ? Au large ! halte-là! ne viens pas à ma table ! ou tu vas à l'instant retrouver les douceurs de l'Égypte et de Chypre ! Quel front ! quelle impudeur ! Tu oses mendier ! tu fais le tour et viens solliciter chacun ! Ah ! ils ont la main large : avec le bien d'autrui, ils ne regardent guère et n'ont pas de pitié ; chacun d'eux n'a qu'à prendre ! »

Ulysse l'avisé s'éloigna, mais lui dit :

Ulysse. – « Misère ! ah ! tu n'as pas le cœur de ton visage ! En ta propre maison, qu'on aille t'implorer, tu ne donneras rien ! rien, pas même le sel, ô toi qui, maintenant, à la table d'autrui, me refuses le pain, quand tu n'as qu'à le prendre à ce tas, devant toi ! »

Il dit. Antinoos, redoubla de colère et, le toisant, lui dit ces paroles ailées :

Antinoos. – « Attends ! de cette salle, tu ne vas pas sortir en bel état, je pense ! Ah ! tu viens de m'insulter ! »

Il dit et, saisissant le tabouret, le lance. Tout au haut de l'échine, en pleine épaule droite, Ulysse fut atteint. Mais, ferme comme un roc, il resta sans broncher sous le coup, sans mot dire, en hochant la tête et roulant la vengeance au gouffre de son cœur. Il s'en revint au seuil.

Il s'assit, déposa sa besace remplie et dit aux prétendants :

43. Sur Chypre, cf. IV, 83 ; VIII, 362 ; XVII, 442-443, et 448. Voir aussi I, 184 et note.

44. Ce héros, dont le nom signifie « dompteur », est probablement une invention du poète de l'*Odyssée*.

ΟΔΥ. — Κέκλυτέ μευ, μνηστῆρες ἀγακλειτῆς βασιλείης
ὄφρ' εἴπω τά με θυμὸς ἐνὶ στήθεσσι κελεύει.
οὐ μὰν οὔτ' ἄχος ἐστὶ μετὰ φρεσὶν οὔτέ τι πένθος,
ὁππότ' ἀνὴρ περὶ οἷσι μαχειόμενος κτεάτεσσι
βλήεται ἢ περὶ βουσὶν ἢ ἀργεννῇσ' ὀίεσσιν.
αὐτὰρ ἔμ' Ἀντίνοος βάλε γαστέρος εἵνεκα λυγρῆς,
οὐλομένης, ἣ πολλὰ κάκ' ἀνθρώποισι δίδωσιν.
ἀλλ' εἴ που πτωχῶν γε θεοὶ καὶ Ἐρινύες εἰσίν,
Ἀντίνοον πρὸ γάμοιο τέλος θανάτοιο κιχείη.
Τὸν δ' αὖτ' Ἀντίνοος προσέφη, Εὐπείθεος υἱός·
ΑΝΤ. — Ἔσθι' ἔκηλος, ξεῖνε, καθήμενος ἢ' ἄπιθ' ἄλλῃ,
μή σε νέοι διὰ δῶμα ἐρύσσωσ', οἷ' ἀγορεύεις,
ἢ ποδὸς ἢ καὶ χειρός, ἀποδρύψωσι δὲ πάντα.
Ὣς ἔφαθ'· οἱ δ' ἄρα πάντες ὑπερφιάλως νεμέσησαν·
ὧδε δέ τις εἴπεσκε νέων ὑπερηνορεόντων·
ΧΟΡ. — Ἀντίνο', οὐ μὲν κάλ' ἔβαλες δύστηνον ἀλήτην,
οὐλόμεν', εἰ δή που τις ἐπουράνιος θεός ἐστι.
καί τε θεοὶ ξείνοισι ἐοικότες ἀλλοδαποῖσι,
παντοῖοι τελέθοντες, ἐπιστρωφῶσι πόληας,
ἀνθρώπων ὕβριν τε καὶ εὐνομίην ἐφορῶντες.
Ὣς ἄρ' ἔφαν μνηστῆρες· ὁ δ' οὐκ ἐμπάζετο μύθων.
Τηλέμαχος δ' ἐν μὲν κραδίῃ μέγα πένθος ἄεξε
βλημένου, οὐ δ' ἄρα δάκρυ χαμαὶ βάλεν ἐκ βλεφάροιιν,
ἀλλ' ἀκέων κίνησε κάρη] κακὰ βυσσοδομεύων.
Τοῦ δ' ὡς οὖν ἤκουσε περίφρων Πηνελόπεια
βλημένου ἐν μεγάρῳ, μετ' ἄρα δμῳῇσιν ἔειπεν·

45. Pour les vers 474-482, cf. Gallazzi, 1991, 193-197. Pour le ventre du mendiant, Pucci, 1995, 242-251.

ULYSSE. – « Deux mots, ô prétendants de la plus noble reine ! Voici ce que mon cœur me dicte en ma poitrine. On peut n'avoir au cœur ni chagrin ni regret, quand on reçoit des coups en défendant ses biens, ses bœufs, ses blancs moutons. Mais ce qui m'a valu les coups d'Antinoos, c'est ce ventre odieux, ce ventre misérable, qui nous vaut tant de maux[45] ! Si, pour le pauvre aussi, il est de par le monde des dieux, des Érinyes[46], qu'avant son mariage Antinoos arrive au terme de la mort ! »

Antinoos, le fils d'Euphithès, répliqua :

ANTINOOS. – « Va t'asseoir, l'étranger ! mange et tiens-toi tranquille ! ou cherche un autre gîte ! Mais pour ces beaux discours, crains que nos jeunes gens ne te traînent dehors par le pied ou le bras ; ils te mettraient à vif ! »

Il dit ; mais le courroux des autres éclatait ; on entendit la voix d'un de ces jeunes fats :

LE CHŒUR. – « Antinoos, frapper un pauvre vagabond ! insensé, quelle honte ! Si c'était par hasard quelqu'un des dieux du ciel ! Les dieux prennent les traits de lointains étrangers et, sous toutes les formes, s'en vont de ville en ville inspecter les vertus des humains et leurs crimes. »

Les prétendants parlaient ; l'autre n'en avait cure, et le chagrin croissait au cœur de Télémaque à voir frapper son père ; mais, sans laisser tomber de ses yeux une larme, il secouait la tête et roulait la vengeance au gouffre de son cœur.

Mais lorsque Pénélope, la plus sage des femmes, apprit qu'en la grand-salle, un hôte était frappé, elle dit à ses femmes :

46. Sur cette malédiction et les divinités qui l'incarnent, cf. II, 135 et note ; XI, 280 ; XV, 240 ; XX, 78.

ΠΗΝ. — Αἴθ' οὕτως αὐτόν σε βάλοι κλυτότοξος Ἀπόλλων.
Τὴν δ' αὖτ' Εὐρυνόμη ταμίη πρὸς μῦθον ἔειπεν·
ΕΥΡ. — Εἰ γὰρ ἐπ' ἀρῇσιν τέλος ἡμετέρῃσι γένοιτο,
οὐκ ἄν τις τούτων γε ἐύθρονον Ἠῶ ἵκοιτο.
Τὴν δ' αὖτε προσέειπε περίφρων Πηνελόπεια·
ΠΗΝ. — Μαῖ', ἐχθροὶ μὲν πάντες, ἐπεὶ κακὰ μηχανόωνται·
Ἀντίνοος δὲ μάλιστα μελαίνῃ κηρὶ ἔοικε.
ξεῖνός τις δύστηνος ἀλητεύει κατὰ δῶμα
ἀνέρας αἰτίζων· ἀχρημοσύνη γὰρ ἀνώγει·
ἔνθ' ἄλλοι μὲν πάντες ἐνέπλησάν τε δόσαν τε,
οὗτος δὲ θρήνυι πρυμνὸν βάλε δεξιὸν ὦμον.
Ἡ μὲν ἄρ' ὣς ἀγόρευε μετὰ δμῳῇσι γυναιξὶν
ἡμένη ἐν θαλάμῳ· ὁ δ' ἐδείπνει δῖος Ὀδυσσεύς.
Ἡ δ' ἐπὶ οἷ καλέσασα προσηύδα δῖον ὑφορβόν·
ΠΗΝ. — Ἔρχεο, δῖ' Εὔμαιε, κιὼν τὸν ξεῖνον ἄνωχθι
ἐλθέμεν, ὄφρά τί μιν προσπτύξομαι ἠδ' ἐρέωμαι,
εἴ που Ὀδυσσῆος ταλασίφρονος ἠὲ πέπυσται
ἢ ἴδεν ὀφθαλμοῖσι· πολυπλάγκτῳ γὰρ ἔοικε.
Τὴν δ' ἀπαμειβόμενος προσέφης, Εὔμαιε συβῶτα·
ΕΥΜ. — Εἰ γάρ τοι, βασίλεια, σιωπήσειαν Ἀχαιοί,
οἷ' ὅ γε μυθεῖται, θέλγοιτό κέ τοι φίλον ἦτορ.
τρεῖς γὰρ δή μιν νύκτας ἔχον τρία ⟨τ'⟩ ἤματ' ἔρυξα
ἐν κλισίῃ· πρῶτον γὰρ ἔμ' ἵκετο νηὸς ἀποδράς·
ἀλλ' οὔ πω κακότητα διήνυσε ἣν ἀγορεύων.
[ὡς δ' ὅτ' ἀοιδὸν ἀνὴρ ποτιδέρκεται, ὅς τε θεῶν ἒξ
ἀείδῃ δεδαὼς ἔπε' ἱμερόεντα βροτοῖσι,
τοῦ δ' ἄμοτον μεμάασιν ἀκουέμεν, ὁππότ' ἀείδῃ·
ὣς ἐμὲ κεῖνος ἔθελγε παρήμενος ἐν μεγάροισι.]

PÉNÉLOPE. – « Ah ! de son arc d'argent, qu'Apollon le lui rende[47] ! »

Et l'intendante Eurynomé, de lui répondre :

EURYNOMÉ. – « Si quelque effet suivait nos malédictions, pas un de ces gens-là ne reverrait monter l'Aurore sur son trône. »

La plus sage des femmes, Pénélope, reprit :

PÉNÉLOPE. – « Tous, avec leurs complots sont odieux, nourrice ! Mais cet Antinoos a la noirceur des Parques. Dans la grand-salle, un pauvre étranger fait la quête, de convive en convive, l'indigence l'amène. Les autres remplissaient, de leurs dons, sa besace ; mais c'est un tabouret qu'Antinoos lui lance en pleine épaule droite. »

C'est ainsi qu'en sa chambre assise, Pénélope parlait à ses servantes ; mais le divin Ulysse reprenait son dîner.

La reine fit venir le porcher et lui dit :

PÉNÉLOPE. – « Va donc, divin Eumée, inviter l'étranger ; qu'il vienne ! je voudrais converser avec lui, l'interroger ; peut-être a-t-il quelque nouvelle du malheureux Ulysse ; peut-être l'a-t-il vu de ses yeux : il paraît avoir roulé le monde. »

Mais toi, porcher Eumée, tu lui dis en réponse :

EUMÉE. – « Ah ! si nos Achéens, reine, voulaient se taire ! ses façons de parler te charmeraient le cœur ! Je l'ai gardé trois jours et trois nuits dans ma loge, car c'est chez moi qu'il vint, en fuyant d'un vaisseau ; trois jours, il me parla, sans pouvoir achever le récit de ses peines... As-tu vu le public regarder vers l'aède, inspiré par les dieux pour la joie des mortels ? Tant qu'il chante, on ne veut que l'entendre et toujours ! C'est un pareil charmeur qu'il fut en mon manoir. Ulysse est, m'a-t-il dit,

47. Le vœu de Pénélope annonce la vengeance des prétendants qui aura lieu lors de la fête d'Apollon (XX, 276-278), grâce à l'arc d'Ulysse (XXI, 1 sq.).

φησὶ δ' Ὀδυσσῆος ξεῖνος πατρώιος εἶναι,
Κρήτῃ ναιετάων, [ὅθι Μίνωος γένος ἐστίν.
ἔνθεν δὴ νῦν δεῦρο τόδ' ἵκετο πήματα πάσχων,
προπροκυλινδόμενος·] στεῦται δ' Ὀδυσῆος ἀκοῦσαι
ἀγχοῦ, Θεσπρωτῶν ἀνδρῶν ἐν πίονι δήμῳ,
ζωοῦ· πολλὰ δ' ἄγει κειμήλια ὃν δὲ δόμον δέ.
Τὸν δ' αὖτε προσέειπε περίφρων Πηνελόπεια·
ΠΗΝ. — Ἔρχεο, δεῦρο κάλεσσον, ἵν' ἀντίον αὐτὸς ἐνίσπῃ·
[οὗτοι δ' ἠὲ θύρ⟨ηφι⟩ καθήμενοι ἑψιαάσθων
ἢ' αὐτοῦ κατὰ δώματ', ἐπεί σφισι θυμὸς ἐΰφρων·
αὐτῶν μὲν γὰρ κτήματ' ἀκήρατα κεῖτ' ἐνὶ οἴκῳ,
σῖτος καὶ μέθυ ἡδύ· τὰ μὲν οἰκῆες ἔδουσιν·
οἱ δ' εἰς ἡμετέρου πωλεύμενοι ἤματα πάντα,
βοῦς ἱερεύοντες καὶ ὄις καὶ πίονας αἶγας,
εἰλαπινάζουσιν πίνουσί τε αἴθοπα οἶνον,
μαψιδίως· τὰ δὲ πολλὰ κατάνεται. οὐ γὰρ ἔπ' ἀνήρ,
οἷος Ὀδυσσεύς, ὃς κεν ἀρὴν ἀπὸ οἴκου ἀμύναι.
εἰ δ' Ὀδυσεὺς ἔλθοι καὶ ἵκοιτ' ἐς πατρίδα γαῖαν,
αἶψά κε σὺν ᾧ παιδὶ βίας ἀποτίσεται ἀνδρῶν.
Ὣς φάτο· Τηλέμαχος δὲ μέγ' ἔπταρεν, ἀμφὶ δὲ δῶμα
σμερδαλέον κονάβησε· γέλασσε δὲ Πηνελόπεια,
αἶψα δ' ἄρ' Εὔμαιον ἔπεα πτερόεντα προσηύδα·
ΠΗΝ. — Ἔρχεό μοι, τὸν ξεῖνον ἐναντίον ὧδε κάλεσσον.
οὐχ ὁράᾳς ὅ μοι υἱὸς ἐπέπταρε πᾶσι ἔπεσσι;
τῶ κε καὶ οὐκ ἀτελὴς θάνατος μνηστῆρσι γένοιτο. 546
ἄλλο δέ τοι ἐρέω· σὺ δ' ἐνὶ φρεσὶ βάλλεο σῇσιν·] 548
αἴ κ' αὐτὸν γνώω νημερτέα πάντ' ἐνέποντα,
ἕσσω μιν χλαῖνάν τε χιτῶνά τε, εἵματα καλά.

vers 547 : πᾶσι μάλ', οὐδέ κέ τις θάνατον καὶ κῆρας ἀλύξαι

48. Sur cette île, cf. III, 191, 291 ; XI, 323 ; XIII, 256, 260 ; XVI, 62 ; XIX, 172, 186, 338. Dans ces vers, Eumée reprend le récit qu'Ulysse lui faisait en XIV, 199 sq.

son hôte de famille. Il habitait en Crète[48] au pays de Minos[49] : c'est de là qu'il nous vient, roulé, de flots en flots, à travers tous les maux. Il jure que, d'Ulysse, on lui parla non loin d'ici, chez les Thesprotes[50], que, dans ce bon pays, notre maître est vivant et qu'il va nous rentrer, tout chargé de richesses. »

La plus sage des femmes, Pénélope, reprit :

PÉNÉLOPE. – « Va donc et me l'amène ! face à face, je veux qu'en personne il me parle ; assis devant la porte ou restés dans la salle, qu'ils s'amusent, nos gens : ils ont le cœur léger ! Leurs biens restent intacts ! chez eux, ils les entassent ! leur pain, leur vin ne sert qu'à quelques serviteurs ; mais chez nous ils accourent et passent leurs journées à nous tuer bœufs et moutons et chèvres grasses, à boire, en leurs festins, nos vins aux sombres feux ; et l'on gâche, et c'est fait du meilleur de nos biens ! et pas un homme ici pour remplacer Ulysse et défendre ce toit ! S'il revenait, Ulysse ! s'il rentrait au pays et retrouvait son fils ! ces gens auraient bientôt le paiement de leurs crimes ! »

Sur ces mots, Télémaque éternua[51] si fort que les murs, d'un écho terrible, retentirent. Pénélope, en riant, se tourna vers Eumée et lui dit aussitôt ces paroles ailées :

PÉNÉLOPE. – « Allons ! va nous chercher cet hôte ! qu'on le voie ! N'as-tu pas entendu mon fils éternuer à toutes mes paroles ? ah ! si c'était la mort promise aux prétendants ! Pas un n'évitera le trépas et les Parques. Encore un autre avis ; mets-le bien en ton cœur : si je trouve qu'en tout, il dit la vérité, je lui donne les habits neufs, robe et manteau. »

49. Sur ce roi de Crète, cf. XI, 322, 568 ; XIX, 178.

50. C'est-à-dire habitants de l'Épire ; cf. XIV, 314 sq.

51. Les Anciens considéraient que l'éternuement était un signe de bon augure. Cf. Xénophon, *Anabase*, III, 2, 9.

῝Ως φάτο· βῆ δὲ συφορβός, ἐπεὶ τὸν μῦθον ἄκουσεν·
ἀγχοῦ δ' ἱστάμενος ἔπεα πτερόεντα προσηύδα·
ΕΥΜ. — Ξεῖνε πάτερ, καλέει σε περίφρων Πηνελόπεια,
μήτηρ Τηλεμάχοιο· μεταλλῆσαί τί ἑ θυμὸς
ἀμφὶ πόσει κέλεται, καὶ κήδεά περ πεπαθυίῃ.
εἰ δέ κέ σε γνώῃ νημερτέα πάντ' ἐνέποντα,
ἕσσει σε χλαῖνάν τε χιτῶνά τε ⟨εἵματα καλά.⟩
[τῶν σὺ μάλιστα
χρηΐζεις· σῖτον δὲ καὶ αἰτίζων κατὰ δῆμον
γαστέρα βοσκήσεις· δώσει δέ τοι ὅς κ' ἐθέλῃσι.]
Τὸν δ' αὖτε προσέειπε πολύτλας δῖος 'Οδυσσεύς·
ΟΔΥ. — Εὔμαι', αἶψά κ' ἐγὼ νημερτέα πάντ' ἐνέποιμι
κούρῃ 'Ικαρίοιο, περίφρονι Πηνελοπείῃ·
οἶδα γὰρ εὖ περὶ κείνου· ὁμὴν δ' ἀνεδέγμεθ' ὀιζύν.
ἀλλὰ μνηστήρων χαλεπῶν ὑποδείδι' ὅμιλον.
καὶ γὰρ νῦν, ὅτε μ' οὗτος ἀνὴρ κατὰ δῶμα κιόντα
οὔ τι κακὸν ῥέξαντα βαλὼν ὀδύνῃσιν ἔδωκεν,
οὔτέ τι Τηλέμαχος τό γ' ἐπήρκεσεν οὔτέ τις ἄλλος.
τὼ νῦν Πηνελόπειαν ἐνὶ μεγάροισιν ἄνωχθι
μεῖναι, ἐπειγομένην περ, ἐς ἠέλιον καταδύντα·
καὶ τότε μ' εἰρέσθω πόσιος πέρι νόστιμον ἦμαρ
ἀσσοτέρω καθίσασα παραὶ πυρί· εἵματα γάρ τοι
λύγρ' ἔχω· οἶσθα καὶ αὐτός, ἐπεί σε πρῶθ' ἱκέτευσα.
῝Ως φάτο· βῆ δὲ συφορβός, ἐπεὶ τὸν μῦθον ἄκουσε.
Τὸν δ' ὑπὲρ οὐδοῦ βάντα προσηύδα Πηνελόπεια·
ΠΗΝ. — Οὐ σύ γ' ἄγεις, Εὔμαιε; τί τοῦτ' ἐνόησεν ἀλήτης;
ἤ τινά που δείσας ἐξαίσιον, ἦε καὶ ἄλλως
αἰδεῖται κατὰ δῶμα; κακὸς δ' αἰδοῖος ἀλήτης.
Τὴν δ' ἀπαμειβόμενος προσέφης, Εὔμαιε συβῶτα·

vers 565 : τῶν ὕβρίς τε βίη τε σιδήρεον οὐρανὸν ἵκει

Elle dit : le porcher eut à peine entendu que, rentrant dans la salle et s'approchant d'Ulysse, il dit ces mots ailés :

EUMÉE. – « Ô père l'étranger, la plus sage des femmes, Pénélope, t'appelle. Mère de Télémaque, elle vit dans l'angoisse ; mais son cœur aujourd'hui l'engage à s'enquérir du sort de son époux ! Si c'est la vérité, qu'elle voit en tes dires, elle t'habillera de neuf, robe et manteau, qui te manquent si fort, et mendiant ton pain à travers le pays, tu rempliras ta panse ; te donne qui voudra. »

Le héros d'endurance, Ulysse le divin, lui fit cette réponse :

ULYSSE. – « Je ne demande, Eumée, qu'à dire tout de suite à la fille d'Icare, la sage Pénélope, toute la vérité : je puis parler de lui ! car nous avons passé par les mêmes misères ! Mais je crains la cohue et l'humeur de ces gens. Leur audace et leurs crimes vont jusqu'au ciel de fer. À l'instant, tu l'as vu, quel mal avais-je fait en parcourant la salle ? Cet homme m'a frappé, blessé cruellement, sans que ni Télémaque intervînt ni personne. C'est pourquoi, maintenant, quel que soit son désir, va prier Pénélope d'attendre là-dedans, jusqu'au soleil couché : alors je répondrai à toutes ses demandes sur son époux et la journée de son retour, pourvu qu'auprès du feu, elle me donne place : je suis si mal vêtu ! Mais tu le sais toi-même ; n'es-tu pas le premier chez qui j'ai mendié ? »

Il disait : le porcher eut à peine entendu qu'il revint chez la reine.

Quand il parut au seuil, Pénélope lui dit :

PÉNÉLOPE. – « Eumée ! tu viens sans lui ? Que veut ce mendiant ? qui lui fait si grand peur ? est-ce timidité d'entrer en ce logis ? Timide mendiant ! voilà qui ne va guère ! »

Mais toi, porcher Eumée, tu lui dis en réponse :

ΕΥΜ. — Μυθεῖται κατὰ μοῖραν, ἅ πέρ κ' οἴοιτο καὶ ἄλλος,
ὕβριν ἀλυσκάζων ἀνδρῶν ὑπερηνορεόντων.
ἀλλά σε μεῖναι ἄνωγεν ἐς ἠέλιον καταδύντα·
καὶ δὲ σοὶ ὧδ' αὐτῇ πολὺ κάλλιον, ὦ βασίλεια,
οἴην πρὸς ξεῖνον φάσθαι ἔπος ἠδ' ἐπακοῦσαι.
Τὸν δ' αὖτε προσέειπε περίφρων Πηνελόπεια·
ΠΗΝ. — Οὐκ ἄφρων ὁ ξεῖνος ὀίεται, ὥς περ ἂν εἴη·
οὐ γάρ που τινες ὧδε καταθνητῶν ἀνθρώπων
ἀνέρες ὑβρίζοντες ἀτάσθαλα μηχανόωνται.
Ἡ μὲν ἄρ' ὣς ἀγόρευεν· ὁ δ' ᾤχετο δῖος ὑφορβὸς
μνηστήρων ἐς ὅμιλον, ἐπεὶ διεπέφραδε πάντα,
αἶψα δὲ Τηλέμαχον ἔπεα πτερόεντα προσηύδα,
ἄγχι σχὼν κεφαλήν, ἵνα μὴ πευθοίατο ἄλλοι·
ΕΥΜ. — Ὦ φίλ', ἐγὼ μὲν ἄπειμι σύας καὶ κεῖνα φυλάξων,
σὸν καὶ ἐμὸν βίοτον· σοὶ δ' ἐνθάδε πάντα μελόντων·
αὐτὸν μέν σε πρῶτα σάω καὶ φράζεο θυμῷ
μή τι πάθῃς· πολλοὶ δὲ κακὰ φρονέουσιν Ἀχαιῶν·
τοὺς Ζεὺς ἐξολέσειε πρὶν ἡμῖν πῆμα γενέσθαι.
Τὸν δ' αὖ Τηλέμαχος πεπνυμένος ἀντίον ηὔδα·
ΤΗΛ. — Ἔσσεται οὕτως, ἄττα· σὺ δ' ἔρχεο δειελιήσας,
ἠῶθεν δ' ἰέναι καὶ ἄγειν ἱερήια καλά·
αὐτὰρ ἐμοὶ τάδε πάντα καὶ ἀθανάτοισι μελήσει.
Ὣς φάθ'· ὁ δ' αὖτις ἄρ' ἕζετ' ἐυξέστου ἐπὶ δίφρου,
πλησάμενος δ' ἄρα θυμὸν ἐδητύος ἠδὲ ποτῆτος
βῆ ῥ' ἴμεναι μεθ' ὕας, λίπε δ' ἕρκεά τε μέγαρόν τε
[πλεῖον δαιτυμόνων· οἱ δ' ὀρχηστυῖ καὶ ἀοιδῇ
τέρποντ'· ἤδη γὰρ καὶ ἐπήλυθε δείελον ἦμαρ].

EUMÉE. – « Il parle sagement, et tout autre en sa place craindrait des prétendants la morgue et les excès. Jusqu'au soleil couché, il te prie de l'attendre, et pour toi-même, ô reine, ce sera mieux ainsi : tu pourras, seule à seul, lui parler et l'entendre. »

La plus sage des femmes, Pénélope, reprit :

PÉNÉLOPE. – « Cet hôte n'est pas sot : il a deviné juste ; jamais pareils bandits n'ont au monde tramé plus infâmes complots. »

La reine avait parlé, et le divin porcher, n'ayant plus rien à dire, s'en retournait à l'assemblée des prétendants. Il vint à Télémaque et, front penché pour n'être entendu d'aucun autre, il lui dit aussitôt ces paroles ailées :

EUMÉE. – « Ami, je vais rentrer : j'ai là-bas mes cochons et nos biens à garder, ton avoir et le mien... Ici, prends soin de tout, de ton salut d'abord ! songe bien à tes risques ! tant d'Achéens t'en veulent ! Zeus les anéantisse avant qu'ils ne nous perdent ! »

Posément, Télémaque le regarda et dit :

TÉLÉMAQUE. – « Tout ira bien, vieux frère ! Va-t'en ! voici le soir ! mais ramène demain quelques belles victimes... Ici, les dieux et moi, nous veillerons à tout. »

Il disait. Mais Eumée, sur l'escabeau luisant, s'était remis à table. Quand il eut son content de manger et de boire, il reprit le chemin de ses porcs et quitta la salle, puis l'enceinte, laissant là les convives, qui faisaient leur plaisir de la danse et du chant, car déjà la journée se hâtait vers le soir.

## [ΟΔΥΣΣΗΟΣ ΚΑΙ ΙΡΟΥ ΠΥΓΜΗ]

Ἦλθε δ' ἐπὶ πτωχὸς πανδήμιος, ὃς κατὰ ἄστυ
πτωχεύεσκ' Ἰθάκης, μετὰ δ' ἔπρεπε γαστέρι μάργῃ
ἀζηχὲς φαγέμεν καὶ πιέμεν· οὐ δέ οἱ ἦν ἴς
οὐδὲ βίη· εἶδος δὲ μάλα μέγας ἦν ὁράασθαι,
Ἀρναῖος δ' ὄνομ' ἔσκε· τὸ γὰρ θέτο πότνια μήτηρ
ἐκ γενετῆς· Ἶρον δὲ νέοι κίκλησκον ἅπαντες,
οὕνεκ' ἀπαγγέλλεσκε κιών, ὅτε που τις ἀνώγοι·
ὅς ῥ' ἐλθὼν Ὀδυσῆα διώκετο οἷο δόμοιο
καί μιν νεικείων ἔπεα πτερόεντα προσηύδα·
ΙΡΟΣ — Εἶκε, γέρον, προθύρου, μὴ δὴ τάχα καὶ ποδὸς ἕλκῃ.
οὐκ ἀίεις ὅτι δή μοι ἐπιλλίζουσιν ἅπαντες,
ἑλκέμεναι δὲ κέλονται; ἐγὼ δ' αἰσχύνομαι ἔμπης.
ἀλλ' ἄνα, μὴ τάχα νῶιν ἔρις καὶ χερσὶ γένηται.
Τὸν δ' ἄρ' ὑπόδρα ἰδὼν προσέφη πολύμητις Ὀδυσσεύς·
ΟΔΥ. — Δαιμόνι', οὔτέ τί σε ῥέζω κακὸν οὔτ' ἀγορεύω
οὔτέ τινα φθονέω δόμεναι καὶ πόλλ' ἀνελόντα.
οὐδὸς δ' ἀμφοτέρους ὅδε χείσεται· οὐδέ τί σε χρὴ
ἀλλοτρίων φθονέειν· δοκέεις δέ μοι εἶναι ἀλήτης
ὥς περ ἐγών· ὄλβον δὲ θεοὶ μέλλουσιν ὀπάζειν.
χερσὶ δὲ μή τι λίην προκαλίζεο, μή με χολώσῃς,

1. Composé à partir d'*arnumai*, « s'efforcer de prendre (d'obtenir) », *Arnaios* est un nom parlant, qui semble tout à fait approprié pour un mendiant.

## Le pugilat

*(CHANT XVIII.)* Survint un mendiant, le gueux de la commune, qui s'en allait de porte en porte par la ville. Tout Ithaque admirait le gouffre de sa panse, où sans cesse tombaient mangeailles et boissons. Sans force ni vigueur, mais de très grande taille et de belle apparence, il s'appelait Arnée[1] ; sa vénérable mère, au jour de sa naissance, l'avait ainsi nommé ; mais tous les jeunes gens le surnommaient Iros : il était leur Iris[2], porteur de tous messages.

Il entra et voulut chasser de sa maison Ulysse, en l'insultant avec ces mots ailés :

IROS. – « Vieillard, quitte le seuil ! ou je vais, par le pied, t'en tirer au plus vite ! Regarde-les donc tous : de l'œil, ils me font signe de te mettre dehors ! Mais moi, j'aurais trop honte. Allons ! vite, debout ! qu'entre nous, la dispute n'aille pas jusqu'aux mains. »

Ulysse l'avisé le toisa et lui dit :

ULYSSE. – « Malheureux ! contre toi qu'ai-je dit, qu'ai-je fait ? ai-je empêché quelqu'un de te donner, à toi, tout ce qu'il voudra prendre ? Sur le seuil, on tient deux ! Ne fais pas le jaloux : ce n'est pas toi qui paies ! Tu me sembles un frère en l'art de gueuserie : que les dieux entre nous répartissent la chance ! Mais, bas les

2. Cette divinité que les Anciens associaient à l'arc-en-ciel est fille de Thaumas et d'Électre, et sœur des Harpyes, de Bourrasque et de Volevite (Hés., *Th.*, 265-269). Son rôle de messagère est mis en avant dans l'*Iliade*, II, 786-808 ; III, 121-140 ; V, 353-369 ; VIII, 397-345 ; XV, 143-217, etc.

μή σε γέρων περ ἐὼν στῆθος καὶ χείλεα φύρσω
αἵματος· ἡσυχίη δ' ἂν ἐμοὶ καὶ μᾶλλον ἔτ' εἴη
αὔριον· οὐ μὲν γάρ τί σ' ὑποστρέψεσθαι δίω
δεύτερον ἐς μέγαρον Λαερτιάδεω Ὀδυσῆος.
Τὸν δὲ χολωσάμενος προσεφώνεε Ἶρος ἀλήτης·
ΙΡΟΣ — Ὢ πόποι, ὡς ὁ μολοβρὸς ἐπιτροχάδην ἀγορεύει,
γρηῒ καμινοῖ ἶσος, ὃν ἂν κακὰ μητισαίμην
κόπτων ἀμφοτέρῃσι, χαμαὶ δέ κε πάντας ὀδόντας
γναθμῶν ἐξελάσαιμι συὸς ὣς ληιβοτείρης.
ζῶσαι νῦν, ἵνα πάντες ἐπιγνώωσι καὶ οἵδε
μαρναμένους. πῶς δ' ἂν σὺ νεωτέρῳ ἀνδρὶ μάχοιο;
Ὣς οἱ μὲν προπάροιθε θυράων ὑψηλάων
οὐδοῦ ἔπι ξεστοῦ πανθυμαδὸν ὀκριόωντο.
Τοῖιν δὲ ξυνέηχ' ἱερὸν μένος Ἀντινόοιο,
ἡδὺ δ' ἄρ' ἐκγελάσας μετεφώνει μνηστήρεσσιν·
ΑΝΤ. — Ὦ φίλοι, οὐ μέν πώ τι πάρος τοιοῦτον ἐτύχθη,
οἵην τερπωλὴν θεὸς ἤγαγεν ἐς τόδε δῶμα.
ὁ ξεῖνος καὶ Ἶρος ἐρίζετον ἀλλήλοιιν
χερσὶ μαχήσασθαι· ἀλλὰ ξυνελάσσομεν ὦκα.
Ὣς ἔφαθ'· οἱ δ' ἄρα πάντες ἀνήιξαν γελόωντες,
ἀμφὶ δ' ἄρα πτωχοὺς κακοείμονας ἠγερέθοντο.
Τοῖσιν δ' Ἀντίνοος μετέφη, Εὐπείθεος υἱός·
ΑΝΤ. — Κέκλυτέ μευ, μνηστῆρες ἀγήνορες, ὄφρα τι εἴπω.
γαστέρες αἵδ' αἰγῶν κέατ' ἐν πυρί, τὰς ἐπὶ δόρπῳ
κατθέμεθα κνίσης τε καὶ αἵματος ἐμπλήσαντες·
ὁππότερος δέ κε νικήσῃ κρείσσων τε γένηται,
τάων ἥν κ' ἐθέλῃσιν ἀναστὰς αὐτὸς ἑλέσθω.
αἰεὶ δ' αὖθ' ἧμιν μεταδαίσεται· οὐδέ τιν' ἄλλον
πτωχὸν ἔσω μίσγεσθαι ἐάσομεν αἰτήσοντα.
Ὣς ἔφατ' Ἀντίνοος· τοῖσιν δ' ἐπιήνδανε μῦθος.
Τοῖς δὲ δολοφρονέων μετέφη πολύμητις Ὀδυσσεύς·
ΟΔΥ. — Ὦ φίλοι, οὔ πως ἔστι νεωτέρῳ ἀνδρὶ μάχεσθαι
ἄνδρα γέροντα, δύῃ ἀρημένον. ἀλλά με γαστὴρ

mains ! tu sais ! ne me provoque pas ! ou gare à ma colère ! Tout vieux que tu me vois, je te mettrais en sang les côtes et les lèvres, et j'aurais pour demain la paix, la grande paix ! Car, jamais, j'en suis sûr, tu ne reviendrais plus en ce manoir d'Ulysse, chez ce fils de Laërte ! »

Plein de colère, Iros le gueux lui répondit :

Iros. – « Misère ! ah ! quel discours ce goinfre nous dégoise, comme une vieille femme au coin de son foyer ! Gare aux coups ! Je m'en vais travailler des deux mains pour lui faire cracher toutes ses dents à terre, comme on fait d'une truie qui fouge dans les blés ! Trousse-toi ! c'est l'instant ! car voici nos arbitres : au combat ! qu'on te voie lutter contre un cadet ! »

Sur le seuil reluisant, devant les hautes portes, ils mettaient tout leur cœur à s'exciter ainsi.

Sitôt qu'Antinoos, Sa Force et Sainteté, aperçut la dispute, il dit aux prétendants, avec un joyeux rire :

Antinoos. – « Mes amis, quelle aubaine ! jamais encor les dieux n'ont, en cette maison, tant fait pour notre joie ! Iros et l'étranger se sont pris de querelle ; ils veulent s'empoigner : mettons-les vite aux mains ! »

Il disait et, d'un bond, tous, en riant, se lèvent pour faire cercle autour de nos deux loqueteux, et le fils d'Eupithès, Antinoos, leur dit :

Antinoos. – « Valeureux prétendants, j'ai deux mots à vous dire ! Nous avons sur le feu, pour le repas du soir, ces estomacs de chèvres que nous avons bourrés de graisses et de sang ; pour prix de son exploit, le vainqueur choisira quelqu'un de ces boudins et s'en ira le prendre ! et trouvant désormais place à tous nos festins, il sera notre pauvre ; à tout autre que lui, nous fermerons la porte ! »

À ce discours d'Antinoos, tous d'applaudir. Mais, ayant ruse en tête, notre Ulysse avisé reprenait la parole :

Ulysse. – « Mes amis, avez-vous jamais vu mettre aux prises un jeune avec un vieux, épuisé de misère ?

ὀτρύνει κακοεργός, ἵνα πληγῇσι δαμείω.
ἀλλ' ἄγε νῦν μοι πάντες ὀμόσσατε καρτερὸν ὅρκον,
μή τις ἐπ' Ἴρῳ ἦρα φέρων ἐμὲ χειρὶ βαρείῃ
πλήξῃ ἀτασθάλλων, τούτῳ δέ με ἶφι δαμάσσῃ.
Ὣς ἔφαθ'· οἱ δ' ἄρα πάντες ἐπώμνυον ὡς ἐκέλευεν.
αὐτὰρ ἐπεί ῥ' ὄμοσάν τε τελεύτησάν τε τὸν ὅρκον,
τοῖσ' αὖτις μετέειφ' ἱερὴ ἲς Τηλεμάχοιο·
ΤΗΛ. — Ξεῖν', εἴ σ' ὀτρύνει κραδίη καὶ θυμὸς ἀγήνωρ
τοῦτον ἀλέξασθαι, τῶν δ' ἄλλων μή τιν' Ἀχαιῶν
δείδιθ', ἐπεὶ πλεόνεσσι μαχήσεται ὅς κέ σε θείνῃ·
ξεινοδόκος μὲν ἐγών, ἐπὶ δ' αἰνεῖτον βασιλῆε,
Ἀντίνοός τε καὶ Εὐρύμαχος, πεπνυμένω ἄμφω.
Ὣς ἔφαθ'· οἱ δ' ἄρα πάντες ἐπῄνεον. αὐτὰρ Ὀδυσσεὺς
ζώσατο μὲν ῥάκεσιν περὶ μήδεα, φαῖνε δὲ μηροὺς
καλούς τε μεγάλους τε· φάνεν δέ οἱ εὐρέες ὦμοι
στήθεά τε στιβαροί τε βραχίονες· αὐτὰρ Ἀθήνη
ἄγχι παρισταμένη μέλε' ἤλδανε ποιμένι λαῶν.
Μνηστῆρες δ' ἄρα πάντες ὑπερφιάλως ἀγάσαντο·
ὧδε δέ τις εἴπεσκε ἰδὼν ἐς πλησίον ἄλλον·
ΧΟΡ. — Ἦ τάχα Ἶρος Ἄιρος ἐπίσπαστον κακὸν ἕξει,
οἵην ἐκ ῥακέων ὁ γέρων ἐπιγουνίδα φαίνει.
Ὣς ἄρ' ἔφαν· Ἴρῳ δὲ κακῶς ὠρίνετο θυμός.
ἀλλὰ καὶ ὣς δρηστῆρες ἄγον ζώσαντες ἀνάγκῃ
δειδιότα· σάρκες δὲ περιτρομέοντο μέλεσσιν.
Ἀντίνοος δ' ἐνένιπε ἔπος τ' ἔφατ' ἔκ τ' ὀνόμαζε·
ΑΝΤ. — Νῦν μὲν μήτ' εἴης, βουγάιε, μήτε γένοιο,
εἰ δὴ τοῦτόν γε τρομέεις καὶ δείδιας αἰνῶς,
[ἄνδρα γέροντα, δύῃ ἀρημένον, ἥ μιν ἱκάνει.]
ἀλλ' ἔκ τοι ἐρέω· τὸ δὲ καὶ τετελεσμένον ἔσται·
αἴ κέν σ' οὗτος νικήσῃ κρείσσων τε γένηται,
πέμψω σ' ἤπειρον δέ, βαλὼν ἐν νηὶ μελαίνῃ,
εἰς Ἔχετον βασιλῆα, βροτῶν δηλήμονα πάντων,

Puisqu'il faut obéir à ce bandit de ventre et me prêter aux coups, du moins jurez-moi tous le plus fort des serments que, pour aider Iros, personne n'abattra sur moi sa lourde main ! j'en serais accablé. »

Il dit. On lui prêta le serment demandé. Quand on eut prononcé et scellé le serment, Sa Force et Sainteté Télémaque reprit :

TÉLÉMAQUE. – « Étranger, si ton cœur et ton âme vaillante te pressent d'accepter le combat, sois sans crainte ! aucun des Achéens n'oserait te frapper ! Tous seraient contre lui, moi d'abord, qui reçois ici, et leurs deux rois, Eurymaque et Antinoos, gens de droiture, qui, tous les eux, m'approuvent. »

Il dit ; tous, d'applaudir. Sur sa virilité, troussant alors ses loques, Ulysse leur montra ses grandes belles cuisses ; puis ses larges épaules et sa poitrine et ses bras musclés apparurent. Athéna, accourue, infusait la vigueur à ce pasteur du peuple ; chez tous les prétendants, la surprise éclata ; se tournant l'un vers l'autre, ils se disaient entre eux :

LE CHŒUR. – « Avant peu notre Iros, pauvre Iris déclassée, aura le mal qu'il cherche ! Quelles cuisses le vieux nous sort de ses haillons ! »

Ils disaient ; mais Iros sentait son cœur à mal. Déjà les serviteurs l'avaient troussé de force et l'amenaient tremblant : sur ses membres, la chair n'était plus que frissons.

Aussi, le gourmandant, Antinoos lui dit :

ANTINOOS. – « Ah ! taureau fanfaron ! il vaudrait mieux pour toi ne pas être vivant, ne jamais être né que frissonner ainsi, d'une crainte effroyable, devant un vieux qu'épuise une vie de misères ! Mais moi, je te préviens et tu verras la chose ! s'il est victorieux, si tu le laisses battre, je t'envoie à la côte, au fond d'un noir vaisseau, chez le roi Échétos[3], fléau du genre humain !

3. Ce nom, du verbe *echô*, « tenir », signifierait soit « celui qui tient », soit « geôlier ». Il régnerait selon certains sur la Sicile, selon d'autres sur l'Épire.

ὅς κ' ἀπὸ ῥῖνα τάμῃσι καὶ οὔατα νηλέι χαλκῷ
μήδεά τ' ἐξερύσας δώῃ κυσὶν ὠμὰ δάσασθαι.
Ὣς φάτο· τὸν δ' ἔτι μᾶλλον ὑπὸ τρόμος ἔλλαβε γυῖα.
ἐς μέσσον δ' ἄναγον· τὼ δ' ἄμφω χεῖρας ἀνέσχον.
δὴ τότε μερμήριξε πολύτλας δῖος Ὀδυσσεὺς
ἤ' ἐλάσει' ὥς μιν ψυχὴ λίποι αὖθι πεσόντα,
ἦέ μιν ἦκ' ἐλάσειε τανύσσειέν τ' ἐπὶ γαίῃ.
ὧδε δέ οἱ φρονέοντι δοάσσατο κέρδιον εἶναι,
ἦκ' ἐλάσαι, ἵνα μή μιν ἐπιφρασσαίατ' Ἀχαιοί.
δὴ τότ' ἀνασχομένω, ὁ μὲν ἤλασε δεξιὸν ὦμον
Ἶρος· ὁ δ' αὐχέν' ἔλασσεν ὑπ' οὔατος, ὀστέα δ' εἴσω
ἔθλασεν· αὐτίκα δ' ἦλθεν ἀνὰ στόμα φοίνιον αἷμα·
κὰδ δ' ἔπεσ' ἐν κονίῃσι μακών, σὺν δ' ἤλασ' ὀδόντας
λακτίζων ποσὶ γαῖαν· ἀτὰρ μνηστῆρες ἀγαυοὶ
χεῖρας ἀνασχόμενοι γέλῳ ἔκθανον. αὐτὰρ Ὀδυσσεὺς
ἕλκε διὲκ προθύροιο λαβὼν ποδός, ὄφρ' ἵκετ' αὐλὴν
αἰθούσης τε θύρας, καί μιν ποτὶ ἑρκίον αὐλῆς
εἷσεν ἀνακλίνας, σκῆπτρον δέ οἱ ἔμβαλε χειρὶ
καί μιν φωνήσας ἔπεα πτερόεντα προσηύδα·
ΟΔΥ. — Ἐνταυθοῖ νῦν ἧσο σύας τε κύνας τ' ἀπερύκων,
μηδὲ σύ γε ξείνων καὶ πτωχῶν κοίρανος εἶναι
λυγρὸς ἐών, μή που τι κακὸν καὶ μεῖζον ἐπαύρῃ.
Ἦ ῥα καὶ ἀμφ' ὤμοισιν ἀεικέα βάλλετο πήρην·
ἂψ δ' ὅ γ' ἐπ' οὐδὸν ἰὼν κατ' ἄρ' ἕζετο· τοὶ δ' ἴσαν εἴσω
ἡδὺ γελώοντες καὶ δεικανόωντ' ἐπέεσσι·
ΧΟΡ. — Ζεύς τοι δοίη, ξεῖνε, καὶ ἀθάνατοι θεοὶ ἄλλοι
ὅττι μάλιστ' ἐθέλεις καί τοι φίλον ἔπλετο θυμῷ,
ὃς τοῦτον τὸν ἄναλτον ἀλητεύειν ἀπέπαυσας.

vers 109 : πυκνὰ ῥωγαλέην· ἐν δὲ στρόφος ἦεν ἀορτήρ

d'un bronze sans pitié, il te tailladera le nez et les oreilles, t'arrachera le membre, pour le jeter tout cru, en curée, à ses chiens[4]. »

Mais, pendant qu'il parlait, le frisson redoublait sur les membres d'Iros qu'on poussait dans le cercle.

Ils se mirent en garde et le divin Ulysse, le héros d'endurance, un instant hésita : allait-il l'assommer, l'étendre mort du coup ? ou, le poussant plus doucement, le jeter bas ? Tout compte fait, il vit encor son avantage à frapper doucement pour ne pas se trahir aux yeux des Achéens.

Les bras se détendirent : Ulysse fut atteint en pleine épaule droite ; mais son poing se logea dans le cou, sous l'oreille ; on entendit craquer les os dans le gosier ; de la bouche d'Iros, un flot rouge jaillit : en mugissant, il s'effondra dans la poussière, grinçant des dents, tapant la terre des talons ; et, les deux bras au ciel, ils se mouraient de rire, les nobles prétendants ! Puis Ulysse le prit par un pied, le traîna hors du seuil, dans la cour, jusqu'aux premières portes ; au-delà de l'entrée, il l'assit, appuyé contre le mur d'enceinte, son bâton dans les bras, et lui dit, élevant la voix, ces mots ailés :

ULYSSE. – « Reste ici, désormais ; écarte de l'entrée les pourceaux et les chiens ; mais ne régente plus les hôtes et les pauvres, sinon, malheur plus grand pourrait bien s'ajouter à tes maux d'aujourd'hui. »

À ces mots, il lui mit en travers des épaules son immonde besace qui n'était que lambeaux, pendus à une corde, puis il vint se rasseoir au seuil de la grand-salle, et les autres rentraient avec de joyeux rires, en le félicitant :

LE CHŒUR. – « Ah ! que Zeus, étranger, et tous les Immortels comblent tous les désirs que peut former ton cœur ! Grâce à toi, nous voilà délivrés de ce gouffre : il

4. C'est ce type de supplice qu'Ulysse réservera à Mélantheus, cf. XXII, 474-476.

Ὣς ἄρ' ἔφαν· χαῖρεν δὲ κλεηδόνι δῖος Ὀδυσσεύς.
Ἀντίνοος δ' ἄρα οἱ μεγάλην παρὰ γαστέρα θῆκεν,
ἐμπλείην κνίσης τε καὶ αἵματος· Ἀμφίνομος δὲ
ἄρτους ἐκ κανέοιο δύω παρέθηκεν ἀείρας
καὶ δέπαϊ χρυσέῳ δειδίσκετο φώνησέν τε·
ΑΜΦ. — Χαῖρε, πατ⟨ὴ⟩ρ ὦ ξεῖνε· γένοιτό τοι ἔς περ ὀπίσσω
ὄλβος· ἀτὰρ μὲν νῦν γε κακοῖσ' ἔχεαι πολέεσσι.
Τὸν δ' ἀπαμειβόμενος προσέφη πολύμητις Ὀδυσσεύς·
ΟΔΥ. — Ἀμφίνομ', ἦ μάλα μοι δοκέεις πεπνυμένος εἶναι·
τοίου γὰρ καὶ πατρός, ἐπεὶ κλέος ἐσθλὸν ἄκουον,
Νῖσον Δουλιχιῆα ἐΰν τ' ἔμεν ἀφνειόν τε·
τοῦ σ' ἔκ φασι γενέσθαι, ἐπητῇ δ' ἀνδρὶ ἔοικας.
τοὔνεκά τοι ἐρέω· σὺ δὲ σύνθεο καί μευ ἄκουσον·
[οὐδὲν ἀκιδνότερον γαῖα τρέφει ἀνθρώποιο.
οὐ μὲν γάρ ποτέ φησι κακὸν πείσεσθαι ὀπίσσω,
ὄφρ' ἀρετὴν παρέχωσι θεοὶ καὶ γούνατ' ὀρώρῃ·
ἀλλ' ὅτε δὴ καὶ λυγρὰ θεοὶ μάκαρες τελέσωσι,
καὶ τὰ φέρει ἀεκαζόμενος τετληότι θυμῷ.
τοῖος γὰρ νόος ἐστὶν ἐπιχθονίων ἀνθρώπων,
οἷον ἐπ' ἦμαρ ἄγῃσι Πατὴρ ἀνδρῶν τε θεῶν τε.
καὶ γὰρ ἐγώ ποτ' ἔμελλον ἐν ἀνδράσιν ὄλβιος εἶναι·
πολλὰ δ' ἀτάσθαλ' ἔρεξα βίῃ καὶ κάρτεϊ εἴκων,
πατρί τ' ἐμῷ πίσυνος καὶ ἐμοῖσι κασιγνήτοισι.
τῶ μή τίς ποτε πάμπαν ἀνὴρ ἀθεμίστιος εἴη,
ἀλλ' ὅ γε σιγῇ δῶρα θεῶν ἔχοι, ὅττι διδοῖεν.]
οἷ' ὁρόω μνηστῆρας ἀτάσθαλα μηχανόωντας,
κτήματα κείροντας καὶ ἀτιμάζοντας ἄκοιτιν
ἀνδρός, ὃν οὐκέτι φημὶ φίλων καὶ πατρίδος αἴης

vers 115 : ἐν δήμῳ· τάχα γάρ μιν ἀνάξομεν ἤπειρον δὲ
116 : εἰς Ἔχετον βασιλῆα, βροτῶν δηλήμονα πάντων
vers 131 : πάντων ὅσσά τε γαῖαν ἔπι πνείει τε καὶ ἕρπει

ne mendiera plus dans le peuple, et bientôt nous allons l'envoyer à la côte, chez le roi Échétos, fléau du genre humain ! »

Ils disaient, et leurs vœux faisaient la joie d'Ulysse. Pendant qu'Antinoos lui servait le plus gros des estomacs bourrés de graisses et de sang, Amphinomos[5] choisit deux pains dans sa corbeille et les lui vint offrir avec sa coupe d'or, en le complimentant :

AMPHINOMOS. – « Bravo, père étranger ! que puisse la fortune un jour te revenir ! aujourd'hui, je te vois en proie à tant de maux ! »

Ulysse l'avisé lui fit cette réponse :

ULYSSE. – « Vraiment, Amphinomos, tu me parais très sage et digne de ce père, dont, à Doulichion[6], j'entendais célébrer le renom, ce Nisos si bon, si opulent ! Puisqu'on te dit son fils, je veux te prévenir : tu me parais affable ; écoute et me comprends. Sur la terre, il n'est rien de plus faible que l'homme, de tous les animaux qui marchent et respirent : tant que les Immortels lui donnent le bonheur et lui gardent sa force, il pense que jamais le mal ne l'atteindra ; mais quand, des Bienheureux, il a sa part de maux, ce n'est qu'à contrecœur qu'il supporte la vie. En ce monde, dis-moi, qu'ont les hommes dans l'âme ? ce que, chaque matin, le Père des humains et des dieux veut y mettre ! Moi, j'aurais dû compter parmi les gens heureux ; mais en quelles folies ne m'ont pas entraîné ma fougue et ma vigueur ! et j'espérais aussi en mon père et mes frères ! L'homme devrait toujours se garder d'être impie, mais jouir en silence des dons qu'envoient les dieux. Je vois ces prétendants machiner des folies ! Ils outragent l'épouse et dévorent les biens d'un héros qui n'est plus éloigné pour longtemps, c'est moi qui te le dis, de sa terre et des siens ; il est tout près d'ici !

5. Sur ce personnage, cf. XVI, 361-406.
6. Sur cette île du royaume d'Ulysse, cf. I, 246 et note.

δηρὸν ἀπέσσεσθαι· μάλα δὲ σχεδόν. ἀλλά σε δαίμων
οἴκαδ' ὑπεξαγάγοι· μηδ' ἀντιάσειας ἐκείνῳ,
ὁππότε νοστήσειε φίλην ἐς πατρίδα γαῖαν·
οὐ γὰρ ἀναιμωτί γε διακρινέεσθαι ὀίω
μνηστῆρας καὶ κεῖνον, ἐπεί κε μέλαθρον ὑπέλθῃ.
Ὣς φάτο καὶ σπείσας ἔπιεν μελιηδέα οἶνον,
ἂψ δ' ἐν χερσὶν ἔθηκε δέπας κοσμήτορι λαῶν.
Αὐτὰρ ὁ βῆ διὰ δῶμα φίλον τετιημένος ἦτορ,
νευστάζων κεφαλῇ· δὴ γὰρ κακὸν ὄσσετο θυμῷ.
[ἀλλ' οὐδ' ὧς φύγε κῆρα· πέδησε δὲ καὶ τὸν Ἀθήνη
Τηλεμάχου ὑπὸ χερσὶ καὶ ἔγχεϊ ἶφι δαμῆναι.]
ἂψ δ' αὖτις κατ' ἄρ' ἕζετ' ἐπὶ θρόνου ἔνθεν ἀνέστη.
Τῇ δ' ἄρ' ἐπὶ φρεσὶ θῆκε θεὰ γλαυκῶπις Ἀθήνη,
κούρῃ Ἰκαρίοιο, περίφρονι Πηνελοπείῃ,
μνηστήρεσσι φανῆναι, ὅπως πετάσειε μάλιστα
θυμὸν μνηστήρων ἰδὲ τιμήεσσα γένοιτο
μᾶλλον πρὸς πόσιός τε καὶ υἱέος ἢ πάρος ἦεν·
ἀχρεῖον δ' ἐγέλασσε ἔπος τ' ἔφατ' ἔκ τ' ὀνόμαζεν·
ΠΗΝ. — Εὐρυνόμη, θυμός μοι ἐέλδεται, οὔ τι πάρος γε,
μνηστήρεσσι φανῆναι ἀπεχθομένοισί περ ἔμπης·
παιδὶ δέ κε εἴποιμι ἔπος, τό κε κέρδιον εἴη
μὴ πάντα μνηστῆρσιν ὑπερφιάλοισιν ὁμιλεῖν,
οἵ τ' εὖ μὲν βάζουσι, κακῶς δ' ὄπιθε φρονέουσι.
Τὴν δ' αὖτ' Εὐρυνόμη ταμίη πρὸς μῦθον ἔειπε·
ΕΥΡ. — Ναὶ δὴ ταῦτά γε πάντα, τέκος, κατὰ μοῖραν ἔειπες.
ἀλλ' ἴθι καὶ σῷ παιδὶ ἔπος φάο μηδ' ἐπίκευθε,
χρῶτ' ἀπονιψαμένη καὶ ἐπιχρίσασα παρειάς,
μηδ' οὕτω δακρύοισι πεφυρμένη ἀμφὶ πρόσωπα
ἔρχευ, ἐπεὶ κάκιον πενθήμεναι ἄκριτον αἰεί.
ἤδη μὲν γάρ τοι παῖς τηλίκος, ὃν σὺ μάλιστα
ἠρῶ ἀθανάτοισι γενειήσαντα ἰδέσθαι.
Τὴν δ' αὖτε προσέειπε περίφρων Πηνελόπεια·
ΠΗΝ. — Εὐρυνόμη, μὴ ταῦτα παραύδα κηδομένη περ
χρῶτ' ἀπονίπτεσθαι καὶ ἐπιχρίεσθαι ἀλοιφῇ·
ἀγλαΐην γὰρ ἐμοί γε θεοί, τοὶ Ὄλυμπον ἔχουσιν,

Ah ! que, te ramenant chez toi, un dieu te garde d'être sur son chemin, le jour qu'il reverra le pays de ses pères ! C'est le sang qui devra décider, sois-en sûr, entre ces gens et lui, aussitôt qu'il sera rentré sous ce plafond ! »

Il dit, fit son offrande aux dieux et but le vin à la douceur de miel, puis il rendit la coupe au rangeur des guerriers. À travers la grand-salle, Amphinomos revint, le cœur plein de tristesse, et, secouant la tête, avec la mort dans l'âme, se rassit au fauteuil qu'il venait de quitter. Mais rien ne le sauva ; car Athéna le mit sous les mains et la lance de celui qui devait le tuer, Télémaque.

C'est alors qu'Athéna, la déesse aux yeux pers, fit naître dans l'esprit de la fille d'Icare le désir d'apparaître aux yeux des prétendants pour attiser leurs cœurs et redoubler l'estime que lui vouaient déjà son fils et son mari.

D'un sourire contraint, la sage Pénélope appela l'intendante :

PÉNÉLOPE. – « Eurynomé, mon cœur éprouve le désir, que toujours j'ignorai, de paraître devant les yeux des prétendants ; pourtant je les abhorre ; mais je dois dire un mot à mon fils : mieux vaudrait qu'il ne fût pas toujours avec les prétendants ; sous de belles paroles, ces bandits n'ont pour lui que sinistres pensées. »

Et l'intendante Eurynomé, de lui répondre :

EURYNOMÉ. – « Ma fille, en tout cela, tu parles sagement… Va donc ! parle à ton fils et ne lui cache rien. Mais baigne ton visage et farde-toi les joues ; ne descends pas ainsi, les traits bouffis de larmes : cet éternel chagrin n'est pas de la sagesse, et voici que ton fils est à cet âge, enfin ! de la première barbe où, de le voir un jour, tu priais tant les dieux ! »

La sage Pénélope alors lui répondit :

PÉNÉLOPE. – « Eurynomé, tais-toi ! ton amour me conseille de baigner mon visage ! et de farder mes joues ! Ah ! ma beauté ! les dieux, les maîtres de l'Olympe, l'ont

ὤλεσαν, ἐξ οὗ κεῖνος ἔβη κοίλῃσ' ἐνὶ νηυσίν.
ἀλλά μοι Αὐτονόην τε καὶ Ἱπποδάμειαν ἄνωχθι
ἐλθέμεν, ὄφρά κέ μοι παρστήετον ἐν μεγάροισιν.
οἴη δ' οὐ κεῖσ' εἶμι μετ' ἀνέρας· αἰδέομαι γάρ.
Ὣς ἄρ' ἔφη· γρηῢς δὲ διὲκ μεγάροιο βεβήκει,
ἀγγελέουσα γυναιξὶ καὶ ὀτρυνέουσα νέεσθαι.
Ἔνθ' αὖτ' ἄλλ' ἐνόησε θεὰ γλαυκῶπις Ἀθήνη·
κούρῃ Ἰκαρίοιο κατὰ γλυκὺν ὕπνον ἔχευεν·
εὗδε δ' ἀνακλινθεῖσα· λύθεν δέ οἱ ἅψεα πάντα,
αὐτοῦ ἐνὶ κλιντῆρι· τέως δ' ἄρα δῖα θεάων
ἄμβροτα δῶρα δίδου, ἵνα μιν θησαίατ' Ἀχαιοί.
[κάλλεϊ μέν οἱ πρῶτα προσώπατα καλὰ κάθηρεν
ἀμβροσίῳ, οἵῳ περ ἐυστέφανος Κυθέρεια
χρίεται, εὖτ' ἂν ἴῃ Χαρίτων χορὸν ἱμερόεντα, 194
λευκοτέρην δ' ἄρα μιν θῆκε πριστοῦ ἐλέφαντος.] 196
Ἡ μὲν ἄρ' ὣς ἔρξασ' ἀπεβήσετο δῖα θεάων·
ἦλθον δ' ἀμφίπολοι λευκώλενοι ἐκ μεγάροιο
φθόγγῳ ἐπερχόμεναι· τὴν δὲ γλυκὺς ὕπνος ἀνῆκε·
καί ῥ' ἀπομόρξατο χερσὶ παρειὰς εἶπέ τε μῦθον·
ΠΗΝ. — Ἦ με μάλ' αἰνοπαθῆ μαλακὸν περὶ κῶμ' ἐκάλυψεν.
αἴθέ μοι ὣς μαλακὸν θάνατον πόροι Ἄρτεμις ἁγνὴ
αὐτίκα νῦν, ἵνα μηκέτ' ὀδυρομένη κατὰ θυμὸν
αἰῶνα φθινύθω, πόσιος ποθέουσα φίλοιο
παντοίην ἀρετήν, ἐπεὶ ἔξοχος ἦεν Ἀχαιῶν.
Ὣς φαμένη κατέβαιν' ὑπερώια σιγαλόεντα,
οὐκ οἴη· ἅμα τῇ γε καὶ ἀμφίπολοι δύ' ἕποντο.

vers 195 : καί μιν μακροτέρην καὶ πάσσονα θῆκε ἰδέσθαι

7. Le terme grec est *ambrosia*. Sur cette essence qui sert également à nourrir les dieux, cf. V, 93 et note.

8. C'est-à-dire Aphrodite. Sur cette épithète, cf. VIII, 288 et note.

9. Sur les Grâces, compagnes d'Aphrodite, cf. VI, 18 et note.

détruite du jour que le héros partit au creux de ses vaisseaux ! Mais prie Autonoé de venir me trouver avec Hippodamie : je les veux près de moi pour entrer dans la salle ; j'aurais honte d'aller seule parmi ces hommes ! »

Elle dit et la vieille, à travers le manoir, allait dire aux servantes de venir au plus vite.

Mais, suivant son dessein, la déesse aux yeux pers versait un doux sommeil à la fille d'Icare. Cependant qu'en son siège, Pénélope dormait, les membres détendus, la tête renversée, cette toute divine l'ornait de tous ses dons immortels, pour charmer les yeux des Achéens ; elle lava d'abord son beau visage avec cette essence divine[7], dont se sert Kythérée[8] à la belle couronne avant d'entrer au chœur des aimables Charites[9], lui donnant la blancheur de l'ivoire scié.

Quand elle eut achevé et qu'elle eut disparu, cette toute divine, voici que, de la salle, accouraient à l'appel les filles aux bras blancs. Le doux sommeil alors abandonna la reine et, se passant les mains sur les joues, elle dit :

PÉNÉLOPE. – « À force de souffrir, je tombe en la douceur de l'assoupissement. Que la chaste Artémis m'envoie donc à l'instant une mort aussi douce[10] ! Ah ! ne plus consumer ma vie dans les sanglots, à regretter l'époux dont nul en Achaïe[11] ne pouvait égaler la valeur en tous genres ! »

Elle dit et quitta son étage luisant et, sans l'abandonner, les deux filles suivaient.

10. Sur la mort subite et sans douleur accordée par Artémis et son frère Apollon, cf. III, 279-280 et note ; voir aussi XI, 172-173 et XX, 61 sq.

11. Dans l'*Odyssée*, ce terme indique souvent le Péloponnèse, mais également la Thessalie, soit le monde des héros achéens qui firent le siège de Troie.

Ἡ δ' ὅτε δὴ μνηστῆρας ἀφίκετο δῖα γυναικῶν,
στῆ ῥα παρὰ σταθμὸν τέγεος πύκα ποιητοῖο,
ἄντα παρειάων σχομένη λιπαρὰ κρήδεμνα·
ἀμφίπολος δ' ἄρα οἱ κεδνὴ ἑκάτερθε παρέστη·
τῶν δ' αὐτοῦ λύτο γούνατ'· ἔρῳ δ' ἄρα θυμὸν ἔθελχθεν.
Ἡ δ' αὖ Τηλέμαχον προσεφώνεε, ὃν φίλον υἱόν·
ΠΗΝ. — Τηλέμαχ', οὐκέτι τοι φρένες ἔμπεδοι [οὐδὲ νόημα.
παῖς ἔτ' ἐὼν καὶ μᾶλλον ἐνὶ φρεσὶ κέρδε' ἐνώμας.
νῦν δ', ὅτε δὴ μέγας ἐσσὶ καὶ ἥβης μέτρον ἱκάνεις,
καί κέν τις φαίη γόνον ἔμμεναι ὀλβίου ἀνδρὸς
ἐς μέγεθος καὶ κάλλος ὁρώμενος ἀλλότριος φώς,
οὐκέτι τοι φρένες εἰσὶν ἐναίσιμοι] οὐδὲ νόημα
οἷον δὴ τόδε ἔργον ἐνὶ μεγάροισιν ἐτύχθη,
ὃς τὸν ξεῖνον ἔασας ἀεικισθήμεναι οὕτω.
πῶς νῦν, εἴ τι ξεῖνος ἐν ἡμετέροισι δόμοισιν
ἥμενος ὧδε πάθοι ῥυστακτύος ἐξ ἀλεγεινῆς;
σοί κ' αἶσχος λώβη τε μετ' ἀνθρώποισι πέλοιτο.

Τὴν δ' αὖ Τηλέμαχος πεπνυμένος ἀντίον ηὔδα·
ΤΗΛ. — Μῆτερ ἐμή, τὸ μὲν οὔ σε νεμεσσῶμαι κεχολῶσθαι·
αὐτὰρ ἐγὼ θυμῷ νοέω καὶ οἶδα ἕκαστα·
ἀλλά τοι οὐ δύναμαι πεπνυμένα πάντα νοῆσαι·
ἐκ γάρ με πλήσσουσι παρήμενοι ἄλλοθεν ἄλλος
οἵδε κακὰ φρονέοντες· ἐμοὶ δ' οὐκ εἰσὶν ἀρωγοί.
οὐ μέν τοι ξείνου γε καὶ Ἴρου μῶλος ἐτύχθη
μνηστήρων ἰότητι· βίῃ δ' ὅ γε φέρτερος ἦεν.
αἲ γάρ, Ζεῦ τε πάτερ καὶ Ἀθηναίη καὶ Ἄπολλον,
οὕτω νῦν μνηστῆρες ἐν ἡμετέροισι δόμοισι
νεύοιεν κεφαλὰς δεδμημένοι, οἱ μὲν ἐν αὐλῇ,
οἱ δ' ἔντοσθε δόμοιο· λελῦντο δὲ γυῖα ἑκάστου,
ὡς νῦν Ἶρος κεῖνος ἐπ' αὐλείῃσι θύρῃσιν
ἧσται νευστάζων κεφαλῇ, μεθύοντι ἐοικώς,
οὐδ' ὀρθὸς δύναται στῆναι ποσὶν οὐδὲ νέεσθαι
οἴκαδ', ὅπῃ οἱ νόστος, ἐπεὶ φίλα γυῖα λέλυνται.

vers 213 : πάντες δ' ἠρήσαντο παραὶ λεχέεσσι κλιθῆναι
vers 229 : ἐσθλά τε καὶ χέρεια· πάρος δ' ἔτι νήπιος ἦα

Voici qu'elle arriva devant les prétendants, cette femme divine, et, debout au montant de l'épaisse embrasure, ramenant sur ses joues ses voiles éclatants, tandis qu'à ses côtés, veillaient les chambrières et que des prétendants les genoux[12] flageolaient sous le charme d'amour – ils n'avaient tous qu'un vœu, être couchés près d'elle –, la reine s'adressait à son fils Télémaque :

PÉNÉLOPE. – « Télémaque, es-tu donc sans esprit et sans cœur ? Tout petit, tes desseins étaient mieux réfléchis ; te voilà grand ; tu vas entrer dans l'âge d'homme ; à te voir bel et grand, il n'est pas d'étranger qui ne te proclamât le fils d'un homme heureux ; mais, parfois, tu parais sans esprit et sans cœur ! Que vient-il d'arriver au manoir, me dit-on ? tu laisses insulter un hôte de la sorte ? Qu'allons-nous devenir, si, jusqu'en nos maisons, un paisible étranger peut être maltraité aussi cruellement ! Quelle honte pour toi et quelle flétrissure ! »

Posément, Télémaque la regarda et dit :

TÉLÉMAQUE. – « Ma mère, je ne puis qu'approuver ton courroux : ce n'est pas qu'en mon cœur, je ne pèse et ne voie le bien comme le mal, je suis sorti d'enfance ; mais parfois je ne puis prendre le bon parti, tant ces gens, qui m'assiègent, me troublent et m'égarent ! ils ne pensent qu'au mal ! je n'ai pas un appui ! Pourtant cette dispute entre Iros et le vieux, la volonté des prétendants ne l'a pas faite… Non ! regarde sa force ! Plût au ciel, Zeus le père ! Athéna ! Apollon ! qu'on vît les prétendants à travers le manoir branler ainsi la tête, vaincus, membres rompus, les uns dans la maison, les autres dans la cour ! tout comme Iros, là-bas, au porche de la cour, est assis maintenant, dodelinant du chef et semblant pris de vin, sans pouvoir se dresser sur ses pieds ni reprendre la route du logis, le chemin du retour : c'est un homme cassé ! »

12. Pour les genoux comme siège du fluide vital, l'*aiôn* chez Homère, cf. Onians, 1954, 191-192.

Ὣς οἱ μὲν τοιαῦτα πρὸς ἀλλήλους ἀγόρευον·
Εὐρύμαχος δ' ἐπέεσσι προσηύδα Πηνελόπειαν·
ΕΥΡ. — Κούρη Ἰκαρίοιο, περίφρον Πηνελόπεια,
εἰ πάντές σε ἴδοιεν ἀν' Ἴασον Ἄργος Ἀχαιοί,
πλέονές κε μνηστῆρες ἐν ὑμετέροισι δόμοισιν
ἠῶθεν δαινύατ', ἐπεὶ περίεσσι γυναικῶν
εἶδός τε μέγεθός τε ἰδὲ φρένας ἔνδον ἐίσας.
Τὸν δ' ἠμείβετ' ἔπειτα περίφρων Πηνελόπεια·
ΠΗΝ. — Εὐρύμαχ', ἤτοι ἐμὴν ἀρετὴν εἶδός τε δέμας τε
ὤλεσαν ἀθάνατοι, ὅτε Ἴλιον εἰσανέβαινον
Ἀργεῖοι, μετὰ τοῖσι δ' ἐμὸς πόσις ᾖεν Ὀδυσσεύς.
εἰ κεῖνός γ' ἐλθὼν τὸν ἐμὸν βίον ἀμφιπολεύοι,
μεῖζόν κε κλέος εἴη ἐμὸν καὶ κάλλιον οὕτω.
νῦν δ' ἄχομαι· τόσα γάρ μοι ἐπέσσευεν κακὰ δαίμων.
ἦ μὲν δὴ ὅτε τ' ᾖε λιπὼν κάτα πατρίδα γαῖαν,
δεξιτερὴν ἐπὶ καρπῷ ἑλὼν ἐμὲ χεῖρα προσηύδα·
— Ὦ γύναι, οὐ γὰρ ὀίω ἐυκνήμιδας Ἀχαιοὺς
ἐκ Τροίης εὖ πάντας ἀπήμονας ἀπονέεσθαι·
καὶ γὰρ Τρῶάς φασι μαχητὰς ἔμμεναι ἄνδρας,
ἠμὲν ἀκοντιστὰς ἠδὲ ῥυτῆρας ὀιστῶν
ἵππων τ' ὠκυπόδων ἐπιβήτορας, οἵ κε τάχιστα
ἔκριναν μέγα νεῖκος ὁμοιίου πολέμοιο.
τῶ οὐ οἶδ' ⟨ἤ⟩ κέν μ' ἀνέσει θεός, ἦ κε ἁλώω
αὐτοῦ ἐνὶ Τροίῃ σοὶ δ' ἐνθάδε πάντα μελόντων·
μεμνῆσθαι πατρὸς καὶ μητέρος ἐν μεγάροισιν
ὡς νῦν, ἢ' ἔτι μᾶλλον ἐμεῦ ἀπὸ νόσφιν ἐόντος·
αὐτὰρ ἐπὴν δὴ παῖδα γενειήσαντα ἴδηαι,
γήμασθ' ᾧ κ' ἐθέλησθα τεὸν κατὰ δῶμα λιποῦσα.
— Κεῖνος τὼς ἀγόρευε· τὰ δὴ νῦν πάντα τελεῖται.
νὺξ δ' ἔσται ⟨στυγερή⟩, ὅτε δὴ γάμος ἀντιβολήσει
οὐλομένης ἐμέθεν, τῆς τε Ζεὺς ὄλβον ἀπηύρα.
ἀλλὰ τόδ' αἰνὸν ἄχος κραδίην καὶ θυμὸν ἱκάνει·

Quand ils eurent entre eux échangé ces paroles, Eurymaque adressa ces mots à Pénélope :

EURYMAQUE. – « Fille d'Icare, ô toi, la plus sage des femmes ! si tous les Achéens de l'Argos ionienne[13] te voyaient, Pénélope ! combien d'autres encor viendraient en prétendants s'asseoir en ce manoir, dès l'aube, et banqueter ! Aucune femme au monde n'égale ta beauté, ta taille et cet esprit pondéré qui t'anime. »

La plus sage des femmes, Pénélope reprit :

PÉNÉLOPE. – « Ma valeur, ma beauté, mes grands airs, Eurymaque, les dieux m'ont tout ravi, lorsque, vers Ilion, les Achéens partirent, emmenant avec eux Ulysse, mon époux ! Ah ! s'il me revenait pour veiller sur ma vie, que mon renom serait et plus grand et plus beau ! Je n'ai plus que chagrins, tant le ciel me tourmente ! Le jour qu'il s'en alla loin du pays natal, il me prit la main droite au poignet et me dit : "Ma femme, je sais bien que, de cette Troade, nos Achéens guêtrés ne reviendront pas tous ; on dit que les Troyens sont braves gens de guerre, bons piquiers, bons archers, bons cavaliers, montés sur ces chevaux rapides, qui, dans le grand procès du combat indécis, sont les soudains arbitres. Le ciel me fera-t-il revenir en Ithaque ? dois-je périr là-bas en Troade ? qui sait ? Tu resteras ici et prendras soin de tout. Pense à mes père et mère : pour eux, en ce manoir, reste toujours la même ; sois plus aimante encor quand leur fils sera loin ! Plus tard, quand tu verras de la barbe à ton fils, épouse qui te plaît et quitte la maison !" Oui ! Je l'entends encore, et tout s'est accompli. Je vois venir la nuit odieuse où l'hymen achèvera ma perte, puisque Zeus m'enleva ce qui fut mon bonheur. Mais pour me torturer et l'esprit et le cœur voici des prétendants aux étranges

13. En grec, *Iason*. Ce héros légendaire serait le fils d'Io ou son père, dont sont issus les Ioniens.

μνηστήρων οὐχ ἥδε δίκη τὸ πάροιθε τέτυκτο.
οἵ τ' ἀγαθήν τε γυναῖκα καὶ ἀφνειοῖο θύγατρα
μνηστεύειν ἐθέλωσι καὶ ἀλλήλοισ' ἐρίσωσιν,
αὐτοὶ τοί γ' ἀπάγουσι βόας καὶ ἴφια μῆλα,
κούρης δαῖτα φίλοισι, καὶ ἀγλαὰ δῶρα διδοῦσιν·
ἀλλ' οὐκ ἀλλότριον βίοτον νήποινον ἔδουσιν.
Ὣς φάτο· γήθησεν δὲ πολύτλας δῖος Ὀδυσσεύς,
οὕνεκα τῶν μὲν δῶρα παρέλκετο, θέλγε δὲ θυμὸν
μειλιχίοισ' ἐπέεσσι, νόος δέ οἱ ἄλλα μενοίνα.
Τὴν δ' αὖτ' Ἀντίνοος προσέφη, Εὐπείθεος υἱός·
ANT. — Κούρη Ἰκαρίοιο, περίφρον Πηνελόπεια,
δῶρα μὲν ὅς κ' ἐθέλῃσιν Ἀχαιῶν ἐνθάδ' ἐνεῖκαι,
δέξασθ'· οὐ γὰρ καλὸν ἀνήνασθαι δόσιν ἐστίν·
ἡμεῖς δ' οὔτ' ἐπὶ ἔργα πάρος γ' ἴμεν οὔτέ πῃ ἄλλῃ,
πρίν γέ σε τῷ γήμασθαι Ἀχαιῶν ὅς τις ἄριστος.
Ὣς ἔφατ' Ἀντίνοος· τοῖσιν δ' ἐπιήνδανε μῦθος·
δῶρα δ' ἄρ' οἰσέμεναι πρόεσαν κήρυκα ἕκαστος.
Ἀντινόῳ μὲν ἔνεικε μέγαν περικαλλέα πέπλον,
ποικίλον· ἐν δ' ἄρ' ἔσαν περόναι δυοκαίδεκα πᾶσαι
χρύσειαι, κληῖσιν ἐυγνάμπτοισ' ἀραρυῖαι.
ὅρμον δ' Εὐρυμάχῳ πολυδαίδαλον αὐτίκ' ἔνεικε,
χρύσεον, ἠλέκτροισιν ἐερμένον ἠέλιον ὥς.
ἕρματα δ' Εὐρυδάμαντι δύω θεράποντες ἔνεικαν
τρίγληνα, μορόεντα· χάρις δ' ἀπελάμπετο πολλή.
ἐκ δ' ἄρα Πεισάνδροιο Πολυκτορίδαο ἄνακτος
ἴσθμιον ἤνεικεν θεράπων, περικαλλὲς ἄγαλμα.
ἄλλο δ' ἄρ' ἄλλος δῶρον Ἀχαιῶν καλὸν ἔνεικεν.
Ἡ μὲν ἔπειτ' ἀνέβαιν' ὑπερώια δῖα γυναικῶν·
τῇ δ' ἄρ' ἅμ' ἀμφίπολοι ἔφερον περικαλλέα δῶρα.

14. Pénélope ne demande pas que les prétendants paient la dot *(eedna)* pour l'emmener loin du foyer d'Ulysse. Dans le texte, il est uniquement question de *dôra*, « cadeaux », censés compenser les abus

manières ! Pour plaire à fille noble et de riche maison, on lutte, à qui mieux mieux, de générosité ; chez elle, on va traiter ses parents, on amène les bœufs, les moutons gras, les plus riches cadeaux[14] ; on ne se jette pas sur ses biens sans défense ! »

Elle disait ; la joie vint au divin Ulysse. Il avait bien compris, le héros d'endurance, qu'elle flattait leurs cœurs par de douces paroles, pour avoir leurs cadeaux et cacher ses desseins.

Antinoos, le fils d'Eupithès, répondit :

ANTINOOS. – « Fille d'Icare, ô toi, la plus sage des femmes ! laisse-nous apporter, chacun, notre cadeau et prends-le, Pénélope ; car présent refusé fut toujours une insulte. Mais jamais nous n'irons sur nos biens ni ailleurs avant de t'avoir vue accepter pour époux l'Achéen de ton choix. »

À ce discours d'Antinoos, tous d'applaudir, et chacun au logis envoya son héraut pour chercher un présent. L'homme d'Antinoos rapporta le plus beau des grands voiles brodés : ses douze agrafes d'or passaient en des anneaux à la courbe savante. Aussitôt le héraut d'Eurymaque apporta un collier d'or ouvré, enfilé de gros ambres, – un rayon de soleil ! Les deux servants d'Eurydamas lui rapportèrent des pendants à trois perles de la grosseur des mûres : la grâce en éclatait. Puis, de chez Pisandros, fils du roi Polyktor, un servant rapporta un tour de cou, le plus admirable joyau, et de même, chacun des autres Achéens fit quelque beau présent. Elle reprit alors, cette femme divine, l'escalier de sa chambre et, près d'elle, les deux chambrières portaient les cadeaux magnifiques.

des prétendants et mettre en valeur la ruse de la digne épouse d'Ulysse. Sur ces *dôra*, cf. Lacey, 1966, 55-68 ; sur l'attitude de Pénélope, cf. Byre, 1988, 169-178.

Οἱ δ' εἰς ὀρχηστύν τε καὶ ἱμερόεσσαν ἀοιδὴν
τρεψάμενοι τέρποντο, μένον δ' ἐπὶ ἕσπερον ἐλθεῖν·
τοῖσι δὲ τερπομένοισι μέλας ἐπὶ ἕσπερος ἦλθεν.
Αὐτίκα λαμπτῆρας τρεῖς ἵστασαν ἐν μεγάροισιν,
ὄφρα φαείνοιεν· περὶ δὲ ξύλα κάγκαν' ἔθηκαν,
αὖα πάλαι, περίκηλα, νέον κεκεασμένα χαλκῷ,
καὶ δαΐδας μετέμισγον· ἀμοιβηδὶς δ' ἀνέφαινον
δμῳαὶ 'Οδυσσῆος ταλασίφρονος. αὐτὰρ ὁ τῇσιν
αὐτὸς διογενὴς μετέφη πολύμητις 'Οδυσσεύς·
ΟΔΥ. — Δμῳαὶ 'Οδυσσῆος, δὴν οἰχομένοιο ἄνακτος,
ἔρχεσθε πρὸς δώμαθ', ἵν' αἰδοίη βασίλεια·
τῇ δὲ παρ' ἠλάκατα στροφαλίζετε, τέρπετε δ' αὐτὴν
ἥμεναι ἐν μεγάρῳ, ἢ' εἴρια πείκετε χερσίν·
αὐτὰρ ἐγὼ τούτοισι φάος πάντεσσι παρέξω.
ἤν περ γάρ κ' ἐθέλωσιν ἐΰθρονον 'Ηῶ μίμνειν,
οὔ τί με νικήσουσι· πολυτλήμων δὲ μάλ' εἰμί.
Ὣς ἔφαθ'· αἱ δ' ἐγέλασσαν, ἐς ἀλλήλας δὲ ἴδοντο.
τὸν δ' αἰσχρῶς ἐνένιπε Μελανθὼ καλλιπάρῃος,
τὴν Δολίος μὲν ἔτικτε, κόμισσε δὲ Πηνελόπεια,
παῖδα δὲ ὣς ἀτίταλλε· δίδου δ' ἄρ' ἀθύρματα θυμῷ·
ἀλλ' οὐδ' ὣς ἔχε πένθος ἐνὶ φρεσὶ Πηνελοπείης,
ἀλλ' ἥ γ' Εὐρυμάχῳ μισγέσκετο καὶ φιλέεσκεν.
Ἣ ῥ' 'Οδυσῆ' ἐνένιπεν ὀνειδείοισ' ἐπέεσσι·
ΜΕΛ. — Ξεῖνε τάλαν, σύ γέ τις φρένας ἐκπεπαταγμένος ἐσσί,
οὐδ' ἐθέλεις εὕδειν χαλκήιον ἐς δόμον ἐλθὼν
ἠέ που ἐς λέσχην, ἀλλ' ἐνθάδε πόλλ' ἀγορεύεις· 329
ἦ' ἀλύεις ὅτι Ἶρον ἐνίκησας τὸν ἀλήτην; 333
μή τίς τοι τάχα Ἴρου ἀμείνων ἄλλος ἀναστῇ,

vers 330 : θαρσαλέως πολλοῖσι μετ' ἀνδράσιν, οὐδέ τι θυμῷ
331 : ταρβεῖς. ἦ ῥά σε οἶνος ἔχει φρένας, ἤ νύ τοι αἰεὶ
332 : τοιοῦτος νόος ἐστίν, ὃ καὶ μεταμώνια βάζεις

En bas, on se remit, pour attendre le soir, aux plaisirs de la danse et des chansons joyeuses ; dans les ombres du soir, on s'ébattait encor. Alors, pour éclairer la grand-salle, on dressa trois torchères, chargées de branches résineuses, qui, tombées de longtemps, sèches jusqu'à la moelle, venaient d'être fendues par le bronze des haches ; on y mêla des torches que vinrent tour à tour ranimer les servantes du valeureux Ulysse.

Le rejeton des dieux, Ulysse l'avisé, dit alors à ces filles :

Ulysse. – « Ô servantes du maître absent depuis longtemps, vous pouvez remonter dans les appartements de votre auguste reine ; restez à la distraire en tournant vos fuseaux, en cardant votre laine. C'est moi qui veillerai pour eux tous aux torchères et, quand leur bon plaisir serait de voir monter l'Aurore sur son trône, ils ne m'abattraient pas ; j'ai bien trop d'endurance ! »

Il dit ; elles, de rire et de ses regarder. Mais l'une, Mélantho, jeunesse aux belles joues, se mit à l'insulter[15]. Fille de Dolios, elle avait eu les soins maternels de la reine, qui l'avait élevée et gâtée de cadeaux ; mais son cœur était sans pitié pour Pénélope, car, avec Eurymaque, elle était en amour.

Elle lança ces mots d'insulte contre Ulysse :

Mélantho. – « Misérable étranger, n'as-tu pas les esprits quelque peu chavirés ? au lieu d'aller dormir à la chambre de forge ou dans quelque parlote, tu viens hâbler ici devant tous ces héros ! vraiment tu n'as pas peur ! c'est le vin qui te tient ? ou ne sais-tu jamais débiter que sornettes ? es-tu grisé d'avoir battu ce gueux d'Iros ? Prends garde ! un autre Iros, mais de meilleur courage, pourrait tôt se lever, dont les poings vigoureux

15. Cette servante infidèle est la sœur de Mélantheus. Sur les insultes de ce dernier, cf. XVII, 217 sq. Sur ces personnages, que Fenik, 1974, 172-207, désigne comme des doublets, cf. particulièrement, 173-189.

ὅς τίς σ' ἀμφὶ κάρη κεκοπὼς χερσὶ στιβαρῇσι
δώματος ἐκπέμψῃσι φορύξας αἵματι πολλῷ.
Τὴν δ' ἄρ' ὑπόδρα ἰδὼν προσέφη πολύμητις Ὀδυσσεύς·
ΟΔΥ. — Ἦ τάχα Τηλεμάχῳ ἐρέω, κύον, οἷ' ἀγορεύεις,
κεῖσ' ἐλθών, ἵνα σ' αὖθι διὰ μελεϊστὶ τάμῃσιν.
Ὣς εἰπὼν ἐπέεσσι διεπτοίησε γυναῖκας·
βὰν δ' ἴμεναι διὰ δῶμα· λύθεν δ' ὑπὸ γυῖα ἑκάστης
ταρβοσύνῃ· φὰν γάρ μιν ἀληθέα μυθήσασθαι.
Αὐτὰρ ὁ πὰρ λαμπτῆρσι φαείνων αἰθομένοισιν
ἑστήκει ἐς πάντας ὁρώμενος· ἄλλα δέ οἱ κῆρ
ὥρμαινε φρεσὶ ᾗσιν, ἅ ῥ' οὐκ ἀτέλεστα γένοντο.
Μνηστῆρας δ' οὐ πάμπαν ἀγήνορας εἴα Ἀθήνη
λώβης ἴσχεσθαι θυμαλγέος, ὄφρ' ἔτι μᾶλλον
δύη ἄχος κραδίην Λαερτιάδεω Ὀδυσῆος.
Τοῖσιν δ' Εὐρύμαχος, Πολύβου παῖς, ἦρχ' ἀγορεύειν,
κερτομέων Ὀδυσῆα, γέλω δ' ἄρα τοῖσιν ἔτευχε·
ΕΥΡ. — Κέκλυτέ μευ, μνηστῆρες ἀγακλειτῆς βασιλείης,
ὄφρ' εἴπω τά με θυμὸς ἐνὶ στήθεσσι κελεύει·
οὐκ ἀθεεὶ ὅδ' ἀνὴρ Ὀδυσήιον ἐς δόμον ἵκει·
ἔμπης μοι δοκέει δαΐδων σέλας ἔμμεναι αὐτοῦ
κὰ⟨κ⟩ κεφαλῆς, ἐπεὶ οὔ οἱ ἔπι τρίχες οὐδ' ἢ βαιαί.
Ἦ ῥ' ἅμα τε προσέειπεν Ὀδυσσῆα πτολίπορθον·
ΕΥΡ. — Ξεῖν', ἦ ἄρ κ' ἐθέλοις θητευέμεν, εἴ σ' ἀνελοίμην
ἀγροῦ ἐπ' ἐσχατιῆς, μισθὸς δέ τοι ἄρκιος ἔσται,
αἱμασιάς τε λέγων καὶ δένδρεα μακρὰ φυτεύων;
ἔνθά κ' ἐγὼ σῖτον μὲν ἐπηετανὸν παρέχοιμι,
εἵματα δ' ἀμφιέσαιμι ποσίν θ' ὑποδήματα δοίην.
ἀλλ' ἐπεὶ οὖν δὴ ἔργα κάκ' ἔμαθες, οὐκ ἐθελήσεις
ἔργον ἐποίχεσθαι, ἀλλὰ πτώσσειν κατὰ δῆμον
βούλεαι, ὄφρ' ἂν ἔχῃς βόσκειν σὴν γαστέρ' ἄναλτον.
Τὸν δ' ἀπαμειβόμενος προσέφη πολύμητις Ὀδυσσεύς·

te fêleraient le crâne et te mettraient dehors, tout barbouillé de sang ! »

Ulysse l'avisé la toisa et lui dit :

ULYSSE. – « Ah ! chienne[16], quels discours ! je m'en vais de ce pas le dire à Télémaque ! qu'il te fasse à l'instant dépecer, membre à membre ! »

Il dit et la terreur dispersa les servantes ; en hâte, elles rentrèrent, sentant se dérober leurs genoux et croyant ses dires sérieux. Ulysse alors resta debout près des torchères : il les surveillait toutes, mais avait l'âme ailleurs et méditait déjà ce qu'il sut accomplir.

Or, Pallas Athéna ne mettait fin ni trêve aux cuisantes insultes des fougueux prétendants ; la déesse voulait que le fils de Laërte, Ulysse, fût mordu plus avant jusqu'au cœur.

Eurymaque, le fils de Polybe, reprit, en se raillant d'Ulysse, et les autres, de rire :

EURYMAQUE. – « Deux mots, ô prétendants de la plus noble reine ! Voici ce que mon cœur me dicte en ma poitrine : c'est un décret des dieux qui fit venir cet homme en la maison d'Ulysse ; je vois son crâne luire à l'égal d'un flambeau ! quelle tête ! et dessus, pas l'ombre d'un cheveu ! »

Il dit et, se tournant vers ce grand cœur d'Ulysse :

EURYMAQUE. – « Voudrais-tu pas, notre hôte, entrer à mon service ? je t'enverrais aux champs, à l'autre bout de l'île ; tu serais bien payé pour ramasser la pierre et planter de grands arbres ; je fournirais, avec le pain de tous les jours, le vêtement complet et la chaussure aux pieds... Mais tu ne fus dressé qu'aux vilaines besognes ; tu refuses l'ouvrage et préfères rouler la ville à mendier de quoi rassasier le gouffre de ta panse ! »

Ulysse l'avisé lui fit cette réponse :

16. En grec, *kuon*. Cette insulte, qui souligne le manque de pudeur des femmes, alterne, dans les poèmes homériques, avec l'épithète *kunôpis*, cf. XI, 424.

ΟΔΥ. — Εὐρύμαχ', εἰ γὰρ νῶιν ἔρις ἔργοιο γένοιτο
ὥρῃ ἐν εἰαρινῇ, ὅτε τ' ἤματα μακρὰ πέλονται,
ἐν ποίῃ, δρέπανον μὲν ἐγὼν εὐκαμπὲς ἔχοιμι,
καὶ δὲ σὺ τοῖον ἔχοις ἵνα πειρησαίμεθα ἔργου
νήστιες ἄχρι μάλα κνέφαος, ποίη δὲ παρείη·
εἰ δ' αὖ καὶ βόες εἶεν ἐλαυνέμεν, οἵ περ ἄριστοι,
αἴθωνες, μεγάλοι, ἄμφω κεκορηότε ποίης,
ἥλικες, ἰσοφόροι, τῶν τε σθένος οὐκ ἀλαπαδνόν,
τετράγυον δ' εἴη, εἴκοι δ' ὑπὸ βῶλος ἀρότρῳ·
τῶ κέ μ' ἴδοις, εἰ ὦλκα διηνεκέα προταμοίμην.
εἰ δ' αὖ καὶ πόλεμόν ποθεν ὁρμήσειε Κρονίων
σήμερον, αὐτὰρ ἐμοὶ σάκος εἴη καὶ δύο δοῦρε
καὶ κυνέη πάγχαλκος, ἐπὶ κροτάφοισ' ἀραρυῖα,
τῶ κέ μ' ἴδοις πρώτοισιν ἐνὶ προμάχοισι μιγέντα,
οὐδ' ἄν μοι τὴν γαστέρ' ὀνειδίζων ἀγορεύοις.
ἀλλὰ μάλ' ὑβρίζεις καί τοι νόος ἐστὶν ἀπηνής·
καί που τις δοκέεις μέγας ἔμμεναι ἠδὲ κραταιός,
οὕνεκα πὰρ παύροισι καὶ οὐδ' ἀγανοῖσιν ὁμιλεῖς·
εἰ δ' Ὀδυσεὺς ἔλθοι καὶ ἵκοιτ' ἐς πατρίδα γαῖαν,
αἶψά κέ τοι τὰ θύρετρα, καὶ εὐρέα περ μάλ' ἐόντα,
φεύγοντι στείνοιτο διὲκ προθύροιο θύραζε.

Ὣς ἔφατ'· Εὐρύμαχος δὲ χολώσατο κηρόθι μᾶλλον
καί μιν ὑπόδρα ἰδὼν ἔπεα πτερόεντα προσηύδα·

ΕΥΡ. — Ἆ δεῖλ', ἦ τάχα τοι τελέω κακόν, οἷ' ἀγορεύεις
θαρσαλέως πολλοῖσι μετ' ἀνδράσιν, οὐδέ τι θυμῷ
ταρβεῖς. ἦ ῥά σε οἶνος ἔχει φρενας; ἤ νύ τοι αἰεὶ
τοιοῦτος νόος ἐστίν, ὃ καὶ μεταμώνια βάζεις;

Ὣς ἄρα φωνήσας σφέλας ἔλλαβεν· αὐτὰρ Ὀδυσσεὺς
Ἀμφινόμου πρὸς γοῦνα καθέζετο Δουλιχιῆος,
Εὐρύμαχον δείσας· ὁ δ' ἄρ' οἰνοχόον βάλε χεῖρα
δεξιτερήν· πρόχοος δὲ χαμαὶ βόμβησε πεσοῦσα.

Αὐτὰρ ὅ γ' οἰμώξας πέσεν ὕπτιος ἐν κονίῃσι·
μνηστῆρες δ' ὁμάδησαν ἀνὰ μέγαρα σκιόεντα·
ὧδε δέ τις εἴπεσκε ἰδὼν ἐς πλησίον ἄλλον·

vers 393 : ἦ' ἀλύεις, ὅτι Ἶρον ἐνίκησας τὸν ἀλήτην

ULYSSE. – « Eurymaque, veux-tu qu'on nous mette en concours ? Par un jour de printemps, quand les journées sont longues, qu'on nous conduise au pré, que j'aie ma bonne faux, et toi pareillement : tout le jour, sans manger, nous abattrons l'ouvrage, jusqu'à la nuit venue et jusqu'au bout du foin ! Quant à pousser les bœufs, et même les plus forts, une paire de grands bœufs roux, saturés d'herbe – même âge, même force, même ardeur indomptable –, donne-moi quatre arpents où le soc entre aux mottes, et tu verras si mon sillon est coupé droit... Et la guerre ? aujourd'hui plût au fils de Cronos d'en susciter quelqu'une ; que j'eusse un bouclier, deux piques, un bonnet dont la coiffe de bronze me colle bien aux tempes : tu me verrais au premier rang des combattants et ne parlerais plus en raillant de ma panse ! Mais tu n'es qu'insolence en ton cœur sans pitié ! Tu te crois grand et fort, je veux bien ! tes rivaux sont en si petit nombre, et de valeur si mince ! Si tu voyais rentrer Ulysse en sa patrie, ah ! tu saurais courir ! et le portail, tout grand ouvert devant ta fuite, te semblerait étroit. »

Il dit et redoubla le courroux d'Eurymaque qui, le toisant, lui dit ces paroles ailées :

EURYMAQUE. – « Misérable ! je vais, sans plus, te châtier ! Voyez-vous cette langue ! tu viens hâbler ici devant tous ces héros ! vraiment, tu n'as pas peur ! c'est le vin qui te tient ? ou ne sais-tu jamais débiter que sornettes ? es-tu grisé d'avoir battu ce gueux d'Iros ? »

Il disait et déjà prenait une escabelle[17]. Par crainte d'Eurymaque, Ulysse vint s'asseoir aux genoux d'Amphinomos de Doulichion. L'escabelle atteignit l'échanson au bras droit ; on entendit tinter le flacon sur le sol, tandis qu'avec un cri, l'homme tombait dans la poussière, à la renverse.

Les prétendants criaient dans l'ombre de la salle. Se tournant l'un vers l'autre, ils se disaient entre eux :

17. Pour une agression semblable, cf. XVII 409 sq., et 462 sq.

ΧΟΡ. — Αἴθ' ὤφελλ' ὁ ξεῖνος ἀλώμενος ἄλλοθ' ὀλέσθαι
πρὶν ἐλθεῖν· τῷ κ' οὔ τι τόσον κέλαδον μετέθηκε.
νῦν δὲ περὶ πτωχῶν ἐριδαίνομεν· οὐδέ τι δαιτὸς
ἐσθλῆς ἔσσεται ἦδος, ἐπεὶ τὰ χερείονα νικᾷ.
Τοῖσι δὲ καὶ μετέειφ' ἱερὴ ἲς Τηλεμάχοιο· 405
ΤΗΛ. — Δαιμόνιοι, μαίνεσθε καὶ οὐκέτι κεύθετε θυμῷ
βρωτὺν οὐδὲ ποτῆτα· θεῶν νύ τις ὔμμ' ὀροθύνει ;
ἀλλ' εὖ δαισάμενοι κατακείετε οἴκαδ' ἰόντες,
ὁππότε θυμὸς ἄνωγε· διώκω δ' οὔ τιν' ἐγώ γε.
Ὣς ἔφαθ'· οἱ δ' ἄρα πάντες ὀδὰξ ἐν χείλεσι φύντες 410
Τηλέμαχον θαύμαζον, ὃ θαρσαλέως ἀγόρευε.
Τοῖσιν δ' Ἀμφίνομος ἀγορήσατο καὶ μετέειπεν· 412
ΑΜΦ. — Ὦ φίλοι, οὐκ ἂν δή τις ἐπὶ ῥηθέντι δικαίῳ 414
ἀντιβίοισ' ἐπέεσσι καθαπτόμενος χαλεπαίνοι. 415
μήτέ τι τὸν ξεῖνον στυφελίζετε μήτέ τιν' ἄλλον
δμώων, οἳ κατὰ δώματ' Ὀδυσσῆος θείοιο·
ἀλλ' ἄγε οἰνοχόος μὲν ἐπαρξάσθω δεπάεσσιν,
ὄφρα σπείσαντες κατακείομεν οἴκαδ' ἰόντες·
τὸν ξεῖνον δὲ ἐῶμεν ἐνὶ μεγάροισ' Ὀδυσῆος 420
Τηλεμάχῳ μελέμεν· τοῦ γὰρ φίλον ἵκετο δῶμα.
Ὣς φάτο· τοῖσι δὲ πᾶσι ἑαδότα μῦθον ἔειπε·
τοῖσιν δὲ κρητῆρα κεράσσατο Μούλιος ἥρως,
κῆρυξ Δουλιχιεύς· θεράπων δ' ἦν Ἀμφινόμοιο,
νώμησεν δ' ἄρα πᾶσιν ἐπισταδόν· οἱ δὲ θεοῖσι 425
λείψαντες μακάρεσσι πίον μελιηδέα οἶνον, 426
βὰν δ' ἴμεναι κείοντες ἑὰ πρὸς δώμαθ' ἕκαστος. 428

vers 413 : Νίσου φαίδιμος υἱός, Ἀρητιάδαο ἄνακτος
vers 427 : αὐτὰρ ἐπεὶ σπεῖσάν τε πίον θ' ὅσον ἤθελε θυμός

Le Chœur. – « Qu'il aurait dû, cet hôte, aller se perdre ailleurs ! s'il n'était pas venu, il nous eût épargné, du moins, tout ce tapage : maintenant pour des gueux nous voici en querelle ! quel charme reste-t-il au plus noble festin où règne le désordre ? »

Sa Force et Sainteté Télémaque leur dit :

Télémaque. – « Malheureux ! c'est folie ! Vos cœurs ne portent plus le manger et le boire ! c'est un dieu qui vous pique ? Allons ! vous avez bien dîné : rentrez dormir, si le cœur vous en dit ; je ne chasse personne. »

Il dit ; tous s'étonnaient, les dents plantées aux lèvres, que Télémaque osât leur parler de si haut !

Alors Amphinomos prit la parole et dit (noble fils de Nisos, il avait eu le roi Arétès pour aïeul) :

Amphinomos. – « Amis, quand on vous dit des choses aussi justes, à quoi bon riposter en termes irritants ? ne frappez ni cet homme ni l'un des serviteurs qui sont dans le manoir de ce divin Ulysse. Allons ! que l'échanson, pour une offrande aux dieux, nous emplisse les coupes ! et qu'après cette offrande, on rentre se coucher, en laissant l'étranger dans le manoir d'Ulysse, aux soins de Télémaque, puisqu'il est sous son toit. »

Il dit, et ce discours fut approuvé de tous. Dans le cratère, alors, le seigneur Moulios prépara le mélange. C'était l'un des hérauts, qui, de Doulichion, avaient accompagné leur maître Amphinomos. Il s'en vint à la ronde emplir toutes les coupes ; chacun fit son offrande aux dieux, aux Bienheureux[18] ; puis on but de ce vin à la douceur de miel. Quand on eut fait l'offrande et bu tout son content, alors chacun s'en fut dormir en son logis.

18. Sur les dernières libations avant le coucher, cf. VII, 136-137, 182-183, et 228-229.

[Αὐτὰρ ὁ ἐν μεγάρῳ ὑπελείπετο δῖος Ὀδυσσεὺς
μνηστήρεσσι φόνον σὺν Ἀθήνῃ μερμηρίζων,
αἶψα δὲ Τηλέμαχον ἔπεα πτερόεντα προσηύδα·
ΟΔΥ. — Τηλέμαχε, χρὴ τεύχε' ἀρήια κατθέμεν εἴσω
πάντα μάλ', αὐτὰρ μνηστῆρας μαλακοῖσ' ἐπέεσσι
παρφάσθαι, ὅτε κέν σε μεταλλῶσιν ποθέοντες·
— Ἐκ καπνοῦ κατέθηκ', ἐπεὶ οὐκέτι τοῖσι ἐῴκει
οἷά ποτε Τροίηνδε κιὼν κατέλειπεν Ὀδυσσεύς,
ἀλλὰ κατῄκισται, ὅσσον πυρὸς ἵκετ' ἀυτμή.
πρὸς δ' ἔτι καὶ τόδε μεῖζον ἐνὶ φρεσὶν ἔμβαλε δαίμων,
μή πως οἰνωθέντες, ἔριν στήσαντες ἐν ὑμῖν,
ἀλλήλους τρώσητε καταισχύνητέ τε δαῖτα
καὶ μνηστύν· αὐτὸς γὰρ ἐφέλκεται ἄνδρα σίδηρος.
"Ὣς φάτο· Τηλέμαχος δὲ φίλῳ ἐπεπείθετο πατρί,
ἐκ δὲ καλεσσάμενος προσέφη τροφὸν Εὐρύκλειαν·
ΤΗΛ. — Μαῖ', ἄγε δή μοι ἔρυξον ἐνὶ μεγάροισι γυναῖκας,
ὄφρά κεν ἐς θάλαμον καταθείομαι ἔντεα πατρὸς
καλά, τά μοι κατὰ οἶκον ἀκηδέα καπνὸς ἀμέρδει
πατρὸς ἀποιχομένοιο· ἐγὼ δ' ἔτι νήπιος ἦα.
νῦν δ' ἐθέλω καταθέσθαι, ἵν' οὐ πυρὸς ἵξετ' ἀυτμή.
Τὸν δ' αὖτε προσέειπε φίλη τροφὸς Εὐρύκλεια·
ΕΥΡ. — Αἲ γὰρ δή ποτε, τέκνον, ἐπιφροσύνας ἀνέλοιο
οἴκου κήδεσθαι καὶ κτήματα πάντα φυλάσσειν.
ἀλλ' ἄγε, τίς τοι ἔπειτα μετοιχομένη φάος οἴσει;
δμῳὰς δ' οὐκ εἴας προβλωσκέμεν, αἴ κεν ἔφαινον.

*(CHANT XIX.)* Seul, le divin Ulysse restait en la grand-salle à méditer, avec le secours d'Athéna, la mort des prétendants.

Soudain, à Télémaque, il dit ces mots ailés :

ULYSSE. – « Télémaque, il te faut emporter au trésor tous les engins de guerre et, si les prétendants remarquaient l'absence et voulaient des raisons, paie-les de gentillesses ; dis-leur : "Je les ai mis à l'abri des fumées : qui pourrait aujourd'hui reconnaître ces armes qu'à son départ pour Troie, Ulysse avait laissées ? les vapeurs du foyer les ont mangées de rouille ! Et voici l'autre idée qu'un dieu m'a mise en tête : J'ai redouté surtout qu'un jour de beuverie, une rixe entre vous n'amenât des blessures et ne souillât ma table et vos projets d'hymen ; de lui-même, le fer attire à lui son homme[1]." »

Il dit, et Télémaque obéit à son père. Appelant la nourrice Euryclée, il lui dit :

TÉLÉMAQUE. – « Nourrice, enferme-moi les femmes là-dedans, cependant qu'au trésor, je m'en irai porter les armes de mon père. Les fumées du logis mangent ces belles armes ; on n'en a pas pris soin depuis qu'il est parti ; j'étais trop jeune alors ; aujourd'hui je voudrais les ranger à l'abri des vapeurs du foyer. »

La nourrice Euryclée lui fit cette réponse :

EURYCLÉE. – « Si tu pouvais aussi, mon enfant, prendre à cœur le soin de ta maison et sauver tous ces biens ! Va donc ! Mais qui prends-tu pour te porter la torche ? Les filles auraient pu t'éclairer : tu les chasses ! »

1. Ulysse réitère ici les instructions qu'il avait données à Télémaque en XVI, 281 sq.

Τὴν δ' αὖ Τηλέμαχος πεπνυμένος ἀντίον ηὔδα·
ΤΗΛ. — Ξεῖνος ὅδ'· οὐ γὰρ ἀεργὸν ἀνέξομαι ὅς κεν ἐμῆς γε
χοίνικος ἅπτηται, καὶ τηλόθεν εἰληλουθώς.
Ὣς ἄρ' ἐφώνησεν· τῇ δ' ἄπτερος ἔπλετο μῦθος·
κλήισσεν δὲ θύρας μεγάρων εὐναιετάοντων.
Τὼ δ' ἄρ' ἀναΐξαντ' Ὀδυσεὺς καὶ φαίδιμος υἱὸς
ἐσφόρεον κόρυθάς τε καὶ ἀσπίδας ὀμφαλοέσσας
ἔγχεά τ' ὀξυόεντα· πάροιθε δὲ Παλλὰς Ἀθήνη,
χρύσεον λύχνον ἔχουσα, φάος περικαλλὲς ἐποίει.
Δὴ τότε Τηλέμαχος προσεφώνεε ὃν πατέρ' αἶψα·
ΤΗΛ. — Ὦ πάτερ, ἦ μέγα θαῦμα τόδ' ὀφθαλμοῖσιν ὁρῶμαι·
ἔμπης μοι τοῖχοι μεγάρων καλαί τε μεσόδμαι
εἰλάτιναί τε δοκοὶ καὶ κίονες ὑψόσ' ἔχοντες
φαίνοντ' ὀφθαλμοῖσ' ὡς εἰ πυρὸς αἰθομένοιο·
ἦ μάλα τις θεὸς ἔνδον, οἳ οὐρανὸν εὐρὺν ἔχουσι.
Τὸν δ' ἀπαμειβόμενος προσέφη πολύμητις Ὀδυσσεύς·
ΟΔΥ. — Σίγα καὶ κατὰ σὸν νόον ἴσχανε, μηδ' ἐρέεινε·
αὕτη τοι δίκη ἐστὶ θεῶν, οἳ Ὄλυμπον ἔχουσιν.
ἀλλὰ σὺ μὲν κατάλεξαι· ἐγὼ δ' ὑπολείψομαι αὐτοῦ,
ὄφρά κ' ἔτι δμῳὰς καὶ μητέρα σὴν ἐρεθίζω·
ἡ δέ μ' ὀδυρομένη εἰρήσεται ἀμφὶ ἕκαστα.
Ὣς φάτο· Τηλέμαχος δὲ διὲκ μεγάροιο βεβήκει
κείων ἐς θάλαμον, δαΐδων ὕπο λαμπομενάων,
ἔνθα πάρος κοιμᾶθ', ὅτε μιν γλυκὺς ὕπνος ἱκάνοι·
ἔνθ' ἄρα καὶ τότ' ἔλεκτο καὶ Ἠῶ δῖαν ἔμιμνεν.]

## ΝΙΠΤΡΑ

Αὐτὰρ ὁ ἐν μεγάρῳ ὑπελείπετο δῖος Ὀδυσσεύς. 51
μνηστήρεσσι φόνον σὺν Ἀθήνῃ μερμηρίζων.
Ἡ δ' ἴεν ἐκ θαλάμοιο περίφρων Πηνελόπεια 53
⟨οὐκ οἴη· ἅμα τῇ γε καὶ ἀμφίπολοι δύ' ἕποντο⟩·
τῇ παρὰ μὲν κλισίην πυρὶ κάτθεσαν, ἔνθ' ἄρ' ἔφιζε,

vers 54 : Ἀρτέμιδι ἰκέλη ἠὲ χρυσῇ Ἀφροδίτῃ

Posément, Télémaque la regarda et dit :

TÉLÉMAQUE. – « J'ai là cet étranger ; car, de si loin qu'on vienne, je n'entends pas qu'oisif, on puise à mon boisseau ! »

Il dit et, sans qu'un mot s'envolât de ses lèvres, la vieille alla fermer la porte du logis.

Ulysse, s'élançant avec son noble fils, emportait au trésor casques, lances aiguës et boucliers à bosses, et, de sa lampe d'or, c'est Pallas Athéna qui faisait devant eux la plus belle lumière.

À son père, soudain, Télémaque parla :

TÉLÉMAQUE. – « Père, devant mes yeux, je vois un grand miracle. À travers le manoir, les murs, les belles niches, les poutres de sapin et les hautes colonnes scintillent à mes yeux comme une flamme vive... Ce doit être un des dieux, maîtres des champs du ciel. »

Ulysse l'avisé lui fit cette réponse :

ULYSSE. – « Tais-toi ! bride ton cœur ! et ne demande rien ! C'est la façon des dieux, des maîtres de l'Olympe... Mais rentrons ! va dormir ! je veux rester ici pour éprouver encor les femmes et ta mère ; en pleurant, elle va m'interroger sur tout. »

Il dit et Télémaque, à la lueur des torches, traversa la grand-salle pour regagner la chambre où, comme tous les soirs, il s'en allait trouver la douceur du sommeil, et c'est là que, ce soir encor, il s'endormit jusqu'à l'aube divine.

## LE BAIN DE PIEDS

Seul, le divin Ulysse restait en la grand-salle à méditer, avec le secours d'Athéna, la mort des prétendants. Mais déjà Pénélope, la plus sage des femmes, descendait de sa chambre – on eût dit Artémis ou l'Aphrodite d'or –, ayant pris avec elle deux de ses chambrières, qui lui mirent auprès du foyer une chaise, où la reine s'assit.

[δινωτὴν ἐλέφαντι καὶ ἀργύρῳ, ἥν ποτε τέκτων
ποίησ' Ἰκμάλιος· καὶ ὑπὸ θρῆνυν ποσὶν ἧκε
προσφυέ' ἐξ αὐτῆς, ὅθ' ἐπὶ μέγα βάλλετο κῶας·
ἔνθα καθέζετ' ἔπειτα περίφρων Πηνελόπεια.
ἦλθον δὲ δμῳαὶ λευκώλενοι ἐκ μεγάροιο·
αἱ δ' ἀπὸ μὲν σῖτον πολὺν ᾕρεον ἠδὲ τραπέζας
καὶ δέπα, ἔνθεν ἄρ' ἄνδρες ὑπερμενέοντες ἔπινον,
πῦρ δ' ἀπὸ λαμπτήρων χαμάδις βάλον, ἄλλα δ' ἐπ' αὐτῶν
νήησαν ξύλα πολλά, φόως ἔμεν ἠδὲ θέρεσθαι.
Ἡ δ' Ὀδυσῆ' ἐνένιπε Μελανθὼ δεύτερον αὖτις·
ΜΕΛ. — Ξεῖν', ἔτι καὶ νῦν ἐνθάδ' ἀνιήσεις διὰ νύκτα
δινεύων κατὰ οἶκον, ὀπιπεύσεις δὲ γυναῖκας;
ἀλλ' ἔξελθε θύραζε, τάλαν, καὶ δαιτὸς ὄνησο·
ἢ τάχα καὶ δαλῷ βεβλημένος εἶσθα θύραζε.

Τὴν δ' ἄρ' ὑπόδρα ἰδὼν προσέφη πολύμητις Ὀδυσσεύς·
ΟΔΥ. — Δαιμονίη, τί μοι ὧδ' ἐπέχεις κεκοτηότι θυμῷ;
ἦ' ὅτι δὴ ῥυπόω, κακὰ δὲ χροῒ εἵματα εἷμαι,
πτωχεύω δ' ἀνὰ δῆμον; ἀναγκαίη γὰρ ἐπείγει.
τοιοῦτοι πτωχοὶ καὶ ἀλήμονες ἄνδρες ἔασι.
καὶ γὰρ ἐγώ ποτε οἶκον ἐν ἀνθρώποισιν ἔναιον
ὄλβιος ἀφνειὸν καὶ πολλάκι δόσκον ἀλήτῃ
τοίῳ, ὁποῖος ἔοι καὶ ὅτευ κεχρημένος ἔλθοι·
ἦσαν δὲ δμῶες μάλα μυρίοι ἄλλά τε πολλά,
οἷσίν τ' εὖ ζώουσι καὶ ἀφνειοὶ καλέονται.
ἀλλὰ Ζεὺς ἀλάπαξε Κρονίων· ἤθελε γάρ που.
τὼ νῦν μή ποτε καὶ σύ, γύναι, ἀπὸ πᾶσαν ὀλέσσῃς
ἀγλαΐην, τῇ νῦν γε μετὰ δμῳῇσι κέκασσαι,
ἤν πώς τοι δέσποινα κοτεσσαμένη χαλεπήνῃ
ἢ' Ὀδυσεὺς ἔλθῃ· ἔτι γὰρ καὶ ἐλπίδος αἶσα.
εἰ δ' ὁ μὲν ὧς ἀπόλωλε καὶ οὐκέτι νόστιμός ἐστιν,
ἀλλ' ἤδη παῖς τοῖος Ἀπόλλωνός γε ἕκητι,

2. Probablement un personnage inventé par le poète. Selon Russo, *ad loc.*, qui suit Lacroix, 1957, 309-321, le nom de cet artisan pourrait

Œuvre d'Icmalios[2], ce siège était plaqué d'ivoires et d'argent ; en bas, un marchepied y tenait, recouvert d'une épaisse toison. C'est là que vint s'asseoir la plus sage des femmes. Les filles aux bras blancs sortaient de la grand-salle : avec les tas de pain, les unes emportaient les tables et les coupes, que venaient de vider ces hommes arrogants ; les autres, renversant la braise des torchères, les rechargeaient de bois nouveaux pour éclairer la salle et la chauffer.

Or, Mélantho se prit à insulter Ulysse pour la seconde fois[3] :

MÉLANTHO. – « L'étranger ! penses-tu nous encombrer encore ici toute la nuit, rôdant par la maison, espionnant les femmes ? Prends la porte, vieux gueux ! c'est assez du repas ! ou je vais, à grands coups de tison, t'expulser ! »

Ulysse l'avisé la toisa et dit :

ULYSSE. – « Malheureuse, pourquoi me harceler ainsi d'un cœur plein de colère ? Je suis sale, il est vrai, et n'ai que des haillons, et je vais mendiant par la ville : que faire, quand le besoin nous tient ? C'est le destin de tous les gueux et vagabonds... Il fut un temps aussi où j'avais ma maison, où les hommes vantaient mon heureuse opulence ; que de fois j'ai donné à de pauvres errants, sans demander leur nom, sans voir que leurs besoins ! Ah ! par milliers, j'avais serviteurs et le reste, ce qui fait la vie large et le renom des riches. Mais le fils de Cronos, – sa volonté soit faite ! – Zeus m'a tout enlevé ! Femme, prévois le jour où tu perdras aussi cet éclat qui te fait la reine de ces filles ! et redoute l'humeur de ta dame irritée ou le retour d'Ulysse ! il reste de l'espoir ! Admettons qu'il soit mort et ne rentre jamais : son fils est encor là ! tu sais ce qu'en a fait la grâce d'Apollon ; ne crois pas

être lié à *ikmas*, « résine » ou « gomme » des arbres servant à l'application des ivoires aux objets d'art.

3. Pour les premières insultes, cf. XVIII, 321 sq.

Τηλέμαχος· τὸν δ' οὔ τις ἐνὶ μεγάροισι γυναικῶν
λήθει ἀτασθάλλουσ', ἐπεὶ οὐκέτι τηλίκος ἐστίν.
  Ὣς φάτο· τοῦ δ' ἤκουσε περίφρων Πηνελόπεια,
ἀμφίπολον δ' ἐνένιπε ἔπος τ' ἔφατ' ἔκ τ' ὀνόμαζε·
ΠΗΝ. — Πάντως, θαρσαλέη, κύον ἀδεές, οὔ τί με λήθεις
ἔρδουσα μέγα ἔργον, ὃ σῇ κεφαλῇ ἀναμάξεις·
πάντα γὰρ εὖ ᾔδησθ', ἐπεὶ ἐξ ἐμεῦ ἔκλυες αὐτῆς·
ὡς τὸν ξεῖνον ἔμελλον ἐνὶ μεγάροισιν ἐμοῖσιν
ἀμφὶ πόσει εἴρεσθαι, ἐπεὶ πυκινῶς ἀκάχημαι.
  Ἦ ῥα]
  ⟨Ἡ δὲ⟩ καὶ Εὐρυνόμην ταμίην πρὸς μῦθον ἔειπεν·
ΠΗΝ. — Εὐρυνόμη, φέρε δὴ δίφρον καὶ κῶας ἐπ' αὐτοῦ,
ὄφρα καθεζόμενος εἴπῃ ἔπος ἠδ' ἐπακούσῃ
ὁ ξεῖνος ἐμέθεν· ἐθέλω δέ μιν ἐξερέεσθαι.
  Ὣς ἔφαθ'· ἡ δὲ μάλ' ὀτραλέως κατέθηκε φέρουσα
δίφρον ἐύξεστον καὶ ἐπ' αὐτῷ κῶας ἔβαλλεν·
ἔνθα καθέζετ' ἔπειτα πολύτλας δῖος Ὀδυσσεύς.
  Τοῖσι δὲ μύθων ἦρχε περίφρων Πηνελόπεια·
ΠΗΝ. — Ξεῖνε, τὸ μέν σε πρῶτον ἐγὼν εἰρήσομαι αὐτή·
τίς, πόθεν εἰς ἀνδρῶν; πόθι τοι πόλις ἠδὲ τοκῆες;
  [Τὴν δ' ἀπαμειβόμενος προσέφη πολύμητις Ὀδυσσεύς·
ΟΔΥ. — Ὦ γύναι, οὐκ ἄν τίς σε βροτῶν ἐπ' ἀπείρονα γαῖαν
νεικέοι· ἦ γάρ σευ κλέος οὐρανὸν εὐρὺν ἱκάνει,
ὥς τέ τευ ἢ βασιλῆος ἀμύμονος, ὅς τε θεουδὴς
εὐδικίας ἀνέχῃσι, φέρῃσι δὲ γαῖα μέλαινα
πυροὺς καὶ κριθάς, βρίθῃσι δὲ δένδρεα καρπῷ,
τίκτῃ δ' ἔμπεδα πάντα, θάλασσα δὲ παρέχῃ ἰχθῦς
ἐξ εὐηγεσίης, ἀρετῶσι δὲ λαοὶ ὑπ' αὐτοῦ.
τὼ ἐμὲ νῦν τὰ μὲν ἄλλα μετάλλα σῷ ἐνὶ οἴκῳ,
μηδέ μοι ἐξερέεινε γένος καὶ πατρίδα γαῖαν,
μή μοι μᾶλλον θυμὸν ἐνιπλήσῃς ὀδυνάων
μνησαμένῳ· μάλα δ' εἰμὶ πολύστονος· οὐ δέ τί με χρὴ

vers 110 : ἀνδράσιν ἐν πολλοῖσι καὶ ἰφθίμοισι ἀνάσσων

que les yeux de Télémaque ignorent les crimes des servantes : ce n'est plus un enfant. »

Il dit ; mais Pénélope, la plus sage des femmes, entendit et, prenant à partie Mélantho, lui dit et déclara :

PÉNÉLOPE. – « Je t'y prends ! quelle audace ! ah ! la chienne effrontée ! tes crimes finiront pas te coûter la tête ! Tu le savais pourtant : tu m'avais entendue ; j'avais dit devant toi qu'ici, dans ma grand-salle, je veux à l'étranger parler de mon époux ; tu sais quel deuil m'accable ! »

Puis elle dit à l'intendante Eurynomé :

PÉNÉLOPE. – « Allons, Eurynomé, apporte-nous un siège avec une toison : que l'étranger s'asseye et me parle et m'entende ! je veux l'interroger. »

Elle dit : en courant, la vieille alla chercher pour le divin Ulysse un siège bien poli, y mit une toison, et c'est là que s'assit le héros d'endurance, tandis que Pénélope, la plus sage des femmes, commençait l'entretien :

PÉNÉLOPE. – « Ce que je veux d'abord te demander, mon hôte, c'est ton nom et ton peuple, et ta ville et ta race. »

Ulysse l'avisé lui fit cette réponse :

ULYSSE. – « Ô femme ! est-il mortel, sur la terre sans bornes, qui te pourrait blâmer ? Non ! ta gloire a monté jusques aux champs du ciel ! et l'on parle de toi comme d'un roi parfait qui règne sur un peuple et nombreux et vaillant, qui, redoutant les dieux, vit selon la justice. Pour lui, les noirs sillons portent le blé et l'orge ; l'arbre est chargé de fruits ; le troupeau croît sans cesse ; la mer pacifiée apporte ses poissons, et les peuples prospèrent. Aussi, dans ta maison, tu peux m'interroger sur tout ce qu'il te plaît ; mais ne demande pas ma race et ma patrie ; en me les rappelant, tu ne feras encor qu'augmenter mes souffrances : je suis si malheureux ! Dans la maison

οἴκῳ ἐν ἀλλοτρίῳ γοόωντά τε μυρόμενόν τε
ἧσθαι, ἐπεὶ κάκιον πενθήμεναι ἄκριτον αἰεί·
μή τίς μοι δμῳῶν νεμεσήσεται, ἠὲ σύ γ' αὐτή,
φῇ δὲ δακρυπλώειν βεβαρηότα με φρένας οἴνῳ.
Τὸν δ' ἠμείβετ' ἔπειτα περίφρων Πηνελόπεια·
ΠΗΝ. — Ξεῖν', ἤτοι μὲν ἐμὴν ἀρετὴν εἶδός τε δέμας τε
ὤλεσαν ἀθάνατοι, ὅτε Ἴλιον εἰσανέβαινον
Ἀργεῖοι, μετὰ τοῖσι δ' ἐμὸς πόσις ᾖεν Ὀδυσσεύς.
εἰ κεῖνός γ' ἐλθὼν τὸν ἐμὸν βίον ἀμφιπολεύοι,
μεῖζόν κε κλέος εἴη ἐμὸν καὶ κάλλιον οὕτω.
νῦν δ' ἄχομαι· τόσα γάρ μοι ἐπέσσευεν κακὰ δαίμων.
τῷ οὔτε ξείνων ἐμπάζομαι οὔθ' ἱκετάων
οὔτέ τι κηρύκων, οἳ δημιοεργοὶ ἔασιν·
ἀλλ' Ὀδυσῆ ποθέουσα φίλον κατατήκομαι ἦτορ.
οἱ δὲ γάμον σπεύδουσιν· ἐγὼ δὲ δόλους τολυπεύω.
φᾶρος μέν μοι πρῶτον ἐνέπνευσε φρεσὶ δαίμων
στησαμένῃ μέγαν ἱστὸν ἐνὶ μεγάροισιν ὑφαίνειν,
λεπτὸν καὶ περίμετρον· ἄφαρ δ' αὐτοῖς μετέειπον·
— Κοῦροι, ἐμοὶ μνηστῆρες, ἐπεὶ θάνε δῖος Ὀδυσσεύς,
μίμνετ' ἐπειγόμενοι τὸν ἐμὸν γάμον, εἰς ὅ κε φᾶρος
ἐκτελέσω, μή μοι μεταμώνια νήματ' ὄληται,
Λαέρτῃ ἥρωι ταφήιον, εἰς ὅτε κέν μιν
μοῖρ' ὀλοὴ καθέλῃσι τανηλεγέος θανάτοιο,
μή τίς μοι κατὰ δῆμον Ἀχαιιάδων νεμεσήσῃ,
αἴ κεν ἄτερ σπείρου κεῖται πολλὰ κτεατίσσας.
— Ὣς ἐφάμην· τοῖσιν δ' ἐπεπείθετο θυμὸς ἀγήνωρ.
ἔνθα καὶ ἠματίη μὲν ὑφαίνεσκον μέγαν ἱστόν,
νύκτας δ' ἀλλύεσκον, ἐπὴν δαΐδας παραθείμην.
ὣς τρίετες μὲν ἔληθον ἐγὼ καὶ ἔπειθον Ἀχαιούς·

vers 130 : ὅσσοι γὰρ Νήσοισιν ἐπικρατέουσιν ἄριστοι,
131 : Δουλιχίῳ τε Σάμῃ τε καὶ ὑλήεντι Ζακύνθῳ,
132 : οἵ τ' αὐτὴν Ἰθάκην εὐδείελον ἀμφινέμονται,
133 : οἵ μ' ἀεκαζομένην μνῶνται, τρύχουσι δὲ οἶκον

d'autrui, il ne faut pas toujours gémir, se lamenter ; geindre sans fin n'est pas la meilleure attitude... qui sait ? quelque servante agacée ou toi-même, vous finiriez par mettre au compte de l'ivresse ce déluge de larmes. »

La plus sage des femmes, Pénélope, reprit :

PÉNÉLOPE. – « Étranger, ma valeur, ma beauté, mes grands airs, les dieux m'ont tout ravi lorsque, vers Ilion, les Achéens partirent, emmenant avec eux Ulysse, mon époux[4] ! Ah ! s'il me revenait pour veiller sur ma vie, que mon renom serait et plus grand et plus beau ! Je n'ai plus que chagrins : tant le ciel me tourmente ! Tous les chefs, tant qu'ils sont, qui règnent sur nos îles, Doulichion, Samé, Zante la forestière[5], et tous les tyranneaux des monts de notre Ithaque m'imposent leur recherche et mangent la maison. Tout m'est indifférent, les suppliants, les hôtes, et même les hérauts, qui servent le public. Le seul regret d'Ulysse me fait fondre le cœur. Ils pressent cet hymen. Moi, j'entasse les ruses[6]. Un dieu m'avait d'abord inspiré ce moyen. Dressant mon grand métier, je tissais au manoir un immense linon et leur disais parfois : "Mes jeunes prétendants, je sais bien qu'il n'est plus, cet Ulysse divin ! mais, malgré vos désirs de hâter cet hymen, permettez que j'achève ! tout ce fil resterait inutile et perdu. C'est pour ensevelir notre seigneur Laërte : quand la Parque de mort viendra, tout de son long, le coucher au trépas, quel serait contre moi le cri des Achéennes, si cet homme opulent gisait là sans suaire !" Je disais, et ces gens, à mon gré, faisaient taire la fougue de leur cœurs. Sur cette immense toile, je tissais tout le jour ; mais, la nuit, je venais, aux torches, la défaire. Trois années, mon secret dupa les Achéens.

4. Pénélope répète ici les mêmes mots qu'elle adressait aux prétendants en XVIII, 180-181.

5. Sur ces îles appartenant au royaume d'Ulysse, cf. I, 246 et note.

6. Sur la grande ruse de Pénélope, la toile qu'elle tisse et défait pendant trois ans, cf. II, 93 sq. et note.

ἀλλ' ὅτε τέτρατον ἦλθε ἔτος καὶ ἐπήλυθον ὧραι, 152
καὶ τότε δή με διὰ δμῳάς, κύνας οὐκ ἀλεγούσας, 154
εἷλον ἐπελθόντες καὶ ὁμόκλησαν ἐπέεσσιν. 155
ὣς τὸ μὲν ἐξετέλεσσα, καὶ οὐκ ἐθέλουσ', ὑπ' ἀνάγκης·
νῦν δ' οὔτ' ἐκφυγέειν δύναμαι γάμον οὔτέ τιν' ἄλλην
μῆτιν ἔθ' εὑρίσκω· μάλα δ' ὀτρύνουσι τοκῆες
γήμασθ'· ἀσχαλάᾳ δὲ πάις βίοτον κατεδόντων,
γινώσκων· ἤδη γὰρ ἀνὴρ οἷός τε μάλιστα 160
οἴκου κήδεσθαι, τῷ τε Ζεὺς κῦδος ὀπάζει.
ἀλλὰ καὶ ὥς μοι εἰπὲ τεὸν γένος, ὁππόθεν ἐσσί·
οὐ γὰρ ἀπὸ δρυός ἐσσι παλαιφάτου οὐδ' ἀπὸ πέτρης.]

Τὴν δ' ἀπαμειβόμενος προσέφη πολύμητις Ὀδυσσεύς·

ΟΔΥ. — Ὦ γύναι αἰδοίη Λαερτιάδεω Ὀδυσῆος, 165
οὐ κε⟨ν⟩ ἀπολλήξει⟨ας⟩ ἐμὸν γόνον ἐξερέουσα;
ἀλλ' ἔκ τοι ἐρέω· ἦ μέν μ' ἀχέεσσί γε δοίης
πλείοσιν ἢ ἔχομαι· ἡ γὰρ δίκη, ὁππότε πάτρης
ἧς ἀπέῃσιν ἀνὴρ τόσσον χρόνον, ὅσσον ἐγὼ νῦν, 169
ἀλλὰ καὶ ὣς ἐρέω ὅ μ' ἀνείρεαι ἠδὲ μεταλλᾷς. 171
Κρήτη τις γαῖ' ἔστι, μέσῳ ἐνὶ οἴνοπι πόντῳ,
καλὴ καὶ πίειρα, περίρρυτος· ἐν δ' ἄνθρωποι
πολλοί, ἀπειρέσιοι, καὶ ἐννήκοντα πόληες·
[ἄλλη δ' ἄλλων γλῶσσα μεμιγμένη· ἐν μὲν Ἀχαιοί, 175
ἐν δ' Ἐτεόκρητες μεγαλήτορες, ἐν δὲ Κύδωνες
Δωριέες τε τριχάικες δῖοί τε Πελασγοί·]

vers 153 : μηνῶν φθινόντων, περὶ δ' ἤματα πόλλ' ἐτελέσθη
vers 170 : πολλὰ βροτῶν ἐπὶ ἄστε' ἀλώμενος, ἄλγεα πάσχων

7. Cette expression qui deviendra proverbiale, cf. Hés., *Th.*, 35, ferait allusion à une croyance selon laquelle les hommes seraient nés de l'élément végétal ou minéral.

8. Ulysse reprend le récit crétois qu'il avait inventé pour Eumée, XIV, 199 sq., et retravaillé pour Antinoos, cf. XVII, 424 sq.

9. Dans l'*Iliade*, II, 649, il est question de la Crète aux cent villes *(ekatompolin)*. Sur les cités de cette île, qui ont envoyé des combattants à Troie sous la direction d'Idoménée, cf. *Il.*, II, 645-652.

Quand vint la quatrième, à ce printemps dernier, et que les mois échus ramenaient les longs jours, ils furent avertis par mes femmes, ces chiennes, qui ne respectent rien. Ils vinrent me surprendre : quels cris ! et quels reproches ! Il fallut en finir : oh ! je ne voulais pas ! mais on sut m'y forcer. Maintenant je ne sais comment fuir cet hymen ! je suis à bout d'idées. Pour le choix d'un époux, mes parents me harcèlent ; mon fils est irrité de voir manger ses biens ; il comprend ; c'est un homme ; il est en âge enfin de tenir sa maison ; il se ferait un nom par la grâce de Zeus ! Quoi qu'il en soit, dis-moi ta race et ta patrie ; car tu n'es pas sorti du chêne légendaire ou de quelque rocher[7]. »

Ulysse l'avisé lui fit cette réponse :

ULYSSE. – « Digne épouse du fils de Laërte, d'Ulysse ! pourquoi tenir si fort à connaître ma race ? Oh ! je vais te répondre ! Mais crains de redoubler les chagrins qui m'obsèdent ! c'est le sort, quand on est exilé comme moi et depuis si longtemps roulé de maux en maux dans les villes des hommes ! Voici donc pour répondre à tes vœux et demandes[8].

Au large, dans la mer vineuse, est une terre, aussi belle que riche, isolée dans les flots : c'est la terre de Crète, aux hommes innombrables, aux quatre-vingt-dix villes[9] dont les langues se mêlent ; côte à côte, on y voit Achéens, Kydoniens, vaillant Étéocrètes, Doriens tripartites et Pélasges[10] divins ; parmi elles, Cnossos[11], grand-

10. Le poète de l'*Odyssée* fait allusion à tous les habitants de l'île. Par Étéocrétois il désigne les véritables Crétois autochtones dont les Kydoniens seraient une branche (cf. III, 292). Les Pélasges et les Doriens seraient des étrangers. Ces derniers sont dits tripartites parce qu'ils étaient divisés en trois tribus. Pour une discussion intéressante et une bibliographie récente concernant ce passage, cf. Russo, *ad vv.* 172-179.

11. La principale ville de Crète.

τῇσι δ' ἐνὶ Κνωσός, μεγάλη πόλις, ἔνθά τε Μίνως
ἐννέωρος βασίλευε Διὸς μεγάλου ὀαριστής,
πατρὸς ἐμοῖο πατήρ, μεγαθύμου Δευκαλίωνος·
Δευκαλίων δ' ἐμὲ τίκτε καὶ Ἰδομενῆα ἄνακτα·
ἀλλ' ὁ μὲν ἐν νήεσσι κορωνίσιν Ἴλιον εἴσω
ᾤχεθ' ἅμ' Ἀτρεΐδῃσιν· ἐμοὶ δ' ὄνομα κλυτὸν Αἴθων,
ὁπλότερος γενεῇ· ὁ δ' ἅμα πρότερος καὶ ἀρείων.
ἔνθ' Ὀδυσῆα ἐγὼ ἰδόμην καὶ ξείνια δῶκα·
καὶ γὰρ τὸν Κρήτην δὲ κατήγαγε ἲς ἀνέμοιο,
ἱέμενον Τροίην δὲ παραπλάγξασα Μαλειῶν·
στῆσε δ' ἐν Ἀμνισῷ, ὅθι τε Σπέος Εἰλειθυίης,
ἐν Λιμέσιν Χαλεποῖσι, μόγις δ' ὑπάλυξεν ἀέλλας,
αὐτίκα δ' Ἰδομενῆα μετάλλα ἄστυ δ' ἀνελθών·
ξεῖνον γάρ οἱ ἔφασκε φίλον τ' ἔμεν αἰδοῖόν τε·
τῷ δ' ἤδη δεκάτη ἢ' ἑνδεκάτη πέλεν ἠὼς
οἰχομένῳ σὺν νηυσὶ κορωνίσιν Ἴλιον εἴσω.
τὸν μὲν ἐγὼ πρὸς δώματ' ἄγων ἔυ ἐξείνισσα,
ἐνδυκέως φιλέων, πολλῶν κατὰ οἶκον ἐόντων·
καί οἱ τοῖσ' ἄλλοισ' ἑτάροισ', οἵ ἅμ' αὐτῷ ἕποντο,
δημόθεν ἄλφιτα δῶκα καὶ αἴθοπα οἶνον ἀγείρας
καὶ βοῦς ἱρεύσασθαι, ἵνα πλησαίατο θυμόν.
ἔνθα δυώδεκα μὲν μένον ἤματα δῖοι Ἀχαιοί·
εἴλει γὰρ Βορέης ἄνεμος μέγας οὐδ' ἐπὶ γαίῃ

12. Certains proposent de traduire cette expression par « dès l'âge de neuf ans » ou « pendant neuf ans »(cf. Russo, *ad v.* 179). Sur ce roi réputé pour sa justice, cf. XI, 322, 568 ; XVII, 523.

13. Fils de Minos et de Pasiphaé, il eut pour frères Glaucos, Catrée et Androgée.

14. Sur Idoménée, cf. III, 191 et note. Voir aussi, XIII, 259 ; XIV, 237, 382. Dans ses récits crétois, Ulysse module selon son public le degré de parenté qui le lie à Idoménée. Devant Pénélope, il apparaît non pas comme un bâtard ou un pirate courant l'aventure, mais comme un noble personnage de la famille la plus respectée de Crète.

ville de ce roi Minos que le grand Zeus, toutes les neuf années[12], prenait pour confident. Il était mon aïeul : son fils, Deucalion[13] au grand cœur, m'engendra et, pour frère, j'avais le roi Idoménée[14] qui, sur les nefs rostrales, suivit vers Ilion les deux frères Atrides. Moi, qu'on appelle Aithon[15], j'étais le moins âgé ; il était mon aîné par les ans et la force... C'est chez nous que je vis Ulysse et qu'il reçut mon hospitalité quand il voguait vers Troie : car la rage des vents, au détour du Malée[16], l'avait jeté en Crète, et, mouillant dans les Ports Dangereux d'Amnisos, sous l'Antre d'Ilithyie[17], il n'avait qu'à grand-peine échappé aux rafales. Vers la ville, il monta pour voir Idoménée, son ami, disait-il, son hôte respecté. Mais, dix ou onze fois, l'Aurore avait brillé depuis qu'Idoménée était parti vers Troie, à bord des nefs rostrales. C'est donc moi qui, prenant Ulysse en ma demeure, le traitai de mon mieux et l'entourai de soins : j'avais maison fournie ! Pour lui et pour ses gens du reste de la flotte, je levai dans le peuple le vin aux sombres feux, les bœufs à immoler, les farines de quoi contenter tous les cœurs. Douze jours[18], ces divins Achéens nous restèrent : attisé par un dieu qui leur voulait du mal, un grand coup de Borée

15. Ce nom est probablement parlant. Cependant, son sens est discuté : « brun », « brillant » ou « vigoureux ». Contrairement au nom qu'il se donnait en XIV, 204 (Castor l'Hylakide), ici il n'est pas question de plaisanterie. Sur ce nom, cf. Pucci, 1995, 211 et 272.

16. Sur les difficultés que ce cap représente pour les marins, cf. III, 287 et note ; cf. aussi IV, 514, et IX, 80.

17. Cette grotte devait être dédiée à la déesse qui protège les femmes sur le point d'accoucher. Ce nom, selon les spécialistes, serait consigné sur des tablettes en linéaire B d'Amnisos et de Cnossos (cf. Burkert, 1985, 25-26 et bibliographie citée en n. 13). Sur Ilithye, que certains associent à Artémis, cf. Burkert, 1985, 171-173.

18. Même si les vents obligent les Achéens à rester en Crète pendant ce laps de temps, on a l'impression que le poète de l'*Odyssée* considère que douze jours est le temps idéal pour profiter des bienfaits d'un hôte. Cf. IV, 588.

εἷα ἵστασθαι· χαλεπὸς δέ τις ὤρορε δαίμων·
τῇ τρισκαιδεκάτῃ δ' ἄνεμος πέσε· τοὶ δ' ἀνάγοντο.
Ἴσκε ψεύδεα πολλὰ λέγων ἐτύμοισιν ὁμοῖα·
τῆς δ' ἄρ' ἀκουούσης ῥέε δάκρυα· τήκετο δὲ χρώς
[ὡς δὲ χιὼν κατατήκετ' ἐν ἀκροπόλοισιν ὄρεσσιν,
ἥν τ' Εὖρος κατέτηξεν, ἐπὴν Ζέφυρος καταχεύῃ·
τηκομένης δ' ἄρα τῆς ποταμοὶ πλήθουσι ῥέοντες·
ὣς τῆς τήκετο καλὰ παρήια δάκρυ χεούσης,]
κλαιούσης ἑὸν ἄνδρα παρήμενον. αὐτὰρ Ὀδυσσεὺς
θυμῷ μὲν γοόωσαν ἑὴν ἐλέαιρε γυναῖκα·
ὀφθαλμοὶ δ' ὡς εἰ κέρα⟨ς⟩ ἕστασαν ἠὲ σίδηρος
ἀτρέμας ἐν βλεφάροισι· δόλῳ δ' ὅ γε δάκρυα κεῦθεν.
Ἡ δ' ἐπεὶ οὖν τάρφθη πολυδακρύτοιο γόοιο,
ἐξαῦτίς μιν ἔπεσσιν ἀμειβομένη προσέειπε·
ΠΗΝ. — Νῦν μὲν δή σευ, ξεῖν⟨ος⟩, ὀίω πειρήσεσθαι·
εἰ ἐτεὸν δὴ κεῖθι σὺν ἀντιθέοισ' ἑτάροισι
ξείνισας ἐν μεγάροισιν ἐμὸν πόσιν, ὡς ἀγορεύεις,
εἰπέ μοι ⟨οἷα καὶ ὅ⟩σσα περὶ χροῒ εἵματα ἕστο
αὐτός θ' οἷος ἔην, καὶ ἑταίρους, οἵ οἱ ἕποντο.
Τὴν δ' ἀπαμειβόμενος προσέφη πολύμητις Ὀδυσσεύς·
ΟΔΥ. — Ὦ γύναι, ἀργαλέον τόσσον χρόνον ἀμφὶς ἐόντα
εἰπέμεν· ἤδη γάρ οἱ ἐεικοστὸν ἔτος ἐστίν,
ἐξ οὗ κεῖθεν ἔβη καὶ ἐμῆς ἀπελήλυθε πάτρης·
αὐτάρ τοι ἐρέω ὥς μοι ἰνδάλλεται ἦτορ.
χλαῖναν πορφυρέην οὔλην ἔχε δῖος Ὀδυσσεύς,
διπλῆν· ἐν δ' ἄρα οἱ περόνη χρυσοῖο τέτυκτο
αὐλοῖσιν διδύμοισι· πάροιθε δὲ δαίδαλον ἦεν·
ἐν προτέροισι πόδεσσι κύων ἔχε ποικίλον ἐλλόν,
ἀσπαίρον⟨θ' ὑ⟩λάων· τὸ δὲ θαυμάζεσκον ἅπαντες
[ὡς οἱ χρύσεοι ὄντες· ὁ μὲν λάε νεβρὸν ἀπάγχων·
αὐτὰρ ὁ ἐκφυγέειν μεμαὼς ἤσπαιρε πόδεσσι].
τὸν δὲ χιτῶν' ἐνόησα περὶ χροῒ σιγαλόεντα,

couchait tout sur le sol et leur fermait la mer. Mais le treizième jour, comme le vent tombait, ils reprirent le large. »

À tant de menteries, comme il savait donner l'apparence du vrai ! Pénélope écoutait, et larmes de couler, et visage de fondre : vous avez vu l'Euros[19], à la fonte des neiges, fondre sur les grands monts qu'à monceaux, le Zéphyr a chargés de frimas, et la fonte gonfler le courant des rivières ; telles, ses belles joues paraissaient fondre en larmes ; elle pleurait l'époux qu'elle avait auprès d'elle ! Le cœur plein de pitié, Ulysse contemplait la douleur de sa femme ; mais, sans un tremblement des cils, ses yeux semblaient de la corne ou du fer : pour sa ruse, il fallait qu'il lui cachât ses larmes.

Quand elle eut épuisé les sanglots et les pleurs, elle dit, reprenant avec lui l'entretien :

PÉNÉLOPE. – « Étranger, je voudrais une preuve à tes dires ! Si ton récit est vrai, si c'est toi qui reçus là-bas, en ton manoir, mon époux avec ses équipages divins, quels vêtements, dis-moi, avait-il sur le corps ? que semblait-il lui-même ? et quelle était sa suite ? »

Ulysse l'avisé lui fit cette réponse :

ULYSSE. – « Femme, après tant d'années, répondre est difficile ! voilà près de vingt ans qu'il est venu chez nous, puis a quitté notre île... Pourtant le voici tel qu'aujourd'hui, je le vois, cet Ulysse divin ! Il avait un manteau double, teinté en pourpre, que fermait une agrafe en or à double trou : c'était une œuvre d'art représentant un chien, qui tenait entre ses deux pattes de devant un faon tout moucheté ; le faon se débattait, et le chien aboyait : nos gens s'en venaient tous admirer cet ouvrage ! tous deux étaient en or ; et le chien regardait le faon qu'il étranglait et, pour s'enfuir, les pieds du faon se débattaient... Sur son corps, il avait une robe luisante,

19. Vent d'est.

οἷόν τε κρομύοιο λοπὸν ⟨μάλα γ' ἀζ⟩αλέοιο.
τὼς μὲν ἔην μαλακός, λαμπρὸς δ' ἦν ἠέλιος ὥς·
ἦ μὲν πολλαί γ' αὐτὸν ἐθηήσαντο γυναῖκες. 235
οὐ οἶδ' εἰ τάδε ἕστο περὶ χροῒ οἴκοθ' Ὀδυσσεύς, 237
ἤ τις ἑταίρων δῶκε θοῆς ἐπὶ νηὸς ἰόντι,
ἤ τίς που καὶ ξεῖνος, ἐπεὶ πολλοῖσιν Ὀδυσσεὺς
ἔσκε φίλος· παῦροι γὰρ Ἀχαιῶν ἦσαν ὁμοῖοι. 240
καί οἱ ἐγὼ χάλκειον ἄορ καὶ δίπλακα δῶκα
καλὴν πορφυρέην καὶ τερμιόεντα χιτῶνα,
αἰδοίως δ' ἀπέπεμπον ἐυσσέλμου ἐπὶ νηός.
καὶ μέν οἱ κῆρυξ ὀλίγον προγενέστερος αὐτοῦ
εἵπετο· καὶ τόν τοι μυθήσομαι, οἷος ἔην περ· 245
γυρὸς ἔην ὤμοισι, μελάγχροος, οὐλοκάρηνος,
Εὐρυβάτης δ' ὄνομ' ἔσκε· τίεν δέ μιν ἔξοχον ἄλλων
ὧν ἑτάρων Ὀδυσεύς, ὅτι οἱ φρεσὶν ἄρτια ᾔδη.
Ὣς φάτο· τῇ δ' ἔτι μᾶλλον ὑφ' ἵμερον ὦρσε γόοιο· 249
καὶ τότε μιν μύθοισιν ἀμειβομένη προσέειπε· 252
ΠΗΝ. — Νῦν μὲν δή μοι, ξεῖνε, πάρος περ ἐὼν ἐλεεινός,
ἐν μεγάροισιν ἐμοῖσι φίλος τ' ἔσῃ αἰδοῖός τε·
αὐτὴ γὰρ τάδε εἵματ' ἐγὼ πόρον, οἷ' ἀγορεύεις, 255
πτύξασ' ἐκ θαλάμου, περόνην τ' ἐπέθηκα φαεινὴν
κείνῳ ἄγαλμ' ἔμεναι. τὸν δ' οὐχ ὑποδέξομαι αὖτις
οἴκαδε νοστήσαντα φίλην ἐς πατρίδα γαῖαν. 258
Τὴν δ' ἀπαμειβόμενος προσέφη πολύμητις Ὀδυσσεύς· 261
ΟΔΥ. — Ὦ γύναι αἰδοίη Λαερτιάδεω Ὀδυσῆος,
μηκέτι νῦν χρόα καλὸν ἐναίρεο, μηδέ τι θυμὸν

vers 236 : ἄλλο δέ τοι ἐρέω, σὺ δ' ἐνὶ φρεσὶ βάλλεο σῇσιν
vers 250 : σήματ' ἀναγνούσῃ, τά οἱ ἔμπεδα πέφραδ' Ὀδυσσεύς·
251 : ἡ δ' ἐπεὶ οὖν τάρφθη πολυδακρύτοιο γόοιο
vers 259 : τῷ ῥα κακῇ αἴσῃ κοίλης ἐπὶ νηὸς Ὀδυσσεὺς
260 : ᾤχετ' ἐποψόμενος Κακοΐλιον οὐκ ὀνομαστήν

plus mince que la peau de l'oignon le plus sec – un rayon de soleil ; nos femmes s'attroupaient pour mieux la regarder ! Autre détail encore à bien mettre en ton cœur : j'ignore si, chez lui, Ulysse avait déjà ces mêmes vêtements : sur son croiseur, en route, les avait-il reçus d'un compagnon, d'un hôte ? il avait tant d'amis ! parmi le Achéens, combien peu l'égalaient ! C'est ainsi qu'il reçut de moi un glaive en bronze, un beau manteau de pourpre et l'une de ces robes qui tombent jusqu'aux pieds, le jour qu'avec respect, je pris congé de lui, sur les bancs du vaisseau… Un héraut le suivait, qui semblait son aîné, mais de peu : il avait – je puis te le décrire –, le dos rond, la peau noire, une tête frisée ; son nom est Eurybate[20] ; Ulysse avait pour lui des égards sans pareils et prisait ses avis plus que ceux d'aucun autre.

Il disait : Pénélope sentait grandir encor son besoin de pleurer ; elle avait reconnu les signes évidents que lui donnait Ulysse ; quand elle eut épuisé les pleurs et les sanglots, reprenant la parole, elle lui répondit :

PÉNÉLOPE. – « Mon hôte, jusqu'ici, je t'avais en pitié… Désormais, j'ai pour toi sympathie et respect : reste en cette maison ! C'est de moi qu'il avait les habits dont tu parles ; je les avais tirés moi-même du trésor… Cette agrafe brillante, c'est moi qui l'avais mise ; je voulais qu'il fût beau ! Dire que jamais plus, cette maison ni moi, ne l'accueillerons rentrant en son pays. C'est le courroux des dieux qui fit monter Ulysse au creux de son vaisseau, pour aller visiter cette Troie de malheur ! que le nom en périsse ! »

Ulysse l'avisé lui fit cette réponse :

ULYSSE. – « Digne épouse du fils de Laërte, d'Ulysse ! cesse enfin de gâter ce visage si beau et de

20. Cf. *Il.*, II, 184. Le héraut d'Agamemnon porte également ce nom (cf. *Il.*, I, 320 ; IX, 170).

τῆκε πόσιν γοόωσα. νεμεσσῶμαί γε μὲν οὐδέν·
καὶ γάρ τίς τ' ἀλλοῖον ὀδύρεται ἄνδρ' ὀλέσασα
[κουρίδιον, τῷ τέκνα τέκῃ φιλότητι μιγεῖσα,]
ἢ 'Οδυσῆ', ὅν φασι θεοῖσ' ἐναλίγκιον εἶναι.
ἀλλὰ γόου μὲν παῦσαι, ἐμεῖο δὲ σύνθεο μῦθον·
νημερτέως γάρ τοι μυθήσομαι οὐδ' ἐπικεύσω
ὡς ἤδη 'Οδυσῆος ἐγὼ περὶ νόστου ἄκουσα
ἀγχοῦ, Θεσπρωτῶν ἀνδρῶν ἐν πίονι δήμῳ,
ζωοῦ· αὐτὰρ ἄγει κειμήλια πολλὰ καὶ ἐσθλὰ
[αἰτίζων ἀνὰ δῆμον· ἀτὰρ ἐρίηρας ἑταίρους
ὤλεσε καὶ νῆα γλαφυρὴν ἐνὶ οἴνοπι πόντῳ,
Θρινακίης ἄπο νήσου ἰών· ὀδύσαντο γὰρ αὐτῷ
Ζεύς τε καὶ 'Ηέλιος· τοῦ γὰρ βόας ἔκταν ἑταῖροι.
οἱ μὲν πάντες ὄλοντο πολυκλύστῳ ἐνὶ πόντῳ·
τὸν δ' ἄρ' ἐπὶ τρόπιος νηὸς βάλε κῦμ' ἐπὶ χέρσου
Φαιήκων ἐς γαῖαν, οἳ ἀγχίθεοι γεγάασιν·
οἳ δή μιν περὶ κῆρι θεὸν ὣς τιμήσαντο
καί οἱ πολλὰ δόσαν πέμπειν τέ μιν ἤθελον αὐτοὶ
οἴκαδ' ἀπήμαντον. καί κεν πάλαι ἐνθάδ' 'Οδυσσεὺς
ἤην· ἀλλ' ἄρα οἱ τό γε κέρδιον εἴσατο θυμῷ,
χρήματ' ἀγυρτάζειν πολλὴν ἐπὶ γαῖαν ἰόντι·
ὣς περὶ κέρδεα πολλὰ καταθνητῶν ἀνθρώπων
οἶδ' 'Οδυσεύς· οὐδ' ἄν τις ἐρίσσειε βροτὸς ἄλλος].
ὥς μοι Θεσπρωτῶν βασιλεὺς μυθήσατο Φείδων,
ὤμνυε δὲ πρὸς ἔμ' αὐτόν, ἀποσπένδων ἐνὶ οἴκῳ,
νῆα κατειρύσθαι καὶ ἐπαρτέας ἔμμεν ἑταίρους,
οἳ δή μιν πέμψουσι φίλην ἐς πατρίδα γαῖαν.
ἀλλ' ἐμὲ πρὶν ἀπέπεμψε· τύχησε γὰρ ἐρχομένη νηῦς
ἀνδρῶν Θεσπρωτῶν ἐς Δουλίχιον πολύπυρον.

21. C'est-à-dire en Épire.

22. Ulysse ne mentionne pas la cause du malheur de son équipage, à la suite du séjour dans l'île du Trident ; cf. XII, 260 sq.

ronger ton cœur à pleurer ton époux ! Je ne te blâme pas ! il est trop naturel de pleurer un époux, l'ami de sa jeunesse, à qui l'on a donné des fils de son amour, même quand ce n'est pas un émule des dieux, comme on dit qu'est Ulysse. Mais cesse de gémir et crois à ma parole, car c'est la vérité sans détour que je dis. Ulysse va rentrer : j'en ai eu la nouvelle non loin d'ici, au bon pays de Thesprotie[21]. Il vit ; il vous ramène un gros butin de prix, quêté parmi le peuple. Mais son brave équipage et son navire creux, il a tout vu sombrer dans les vagues vineuses, quand, de l'Île au Trident[22], il revenait, maudit de Zeus et d'Hélios[23]. Ses gens ayant mangé les vaches de ce dieu, pas un ne réchappa de la houle des mers ; seul, porté sur sa quille, Ulysse fut jeté aux bords des Phéaciens[24] ; de tout cœur, ces parents des dieux l'ont accueilli, honoré comme un dieu et comblé de cadeaux. Ils voulaient, sain et sauf, le ramener chez lui : Ulysse auprès de toi serait depuis longtemps. Mais il vit son profit à faire un long détour en quête de richesses[25] ; Ulysse n'est-il pas le plus entreprenant des hommes de ce monde ? il n'a pas de rival ! Voilà ce que j'ai su par le roi des Thesprotes : sur ses libations d'adieu, en son logis, Phidon[26] m'a fait serment que le navire était à flot, les gens tout prêts, pour ramener Ulysse à la terre natale. Mais ce fut moi d'abord que Phidon renvoya sur un vaisseau thesprote qui, pour Doulichion, le grand marché au blé, se trouvait en partance... Oui ! Phidon m'a montré

23. Sur cette malédiction, cf. XII, 377 sq.

24. Pour le séjour d'Ulysse en Phéacie, cf. chant VI-XIII. Comme le soulignent les commentateurs, Ulysse omet son séjour chez Calypso, même si son épouse est au courant de cet épisode rapporté par son fils, cf. XVII, 142-144.

25. Ménélas également aurait retardé son retour à Sparte pour amasser des richesses, cf. III, 301-302.

26. Le roi des Thesprotes est évoqué en XIV, 316.

καί μοι κτήματ' ἔδειξεν, ὅσα ξυναγείρατ' Ὀδυσσεύς·
καί νύ κεν ἐς δεκάτην γενεὴν ἕτερόν γ' ἔτι βόσκοι·
τόσσά οἱ ἐν μεγάροις κειμήλια κεῖτο ἄνακτος.
τὸν δ' ἐς Δωδώνην φάτο βήμεναι, ὄφρα θεοῖο
ἐκ δρυὸς ὑψικόμοιο Διὸς βουλὴν ἐπακούσῃ
ὅππως νοστήσειε φίλην ἐς πατρίδα γαῖαν
ἤδη δὴν ἀπεών, ἢ' ἀμφαδὸν ἦε κρυφηδόν.
ὣς ὁ μὲν οὕτως ἐστὶ σόος καὶ ἐλεύσεται ἤδη
ἄγχι μάλ', οὐδ' ἔτι τῆλε φίλων καὶ πατρίδος αἴης
δηρὸν ἀπεσσεῖται· ἔμπης δέ τοι ὅρκια δώσω.
ἴστω νῦν Ζεὺς πρῶτα, θεῶν ὕπατος καὶ ἄριστος,
ἱστίη τ' Ὀδυσῆος ἀμύμονος, ἣν ἀφικάνω·
ἦ μέν τοι τάδε πάντα τελείεται ὡς ἀγορεύω.
τοῦδ' αὐτοῦ λυκάβαντος ἐλεύσεται ἐνθάδ' Ὀδυσσεύς.
Τὸν δ' αὖτε προσέειπε περίφρων Πηνελόπεια·
ΠΗΝ. — Αἲ γὰρ τοῦτο, ξεῖνε, ἔπος τετελεσμένον εἴη·
τῶ κε τάχα γνοίης φιλότητά τε πολλά τε δῶρα
ἐξ ἐμεῦ, ὡς ἄν τίς σε συναντόμενος μακαρίζοι.
ἀλλά μοι ὧδ' ἀνὰ θυμὸν ὀΐεται, ὡς ἔσεταί περ·
οὔτ' Ὀδυσεὺς ἔτι οἶκον ἐλεύσεται, οὔτε σὺ πομπῆς
τεύξῃ, ἐπεὶ οὐ τοῖοι σημάντορές εἰσ' ἐνὶ οἴκῳ,
οἷος Ὀδυσσεὺς ἔσκε μετ' ἀνδράσιν, εἴ ποτ' ἔην γε,
ξείνους αἰδοίους ἀποπεμπέμεν ἠδὲ δέχεσθαι.
ἀλλά μιν, ἀμφίπολοι, ἀπονίψατε, κάτθετε δ' εὐνήν,
δέμνια καὶ χλαίνας καὶ ῥήγεα σιγαλόεντα,
ὥς κ' εὖ θαλπιόων χρυσόθρονον Ἠῶ ἵκηται.
[ἠῶθεν δὲ μάλ' ἦρι λοέσσαί τε χρῖσαί τε,
ὥς κ' ἔνδον παρὰ Τηλεμάχῳ δείπνοιο μέδηται
ἥμενος ἐν μεγάρῳ. τῷ δ' ἄλγιον, ὅς κεν ἐκείνων
τοῦτον ἀνιάζῃ θυμοφθόρος· οὐδέ τι ἔργον
ἐνθάδ' ἔτι πρήξει, μάλα περ κεχολωμένος αἰνῶς·

vers 307 : τοῦ μὲν φθίνοντος μηνός, τοῦ δ' ἱσταμένοιο

tout le tas des richesses que ramenait Ulysse, – de quoi bien vivre à deux pendant dix âges d'homme. Le manoir était plein de ces objets de prix. Ulysse était parti, disait-on, pour Dodone[27] ; au feuillage divin du grand chêne de Zeus, il voulait demander conseil pour revenir à la terre natale : après sa longue absence, devrait-il se cacher ou paraître au grand jour ? Crois-moi : il est sauvé ; il revient ; il approche ; avant qu'il soit longtemps, il reverra les siens et la terre natale. Je dis la vérité : en veux-tu le serment ? Par Zeus, par le plus grand et le meilleur des dieux, comme par ce foyer de l'éminent Ulysse, où me voici rendu, je dis que tu verras s'accomplir tous mes mots. Oui, cette lune-ci, Ulysse rentrera soit à la fin du mois, soit au début de l'autre. »

La plus sage des femmes, Pénélope, reprit :

PÉNÉLOPE. – « Ah ! puissent s'accomplir tes paroles, mon hôte ! Tu trouverais chez moi une amitié si prompte et des dons si nombreux que chacun, à te voir, vanterait ton bonheur ! Mais moi, j'ai dans le cœur un sûr pressentiment qu'Ulysse à son foyer ne reviendra jamais et que jamais tu n'obtiendras la reconduite. Car il n'est plus ici de patrons comme Ulysse – mais y fut-il jamais ? – pour respecter un hôte et savoir lui donner le congé ou l'accueil... Mais lavez-lui les pieds et, pour lui faire un lit, mes filles, garnissez de feutres et de draps moirés un de nos cadres ; je veux qu'il soit au chaud pour voir monter l'Aurore sur son trône doré et demain, dès l'aurore, il faudra lui donner le bain et l'onction, pour que, dans la grand-salle, auprès de Télémaque, il aille prendre place et plaisir au festin. Et malheur à celui qui, d'un cœur envieux, le viendrait outrager ! Ah ! celui-là chez nous n'aurait plus rien à faire, si formidablement qu'il pût s'en irriter. Car, mon hôte, comment garderais-tu

27. Ulysse fait allusion au sanctuaire de Zeus et de Dioné que les Anciens tenaient pour le plus ancien de Grèce ; cf. XIV, 327 sq. et notes.

πῶς γὰρ ἐμεῦ σύ, ξεῖνε, δαήσεαι εἴ τι γυναικῶν
ἀλλάων περίειμι νόον καὶ ἐπίφρονα μῆτιν,
εἴ κεν ἀυσταλέος, κακὰ εἱμένος ἐν μεγάροισι
δαινύῃ; ἄνθρωποι δὲ μινυνθάδιοι τελέθουσιν·
ὃς μὲν ἀπηνὴς αὐτὸς ἔῃ καὶ ἀπηνέα εἰδῇ,
τῷ δὲ καταρῶνται πάντες βροτοὶ ἄλγε' ὀπίσσω
ζωῷ, ἀτὰρ τεθνεῶτί γ' ἐφεψιόωνται ἅπαντες·
ὃς δ' ἂν ἀμύμων αὐτὸς ἔῃ καὶ ἀμύμονα εἰδῇ,
τοῦ μέν τε κλέος εὐρὺ διὰ ξεῖνοι φορέουσι
πάντας ἐπ' ἀνθρώπους· πολλοί τέ μιν ἐσθλὸν ἔειπον.]
Τὴν δ' ἀπαμειβόμενος προσέφη πολύμητις Ὀδυσσεύς·
ΟΔΥ. — Ὦ γύναι αἰδοίη Λαερτιάδεω Ὀδυσῆος,
ἤτοι ἐμοὶ χλαῖναι καὶ ῥήγεα σιγαλόεντα
ἤχθεθ', ὅτε πρῶτον Κρήτης ὄρεα νιφόεντα
νοσφισάμην ἐπὶ νηὸς ἰὼν δολιχηρέτμοιο·
κείω δ' ὡς τὸ πάρος περ ἀΰπνους νύκτας ἴαυον·
πολλὰς γὰρ δὴ νύκτας ἀεικελίῳ ἐνὶ κοίτῃ
ἄεσα καί τ' ἀνέμεινα ἐΰθρονον Ἠῶ δῖαν.
οὐδέ τί μοι ποδάνιπτρα ποδῶν ἐπιήρανα θυμῷ
γίνεται· οὐδὲ γυνὴ ποδὸς ἅψεται ἡμετέροιο
τάων, αἵ τοι δῶμα κάτα δρήστειραι ἔασιν,
εἰ μή τις γρηῦς ἐστι παλαιή, κέδν' εἰδυῖα
[ἥ τις δὴ τέτληκε τόσα φρεσὶν ὅσσά τ' ἐγώ περ·
τῇδε δ' ἂν οὐ φθονέοιμι ποδῶν ἅψασθαι ἐμεῖο].
Τὸν δ' αὖτε προσέειπε περίφρων Πηνελόπεια·
ΠΗΝ. — Ξεῖνε φίλ'· οὐ γάρ πώ τις ἀνὴρ πεπνυμένος ⟨ηὔδα⟩,
ὡς σὺ μάλ' εὐφραδέως πεπνυμένα πάντ' ἀγορεύεις·
ἔστι δέ μοι γρηῦς πυκινὰ φρεσὶ μήδε' ἔχουσα,
ἣ κεῖνον δύστηνον ἔϋ τρέφεν ἠδ' ἀτίταλλε
δεξαμένη χείρεσσ', ὅτε μιν πρῶτον τέκε μήτηρ·
ἥ σε πόδας νίψει ὀλιγηπελέουσά περ ἔμπης.
ἀλλ' ἄγε νῦν ἀνστᾶσα, περίφρων Εὐρύκλεια,

vers 351 : ξείνων τηλεδαπῶν φιλίων ἐμὸν ἵκετο δῶμα

l'idée que, sur les autres femmes, je l'emporte en esprit, en prudence avisée, si, pour dîner en mon manoir, je te laissais dans cette saleté et ces mauvais habits ! Notre vie est si courte ! À vivre sans pitié pour soi-même et les autres, l'homme durant sa vie ne reçoit en paiement que malédictions, et, mort, tous le méprisent. À vivre sans rigueur pour soi-même et les autres, on se gagne un renom que l'étranger s'en va colporter par le monde, et bien des gens alors vantent votre noblesse. »

Ulysse l'avisé lui fit cette réponse :

ULYSSE. – « Digne épouse du fils de Laërte, d'Ulysse ! feutres et draps moirés ne me disent plus rien, depuis le jour qu'à bord d'un vaisseau long-rameur, je me suis éloigné des monts neigeux de Crète : je coucherai par terre, comme tant d'autres fois où je n'ai pas dormi. J'ai passé tant de nuits sur un lit misérable, tant de fois attendu que la divine Aurore apparût sur son trône ! Et je n'ai pas, non plus, envie d'un bain de pieds : près de toi, je ne vois servir en ce logis que filles qui jamais ne toucheront mes pieds..., à moins que tu n'aies là quelque très vieille femme, au cœur plein de sagesse, que le malheur ait éprouvée autant que moi ; celle-là, je veux bien qu'elle touche à mes pieds. »

La plus sage des femmes, Pénélope, reprit :

PÉNÉLOPE. – « J'ai vu, de tous les coins du monde, des amis venir en ce manoir : personne n'eut jamais, cher hôte, la sagesse et la droite raison, qu'on trouve en tes discours... Mais j'ai là une vieille, à l'esprit toujours grave, celle qui le nourrit, le pauvre ! et l'éleva ; ses bras l'avaient reçu, à peine mis au jour. Elle est toute cassée, sans forces ; mais c'est elle qui lavera tes pieds... Allons ! viens, toute sage Euryclée[28] ! lève-toi, pour lui

28. Au sujet de la fidèle nourrice d'Ulysse, cf. I, 429 et note. Sur la reconnaissance d'Ulysse qui va intervenir dans la scène suivante, cf. Walter, 1992, 61-69.

νίψον σοῖο ἄνακτος ὁμήλικα· καί που Ὀδυσσεὺς
ἤδη τοιόσδ' ἐστὶ πόδας τοιόσδέ τε χεῖρας·
αἶψα γὰρ ἐν κακότητι βροτοὶ καταγηράσκουσιν.
Ὣς ἄρ' ἔφη· γρηὺς δὲ κατέσχετο χερσὶ πρόσωπα,
δάκρυα δ' ἔκβαλε θερμά, ἔπος δ' ὀλοφυδνὸν ἔειπεν·
ΕΥΡ. — Ὤμοι ἐγὼ σέο, τέκνον, ἀμήχανος· ἦ σε περὶ Ζεὺς
ἀνθρώπων ἤχθηρε θεουδέα θυμὸν ἔχοντα.
οὐ γάρ πώ τις τόσσα βροτῶν Διὶ τερπικεραύνῳ
πίονα μηρί' ἔκη' οὐδ' ἐξαίτους ἑκατόμβας,
ὅσσα σὺ τῷ ἐδίδους ἀρώμενος, εἷος ἵκοιο
γῆράς τε λιπαρὸν θρέψαιό τε φαίδιμον υἱόν·
νῦν δέ τοι οἴῳ πάμπαν ἀφείλετο νόστιμον ἦμαρ.
οὕτω που καὶ κείνῳ ἐφεψιόωντο γυναῖκες
ξείνων τηλεδαπῶν, ὅτε τευ κλυτὰ δώμαθ' ἵκοιτο,
ὡς σέθεν αἱ κύνες αἵδε καθεψιόωνται ἅπασαι,
τάων νῦν λώβην τε καὶ αἴσχεα πόλλ' ἀλεείνων
οὐκ ἐάᾳς νίζειν· ἐμὲ δ' οὐκ ἀέκουσαν ἄνωγε
κούρη Ἰκαρίοιο, περίφρων Πηνελόπεια.
τῶ σε πόδας νίψω ἅμα τ' αὐτῆς Πηνελοπείης
καὶ σέθεν εἵνεκ', ἐπεί μοι ὀρώρεται ἔνδοθι θυμὸς
κήδεσιν. ἀλλ' ἄγε νῦν ξυνίει ἔπος, ὅττί κε εἴπω·
πολλοὶ δὴ ξεῖνοι ταλαπείριοι ἐνθάδ' ἵκοντο·
ἀλλ' οὔ πώ τινά φημι ἐοικότα ὧδε ἰδέσθαι,
ὡς σὺ δέμας φωνήν τε πόδας τ' Ὀδυσῆι ἔοικας.
Τὴν δ' ἀπαμειβόμενος προσέφη πολύμητις Ὀδυσσεύς·
ΟΔΥ. — Ὦ γρηῦ, οὕτω φασὶν ὅσοι ἴδον ὀφθαλμοῖσιν
ἡμέας ἀμφοτέρους, μάλα εἰκέλω ἀλλήλοιιν
ἔμμεναι, ὡς σύ περ αὐτὴ ἐπιφρονέουσ' ἀγορεύεις.
Ὣς ἄρ' ἔφη· γρηὺς δὲ λέβηθ' ἕλε παμφανόωντα,
τῷ πόδας ἐξαπένιζεν, ὕδωρ δ' ἐνεχεύατο πουλὺ
ψυχρόν, ἔπειτα δὲ θερμὸν ἐπήφυσεν. αὐτὰρ Ὀδυσσεὺς
ἷζεν ἀπ' ἐσχαρόφιν, ποτὶ δὲ σκότον ἐτράπετ' αἶψα·

donner le bain ! C'est un contemporain de ton maître, je crois : Ulysse aurait ces pieds ; Ulysse aurait ces mains ! ah ! la misère est prompte à vous vieillir un homme ! »

Elle dit ; mais la vieille Euryclée, se cachant des deux mains le visage, pleurait à chaudes larmes et disait, sanglotant :

EURYCLÉE. – « Ulysse ! mon enfant ! pour toi je n'ai rien pu ! toi que Zeus exécra entre tous les humains, alors que tu servais les dieux d'un cœur fidèle ! D'aucun autre mortel, le brandisseur de foudre, Zeus, reçut-il jamais autant de gras cuisseaux, d'hécatombes choisies ? Et quand tu demandais, pour tant de sacrifices, une vieillesse heureuse auprès d'un noble fils, c'est à toi, à toi seul que Zeus a refusé la journée du retour ! Ah ! comme toi, notre hôte, peut-être a-t-il connu, en des manoirs fameux, chez des hôtes lointains, le mépris de servantes pareilles à ces chiennes qui, toutes, te méprisent ! et c'est pour éviter leur blâme et leurs affronts, que tu ne voudrais pas être baigné par elles ! Répondant aux désirs de la fille d'Icare, la plus sage des femmes, j'accepte, de grand cœur, de te laver les pieds, autant pour toi que pour Pénélope elle-même, car une grande angoisse a levé dans mon cœur ! Veux-tu savoir pourquoi ? je m'en vais te le dire ! j'ai vu venir ici beaucoup de malheureux ; mais je n'ai jamais vu pareille ressemblance de démarche, de voix, de pieds avec Ulysse ! »

Ulysse l'avisé lui fit cette réponse :

ULYSSE. – « Tous ceux qui nous ont vus, de leurs yeux, l'un et l'autre, retrouvent entre nous la même ressemblance ; mais qui peut en parler, ô vieille ! mieux que toi ? »

Il dit et, s'apprêtant à lui laver les pieds, Euryclée s'en fut prendre un chaudron scintillant, y mit beaucoup d'eau froide, puis ajouta l'eau chaude. Ulysse était allé s'asseoir loin du foyer, en tournant aussitôt le dos à la

αὐτίκα γὰρ κατὰ θυμὸν ὀίσατο, μή ἑ λαβοῦσα
οὐλὴν ἀμφράσσαιτο καὶ ἀμφαδὰ ἔργα γένοιτο.
νίζε δ' ἄρ' ἆσσον ἰοῦσα ἄναχθ' ἑόν· αὐτίκα δ' ἔγνω
οὐλήν, τήν ποτέ μιν σῦς ἤλασε λευκῷ ὀδόντι
Παρνησὸν δ' ἐλθόντα [μετ' Αὐτόλυκόν τε καὶ υἷας,
μητρὸς ἑῆς πατέρ' ἐσθλόν, ὃς ἀνθρώπους ἐκέκαστο
κλεπτοσύνῃ θ' ὅρκῳ τε· θεὸς δέ οἱ αὐτὸς ἔδωκεν
Ἑρμείας· τῷ γὰρ κεχαρισμένα μηρία καῖε
ἀρνῶν ἠδ' ἐρίφων· ὁ δέ οἱ πρόφρων ἅμ' ὀπήδει.
Αὐτόλυκος δ' ἐλθὼν Ἰθάκης ἐς πίονα δῆμον
παῖδα νέον γεγαῶτα κιχήσατο θυγατέρος ἧς·
τόν ῥά οἱ Εὐρύκλεια φίλοισ' ἐπὶ γούνασι θῆκε
παυομένῳ δόρποιο, ἔπος τ' ἔφατ' ἔκ τ' ὀνόμαζεν·
ΕΥΡ. — Αὐτόλυκ', αὐτὸς νῦν ὄνομ' εὕρεο, ὅττί κε θεῖο
παιδὸς παιδὶ φίλῳ· πολυάρητος δέ τοί ἐστι.
Τὴν δ' αὖτ' Αὐτόλυκος ἀπαμείβετο φώνησέν τε·
ΑΥΤ. — Γαμβρὸς ἐμὸς θύγατέρ τε, τίθεσθ' ὄνομ', ὅττί κε εἴπω.
πολλοῖσιν γὰρ ἐγώ γε ὀδυσσάμενος τόδ' ἱκάνω,
ἀνδράσιν ἠδὲ γυναιξὶν ἀνὰ χθόνα πουλυβότειραν·
τῷ δ' Ὀδυσεὺς ὄνομ' ἔστω ἐπώνυμον. αὐτὰρ ἐγώ γε,
ὁππότ' ἂν ἡβήσας, μητρώιον ἐς μέγα δῶμα
ἔλθῃ Παρνησὸν δ', ὅθι πού μοι κτήματ' ἔασι·
τῶν οἱ ἐγὼ δώσω καί μιν χαίροντ' ἀποπέμψω.
Τῶν ἕνεκ' ἦλθ' Ὀδυσεύς, ἵνα οἱ πόροι ἀγλαὰ δῶρα.
τὸν μὲν ἄρ' Αὐτόλυκός τε καὶ υἱέες Αὐτολύκοιο
χερσίν τ' ἠσπάζοντο ἔπεσσί τε μειλιχίοισι·
μήτηρ δ' Ἀμφιθέη μητρὸς περιφῦσ' Ὀδυσῆι
κύσσ' ἄρα μιν κεφαλήν τε καὶ ἄμφω φάεα καλά.
Αὐτόλυκος δ' υἱοῖσιν ἐκέκλετο κυδαλίμοισι

29. Montagne de Phocide.
30. Sur ce héros, grand-père d'Ulysse, cf. XI, 85 et note.
31. C'est-à-dire Anticlée. Sur ce personnage, cf. XI, 85 ; 155 sq.

lueur, car son âme, soudain, avait craint que la vieille, en lui prenant le pied ne vît la cicatrice qui révélerait tout.

Or, à peine à ses pieds pour lui donner le bain, la vieille reconnut le maître à la blessure qu'en suivant au Parnasse[29] les fils d'Autolycos[30], Ulysse avait jadis reçue d'un sanglier à la blanche défense.

De cet Autolycos, sa mère[31] était la fille, et ce héros passait pour le plus grand voleur et le meilleur parjure ; Hermès, à qui plaisaient les cuisseaux de chevreaux et d'agneaux qu'il brûlait, l'avait ainsi doué et la bonté du dieu accompagnait ses pas.

Jadis Autolycos, au gras pays d'Ithaque, était venu pour voir le nouveau petit-fils que lui donnait sa fille. À la fin du repas, Euryclée avait mis l'enfant sur ses genoux, en lui disant tout droit :

EURYCLÉE. – « Autolycos, c'est toi qui vas trouver un nom pour ce fils de ta fille, si longtemps souhaité. »

Autolycos alors avait dit en réponse :

AUTOLYCOS. – « Mon gendre et toi, ma fille, donnez-lui donc le nom que je m'en vais vous dire ! tant de gens en chemin m'ont *ulcéré*[32] le cœur (la terre en nourrit trop de ces hommes et femmes !) que je veux à l'enfant donner le nom d'*Ulysse*! et, quand il sera grand, qu'il s'en vienne au Parnasse, au manoir maternel, où sont tous mes trésors : je veux lui donner de quoi rentrer content ! »

Et c'est ainsi qu'Ulysse alla plus tard chercher ces cadeaux magnifiques. Autolycos lui-même et ses fils l'accueillirent à bras ouverts, avec les mots les plus aimables ; sa grand-mère Amphithée, le serrant dans ses bras, le baisa sur le front et sur ses deux beaux yeux. Autolycos donna l'ordre à ses vaillants fils d'apprêter le

32. Au cours de l'*Odyssée*, le poète insiste sur l'étymologie du nom d'Ulysse, en grec *Odusseus* (cf. I, 67 ; V, 340, 423 ; XIX, 275). Il serait dérivé de **odussomai*, « se fâcher ». Sur le nom d'Ulysse, cf. Pucci, 1995, 44, 100-102.

δεῖπνον ἐφοπλίσσαι· τοὶ δ' ὀτρύνοντος ἄκουσαν,
αὐτίκα δ' εἰσάγαγον βοῦν ἄρσενα πενταέτηρον·
τὸν δέρον ἀμφί θ' ἕπον καί μιν διέχευαν ἅπαντα
μίστυλλόν τ' ἄρ' ἐπισταμένως πεῖράν τ' ὀβελοῖσιν
ὤπτησάν τε περιφραδέως δάσσαντό τε μοίρας.
ὣς τότε μὲν πρόπαν ἦμαρ ἐς ἠέλιον καταδύντα
δαίνυντ'· οὐδέ τι θυμὸς ἐδεύετο δαιτὸς ἐίσης.
ἦμος δ' ἠέλιος κατέδυ καὶ ἐπὶ κνέφας ἦλθε,
δὴ τότε κοιμήσαντο καὶ ὕπνου δῶρον ἕλοντο.
  Ἦμος δ' ἠριγένεια φάνη ῥοδοδάκτυλος Ἠώς,
βάν ῥ' ἴμεν ἐς θήρην, ἠμὲν κύνες ἠδὲ καὶ αὐτοὶ
υἱέες Αὐτολύκου· μετὰ τοῖσι δὲ δῖος Ὀδυσσεὺς
ἤιεν· αἰπὺ δ' ὄρος προσέβαν καταειμένον ὕλῃ
Παρνησοῦ, τάχα δ' ἵκανον πτύχας ἠνεμοέσσας.
  Ἠέλιος μὲν ἔπειτα νέον προσέβαλλεν ἀρούρας
ἐξ ἀκαλαρρείταο βαθυρρόου Ὠκεανοῖο·
οἱ δ' ἐς βῆσσαν ἵκανον ἐπακτῆρες· πρὸ δ' ἄρ' αὐτῶν
ἴχνι' ἐρευνῶντες κύνες ἤισαν, αὐτὰρ ὄπισθεν
υἱέες Αὐτολύκου· μετὰ τοῖσι δὲ δῖος Ὀδυσσεὺς
ἤιεν ἄγχι κυνῶν, κραδάων δολιχόσκιον ἔγχος.
  Ἔνθα δ' ἄρ' ἐν λόχμῃ πυκινῇ κατέκειτο μέγας σῦς·
τὴν μὲν ἄρ' οὔτ' ἀνέμων διάη μένος ὑγρὸν ἀέντων·
οὔτέ μιν ἠέλιος φαέθων ἀκτῖσιν ἔβαλλεν·
οὔτ' ὄμβρος περάασκε διαμπερές· ὣς ἄρα πυκνὴ
ἦεν· ἀτὰρ φύλλων ἐνέην χύσις ἤλιθα πολλή.
  Τὸν δ' ἀνδρῶν τε κυνῶν τε περὶ κτύπος ἦλθε ποδοῖιν,
ὡς ἐπάγοντες ἐπῇσαν· ὁ δ' ἀντίος ἐκ ξυλόχοιο,
φρίξας εὖ λοφιήν, πῦρ δ' ὀφθαλμοῖσι δεδορκώς,
στῆ ῥ' αὐτῶν σχεδόθεν. ὁ δ' ἄρα πρώτιστος Ὀδυσσεὺς
ἔσσυτ' ἀνασχόμενος δολιχὸν δόρυ χειρὶ παχείῃ,
οὐτάμεναι μεμαώς· ὁ δέ μιν φθάμενος ἔλασεν σῦς
γουνὸς ὕπερ, πολλὸν δὲ διήφυσε σαρκὸς ὀδόντι
λικριφὶς ἀΐξας, οὐδ' ὀστέον ἵκετο φωτός.
τὸν δ' Ὀδυσεὺς οὔτησε τυχὼν κατὰ δεξιὸν ὦμον

repas. Dociles à son ordre, aussitôt ils amènent un taureau de cinq ans : on l'écorche, on le pare et, membres dépecés, c'est en maîtres qu'on sait trancher menu les viandes, les enfiler aux broches, les rôtir avec soin et diviser les parts, puis, toute la journée jusqu'au soleil couchant, les cœurs sont à la joie de ce repas d'égaux. Au coucher du soleil, quand vient le crépuscule, on va goûter au lit les présents du sommeil.

Mais sitôt qu'apparaît dans son berceau de brume, l'Aurore aux doigts de roses, ils se mettent en chasse : les chiens allaient devant les fils d'Autolycos, et le divin Ulysse accompagnait ses oncles... Sous le couvert des bois, on a gravi les flancs escarpés du Parnasse, et bientôt l'on atteint les combes éventées. C'est l'heure où le soleil, sortant des profondeurs de l'Océan[33] tranquille, éclaire les campagnes. Voici les rabatteurs arrivés dans un val, et les chiens, devant eux, s'en vont, flairant les traces. Les fils d'Autolycos suivent et, parmi eux, notre Ulysse divin brandit auprès des chiens sa lance à la grande ombre.

Un sanglier géant gîtait en cet endroit, tout au fond d'un hallier, que jamais ne perçaient ni les vents les plus forts, ni les brumes humides, ni les coups du soleil et ses plus clairs rayons : l'abri était si dense que la pluie elle-même n'y pouvait pénétrer ! les feuilles le jonchaient en épaisse litière... La bête entend les hommes et les chiens et les pas qui lui viennent dessus : fonçant hors du fourré, toutes soies hérissées, les prunelles en feu, elle était là, debout ; Ulysse, le premier, bondit en élevant, dans sa robuste main, le long bois de la lance dont il compte l'abattre. La bête le devance et le boute à la cuisse et, filant de côté, emporte à sa défense tout un morceau de chair, sans avoir entamé cependant jusqu'à l'os. Mais Ulysse, d'un heureux coup, l'avait frappée en pleine

33. Sur ce fleuve qui entoure la terre et où plongent les étoiles et le soleil, cf. IV, 568 ; V, 275 ; X, 139, 508, 511, XI, 13, etc.

ἀντικρὺ δὲ διῆλθε φαεινοῦ δουρὸς ἀκωκή·
κὰδ δ' ἔπεσ' ἐν κονίῃσι μακών· ἀπὸ δ' ἔπτατο θυμός.
Τὸν μὲν ἄρ' Αὐτολύκου παῖδες φίλοι ἀμφεπένοντο,
ὠτειλὴν δ' Ὀδυσῆος ἀμύμονος ἀντιθέοιο
δῆσαν ἐπισταμένως, ἐπαοιδῇ δ' αἷμα κελαινὸν
ἔσχεθον, αἶψα δ' ἵκοντο φίλου πρὸς δώματα πατρός.
τὸν μὲν ἄρ' Αὐτόλυκός τε καὶ υἱέες Αὐτολύκοιο
εὖ ἰησάμενοι ἠδ' ἀγλαὰ δῶρα πορόντες
καρπαλίμως χαίροντα φίλην ἐς πατρίδ' ἔπεμπον,
εἰς Ἰθάκην. τῷ μέν ῥα πατὴρ καὶ πότνια μήτηρ
χαῖρον νοστήσαντι καὶ ἐξερέεινον ἅπαντα,
οὐλὴν ὅττι πάθοι· ὁ δ' ἄρά σφισιν εὖ κατέλεξεν
ὥς μιν θηρεύοντ' ἔλασεν σῦς λευκῷ ὀδόντι
Παρνησὸν δ' ἐλθόντα] σὺν υἱάσιν Αὐτολύκοιο.
Τὴν γρηῢς χείρεσσι καταπρηνέσσι λαβοῦσα
γνῶ ῥ' ἐπιμασσαμένη, πόδα δὲ προέηκε φέρεσθαι·
ἐν δὲ λέβητι πέσε κνήμη· κανάχησε δὲ χαλκός,
ἂψ δ' ἑτέρωσ' ἐκλίθη· τὸ δ' ἐπὶ χθονὸς ἐξέχυθ' ὕδωρ.
Τὴν δ' ἅμα χάρμα καὶ ἄλγος ἕλε φρένα· τὼ δέ οἱ ὄσσε
δακρυόφι πλῆσθεν· θαλερὴ δέ οἱ ἔσχετο φωνή.
Ἁψαμένη δὲ γενείου Ὀδυσσῆα προσέειπεν·
ΕΥΡ. — Ἦ μάλ' Ὀδυσσεύς ἐσσι, φίλον τέκος· οὐδέ σ' ἐγώ γε
πρὶν ⟨γ'⟩ ἔγνων, πρὶν πάντα ἄνακτ' ἐμὸν ἀμφαφάασθαι.
Ἦ καὶ Πηνελόπειαν ἐσέδρακεν ὀφθαλμοῖσι,
πεφραδέειν ἐθέλουσα φίλον πόσιν ἔνδον ἐόντα·
ἡ δ' οὔτ' ἀθρῆσαι δύνατ' ἀντίον οὔτε νοῆσαι·
τῇ γὰρ Ἀθηναίη νόον ἔτραπεν. αὐτὰρ Ὀδυσσεὺς
χείρ' ἐπιμασσάμενος φάρυγος λάβε δεξιτερῆφι,
τῇ δ' ἑτέρῃ ἔθεν ἄσσον ἐρύσσατο φώνησέν τε·
ΟΔΥ. — Μαῖα, τί ἦ μ' ἐθέλεις ὀλέσαι; σὺ δέ μ' ἔτρεφες αὐτὴ
τῷ σῷ ἐπὶ μαζῷ· νῦν δ' ἄλγεα πολλὰ μογήσας
ἤλυθον εἰκοστῷ ἔτεϊ ἐς πατρίδα γαῖαν.
ἀλλ' ἐπεὶ ἐφράσθης καί τοι θεὸς ἔμβαλε θυμῷ,

épaule droite : la pointe était sortie, brillante, à l'autre flanc, et la bête, en grognant, roulait dans la poussière : son âme s'envolait ! Aussitôt, pour soigner cet Ulysse divin, les fils d'Autolycos se mettent à l'ouvrage : ils bandent avec art la jambe du héros, arrêtent le sang noir par le moyen d'un charme, puis hâtent le retour au manoir paternel.

Guéri par son aïeul et ses oncles, comblé de présents magnifiques, Ulysse par leurs soins s'en revint promptement à son pays d'Ithaque, où son retour joyeux mit dans la joie son père et son auguste mère. Ils voulaient tout savoir, l'accident et la plaie : il sut leur raconter en détail cette chasse et comment il reçut le coup du blanc boutoir, en suivant au Parnasse les fils d'Autolycos.

Or, du plat de ses mains, la vieille, en le palpant, reconnut la blessure et laissa retomber le pied dans le chaudron ; le bronze retentit ; le chaudron bascula ; l'eau s'enfuit sur le sol[34]... L'angoisse et le bonheur s'emparaient de la vieille ; ses yeux se remplissaient de larmes et sa voix si claire défaillait.

Enfin, prenant Ulysse au menton, elle dit :

EURYCLÉE. – « Ulysse, c'est donc toi ! c'est toi, mon cher enfant ! Et moi qui ne l'ai pas aussitôt reconnu ! Il était devant moi ; je le palpais, ce maître ! »

Elle dit et tourna les yeux vers Pénélope, voulant la prévenir que l'époux était là ... Pénélope ne put rencontrer ce regard : Athéna détournait son esprit et ses yeux.

Mais Ulysse, de sa main droite, avait saisi la nourrice à la gorge et, de son autre main, l'attirant jusqu'à lui :

ULYSSE. – « Eh ! quoi, c'est toi, nourrice, dont le sein m'a nourri, c'est toi qui veux me perdre, lorsque après vingt années de maux de toutes sortes, je reviens au pays ? Puisqu'en ton cœur, les dieux ont mis la vérité,

34. Pour une scène semblable, même s'il n'est pas question de reconnaissance, cf. XVI, 11 sq.

σίγα, μή τίς τ' ἄλλος ἐνὶ μεγάροισι πύθηται.
ὧδε γὰρ ἐκερέω, καὶ μὴν τετελεσμένον ἔσται·
εἴ χ' ὑπ' ἐμοί γε θεὸς δαμάσῃ μνηστῆρας ἀγαυούς,
οὐδὲ τροφοῦ οὔσης σεῦ ἀφέξομαι, ὁππότ' ἂν ἄλλας
δμῳὰς ἐν μεγάροισιν ἐμοῖς κτείνωμι γυναῖκας.
Τὸν δ' αὖτε προσέειπε ⟨φίλη τροφὸς⟩ Εὐρύκλεια·
ΕΥΡ. — Τέκνον ἐμόν, ποῖόν σε ἔπος φύγεν ἕρκος ὀδόντων,
οἶσθα μὲν οἷον ἐμὸν μένος ἔμπεδον οὐκ ἐπιεικτόν·
ἕξω δ' ὡς ὅτε τις στερεὴ λίθος ἠὲ σίδηρος.
ἄλλο δέ τοι ἐρέω· σὺ δ' ἐνὶ φρεσὶ βάλλεο σῇσιν·
εἴ χ' ὑπὸ σοί γε θεὸς δαμάσῃ μνηστῆρας ἀγαυούς,
δὴ τότε τοι καταλέξω ἐνὶ μεγάροισι γυναῖκας,
αἵ τέ σ' ἀτιμάζουσι καὶ αἳ νηλίτιδές εἰσι.
Τὴν δ' ἀπαμειβόμενος προσέφη πολύμητις Ὀδυσσεύς·
ΟΔΥ. — Μαῖα, τί ἦ δὲ σὺ τὰς μυθήσεαι; οὐδέ τί σε χρή·
εὖ νυ καὶ αὐτὸς ἐγὼ φράσομαι καὶ εἴσομ' ἑκάστην.
ἀλλ' ἔχε σιγῇ μῦθον, ἐπίτρεψον δὲ θεοῖσιν.
Ὣς ἄρ' ἔφη· γρηὺς δὲ διὲκ μεγάροιο βεβήκει,
οἰσομένη ποδάνιπτρα· τὰ γὰρ πρότερ' ἔκχυτο πάντα.
Αὐτὰρ ἐπεὶ νίψέν τε καὶ ἤλειψεν λίπ' ἐλαίῳ,
αὖτις ἄρ' ἀσσοτέρω πυρὸς ἕλκετο δίφρον Ὀδυσσεὺς
θερσόμενος, οὐλὴν δὲ κατὰ ῥακέεσσι κάλυψε.
Τοῖσι δὲ μύθων ἦρχε περίφρων Πηνελόπεια·
ΠΗΝ. — Ξεῖνε, τὸ μέν σ' ἔτι τυτθὸν ἐγὼν εἰρήσομαι αὐτή·
καὶ γὰρ δὴ κοίτοιο τάχ' ἔσσεται ἡδέος ὥρη,
[ὅν τινά γ' ὕπνος ἕλοι γλυκερὸς καὶ κηδόμενόν περ.
αὐτὰρ ἐμοὶ καὶ πένθος ἀμέτρητον πόρε δαίμων·
ἤματα μὲν γὰρ τέρπομ' ὀδυρομένη, γοόωσα,
ἔς τ' ἐμὰ ἔργ' ὁρόωσα καὶ ἀμφιπόλων ἐνὶ οἴκῳ·
αὐτὰρ ἐπὴν νὺξ ἔλθῃ, ἕλῃσί τε κοῖτος ἅπαντας,

tais-toi ! qu'en ce manoir, nul autre ne le sache ! Car moi, je t'en préviens et tu verras la chose : si quelque jour un dieu jette sous ma vengeance les nobles prétendants, tu peux m'avoir nourri, je te traiterai, moi, comme les autres femmes qui ne sortiront pas en vie de ce manoir. »

La très sage Euryclée lui fit cette réponse :

EURYCLÉE. – « Quel mot s'est échappé de l'enclos de tes dents, mon fils ? ne sais-tu pas le cœur que je te garde ? et que rien ne m'ébranle ? le caillou le plus dur, le fer ne tient pas mieux. Mais, écoute un avis et le mets en ton cœur : si les dieux quelque jour jettent sous ta vengeance les nobles prétendants, c'est moi qui te dirai, nom par nom, les servantes qui t'ont, en ce manoir, trahi ou respecté. »

Ulysse l'avisé lui fit cette réponse :

ULYSSE. – « Nourrice, laisse donc ! pourquoi me les nommer ? crois-tu que, de mes yeux, je ne saurai pas voir et connaître chacune[35] ? Mais garde mon secret et laisse faire aux dieux ! »

Il disait et la vieille, à travers la grand-salle, s'en fut chercher de l'eau, car tout son premier bain était là, répandu, puis, lui lavant les pieds, les oignit d'huile fine. Ulysse alors, tirant son siège auprès du feu, se mit à se chauffer ; ses loques maintenant recouvraient sa blessure.

La plus sage des femmes, Pénélope, reprit :

PÉNÉLOPE. – « Mon hôte, je n'ai plus à te dire qu'un mot. Voici l'heure où le lit va sembler agréable, quand, malgré les chagrins, on peut se laisser prendre aux douceurs du sommeil ! Moi, c'est un deuil sans fin que me donnent les dieux. Tout le jour, les sanglots et les pleurs me soulagent..., et puis, j'ai mon travail, mes femmes, la maison ; il faut tout surveiller. Mais quand revient la nuit pour endormir les autres, je reste sur mon

35. Malgré ce refus, c'est Euryclée qui indiquera à Ulysse celles qui lui étaient restées fidèles. Cf. XXII, 420 sq.

κεῖμαι ἐνὶ λέκτρῳ· πυκιναὶ δέ μοι ἀμφ' ἀδινὸν κῆρ
ὀξεῖαι μελεδῶνες ὀδυρομένην ἐρέθουσιν.
ὡς δ' ὅτε Πανδαρέου κούρη, χλωρηὶς Ἀηδών,
καλὸν ἀείδῃσιν ἔαρος νέον ἱσταμένοιο,
δενδρέων ἐν πετάλοισι καθεζομένη πυκινοῖσιν,
ἥ τε θαμὰ τρωπῶσα χέει πολυηχέα φωνήν,
παῖδ' ὀλοφυρομένη Ἴτυλον φίλον, ὅν ποτε χαλκῷ
κτεῖνε δι' ἀφραδίας, κοῦρον Ζήθοιο ἄνακτος,
ὣς καὶ ἐμοὶ δίχα θυμὸς ὀρώρεται ἔνθα καὶ ἔνθα,
ἠὲ μένω παρὰ παιδὶ καὶ ἔμπεδα πάντα φυλάσσω,
κτῆσιν ἐμήν, δμῳάς τε καὶ ὑψερεφὲς μέγα δῶμα,
εὐνήν τ' αἰδομένη πόσιος δήμοιό τε φῆμιν,
ἦ' ἤδη ἅμ' ἕπωμαι Ἀχαιῶν ὅς τις ἄριστος
μνᾶται ἐνὶ μεγάροισι, πορὼν ἀπερείσια ἕδνα.
παῖς δ' ἐμός, ἕως μὲν ἔην ἔτι νήπιος ἠδὲ χαλίφρων,
γήμασθ' οὔ μ' εἴα πόσιος κατὰ δῶμα λιποῦσαν·
νῦν δ' ὅτε δὴ μέγας ἐστὶ καὶ ἥβης μέτρον ἱκάνει,
καὶ δή μ' ἀρᾶται πάλιν ἐλθέμεν ἐκ μεγάροιο,
κτήσιος ἀσχαλόων, τήν οἱ κατέδουσιν Ἀχαιοί.]
ἀλλ' ἄγε μοι τὸν ὄνειρον ὑπόκριναι καὶ ἄκουσον.
χῆνές μοι κατὰ οἶκον ἐείκοσι πυρὸν ἔδουσιν
ἐξ ὕδατος, καί τέ σφιν ἰαίνομαι εἰσορόωσα·
ἐλθὼν δ' ἐξ ὄρεος μέγας αἰετὸς ἀγκυλοχείλης
πᾶσι κατ' αὐχέν' ἔαξε καὶ ἔκτανεν· οἱ δὲ κέχυντο
ἀθρόοι ἐν μεγάροῳ· ὁ δ' ἐς αἰθέρα δῖαν ἀέρθη.
αὐτὰρ ἐγὼ κλαῖον καὶ ἐκώκυον ἔν περ ὀνείρῳ·
ἀμφὶ δ' ἔμ' ἠγερέθοντο ἐυπλοκαμῖδες Ἀχαιαὶ
οἴκτρ' ὀλοφυρομένην ὅ μοι αἰετὸς ἔκτανε χῆνας·
ἂψ δ' ἐλθὼν κατ' ἄρ' ἕζετ' ἐπὶ προύχοντι μελάθρῳ,

36. Soit le rossignol, l'oiseau pleureur. Selon certains, à la mort de leurs parents, les filles de Pandareus auraient été prises en charge par les dieux. Cependant, alors qu'elles attendaient que Zeus leur trouve des époux, les Harpyes les enlevèrent et les donnèrent aux Érinyes

lit : l'aiguillon des chagrins, qui m'assiègent le cœur, excite mes sanglots...

Fille de Pandareus[36], la chanteuse verdière se perche au plus épais des arbres refeuillés, pour chanter ses doux airs quand le printemps renaît ; ses roulades pressées emplissent les échos ; elle pleure Itylos, l'enfant du roi Zéthos, ce fils qu'en sa folie, son poignard immola... C'est ainsi que mon cœur tiraillé se déchire : dois-je rester ici, auprès de mon enfant, tout garder en l'état, défendre mon avoir, mes femmes, ce manoir, aux grands toits, ne songer qu'aux droits de mon époux, à l'estime du peuple ? ou dois-je faire un choix et suivre l'Achéen dont les présents sans fin viendront, en ce manoir, faire le mieux sa cour ? Mon fils, tant qu'il était petit et sans calcul, m'empêchait de quitter, pour me remarier, ce toit de mon époux. Il est grand maintenant ; il entre à l'âge d'homme ; il désire ne plus me voir en ce manoir, où ses biens dévorés par tous ces gens l'irritent.

Allons ! conseille-moi : un songe m'est venu, que je m'en vais te dire ... Je voyais dans ma cour mes vingt oies qui, sortant de l'eau, mangeaient le grain : leur vue faisait ma joie, lorsque, de la montagne, un grand aigle survint qui, de son bec courbé, brisa le col à toutes ; elles gisaient en tas, pendant que, vers l'azur des dieux, il remontait. Et, toujours en mon songe, je pleurais et criais, et j'étais entourée d'Achéennes bouclées, qu'attiraient mes sanglots, et je pleurais mes oies que l'aigle avait tuées... Mais sur le bord du toit, il revint se poser

pour qu'elles leur servent d'esclaves chez Hadès. Or, ce que raconte Pénélope ne semble pas avoir de rapport avec cette histoire, raison pour laquelle d'autres les associent aux filles de Pandion, Procné et Philomèle. La première aurait épousé Térée et lui aurait donné un enfant, Itys. Amoureux de Philomèle, Térée la viola. Pour empêcher qu'elle ne dénonce ses forfaits à sa sœur, il lui aurait coupé la langue. Cependant, la jeune fille aurait brodé son histoire et, avec l'aide de sa sœur, se serait vengée en tuant Itylos.

φωνῇ δὲ βροτέῃ κατερήτυε φώνησέν τε·
— Θάρσει, Ἰκαρίου κούρη τηλεκλειτοῖο·
οὐκ ὄναρ, ἀλλ' ὕπαρ ἐσθλόν, ὅ τοι τετελεσμένον ἔσται.
χῆνες μὲν μνηστῆρες, ἐγὼ δέ τοι αἰετὸς ὄρνις
ἦα πάρος, νῦν αὖτε τεὸς πόσις εἰλήλουθα,
ὃς πᾶσι μνηστῆρσιν ἀεικέα πότμον ἐφήσω.
— Ὣς ἔφατ'· αὐτὰρ ἐμὲ μελιηδὴς ὕπνος ἀνῆκε·
παπτήνασα δὲ χῆνας ἐνὶ μεγάροισι νόησα
πυρὸν ἐρεπτομένους παρὰ πύελον, ἧχι πάρος περ.
Τὴν δ' ἀπαμειβόμενος προσέφη πολύμητις Ὀδυσσεύς·
ΟΔΥ. — Ὦ γύναι, οὔ πως ἐστιν ὑποκρίνασθαι ὄνειρον
ἄλλῃ ἀποκλίναντ', ἐπεὶ ἦ ῥά τοι αὐτὸς Ὀδυσσεὺς
πέφραδ' ὅπως τελέει· μνηστῆρσι δὲ φαίνετ' ὄλεθρος
πᾶσι μάλ'· οὐδέ κέ τις θάνατον καὶ κῆρας ἀλύξει.
Τὸν δ' αὖτε προσέειπε περίφρων Πηνελόπεια·
ΠΗΝ. — Ξεῖν', ἤτοι μὲν ὄνειροι ἀμήχανοι ἀκριτόμυθοι
γίνοντ', οὐδέ τι πάντα τελείεται ἀνθρώποισι.
[δοιαὶ γάρ τε πύλαι ἀμενηνῶν εἰσιν ὀνείρων·
αἱ μὲν γὰρ κεράεσσι τετεύχαται, αἱ δ' ἐλέφαντι.
τῶν οἳ μέν κ' ἔλθωσι διὰ πριστοῦ ἐλέφαντος,
οἵ ῥ' ἐλεφαίρονται ἔπε' ἀκράαντα φέροντες·
οἳ δὲ διὰ ξεστῶν κεράων ἔλθωσι θύραζε,
οἵ ῥ' ἔτυμα κραίνουσι, βροτῶν ὅτε κέν τις ἴδηται.
ἀλλ' ἐμοὶ οὐκ ἐντεῦθεν ὀίομαι αἰνὸν ὄνειρον
ἐλθέμεν· ἦ κ' ἀσπαστὸν ἐμοὶ καὶ παιδὶ γένοιτο.]
ἄλλο δέ τοι ἐρέω, σὺ δ' ἐνὶ φρεσὶ βάλλεο σῇσιν·
ἥδε δὴ ἠὼς εἶσι δυσώνυμος, ἥ μ' Ὀδυσῆος
οἴκου ἀποσχήσει· νῦν γὰρ καταθήσω ἄεθλον,
τοὺς πελέκεας, τοὺς κεῖνος ἐνὶ μεγάροισιν ἑοῖσιν
ἵστασχ' ἑξείης, δρυόχους ὥς, δώδεκα πάντας·
στὰς δ' ὅ γε πολλὸν ἄνευθε διαρρίπτασκεν ὀιστόν.

et, pour me consoler, prenant la voix humaine : “Fille du glorieux Icare, sois sans crainte ! Ceci n’est pas un songe ; c’est bien, en vérité, ce qui va s’accomplir ! Les prétendants seront ces oies ; je serai l’aigle, envolé tout à l’heure, à présent revenu. Moi, ton époux, je vais donner aux prétendants une mort misérable !” Il disait ; le sommeil de miel m’avait quittée : à travers le manoir, j’allai compter mes oies ; tout comme à l’ordinaire, je les vis becqueter le grain auprès de l’auge. »

Ulysse l’avisé lui fit cette réponse :

ULYSSE. – « Femme, je ne vois pas que l’on puisse donner d’autre sens à ton rêve. De la bouche d’Ulysse en personne, tu sais ce qui doit advenir : pour tous les prétendants, c’est la mort assurée ; pas un n’évitera le trépas et les Parques. »

La plus sage des femmes, Pénélope, reprit :

PÉNÉLOPE. – « Ô mon hôte, je sais la vanité des songes et leur obscur langage ! je sais, pour les humains, combien peu s’accomplissent ! Les songes vacillants nous viennent de deux portes : l’une est fermée de corne ; l’autre est fermée d’ivoire ; quand un songe nous vient par l’*ivoire* scié, ce n’est que tromperies, simple *ivraie* de paroles[37] ; ceux que laisse passer la *corne* bien polie nous *cornent* le succès du mortel qui les voit. Mais ce n’est pas de là que m’est venu, je crois, ce songe redoutable ! nous en aurions, mon fils et moi, trop de bonheur ! Mais écoute un avis et le mets en ton cœur. La voici, elle vient l’aurore de malheur, où j’abandonnerai cette maison d’Ulysse : je vais leur proposer un jeu, celui des haches. Ulysse, en son manoir, alignait douze haches, comme étais de carène ; puis, à bonne distance, il allait se poster pour envoyer sa flèche à travers tout le rang…

37. Ces jeux de mots sont fondés, d’un côté sur *eleas*, « ivoire » et *elephairomai*, « tromper », de l’autre sur *keras*, « corne » et *krainein*, « réaliser ». Pour d’autres traductions, cf. Dufour-Raison, 1965.

νῦν δὲ μνηστήρεσσιν ἄεθλον τοῦτον ἐφήσω·
ὃς δέ κε ῥηΐτατ' ἐντανύσῃ βιὸν ἐν παλάμῃσι
καὶ διοϊστεύσῃ πελέκεων δυοκαίδεκα πάντων,
τῷ κεν ἅμ' ἑσποίμην νοσφισσαμένη τόδε δῶμα
κουρίδιον μάλα καλόν, ἐνίπλειον βιότοιο,
τοῦ ποτε μεμνήσεσθαι ὀίομαι ἔν περ ὀνείρῳ.
Τὴν δ' ἀπαμειβόμενος προσέφη πολύμητις Ὀδυσσεύς·
ΟΔΥ. — Ὦ γύναι αἰδοίη Λαερτιάδεω Ὀδυσῆος,
μηκέτι νῦν ἀνάβαλλε δόμοισ' ἔνι τοῦτον ἄεθλον·
πρὶν γάρ τοι πολύμητις ἐλεύσεται ἐνθάδ' Ὀδυσσεύς,
πρὶν τούτους τόδε τόξον ἐΰξοον ἀμφαφόωντας
νευρήν τ' ἐντανύσαι διοϊστεῦσαί τε σιδήρου.
Τὸν δ' αὖτε προσέειπε περίφρων Πηνελόπεια·
ΠΗΝ. — Εἴ κ' ἐθέλοις μοι, ξεῖνε, παρήμενος ἐν μεγάροισι
τέρπειν, οὔ κέ μοι ὕπνος ἐπὶ βλεφάροισι χυθείη.
ἀλλ' οὐ γάρ πως ἔστιν ἀΰπνους ἔμμεναι αἰὲν
[ἀνθρώπους· ἐπὶ γάρ τοι ἑκάστῳ μοῖραν ἔθηκαν
ἀθάνατοι θνητοῖσιν ἐπὶ ζείδωρον ἄρουραν].
ἀλλ' ἤτοι μὲν ἐγὼν ὑπερώιον εἰσαναβᾶσα
λέξομαι εἰς εὐνήν, ἥ μοι στονόεσσα τέτυκται,
αἰεὶ δάκρυσ' ἐμοῖσι πεφυρμένη, ἐξ οὗ Ὀδυσσεὺς
ᾤχετ' ἐποψόμενος Κακοΐλιον, οὐκ ὀνομαστήν.
ἔνθά κε λεξαίμην· σὺ δὲ λέξεο τῷδ' ἐνὶ οἴκῳ,
ἢ χαμάδις στορέσας ἤτοι κατὰ δέμνια θέντων.
Ὣς εἰποῦσ' ἀνέβαιν' ὑπερώια σιγαλόεντα,
ἐς δ' ὑπερῷ' ἀναβᾶσα σὺν ἀμφιπόλοισι γυναιξὶ
κλαῖεν ἔπειτ' Ὀδυσῆα, φίλον πόσιν, ὄφρά οἱ ὕπνον
ἡδὺν ἐπὶ βλεφάροισι βάλε γλαυκῶπις Ἀθήνη.

vers 601 : οὐκ οἴη· ἅμα τῇ γε καὶ ἀμφίπολοι κίον ἄλλαι

C'est l'épreuve qu'aux prétendants je vais offrir : si l'un d'eux, sans effort, peut nous tendre cet arc et, dans les douze haches, envoyer une flèche, je le suivrai, quittant cette belle demeure, ce toit de ma jeunesse, si bien fournie de tout, que je crois ne jamais oublier – fût-ce en rêve. »

Ulysse l'avisé lui fit cette réponse :

ULYSSE. – « Digne épouse du fils de Laërte, d'Ulysse ! chez toi, sans plus tarder, ouvre-leur ce concours ! car tu verras rentrer Ulysse l'avisé avant que tous ces gens, maniant l'arc poli, aient pu tendre la corde et traverser les haches. »

La plus sage des femmes, Pénélope, reprit :

PÉNÉLOPE. – « En ce manoir, mon hôte, si tu voulais rester encore à me charmer, le sommeil ne saurait s'abattre sur mes yeux. Mais on ne peut toujours écarter le sommeil ; c'est pour tous les mortels que, sur la terre aux blés, les dieux ont fait la loi. Je vais donc, il est temps, regagner mon étage et m'étendre en ce lit qu'emplissent mes sanglots et que trempent mes larmes depuis le jour qu'Ulysse est allé voir là-bas cette Troie de malheur ! Que le nom en périsse ! Puissé-je reposer : toi, dors en ce logis ! fais-toi par terre un lit, ou qu'on te dresse un cadre... »

À ces mots, regagnant son étage brillant, elle rentra chez elle avec ses chambrières (sans la laisser, suivait le reste des servantes) : elle y pleurait encore Ulysse, son époux, à l'heure où la déesse aux yeux pers, Athéna, vint jeter sur ses yeux le plus doux des sommeils.

Αὐτὰρ ὁ ἐν προδόμῳ εὐνάζετο δῖος Ὀδυσσεύς·
κὰμ μὲν ἀδέψητον βοέην στόρεσ', αὐτὰρ ὕπερθε
κώεα πόλλ' ὀίων, τοὺς ἱρεύεσκον Ἀχαιοί·
Εὐρυνόμη δ' ἄρ' ἐπὶ χλαῖναν βάλε κοιμηθέντι.
Ἔνθ' Ὀδυσεὺς μνηστῆρσι κακὰ φρονέων ἐνὶ θυμῷ
κεῖτ' ἐγρηγορόων· [ταὶ δ' ἐκ μεγάροιο γυναῖκες
ἤισαν, αἳ μνηστῆρσιν ἐμισγέσκοντο πάρος περ,
ἀλλήλῃσι γέλω τε καὶ εὐφροσύνην παρέχουσαι.
τοῦ δ' ὠρίνετο θυμὸς ἐνὶ στήθεσσι φίλοισι·
πολλὰ δὲ μερμήριξε κατὰ φρένα καὶ κατὰ θυμόν,
ἠὲ μεταΐξας θάνατον τεύξειε ἑκάστῃ,
ἦ' ἔτ' ἐῷ μνηστῆρσιν ὑπερφιάλοισι μιγῆναι
ὕστατα καὶ πύματα· κραδίη δέ οἱ ἔνδον ὑλάκτει.
ὡς δὲ κύων ἀμαλῇσι περὶ σκυλάκεσσι βεβῶσα
ἄνδρ' ἀγνοιήσασ' ὑλάει μέμονέν τε μάχεσθαι,
ὥς ῥα τοῦ ἔνδον ὑλάκτει ἀγαιομένου κακὰ ἔργα.
Στῆθος δὲ πλήξας κραδίην ἠνίπαπε μύθῳ·
ΟΔΥ. — Τέτλαθι δή, κραδίη· καὶ κύντερον ἄλλό ποτ' ἔτλης,
ἤματι τῷ, ὅτε μοι μένος ἄσχετος ἤσθιε Κύκλωψ
ἰφθίμους ἑτάρους· σὺ δ' ἐτόλμας, ὄφρά ⟨μ⟩ε μῆτις
ἐξάγαγ' ἐξ ἄντροιο διόμενον θανέεσθαι.
Ὣς ἔφατ' ἐν στήθεσσι καθαπτόμενος φίλον ἦτορ·
τῷ δὲ μάλ' ἐν πείσῃ κραδίη μένε τετληυῖα
νωλεμέως· ἀτὰρ αὐτὸς [ἑλίσσετο ἔνθα καὶ ἔνθα.

*(CHANT XX.)* Ce fut dans l'avant pièce que le divin Ulysse vint alors se coucher : par terre et sur la peau fraîche encor de la vache, il entassa plusieurs toisons de ces brebis que, chaque jour, offraient aux dieux les Achéens.

Quand il y fut couché, Eurynomé sur lui vint jeter une cape. Mais, songeant à planter des maux aux prétendants, il restait éveillé.

De la salle, il voyait s'échapper les servantes, qui, chez les prétendants allant à leurs amours, s'excitaient l'une l'autre au plaisir et aux rires. Son cœur en sa poitrine en était soulevé ; son esprit et son cœur ne savaient que résoudre : allait-il se jeter sur elles, les tuer ? ou, pour le dernier soir, laisserait-il encor ces bandits les avoir ? Tout son cœur aboyait : la chienne, autour de ses petits chiens qui flageolent, aboie aux inconnus et s'apprête au combat ; ainsi jappait son âme, indignée de ces crimes ; mais, frappant sa poitrine, il gourmandait son cœur :

ULYSSE. – « Patience, mon cœur ! c'est chiennerie bien pire qu'il fallut supporter le jour que le Cyclope[1], en fureur, dévorait mes braves compagnons ! ton audace avisée me tira de cet antre où je pensais mourir ! »

C'est ainsi qu'il parlait, s'adressant à son cœur ; son âme résistait, ancrée dans l'endurance, pendant qu'il se roulait d'un côté, puis de l'autre ; comme on voit un

1. Sur l'épisode du Cyclope comme une préparation à la lutte qu'Ulysse doit livrer contre les prétendants, cf. Alden, 1993, 75-95.

ὡς δ' ὅτε γαστέρ' ἀνὴρ πολέος πυρὸς αἰθομένοιο,
ἐμπλείην κνίσης τε καὶ αἵματος, ἔνθα καὶ ἔνθα
αἰόλλῃ, μάλα δ' ὦκα λιλαίεται ὀπτηθῆναι,
ὣς ἄρ' ὅ γ' ἔνθα καὶ ἔνθα] ἑλίσσετο μερμηρίζων,
ὅππως δὴ μνηστῆρσιν ἀναιδέσι χεῖρας ἐφήσει
μοῦνος ἐὼν πολέσι.] σχεδόθεν δέ οἱ ἦλθεν Ἀθήνη,
στῆ δ' ἄρ' ὑπὲρ κεφαλῆς καί μιν πρὸς μῦθον ἔειπε·
ΑΘΗ. — Τίπτ' αὖτ' ἐγρήσσεις, πάντων περὶ κάμμορε φωτῶν;
οἶκος μέν τοι ὅδ' ἐστί· γυνὴ δέ τοι ἥδ' ἐνὶ οἴκῳ
καὶ παῖς, οἷόν που τις ἐέλδεται ἔμμεναι υἷα.
Τὴν δ' ἀπαμειβόμενος προσέφη πολύμητις Ὀδυσσεύς·
ΟΔΥ. — Ναὶ δὴ ταῦτά γε πάντα, θεά, κατὰ μοῖραν ἔειπες·
ἀλλ' ⟨ἔ⟩τι μοι τόδε θυμὸς ἐνὶ φρεσὶ μερμηρίζει,
ὅππως δὴ μνηστῆρσιν ἀναιδέσι χεῖρας ἐφήσω
μοῦνος ἐών· οἱ δ' αἰὲν ἀολλέες ἔνδον ἔασι.
[πρὸς δ' ἔτι καὶ τόδε μεῖζον ἐνὶ φρεσὶ μερμηρίζω.
εἴ περ γὰρ κτείναιμι Διός τε σέθεν τε ἕκητι,
πῇ κεν ὑπεκπροφύγοιμι; τά σε φράζεσθαι ἄνωγα.]
Τὸν δ' αὖτε προσέειπε θεὰ γλαυκῶπις Ἀθήνη·
ΑΘΗ. — Σχέτλιε, καὶ μέν τίς τε χερείονι πείθεθ' ἑταίρῳ
ὅς περ θνητός τ' ἐστι καὶ οὐ τόσα μήδεα οἶδεν.
αὐτὰρ ἐγὼ θεός εἰμι, διαμπερὲς ἥ σε φυλάσσω
[ἐν πάντεσσι πόνοισ'· ἐρέω δέ τοι ἐξαναφανδόν·
εἴ περ πεντήκοντα λόχοι μερόπων ἀνθρώπων
νῶι περισταῖεν, κτεῖναι μεμαῶτες Ἄρηι,
καί κεν τῶν ἐλάσαιο βόας καὶ ἴφια μῆλα].
ἀλλ' ἑλέτω σε καὶ ὕπνος· ἀνίη καὶ τὸ φυλάσσειν
πάννυχον ἐγρήσσοντα· κακῶν δ' ὑποδύσεαι ἤδη.

vers 31 : οὐρανόθεν καταβᾶσα· δέμας δ' ἤικτο γυναικί

héros, sur un grand feu qui flambe, tourner de-ci de-là une panse bourrée de graisses et de sang ; il voudrait tant la voir cuite tout aussitôt ; ainsi, il se roulait, méditant les moyens d'attaquer, à lui seul, cette foule éhontée.

Mais voici qu'Athéna se présentait à lui, venue du haut du ciel, sous les traits d'une femme, et lui disait ces mots, debout à son chevet :

ATHÉNA. – « Pourquoi veiller toujours, ô toi, le plus infortuné de tous les hommes ? N'as-tu pas maintenant ton foyer, et ta femme, et ce fils que pourraient t'envier tous les pères ? »

Ulysse l'avisé lui fit cette réponse :

ULYSSE. – « Déesse, en tout cela, tes discours sont parfaits ; mais ce qu'au fond de mon esprit, je cherche encore, c'est comment, à moi seul, mes mains pourront punir cette troupe éhontée, qui s'en vient chaque jour envahir ma maison ! et, souci bien plus grand ! si je tuais ces gens avec l'assentiment de ton Père et le tien, mon cœur voudrait savoir où me réfugier[2] ; penses-y, je te prie ! »

La déesse aux yeux pers, Athéna, répondit :

ATHÉNA. – « Pauvre ami ! les humains mettent leur confiance en des amis sans force, en de simples mortels qui n'ont pas grand esprit ! Ne suis-je pas déesse ? toujours à tes côtés, je veillerai sur toi dans toutes tes épreuves et, pour te parler net, cinquante bataillons de ces pauvres mortels, pourraient nous entourer de leur cercle de mort ; c'est encore en tes mains que passeraient leurs bœufs et leurs grasses brebis. Allons ! que le sommeil te prenne, toi aussi ! rester toute la nuit aux aguets, sans dormir, c'est encore une gêne : tes maux sont à leur terme. »

2. Si le meurtrier d'un seul homme est obligé de quitter son foyer et sa patrie (cf., par exemple, XV, 224-225 et note), Ulysse se demande quel sera son avenir alors qu'il doit affronter, tuer les prétendants de Pénélope, soit une centaine d'hommes (cf. XVI, 247 sq.)

Ὣς φάτο καί ῥά οἱ ὕπνον ἐπὶ βλεφάροισιν ἔχευεν,
αὐτὴ δ' ἂψ ἐς Ὄλυμπον ἀφίκετο δῖα θεάων.
Εὖτε τὸν ὕπνος ἔμαρπτε λύων μελεδήματα θυμοῦ,
λυσιμελής, ἄλοχος δ' ἄρ' ἐπέγρετο κέδν' εἰδυῖα,
κλαῖε δ' ἄρ' ἐν λέκτροισι καθεζομένη μαλακοῖσιν.
Αὐτὰρ ἐπεὶ κλαίουσα κορέσσατο ὃν κατὰ θυμόν,
Ἀρτέμιδι πρώτιστον ἐπεύξατο δῖα γυναικῶν·
ΠΗΝ. — Ἄρτεμι, πότνα θεά, θύγατερ Διός, αἴθε μοι ἤδη
ἰὸν ἐνὶ στήθεσσι βαλοῦσ' ἐκ θυμὸν ἕλοιο
[αὐτίκα νῦν, ἢ ἔπειτά μ' ἀναρπάξασα θύελλα
οἴχοιτο προφέρουσα κατ' ἠερόεντα κέλευθα,
ἐν προχοῇς δὲ βάλοι ἀψορρόου Ὠκεανοῖο.
ὡς δ' ὅτε Πανδαρέου κούρας ἀνέλοντο θύελλαι·
τῇσι τοκῆας μὲν φθῖσαν θεοί· αἱ δὲ λίποντο
ὀρφαναὶ ἐν μεγάροισι· κόμισσε δὲ δῖ' Ἀφροδίτη
τυρῷ καὶ μέλιτι γλυκερῷ καὶ ἡδέι οἴνῳ·
Ἥρη δ' αὐτῇσιν περὶ πασέων δῶκε γυναικῶν
εἶδος καὶ πινυτήν· μῆκος δ' ἔπορ' Ἄρτεμις ἁγνή·
ἔργα δ' Ἀθηναίη δέδαε κλυτὰ ἐργάζεσθαι.
εὖτ' Ἀφροδίτη δῖα προσέστιχε μακρὸν Ὄλυμπον
κούρῃσ' αἰτήσουσα τέλος θαλεροῖο γάμοιο,
ἐς Δία τερπικέραυνον, ὁ γάρ τ' εὖ οἶδεν ἅπαντα,
μοῖράν τ' ἀμμορίην τε καταθνητῶν ἀνθρώπων,
τόφρα δὲ τὰς κούρας Ἅρπυιαι ἀνηρείψαντο
καί ῥ' ἔδοσαν στυγερῇσιν Ἐρινύσιν ἀμφιπολεύειν.
ὣς ἔμ' ἀιστώσειαν Ὀλύμπια δώματ' ἔχοντες,
ἠέ μ' ἐυπλόκαμος βάλοι Ἄρτεμις, ὄφρ' Ὀδυσῆα
ὀσσομένη καὶ γαῖαν ὕπο στυγερὴν ἀφικοίμην]
μηδέ τι χείρονος ἀνδρὸς ἐυφραίνοιμι νόημα.

3. Pénélope avait déjà exprimé ce souhait en XVIII, 202.

4. En XIX, 518 sq. (cf. aussi note), Pénélope faisait également allusion à la fille de Pandareus.

À ces mots, lui versant le sommeil aux paupières, cette toute divine remonta sur l'Olympe.

Ulysse alors fut pris du sommeil, qui détend les soucis et les membres. Mais voici que, là-haut, sa femme s'éveillait et, le cœur soucieux, s'asseyait, pour pleurer, sur sa couche moelleuse. Elle pleura longtemps, pour soulager son cœur, cette femme divine ! puis ce fut Artémis, surtout, qu'elle invoqua :

PÉNÉLOPE. – « Fille auguste de Zeus, Artémis, ô déesse ! viens me percer le cœur de l'une de tes flèches[3] ! viens me prendre la vie ! à présent, tout de suite ! ou qu'ensuite les vents, par la voie des nuées, m'enlèvent et m'emportent, pour me jeter aux bords où l'Océan reflue ! Filles de Pandareus[4], les vents ainsi vous prirent[5] ! Vos parents étaient morts, enlevés par les dieux, et vous étiez restées au manoir, orphelines. La divine Aphrodite alors vous nourrissait de fromage, de miel suave et de vin doux ; Héra mettait en vous, plus qu'en toutes les femmes, la beauté, la raison, et la chaste Artémis vous donnait la grandeur, et Pallas Athéna, l'adresse aux beaux ouvrages[6]. Mais un jour Aphrodite, au sommet de l'Olympe, vint demander pour vous un heureux mariage à Zeus, le brandisseur de foudre, qui connaît le destin malheureux ou joyeux des mortels. Et c'est alors que les Harpyes vous enlevèrent pour vous remettre aux soins des tristes Érinyes... Que tout pareillement me fassent disparaître les dieux, les habitants des manoirs de l'Olympe ! que me transperce l'Artémis aux belles boucles ! mais du moins qu'en l'horreur du monde souterrain, j'aille revoir Ulysse ! pour que je n'aie jamais à contenter les vœux d'un moins

5. Comme Pénélope l'expliquera au v. 77, ces *thuellai* que l'on traduit d'ordinaire par « vents », voire « bourrasques », pourraient bien être un autre nom des Harpyes. Sur ces ravisseuses, cf. I, 241 et note.

6. Ces cadeaux que les divinités font aux filles de Pandareus, selon leurs différentes compétences, rappellent ceux qu'elles avaient offerts à Pandora, cf. Hés., *Th.*, 573 sq., *Tr. et J.*, 63 sq.

ἀλλὰ τὸ μὲν καὶ ἀνεκτὸν ἔχει κακόν, ὁππότε κέν τις
ἤματα μὲν κλαίῃ πυκινῶς ἀκαχήμενος ἦτορ,
νύκτας δ' ὕπνος ἔχῃσιν· ὁ γάρ τ' ἐπέλησεν ἁπάντων,
ἐσθλῶν ἠδὲ κακῶν, ἐπεὶ ἄρ βλέφαρ' ἀμφικαλύψῃ·
αὐτὰρ ἐμοὶ καὶ ὀνείρατ' ἐπέσσευεν κακὰ δαίμων.
τῇδε γὰρ αὖ μοι νυκτὶ παρέδραθε εἴκελος αὐτῷ,
τοῖος ἐών, οἷος ᾖεν ἅμα στρατῷ· αὐτὰρ ἐμὸν κῆρ
χαῖρ', ἐπεὶ οὐκ ἐφάμην ὄναρ ἔμμεναι, ἀλλ' ὕπαρ ἤδη.
"Ὣς ἔφατ'· αὐτίκα δὲ χρυσόθρονος ἤλυθεν Ἠώς.
τῆς δ' ἄρα κλαιούσης ὄπα σύνθετο δῖος Ὀδυσσεύς,
μερμήριξε δ' ἔπειτα· δόκησε δέ οἱ κατὰ θυμὸν
ἤδη γινώσκουσα παρεστάμεναι κεφαλῆφι·
χλαῖναν μὲν συνελὼν καὶ κώεα, τοῖσιν ἐνεῦδεν,
ἐς μέγαρον κατέθηκεν ἐπὶ θρόνου, ἐκ δὲ βοείην
θῆκε θύραζε φέρων, Διὶ δ' εὔξατο χεῖρας ἀνασχών·
ΟΔΥ. — Ζεῦ πάτερ, εἴ μ' ἐθέλοντες ἐπὶ τραφερήν τε καὶ ὑγρὴν
ἤγετ' ἐμὴν ἐς γαῖαν, ἐπεί μ' ἐκακώσατε λίην,
φήμην τίς μοι φάσθω ἐγειρομένων ἀνθρώπων
ἔνδοθεν· ἔκτοσθεν δὲ Διὸς τέρας ἄλλο φανήτω.
"Ὣς ἔφατ' εὐχόμενος· τοῦ δ' ἔκλυε μητίετα Ζεύς,
αὐτίκα δὲ βρόντησεν ἀπ' αἰγλήεντος Ὀλύμπου,
[ὑψόθεν ἐκ νεφέων· γήθησε δὲ δῖος Ὀδυσσεύς.]
φήμην δ' ἐκ οἴκοιο γυνὴ προέηκεν ἀλετρὶς
πλησίον, ἔνθ' ἄρα οἱ μύλαι εἵατο ποιμένι λαῶν,
τῇσιν δώδεκα πᾶσαι ἐπερρώοντο γυναῖκες,
ἄλφιτα τεύχουσαι καὶ ἀλείατα, μυελὸν ἀνδρῶν·
αἱ μὲν ἄρ' ἄλλαι εὗδον, ἐπεὶ κατὰ πυρὸν ἄλεσσαν·
ἡ δὲ μί' οὔ πω παύετ', ἀφαυροτάτη δὲ τέτυκτο.
"Η ῥα μύλην στήσασα ἔπος φάτο, σῆμα ἄνακτι·

noble héros ! Encore est-il aux maux quelque adoucissement, quand, pleurant tout le jour sous le poids des tristesses, on a du moins les nuits où le sommeil nous prend et, nous fermant les yeux, vient nous faire oublier la vie, bonne ou mauvaise. Mais moi, le ciel m'afflige encor de mauvais songes ! Cette nuit, Il était à dormir près de moi ! je Le retrouvais tel qu'Il partit pour l'armée ! quelle joie dans mon cœur ! car je croyais L'avoir en chair, non pas en songe. »

Elle parlait ainsi, et l'Aurore montait sur son trône doré.

Or, la voix de sa femme en pleurs était venue jusqu'au divin Ulysse : pensif, il écouta ; son cœur se figura qu'il était reconnu, qu'elle allait apparaître, debout à son chevet... Couverture et toisons, il rassembla son lit et le posa sur l'un des fauteuils de la salle, puis emporta la peau de vache dans la cour, et, mains levées, il fit à Zeus cette prière :

ULYSSE. – « Si les dieux, Zeus le père, à travers tant de maux et sur terre et sur mer, m'ont voulu ramener enfin dans mon pays, fais qu'en cette maison, un mot soit prononcé par les gens qui s'éveillent et qu'un signe de toi apparaisse au-dehors[7] ! »

Sitôt qu'il eut parlé, le Zeus de la sagesse accueillit sa prière : soudain, la foudre emplit la gloire de l'Olympe, du profond des nuées, et le divin Ulysse eut de la joie au cœur et, du logis tout proche, une femme parla. Car le pasteur du peuple avait en son moulin douze femmes peinant à moudre orges et blés qui font le nerf des hommes : les onze autres dormaient, ayant broyé leur grain ; une seule n'avait pas achevé sa tâche ; elle était la plus faible. En arrêtant sa meule, ce fut elle qui dit, présage pour son maître :

7. La demande d'un double présage n'est pas habituelle dans les poèmes homériques (cf. Russo, *ad loc.*). Souvent un signe naturel *(teras)* ou verbal *(phêmê)* est suffisant. Sur les présages, cf. Thornton, 1970, 52-57.

ΑΛΕ. — Ζεῦ πάτερ, ὅς τε θεοῖσι καὶ ἀνθρώποισι ἀνάσσεις,
ἦ μεγάλ' ἐβρόντησας ἀπ' οὐρανοῦ ἀστερόεντος·
οὐδέ ποθι νέφος ἐστί· τέρας νύ τεῳ τόδε φαίνεις.
κρῆνον νῦν καὶ ἐμοὶ δειλῇ ἔπος, ὅττί κε εἴπω·
μνηστῆρες πύματόν τε καὶ ὕστατον ἤματι τῷδε
ἐν μεγάροισ'+'Οδυσῆος ἑλοίατο δαῖτ' ἐρατεινήν,
οἳ δή μοι καμάτῳ θυμαλγέι γούνατ' ἔλυσαν
ἄλφιτα τευχούσῃ· νῦν ὕστατα δειπνήσειαν.
Ὣς ἄρ' ἔφη· χαῖρεν δὲ κλεηδόνι δῖος Ὀδυσσεὺς
Ζηνός τε βροντῇ· φάτο γὰρ τίσασθαι ἀλείτας.

## ΤΟΞΟΥ ΘΕΣΙΣ

Αἱ δ' ἄλλαι δμῳαὶ κατὰ δώματα κάλ' Ὀδυσῆος
ἀγρόμεναι ἀνέκαιον ἐπ' ἐσχάρῃ ἀκάματον πῦρ·
Τηλέμαχος δ' εὐνῆθεν ἀνίστατο, ἰσόθεος φώς,
εἵματα ἑσσάμενος, περὶ δὲ ξίφος ὀξὺ θέτ' ὤμῳ,
ποσσὶ δ' ὑπὸ λιπαροῖσιν ἐδήσατο καλὰ πέδιλα,
εἵλετο δ' ἄλκιμον ἔγχος, ἀκαχμένον ὀξέι χαλκῷ,
στῆ δ' ἄρ' ἐπ' οὐδὸν ἰών, πρὸς δ' Εὐρύκλειαν ἔειπε·
ΤΗΛ. — Μαῖα φίλη, πῶς ξεῖνον ἐτιμήσασθ' ἐνὶ οἴκῳ
εὐνῇ καὶ ⟨κο⟩ίτῳ, ἦ αὔτως κεῖται ἀκηδής;
τοιαύτη γὰρ ἐμὴ μήτηρ πινυτή περ ἐοῦσα·
ἐμπλήγδην ἕτερόν γε τίει μερόπων ἀνθρώπων
χείρονα, τὸν δέ τ' ἀρείον' ἀτιμήσασ' ἀποπέμπει.
Τὸν δ' αὖτε προσέειπε φίλη τροφὸς Εὐρύκλεια·
ΕΥΡ. — Οὐκ ἄν μιν νῦν, τέκνον, ἀναίτιον αἰτιόῳο.
[οἶνον μὲν γὰρ πῖνε καθήμενος, ὄφρ' ἔθελ' αὐτός,
σίτου δ' οὐκέτ' ἔφη πεινήμεναι· εἴρετο γάρ μιν.]

SERVANTE. – « Ô Zeus le père, ô roi des dieux et des humains ! dans les astres du ciel, quel éclat de ta foudre ! Pourtant, pas un nuage ! C'est un signe de toi ! Alors, exauce aussi mon vœu de pauvre femme ! fais que les prétendants, en ce manoir d'Ulysse, viennent prendre aujourd'hui le dernier des derniers de leurs joyeux festins ! Ils m'ont brisé le cœur et rompu les genoux à moudre leur farine ! Qu'ils dînent aujourd'hui pour la dernière fois ! »

Et ce cri de la femme et la foudre de Zeus rendirent le divin Ulysse tout joyeux ; il comprit qu'il allait moudre aussi sa vengeance !

## LE JEU DE L'ARC

Accourue à travers le beau manoir d'Ulysse, la troupe des servantes ranimait au foyer la danse de la flamme, quand, sortant de son lit, Télémaque apparut. Cet homme égal aux dieux avait mis ses habits, passé son glaive à pointe autour de son épaule, chaussé ses pieds luisants de ses belles sandales et pris sa forte lance à la pointe de bronze.

Au seuil, il s'arrêta et dit à Euryclée :

TÉLÉMAQUE. – « Nourrice, qu'a-t-on fait pour bien traiter notre hôte ? a-t-il trouvé chez nous le lit et le coucher ? ou l'auriez-vous laissé sans prendre soin de lui ? Car je connais ma mère ! et cette âme si sage est parfois étonnante pour tirer du commun des mortels la canaille et, sans égards, chasser les plus honnêtes gens. »

La nourrice Euryclée lui fit cette réponse :

EURYCLÉE. – « Aujourd'hui, mon enfant, ne la mets pas en cause ! ce serait injustice ! Du vin ? il est resté à boire son content ! Du pain lui fut offert, mais il n'avait

ἀλλ' ὅτε δὴ κοίτοιο καὶ ὕπνου μιμνήσκοιτο,
ἡ μὲν δέμνι' ἄνωγεν ὑποστορέσαι δμῳῇσιν·
αὐτὰρ ὅ γ', ὥς τις πάμπαν ὀιζυρὸς καὶ ἄποτμος, 140
οὐκ ἔθελ' ἐν λέκτροισι καὶ ἐν ῥήγεσσι καθεύδειν,
ἀλλ' ἐν ἀδεψήτῳ βοέῃ καὶ κώεσιν οἰῶν
ἔδραθ' ἐνὶ προδόμῳ· χλαῖναν δ' ἐπιέσσαμεν ἡμεῖς.
  Ὣς φάτο· Τηλέμαχος δὲ διὲκ μεγάροιο βεβήκει, 144
βῆ δ' ἴμεν εἰς ἀγορὴν μετ' ἐυκνήμιδας Ἀχαιούς. 146
  Ἡ δ' αὖτε δμῳῇσιν ἐκέκλετο δῖα γυναικῶν· 147
ΕΥΡ. — Ἀγρεῖθ'· αἱ μὲν δῶμα κορήσατε ποιπνύσασαι 149
ῥάσσατέ τ' ἔν τε θρόνοισ' εὐποιήτοισι τάπητας 150
βάλλετε πορφυρέους· αἱ δὲ σπόγγοισι τραπέζας
πάσας ἀμφιμάσασθε, καθήρατε δὲ κρητῆρας
καὶ δέπα ἀμφικύπελλα τετυγμένα· ταὶ δὲ μεθ' ὕδωρ
ἔρχεσθε κρήνην δὲ καὶ οἴσετε θᾶσσον ἰοῦσαι.
οὐ γὰρ δὴν μνηστῆρες ἀπέσσονται μεγάροιο, 155
ἀλλὰ μάλ' ἦρι νέονται, ἐπεὶ καὶ πᾶσιν ἑορτή.
  Ὣς ἔφαθ'· αἱ δ' ἄρα τῆς μάλα μὲν κλύον ἠδὲ πίθοντο·
αἱ μὲν ἐείκοσι βῆσαν ἐπὶ κρήνην μελάνυδρον·
αἱ δ' αὐτοῦ κατὰ δώματ' ἐπισταμένως πονέοντο.
  Ἐς δ' ἦλθον μνηστῆρες ἀγήνορες· οἱ μὲν ἔπειτα 160
εὖ καὶ ἐπισταμένως κέασαν ξύλα· ταὶ δὲ γυναῖκες
ἦλθον ἀπὸ κρήνης· ἐπὶ δέ σφισιν ἦλθε συβώτης
τρεῖς σιάλους κατάγων, οἳ ἔσαν μετὰ πᾶσιν ἄριστοι,
καὶ τοὺς μέν ῥ' εἴασε καθ' ἕρκεα καλὰ νέμεσθαι.
  Αὐτὸς δ' αὖτ' Ὀδυσῆα προσηύδα μειλιχίοισι· 165
ΕΥΜ. — Ξεῖν', ἦ ἄρ τί σε μᾶλλον ἀ⟨σμεν⟩οι εἰσορόωσιν,
ἦέ σ' ἀτιμάζουσι κατὰ μέγαρ' ὡς τὸ πάρος περ ;

vers 145 : ἔγχος ἔχων · ἅμα τῷ γε κύνες πόδας ἀργοὶ ἕποντο
vers 148 : Εὐρύκλει', Ὦπος θυγάτηρ πεισηνορίδαο

pas faim ! Quand l'heure fut venue du lit et du sommeil, ta mère a dit aux femmes d'aller dresser un cadre ; mais il est si maudit du sort, si misérable que, pour dormir, il n'a voulu ni lit ni draps : il n'a pris que la peau fraîche encor de la vache et des peaux de moutons, pour se coucher dans l'avant-pièce où nous l'avons recouvert d'une cape. »

Sur ces mots d'Euryclée, Télémaque s'en fut, à travers la grand-salle, lance en main, avec deux lévriers à sa suite, rejoindre à l'agora les Achéens guêtrés[8].

Mais la divine vieille appelait les servantes, Euryclée, fille d'Ops, le fils de Pisénor[9] :

EURYCLÉE. – « Allons vite à l'ouvrage ! qu'on balaie le logis ! qu'on l'arrose et qu'on mette sur les fauteuils ouvrés la pourpre des tapis ! que d'autres, à l'éponge, essuient toutes les tables, puis nettoient le cratère et, dans leur double fond, les coupes en métal ! mais vous, à la fontaine, allez chercher de l'eau et rentrez au plus vite ! Nos prétendants ne vont pas tarder à venir ; ils seront là de grand matin : c'est fête en ville[10]. »

Elle dit : à sa voix, les femmes obéirent. Pendant que vingt allaient à la Fontaine Noire, les autres s'empressaient au travail dans les salles.

On vit alors entrer les fougueux prétendants : tout de suite, ils se mirent à bien fendre le bois. Puis on vit revenir de la source les femmes. Puis, survint le porcher, poussant trois cochons gras, l'honneur de son troupeau, que, dans la belle enceinte, il laissa pâturer ; mais lui, s'en vint tout droit complimenter Ulysse :

EUMÉE. – « Est-ce d'un meilleur œil que l'on te voit ici, notre hôte ? ou gardent-ils leurs façons insolentes ? »

8. Ces vers rappellent, II, 10-11, et XVII, 61-62.

9. Cf. I, 429.

10. Il s'agit d'une fête en l'honneur d'Apollon Numénios qui correspond à l'arrivée de la nouvelle lune (cf. aussi v. 276 sq.). Sur la question, cf. Austin, 1975, 245-252.

Τὸν δ' ἀπαμειβόμενος προσέφη πολύμητις Ὀδυσσεύς·
ΟΔΥ. — Αἲ γὰρ δή, Εὔμαιε, θεοὶ τισαίατο λώβην,
ἣν οἵδ' ὑβρίζοντες ἀτάσθαλα μηχανόωνται
οἴκῳ ἐν ἀλλοτρίῳ, οὐδ' αἰδοῦς μοῖραν ἔχουσιν.
Ὣς οἱ μὲν τοιαῦτα πρὸς ἀλλήλους ἀγόρευον,
ἀγχίμολον δέ σφ' ἦλθε Μελάνθιος, αἰπόλος αἰγῶν,
αἶγας ἄγων, αἳ πᾶσι μετέπρεπον αἰπολίοισι,
καὶ τὰς μὲν κατέδησεν ὑπ' αἰθούσῃ ἐριδούπῳ.
Αὐτὸς δ' αὖτ' Ὀδυσῆα προσηύδα κερτομί⟨η⟩σι·
ΜΕΛ. — Ξεῖν', ἔτι καὶ νῦν ἐνθάδ' ἀνιήσεις κατὰ δῶμα
ἀνέρας αἰτίζων, ἀτὰρ οὐκ ἔξεισθα θύραζε;
πάντως οὐκέτι νῶι διακρινέεσθαι δίω
πρὶν χειρῶν γεύσασθαι, ἐπεὶ σύ περ οὐ κατὰ κόσμον
αἰτίζεις· εἰσὶν δὲ καὶ ἄλλοθι δαῖτες Ἀχαιῶν.
Ὣς φάτο· τὸν δ' οὔ τι προσέφη πολύμητις Ὀδυσσεύς,
ἀλλ' ἀκέων κίνησε κάρη κακὰ βυσσοδομεύων.
Τοῖσι δ' ἐπὶ τρίτος ἦλθε Φιλοίτιος, ὄρχαμος ἀνδρῶν,
βοῦν στεῖραν μνηστῆρσιν ἄγων καὶ πίονας αἶγας·
πορθμῆες δ' ἄρα τούς γε διήγαγον, οἵ τε καὶ ἄλλους
ἀνθρώπους πέμπουσιν, ὅτίς σφεας εἰσαφίκηται,
καὶ τὰ μὲν εὖ κατέδησεν ὑπ' αἰθούσῃ ἐριδούπῳ.
Αὐτὸς δ' αὖτ' ἐρέεινε συβώτην ἄγχι παραστάς·
ΦΙΛ. — Τίς δὴ ὅδε ξεῖνος νέον εἰλήλουθε, συβῶτα,
ἡμέτερον πρὸς δῶμα; τέων δ' ἐξ εὔχεται εἶναι
ἀνδρῶν; ποῦ δέ νύ οἱ γενεὴ καὶ πατρὶς ἄρουρα;

vers 175 : δεῖπνον μνηστήρεσσι· δύω δ' ἅμ' ἕποντο νομῆες

11. Sur ce personnage, cf. XVII, 212 sq.

12. Le nom du bouvier d'Ulysse est construit sur *philos*, « ami », et *oitos*, « sort » mais surtout « sort funeste ».

Ulysse l'avisé lui fit cette réponse :

ULYSSE. – « Eumée, puissent les dieux punir leurs infamies ! quelles impiétés trament ces bandits-là, sans ombre de pudeur, dans la maison d'un autre ! »

Pendant qu'ils échangeaient ces paroles entre eux, survint Mélantheus[11], le maître-chevrier, avec la fine fleur de ses hardes de chèvres, repas des prétendants ; deux bergers le suivaient. Sous le porche sonore, il attacha ses bêtes et, s'approchant d'Ulysse, il lui dit en raillant :

MÉLANTHEUS. – « L'étranger, toujours là pour quêter dans la salle et gêner les convives ! Quand prendras-tu la porte ? Décidément, je vois qu'avant de nous quitter, nos bras se tâteront : de la mendicité, tu dépasses les bornes ! Il est ailleurs qu'ici des festins d'Achéens ! »

Ulysse l'avisé resta sans rien répondre, muet, branlant la tête et roulant la vengeance au gouffre de son cœur.

En troisième, survint alors Philoetios[12] ; commandeur des bouviers, il arrivait du bac[13], qui passe chaque jour les gens qui se présentent. Il avait amené une vache stérile avec des chèvres grasses. Sous le porche sonore, il attacha ses bêtes et, s'approchant d'Eumée, lui fit cette demande :

PHILOETIOS. – « Porcher, quel est cet hôte ? C'est, dans notre maison, un nouvel arrivant. De quel peuple, chez nous, peut-il se réclamer ? a-t-il ici ou là famille et

13. Les bœufs d'Ulysse se trouvent sur les champs céphaléniotes, comme le précise Philoetios au v. 210. Cependant, en XIV, 100, Eumée affirme que douze troupeaux de vaches se trouvent sur le continent *(en epeirô)* qui pourrait correspondre à l'Acarnanie.

[δύσμορος· ἦ τε ἔοικε δέμας βασιλῆι ἄνακτι·
ἀλλὰ θεοὶ δυόωσι πολυπλάγκτους ἀνθρώπους,
ὁππότε καὶ βασιλεῦσιν ἐπικλώσωνται ὀιζύν.]
  Ἦ καὶ δεξιτερῇ δειδίσκετο χειρὶ παραστὰς
καί μιν φωνήσας ἔπεα πτερόεντα προσηύδα·
ΦΙΛ. — Χαῖρε, πατ⟨ὴ⟩ρ ὦ ξεῖνε· γένοιτό τοι ἔς περ ὀπίσσω
ὄλβος· ἀτὰρ μὲν νῦν γε κακοῖσ' ἔχεαι πολέεσσι.
Ζεῦ πάτερ, οὔ τις σεῖο θεῶν ὀλοώτερος ἄλλος·
οὐκ ἐλεαίρεις ἄνδρας, ἐπὴν δὴ γείνεαι αὐτός,
μισγέμεναι κακότητι καὶ ἄλγεσι λευγαλέοισιν.
ἴδιον, ὡς ⟨σ'⟩ ἐνόησα· δεδάκρυνται δέ μοι ὄσσε
μνησαμένῳ Ὀδυσῆος, ἐπεὶ καὶ κεῖνον ὀίω
τοιάδε λαίφε' ἔχοντα κατ' ἀνθρώπους ἀλάλησθαι,
εἴ που ἔτι ζώει καὶ ὁρᾷ φάος ἠελίοιο.
[εἰ δ' ἤδη τέθνηκε καὶ εἰν Ἀίδαο δόμοισιν,
ὤμοι ἔπειτ' Ὀδυσῆος ἀμύμονος, ὅς μ' ἐπὶ βουσὶν
εἷσ' ἔτι τυτθὸν ἐόντα Κεφαλλήνων ἐνὶ δήμῳ.
νῦν δ' αἱ μὲν γίνονται ἀθέσφατοι, οὐδέ κεν ἄλλως
ἀνδρί γ' ὑποσταχύοιτο βοῶν γένος εὐρυμετώπων·
τὰς δ' ἄλλοί με κέλονται ἀγινέμεναι σφίσιν αὐτοῖς
ἔδμεναι· οὐδέ τι παιδὸς ἐνὶ μεγάροισ' ἀλέγουσιν,
οὐδ' ὄπιδα τρομέουσι θεῶν· μεμάασι γὰρ ἤδη
κτήματα δάσσασθαι δὴν οἰχομένοιο ἄνακτος.
αὐτὰρ ἐμοὶ τόδε θυμὸς ἐνὶ στήθεσσι φίλοισι
πόλλ' ἐπιδινεῖται· μάλα μὲν κακὸν υἷος ἐόντος
ἄλλων δῆμον ἱκέσθαι, ἰόντ' αὐτῇσι βόεσσιν,
ἄνδρας ἐς ἀλλοδαπούς· τὸ δὲ ῥίγιον, αὖθι μένοντα
βουσὶν ἐπ' ἀλλοτρίῃσι καθήμενον ἄλγεα πάσχειν.
καί κεν δὴ πάλαι ἄλλον ὑπερμενέων βασιλήων
ἐξικόμην φεύγων, ἐπεὶ οὐκέτ' ἀνεκτὰ πέλονται·
ἀλλ' ἔτι τὸν δύστηνον ὀίομαι, εἴ ποθεν ἐλθὼν
ἀνδρῶν μνηστήρων σκέδασιν κατὰ δώματα θείη.]

héritage ? le pauvre homme ! il a l'air d'un vrai roi, d'un grand chef ! comme à rouler le monde les dieux brisent un homme et nous filent des maux, même quand on est roi ! »

Puis, s'approchant d'Ulysse, il lui fit un salut de la main et lui dit ces paroles ailées :

PHILOETIOS. – « Salut, père étranger ! que puisse la fortune un jour te revenir ! aujourd'hui, je te vois en proie à tant de maux ! Ah ! Zeus le père ! est-il, parmi les autres dieux, plus terrible que toi ? Sans pitié des mortels que, pourtant, tu fis naître, tu les jettes en proie aux pires des souffrances... Une sueur m'a pris quand je t'ai vu, notre hôte, et mes yeux ont pleuré au souvenir d'Ulysse, car je le vois couvert de semblables haillons et courant par le monde ! S'il vit, s'il voit encor la clarté du soleil. Mais si la mort l'a mis aux maisons de l'Hadès, je veux pleurer toujours cet Ulysse éminent, qui me prit tout enfant pour lui garder ses bœufs aux champs képhalléniotes. Maintenant, son troupeau ne peut plus se compter ! Jamais homme ne vit croître pareillement ses bœufs au large front... Mais, sur l'ordre d'intrus, je dois les amener ici, pour qu'on les mange ! En son propre manoir, sans pitié pour son fils, sans pensée pour les dieux et pour leur châtiment, ils ne comptent déjà que partager les biens du maître disparu ! Aussi, dans ma poitrine, mon cœur tourne et retourne un projet : le voici. Du vivant de son fils, je trouverais très mal d'aller avec mes bœufs dans un autre pays, chez les gens d'autre langue ; mais qu'il est plus cruel de rester à souffrir auprès des bœufs d'autrui ! Ah ! oui, depuis longtemps je me serais enfui chez un autre grand roi ; car il se passe ici des faits intolérables ! Mais je pense toujours à notre pauvre maître : s'il pouvait revenir et balayer d'ici les seigneurs prétendants[14] ! »

14. La fidélité de Philoetios, sorte de double d'Eumée, tranche avec l'insolence des enfants de Dolios : Mélanthos et Mélantho. Sur ces doublets, cf. Fenik, 1974, 172 sq.

Τὸν δ' ἀπαμειβόμενος προσέφη πολύμητις Ὀδυσσεύς·
ΟΔΥ. — Βουκόλ', ἐπεὶ οὔτε κακῷ οὔτ' ἄφρονι φωτὶ ἔοικας·
γινώσκω δὲ καὶ αὐτὸς ὅ τοι πινυτὴ φρένας ἵκει·
τοὔνεκά τοι ἐρέω καὶ ἐπὶ μέγαν ὅρκον ὀμοῦμαι· 229
ἦ σέθεν ἐνθάδ' ἐόντος ἐλεύσεται ἐνθάδ' Ὀδυσσεύς· 232
σοῖσιν δ' ὀφθαλμοῖσιν ἐπόψεαι, αἴ κ' ἐθέλησθα,
κτεινομένους μνηστῆρας, οἳ ἐνθάδε κοιρανέουσι.
Τὸν δ' αὖτε προσέειπε βοῶν ἐπιβουκόλος ἀνήρ· 235
ΦΙΛ. — Αἲ γὰρ τοῦτο, ξεῖνε, ἔπος τελέσειε Κρονίων·
γνοίης χ', οἵη ἐμὴ δύναμις καὶ χεῖρας ἕπονται. 237
Ὣς οἱ μὲν τοιαῦτα πρὸς ἀλλήλους ἀγόρευον· 240

[μνηστῆρες δ' ἄρα Τηλεμάχῳ θάνατόν τε μόρον τε
ἤρτυον· αὐτὰρ ὁ τοῖσιν ἀριστερὸς ἤλυθεν ὄρνις,
αἰετὸς ὑψιπέτης, ἔχε δὲ τρήρωνα πέλειαν.
τοῖσιν δ' Ἀμφίνομος ἀγορήσατο καὶ μετέειπεν·
ΑΜΦ. — Ὦ φίλοι, οὐχ ἥμιν συνθεύσεται ἥδέ γε βουλὴ 245
Τηλεμάχοιο φόνο⟨ι'⟩· ἀλλὰ μνησώμεθα δαιτός.
Ὣς ἔφατ' Ἀμφίνομος· τοῖσιν δ' ἐπιήνδανε μῦθος.
ἐλθόντες δ' ἐς δώματ' Ὀδυσσῆος θείοιο
χλαίνας μὲν κατέθεντο κατὰ κλισμούς τε θρόνους τε.] 249
οἱ δ' ἱέρευον ὄις μεγάλους καὶ πίονας αἶγας, 250
σπλάγχνα δ' ἄρ' ὀπτήσαντες ἐνώμων, ἐν δέ τε οἶνον 252

vers 230 : ἴστω νῦν Ζεὺς πρῶτα θεῶν ξενίη τε τράπεζα
231 : ἱστίη τ' Ὀδυσῆος ἀμύμονος, ἣν ἀφικάνω
vers 238 : ὣς δ' αὔτως Εὔμαιος ἐπεύξατο πᾶσι θεοῖσι
239 : νοστῆσαι Ὀδυσῆα πολύφρονα ὃν δὲ δόμον δέ
vers 251 : ἵρευον δὲ σύας σιάλους καὶ βοῦν ἀγελαίην

Ulysse l'avisé lui fit cette réponse :

ULYSSE. – « Écoute-moi, bouvier ! car tu n'as pas la mine d'un sot ni d'un vilain, et je vois qu'en ton cœur peut entrer la sagesse. Donc, écoute mon dire et mon plus grand serment ; que Zeus soit mon témoin, avant tout autre dieu, et ta table, ô mon hôte, comme aussi le foyer de l'éminent Ulysse, où me voici rendu : si tu restes céans, je jure que céans, tu reverras Ulysse. Oui ! si tu le désires, tu verras de tes yeux la mort des prétendants qui font ici la loi. »

Le maître des bouviers lui fit cette réponse :

PHILOETIOS. – « Étranger, que le fils de Cronos accomplisse ce que tu nous dis là[15] ! tu verrais ce que vaut et mon bras et ma force. »

Eumée pareillement invoquait tous les dieux pour le retour du sage Ulysse en sa demeure. Pendant qu'ils échangeaient ces paroles entre eux, les prétendants tramaient la mort de Télémaque. Mais voici qu'à leur gauche apparut le présage, un aigle qui montait vers l'azur en tenant une pauvre colombe[16].

Amphinomos prit donc la parole et leur dit :

AMPHINOMOS. – « Amis, notre projet ne réussira pas : Télémaque vivra[17]... Ne songeons qu'au festin. »

Il dit : tous d'approuver ces mots d'Amphinomos ; chez le divin Ulysse, aussitôt ils rentrèrent pour poser leurs manteaux aux sièges et fauteuils.

On abattit de grands moutons, des chèvres grasses, des pourceaux gras à lard et la vache des prés ; on fit cuire, on trancha les premières grillades ; on mélangea le

15. Zeus était invoqué par les Grecs comme « celui qui accomplit » sous l'épiclèse *teleios* (cf. Eschyle, *Agamemnon*, 973 ; Pindare, *Olympiques*, XIII, 115).

16. L'aigle est l'oiseau de Zeus qui indique ici la victoire d'Ulysse. Voir aussi, II, 146 sq.

17. Le poète ne précise pas la réaction d'Ulysse, préférant s'intéresser aux prétendants qui, en XVI, 402-405, espéraient un signe du ciel qui les déciderait à frapper ou à épargner Télémaque.

κρητῆρσιν κερόωντο· κύπελλα δὲ νεῖμε συβώτης·
σῖτον δέ σφ' ἐπένειμε Φιλοίτιος, ὄρχαμος ἀνδρῶν,
καλοῖσ' ἐν κανέοισιν· ἐῳνοχόει δὲ Μελανθεύς.
Τηλέμαχος δ' Ὀδυσῆα καθίδρυε, κέρδεα νωμῶν,
ἐντὸς ἐυσταθέος μεγάρου παρὰ λάινον οὐδόν,
δίφρον ἀεικέλιον καταθεὶς ὀλίγην τε τράπεζαν·
πὰρ δ' ἐτίθει σπλάγχνων μοίρας, ἐν δ' οἶνον ἔχευεν
ἐν δέπαϊ χρυσέῳ καί μιν πρὸς μῦθον ἔειπεν·
ΤΗΛ. — Ἐνταυθοῖ νῦν ἧσο μετ' ἀνδράσι οἰνοποτάζων·
κερτομίας δέ τοι αὐτὸς ἐγὼ καὶ χεῖρας ἀφέξω
ἀνδρῶν μνηστήρων, ἐπεὶ οὔ τοι δήμιός ἐστι
οἶκος ὅδ', ἀλλ' Ὀδυσῆος· ἐμοὶ δὲ κτήσατο κεῖνος.
ὑμεῖς δέ, μνηστῆρες, ἐπίσχετε θυμὸν ἐνιπῆς
καὶ χειρῶν, ἵνα μή τις ἔρις καὶ νεῖκος ὄρηται.
Ὣς ἔφαθ'· οἱ δ' ἄρα πάντες ὀδὰξ ἐν χείλεσι φύντες
Τηλέμαχον θαύμαζον, ὃ θαρσαλέως ἀγόρευε.
Τοῖσιν δ' Ἀντίνοος μετέφη, Εὐπείθεος υἱός·
ΑΝΤ. — Καὶ χαλεπόν περ ἐόντα δεχώμεθα μῦθον, Ἀχαιοί,
Τηλεμάχου· μάλα δ' ἧμιν ἀπειλήσας ἀγορεύει.
οὐ γὰρ Ζεὺς εἴασε Κρονίων· τῶ κέ μιν ἤδη
παύσαμεν ἐν μεγάροισι λιγύν περ ἐόντ' ἀγορητήν.
Ὣς ἔφατ' Ἀντίνοος· ὁ δ' ἄρ' οὐκ ἐμπάζετο μύθων·
[κήρυκες δ' ἀνὰ ἄστυ θεῶν ἱερὴν ἑκατόμβην
ἦγον· τοὶ δ' ἀγέροντο καρηκομόωντες Ἀχαιοὶ
ἄλσος ὕπο σκιερὸν ἑκατηβόλου Ἀπόλλωνος.]
Οἱ δ' ἐπεὶ ὤπτησαν κρέ' ὑπέρτερα καὶ ἐρύσαντο,
μοίρας δασσάμενοι δαίνυντ' ἐρικυδέα δαῖτα.

vers 256 : οἱ δ' ἐπ' ὀνείαθ' ἑτοῖμα προκείμενα χεῖρας ἴαλλον

vin dans le cratère ; Eumée distribua les coupes, et quand Philoetios, le grand chef des bouviers, eut réparti le pain dans les belles corbeilles, ce fut Mélantheus qui servit d'échanson ; vers les morceaux de choix préparés et servis, ils tendirent les mains.

Dans la salle trapue, auprès du seuil de pierre, Télémaque à dessein avait mis pour Ulysse une petite table avec un pauvre siège ; il l'avait installé et servi de grillades ; il lui versait du vin dans une coupe d'or et lui disait ces mots :

TÉLÉMAQUE. – « Reste assis maintenant à boire avec les hommes : à moi, de te garder de l'insulte et des coups des seigneurs prétendants. Cette maison n'est pas une place publique : c'est la maison d'Ulysse, et j'en suis l'héritier. Aussi bien, prétendants, modérez votre humeur ! ni menaces ni coups, si vous ne voulez pas de querelle et de rixe ! »

Il dit ; tous s'étonnaient, les dents plantées aux lèvres, que Télémaque osât leur parler de si haut.

Antinoos, le fils d'Eupithès, répliqua :

ANTINOOS. – « Laissons passer le mot, si pénible qu'il soit. Vous avez entendu comment il nous menace ! Ah ! le fils de Cronos, Zeus, ne l'a pas voulu : sinon, dans ce manoir, voilà longtemps déjà que nous l'aurions fait taire, ce crieur d'agora ! »

Il dit ; mais Télémaque écoutait impassible. Les hérauts, ce jour-là, conduisaient par la ville une sainte hécatombe vers le bois d'Apollon[18] où, pour fêter le dieu qui lance au loin ses flèches, le peuple aux longs cheveux s'assemblait sous l'ombrage. On retira du feu les grosses viandes cuites, on y trancha les parts et l'on fut à la joie de ce festin superbe ; ceux d'entre eux qui servaient

18. Cette divinité était souvent honorée par un sacrifice de cent bœufs (une hécatombe). À Athènes, le premier mois du calendrier, anciennement dédié à Apollon, portait d'ailleurs le nom d'*Hecatombaion*. Sur la question, cf. Parke, 1977, 29.

πὰρ δ' ἄρ' Ὀδυσσῆι μοῖραν θέσαν οἳ πονέοντο
ἴσην, ὡς αὐτοί περ ἐλάγχανον· ὣς γὰρ ἀνώγει
Τηλέμαχος, φίλος υἱὸς Ὀδυσσῆος θείοιο.
[μνηστῆρας δ' οὐ πάμπαν ἀγήνορας εἴα Ἀθήνη
λώβης ἴσχεσθαι θυμαλγέος, ὄφρ' ἔτι μᾶλλον
δύη ἄχος κραδίην Λαερτιάδην Ὀδυσῆα.
ἦν δέ τις ἐν μνηστῆρσιν ἀνὴρ ἀθεμίστια εἰδώς,
Κτήσιππος δ' ὄνομ' ἔσκε, Σάμῃ δ' ἔνι οἰκία ναῖεν·
ὃς δή τοι κτεάτεσσι πεποιθὼς θεσπεσίοισι
μνάσκετ' Ὀδυσσῆος δὴν οἰχομένοιο δάμαρτα·
ὅς ῥα τότε μνηστῆρσιν ὑπερφιάλοισι μετηύδα·
ΚΤΗ. — Κέκλυτέ μευ, μνηστῆρες ἀγήνορες, ὄφρα τι εἴπω·
μοῖραν μὲν δὴ ξεῖνος ἔχει πάλαι, ὡς ἐπέοικε,
ἴσην· οὐ γὰρ καλὸν ἀτέμβειν οὐδὲ δίκαιον
ξείνους Τηλεμάχου, ὅς κεν τάδε δώμαθ' ἵκηται.
ἀλλ' ἄγε οἱ καὶ ἐγὼ δῶ ξείνιον, ὄφρα καὶ αὐτὸς
ἠὲ λοετροχόῳ δώῃ γέρας ἠέ τῳ ἄλλῳ
δμώων, οἳ κατὰ δώματ' Ὀδυσσῆος θείοιο.
Ὣς εἰπὼν ἔρριψε βοὸς πόδα χειρὶ παχείῃ,
κείμενον ἐκ κανέοιο λαβών· ὁ δ' ἀλεύατ' Ὀδυσσεὺς
ἦκα παρακλίνας κεφαλήν, μείδησε δὲ θυμῷ
σαρδόνιον μάλα τοῖον· ὁ δ' εὔδμητον βάλε τοῖχον.
Κτήσιππον δ' ἄρα Τηλέμαχος ἠνίπαπε μύθῳ·
ΤΗΛ. — Κτήσιππ', ἦ μάλα τοι τόδε κέρδιον ἔπλετο θυμῷ·
οὐκ ἔβαλες τὸν ξεῖνον· ἀλεύατο γὰρ βέλος αὐτός.
ἦ γάρ κέν σε μέσον βάλον ἔγχεϊ ὀξυόεντι·
καί κέ τοι ἀντὶ γάμοιο πατὴρ τάφον ἀμφεπονεῖτο

19. Sur ce personnage à l'insolence et à la moquerie faciles, voir Fenik, 1974, particulièrement 184-186. Pour les manières des prétendants, voir Lateiner, 1993, 173-196.

20. Île du royaume d'Ulysse. Cf. I, 246 et note.

mirent devant Ulysse un morceau tout semblable à celui qu'ils s'étaient eux-mêmes adjugé ; car le fils du divin Ulysse, Télémaque, en avait donné l'ordre.

Mais Pallas Athéna ne mettait fin ni trêve aux cuisantes insultes des fougueux prétendants : la déesse voulait que le fils de Laërte, Ulysse, fût mordu plus avant jusqu'au cœur.

Parmi les prétendants, il était une brute, du nom de Ctésippos[19] ; il habitait Samé[20] et comptait sur ses biens immenses pour gagner la main de Pénélope, en l'absence d'Ulysse.

Aux prétendants sans frein, ce fut lui qui parla :

CTÉSIPPOS. – « J'ai deux mots à vous dire, ô fougueux prétendants ! L'hôte a, depuis longtemps, reçu sa part entière, et c'est fort bien ainsi ; il ne serait ni bon ni juste qu'on manquât d'égards envers les hôtes, qu'à son gré, Télémaque accueille en ce logis ! Mais je veux, moi aussi, lui faire mon cadeau, qu'il pourra reporter soit au garçon de bains, soit à quelqu'un des gens qui servent au manoir de ce divin Ulysse. »

Il dit. Sa forte main avait, dans la corbeille, saisi un pied de bœuf qu'il lança contre Ulysse ; d'un simple écart de tête, Ulysse l'évita, puis sourit en son cœur, d'un rire sardonique[21] ! Le pied s'en fut taper dans l'épaisse muraille.

Télémaque aussitôt gourmanda Ctésippos :

TÉLÉMAQUE. – « Ctésippos, que ton cœur tienne pour une chance d'avoir manqué mon hôte et qu'il se soit garé ! Car moi, je t'envoyais en plein cœur cette pique, et ton père aurait eu à donner le banquet, mais pour tes

21. Ce rire, manifestation extérieure du sourire du *thumos*, le « cœur » d'Ulysse, est en quelque sorte un rictus ; cf. Arnould, 1990, 223-226.

ἐνθάδε. τῷ μή τίς μοι ἀεικείας ἐνὶ οἴκῳ
φαινέτω· ἤδη γὰρ νοέω καὶ οἶδα ἕκαστα,
ἐσθλά τε καὶ τὰ χέρεια· πάρος δ' ἔτι νήπιος ἦα.
ἀλλ' ἔμπης τάδε μὲν καὶ τέτλαμεν εἰσορόωντες,
μήλων σφαζομένων οἴνοιό τε πινομένοιο
καὶ σίτου· χαλεπὸν γὰρ ἐρυκακέειν ἕνα πολλούς.
ἀλλ' ἄγε μηκέτι μοι κακὰ ῥέζετε δυσμενέοντες·
εἰ δ' ἤδη μ' αὐτὸν κτεῖναι μενεαίνετε χαλκῷ,
καί κε τὸ βουλοίμην, καί κεν πολὺ κέρδιον εἴη
τεθνάμεν ἢ τάδε γ' αἰὲν ἀεικέα ἔργ' ὁράασθαι
ξείνους τε στυφελιζομένους δμῳάς τε γυναῖκας
ῥυστάζοντας ἀεικελίως κατὰ δώματα καλά.
"Ὣς ἔφαθ'· οἱ δ' ἄρα πάντες ἀκὴν ἐγένοντο σιωπῇ
ὀψὲ δὲ δὴ μετέειπε Δαμαστορίδης Ἀγέλαος·
ΑΓΕ. — Ὦ φίλοι, οὐκ ἂν δή τις ἐπὶ ῥηθέντι δικαίῳ
ἀντιβίοισ' ἐπέεσσι καθαπτόμενος χαλεπαίνοι·
Τηλεμάχῳ δέ κε μῦθον ἐγὼ καὶ μητέρι φαίην
ἤπιον, εἴ σφωιν κραδίῃ ἅδοι ἀμφοτέροιιν.
ὄφρα μὲν ὕμιν θυμὸς ἐνὶ στήθεσσιν ἐώλπει
νοστήσειν Ὀδυσῆα πολύφρονα ὃν δὲ δόμον δέ,
τόφρ' οὔ τις νέμεσις μενέμεν τ' ἦν ἰσχέμεναί τε
μνηστῆρας κατὰ δώματ', ἐπεὶ τόδε κέρδιον ἦεν,
εἰ νόστησ' Ὀδυσεὺς καὶ ὑπότροπος ἵκετο δῶμα·
νῦν δ' ἤδη τόδε δῆλον ὅ τ' οὐκέτι νόστιμός ἐστιν.
ἀλλ' ἄγε σῇ τάδε μητρὶ παρεζόμενος κατάλεξον,
ὄφρα σὺ μὲν χαίρων πατρώια πάντα νέμηαι,
ἔσθων καὶ πίνων, ἡ δ' ἄλλου δῶμα κομίζῃ.

vers 324 : μήτέ τι τὸν ξεῖνον στυφελίζετε μήτέ τιν' ἄλλον
vers 325 : δμώων, οἳ κατὰ δώματ' Ὀδυσσῆος θείοιο
vers 335 : γήμασθ' ὅς τις ἄριστος ἀνὴρ καὶ πλεῖστα πόρῃσιν

funérailles[22], et non pas pour ta noce... Je ne veux plus chez moi de ces indignités ! Je suis d'âge à tout voir ; je comprends bien des choses, et le bon et le pire ; je suis sorti d'enfance, et pourtant quel spectacle il me faut endurer ! mes moutons égorgés, et mon vin englouti, et mon pain dévoré ! sans pouvoir, à moi seul, lutter contre le nombre. Mais allons ! renoncez à ces actes de haine ou, si c'est votre plan de me tuer moi-même à la pointe du bronze, j'y verrai tout profit ! j'aimerais mieux mourir que voir s'éterniser en ce manoir si beau ces actions indignes, mes hôtes maltraités, mes femmes de service traînées au déshonneur ! »

Il dit. Tous se taisaient. Mais après un silence, Agélaos[23], le fils de Damastor, reprit :

AGÉLAOS. – « Amis, quand on vous dit des choses aussi justes, à quoi bon riposter en paroles de haine ? cessez de maltraiter et cet hôte et tous ceux qui servent au logis de ce divin Ulysse. Mais veux-tu, Télémaque, un conseil d'amitié pour ta mère et pour toi ? je voudrais que votre âme, à tous deux, l'agréât ! Tant qu'un espoir restait au fond de votre cœur de voir en sa maison rentrer le sage Ulysse, nul ne trouvait mauvais que ta mère attendît et nous retînt chez toi ! C'était le bon parti ! il pouvait revenir, reparaître au logis ! Mais, aujourd'hui, c'est clair : il ne reviendra plus ! Donc va trouver ta mère, et dis-lui bien cela, d'épouser le plus noble et le plus généreux. Alors, mangeant, buvant, tu jouiras en paix de tout ton héritage, pendant qu'elle aura soin de la maison d'un autre. »

22. Ce banquet, qui avait lieu autour du mort ou de son tombeau, était le *perideipnon*. Plus tard, il sera célébré à l'intérieur de la maison du défunt. Sur ces banquets funèbres, cf. III, 309-310, et IV, 546-547 ; voir aussi Burkert, 1985, 193.

23. Première mention de ce personnage. En XXII, 241-246, il semble être le chef de la résistance de ceux que le poète désigne comme les meilleurs *(aristoi)* des prétendants.

Τὸν δ' αὖ Τηλέμαχος πεπνυμένος ἀντίον ηὔδα·
ΤΗΛ. — Οὐ μὰ Ζῆν', Ἀγέλαε, καὶ ἄλγεα πατρὸς ἐμοῖο,
ὅς που τῆλ' Ἰθάκης ἢ ἔφθιται ἢ' ἀλάληται,
οὔ τι διατρίβω μητρὸς γάμον, ἀλλὰ κελεύω
γήμασθ' ᾧ κ' ἐθέλῃ, ποτὶ δ' ἄσπετα δῶρα δίδωμι,
αἰδέομαι δ' ἀέκουσαν ἀπὸ μεγάροιο δίεσθαι
μύθῳ ἀναγκαίῳ· μὴ τοῦτο θεὸς τελέσειεν.
Ὣς φάτο Τηλέμαχος· μνηστῆρσι δὲ Παλλὰς Ἀθήνη
ἄσβεστον γέλω ὦρσε, παρέπλαγξεν δὲ νόημα·
οἱ δ' ἤδη γναθμοῖσι γελώων ἀλλοτρίοισιν,
αἱμοφόρυκτα δὲ δὴ κρέα ἤσθιον· ὄσσε δ' ἄρά σφεων
δακρυόφιν πίμπλαντο· γόο⟨ιο δὲ⟩ ἵετο θυμός.
Τοῖσι δὲ καὶ μετέειπε Θεοκλύμενος θεοειδής·
ΘΕΟ. — Ἆ δειλοί, τί κακὸν τόδε πάσχετε; νυκτὶ μὲν ὑμέων
εἰλύαται κεφαλαί τε πρόσωπά τε νέρθέ τε γοῦνα·
οἰμωγὴ δὲ δέδηε· δεδάκρυνται δὲ παρειαί·
αἵματι δ' ἐρράδαται τοῖχοι καλαί τε μεσόδμαι·
εἰδώλων δὲ πλέον πρόθυρον, πλείη δὲ καὶ αὐλή,
ἱεμένων Ἔρεβος δὲ ὑπὸ ζόφον· ἠέλιος δὲ
οὐρανοῦ ἐξαπόλωλε· κακὴ δ' ἐπιδέδρομεν ἀχλύς.
Ὣς ἔφαθ'· οἱ δ' ἄρα πάντες ἐπ' αὐτῷ ἡδὺ γέλασσαν.
Τοῖσιν δ' Εὐρύμαχος, Πολύβου παῖς, ἦρχ' ἀγορεύειν·
ΕΥΡ. — Ἀφραίνει ξεῖνος νέον ἄλλοθεν εἰληλουθώς.
ἀλλά μιν αἶψα, νέοι, δόμου ἐκπέμψασθε θύραζε
εἰς ἀγορὴν ἔρχεσθαι, ἐπεὶ τάδε νυκτὶ ἐΐσκει.
Τὸν δ' αὖτε προσέειπε Θεοκλύμενος θεοειδής·

24. Pour ce dilemme, cf. II, 130-131.

25. Sur ce *gelôs asbestos*, cf. *Il.*, I, 599, et *Od.*, VIII, 326 ; et Arnould, 1990, 166.

Posément, Télémaque le regarda et dit :

TÉLÉMAQUE. – « Par Zeus, Agélaos ! et par les maux d'un père qui, loin de notre Ithaque, est mort ou vit errant ! ce n'est pas moi qui fais traîner ce mariage ! À ma mère, je dis d'épouser qui lui plaît et veux lui faire encor tous les cadeaux du monde ! Mais comment la chasser contre sa volonté[24] ? Dire un mot qui la force à quitter ce logis ? ah ! non ! le ciel m'en garde ! »

Télémaque parlait. Mais Pallas Athéna, égarant leur raison, les fit tous éclater d'un rire inextinguible[25]. Leurs mâchoires riaient sans qu'ils sussent pourquoi ; les viandes qu'ils mangeaient se mettaient à saigner ; ils voulaient sangloter, les yeux emplis de larmes[26].

Alors Théoclymène, au visage de dieu :

THÉOCLYMÈNE. – « Pauvres gens ! à quel mal êtes-vous donc en proie ? De la tête aux genoux, la nuit vous enveloppe ; elle noie vos visages ; sous vos sanglots ardents, vos joues fondent en larmes ! Je vois le sang couler aux murs, aux belles niches... Et voici que l'auvent se remplit de fantômes ! Ils emplissent la cour ! il s'en vont du côté du noroît, à l'Érèbe[27] : dans les cieux, le soleil s'éteint, et la nuée de mort recouvre tout ! »

Il dit : un joyeux rire accueillit ses paroles, et le fils de Polybe, Eurymaque, reprit :

EURYMAQUE. – « Cet hôte fraîchement débarqué n'est qu'un fou ! guidez-le, jeunes gens, vers la porte, au plus vite ! qu'il aille à l'agora voir s'il fait nuit ici ! »

Alors, Théoclymène au visage de dieu :

26. Ce prodige fait écho à celui qui se produisit sur l'île d'Hélios, et qu'Ulysse définit comme un signe envoyé par les dieux, cf. XII, 394-396. Sur le rire dément des prétendants, cf. Arnould, 1990, 227-228.

27. Sur ce lieu de moisissure au fond de l'Hadès, cf. X, 528, et XI, 37 et note. Sur Théoclymène, cf. Fenik, 1974, 233-244 ; pour sa prophétie apocalyptique, cf. particulièrement, 241-242. Voir aussi Dodds, 1977, 71-105.

ΘΕΟ. — Εὐρύμαχ', οὔ τί σ' ἄνωγα ἐμοὶ πομπῆας ὀπάζειν·
εἰσί μοι ὀφθαλμοί τε καὶ οὔατα καὶ πόδες ἄμφω
καὶ νόος ἐν στήθεσσι τετυγμένος, οὐδὲν ἀεικής.
τοῖσ' ἔξειμι θύραζε, ἐπεὶ νοέω κακὸν ὔμμιν
ἐρχόμενον, τό κεν οὔ τις ὑπεκφύγοι οὐδ' ἀλέαιτο
μνηστήρων, οἳ δῶμα κάτ' ἀντιθέου Ὀδυσῆος
ἀνέρας ὑβρίζοντες ἀτάσθαλα μηχανάασθε.
Ὣς εἰπὼν ἐξῆλθε δόμων εὐναιεταόντων,
ἵκετο δ' ἐς Πείραιον, ὅ μιν πρόφρων ὑπέδεκτο.
μνηστῆρες δ' ἄρα πάντες ἐς ἀλλήλους ὁρόωντες
Τηλέμαχον ἐρέθιζον, ἐπὶ ξείνοις γελόωντες.
Ὧδε δέ τις εἴπεσκε νέων ὑπερηνορεόντων·
ΧΟΡ. — Τηλέμαχ', οὔ τις σεῖο κακοξεινώτερος ἄλλος.
οἷον μέν τινα τοῦτον ἔχεις ἐπίμαστον ἀλήτην,
σίτου καὶ οἴνου κεχρημένον, οὐδέ τι ἔργων
ἔμπαιον οὐδὲ βίης, ἀλλ' αὔτως ἄχθος ἀρούρης·
ἄλλος δ' αὖτέ τις οὗτος ἀνέστη μαντεύεσθαι.
ἀλλ' εἴ μοί τι πίθοιο, τό κεν πολὺ κέρδιον εἴη·
τοὺς ξείνους ἐν νηὶ πολυκλήιδι βαλόντες
ἐς Σικελοὺς πέμψωμεν, ὅθεν κέ τοι ἄξιον ἄλφοι.
Ὣς ἔφασαν μνηστῆρες· ὁ δ' οὐκ ἐμπάζετο μύθων,
ἀλλ' ἀκέων πατέρα ποτιδέρκετο, δέγμενος αἰεί,
ὁππότε δὴ μνηστῆρσιν ἀναιδέσι χεῖρας ἐφήσει.
Ἡ δὲ κατ' ἄντηστιν θεμένη περικαλλέα δίφρον,
κούρη Ἰκαρίοιο, περίφρων Πηνελόπεια,
ἀνδρῶν ἐν μεγάροισι ἑκάστου μῦθον ἄκουε.
δεῖπνον μὲν γάρ τοί γε γελῶντες τετύκοντο
ἡδύ τε καὶ μενοεικές, ἐπεὶ μάλα πόλλ' ἱέρευσαν·
δόρπου δ' οὐκ ἄν πως ἀχαρίστερον ἄλλο γένοιτο,
οἷον δὴ τάχ' ἔμελλε θεὰ καὶ καρτερὸς ἀνὴρ
θησέμεναι· πρότεροι γὰρ ἀεικέα μηχανόωντο.]

28. Sur ce personnage, cf. XV, 539 sq.

THÉOCLYMÈNE. – « Eurymaque, je n'ai que faire de tes guides ! j'ai mes deux yeux, mes deux oreilles, mes deux pieds ; ma tête est bien solide, et mon esprit très sain ! Avec eux, je m'en vais. Car je vois arriver le malheur sur vos têtes, et nul n'échappera, nul ne s'en tirera parmi vous, prétendants, qui maltraitez les gens et tramez vos forfaits chez ce divin Ulysse. »

Et le devin, sortant du grand corps de logis, s'en fut chez Piraeos[28], qui lui fit bon accueil. Mais tous les prétendants, se regardant l'un l'autre, taquinaient Télémaque et riaient de ses hôtes. Un de ces jeunes fats s'en allait, répétant :

LE CHŒUR. – « Télémaque, on n'est pas plus malheureux en hôtes ! Regarde celui-là ! un vagabond, un gueux, qui veut du vin, du pain, mais du travail, jamais ! pas la moindre énergie ! un poids mort sur la terre ! Et l'autre qui se lève et qui fait le devin ! Écoute-moi, voyons, et prends le bon parti : jetons ces étrangers sous les bancs d'un navire et qu'on aille en Sicile[29] en tirer le bon prix ! »

Il dit ; mais Télémaque écoutait impassible ; muet, il regardait son père, ne sachant quand il voudrait enfin mater leur impudence.

Or, la fille d'Icare, la sage Pénélope, assise en l'embrasure sur sa riche escabelle, écoutait les propos de tous et de chacun, et c'était dans la salle un plantureux festin, tout de joie et de rires, pour lequel ils avaient immolé tant de bêtes ! Encor quelques instants, et le souper qu'allaient leur servir la déesse et le vaillant héros n'aurait pas son pareil pour le manque de charme ; mais c'est d'eux, les premiers, qu'était parti le crime.

29. Certains pensent trouver dans ces vers une allusion voilée aux malheurs de ceux qui débarquaient chez Échétos (cf. XVIII, 85, 116 ; XXI, 308) dont le royaume se trouverait en Sicile. Pour cette menace, cf. XVII, 248 sq. ; XXI, 307-308.

Τῇ δ' ἄρ' ἐπὶ φρεσὶ θῆκε θεὰ γλαυκῶπις Ἀθήνη 1
κούρῃ Ἰκαρίοιο, περίφρονι Πηνελοπείῃ,
τόξον μνηστήρεσσι θέμεν πολιόν τε σίδηρον· 3
κλίμακα δ' ὑψηλὴν κατεβήσετο οἷο δόμοιο,
[εἵλετο δὲ κληῖδ' εὐκαμπέα χειρὶ παχείῃ,
καλήν, χαλκείην· κώπη δ' ἐλέφαντος ἐπῆεν.]
βῆ δ' ἴμεναι θάλαμον δὲ σὺν ἀμφιπόλοισι γυναιξὶν
ἔσχατον· ἔνθα δέ οἱ κειμήλια κεῖτο ἄνακτος,
χαλκός τε χρυσός τε πολύκμητός τε σίδηρος.
ἔνθα δὲ τόξον κεῖτο παλίντονον ἠδὲ φαρέτρη
ἰοδόκος, πολλοὶ δ' ἔνεσαν στονόεντες ὀιστοί,
[δῶρα, τά οἱ ξεῖνος Λακεδαίμονι δῶκε τυχήσας
Ἴφιτος Εὐρυτίδης, ἐπιείκελος ἀθανάτοισι.
Τὼ δ' ἐν Μεσσήνῃ ξυμβλήτην ἀλλήλοιιν
οἴκῳ ἐν Ὀρτιλόχοιο δαΐφρονος. ἤτοι Ὀδυσσεὺς
ἦλθε μετὰ χρεῖος, τό ῥά οἱ πᾶς δῆμος ὄφελλε·
μῆλα γὰρ ἐξ Ἰθάκης Μεσσήνιοι ἄνδρες ἄειραν

vers 4 : ἐν μεγάροισ' Ὀδυσῆος ἀέθλια καὶ φόνου ἀρχήν

1. Pour une introduction au concours de l'arc, cf. Fernandez-Galiano, 1992, 131-147, qui donne une large bibliographie tout en discutant les différentes interprétations proposées. Pour une interprétation du chant XXI, cf. Curry, 1993. Voir aussi Woodhouse, 98-101.

2. Cette expression (en grec *pacheiê cheirê*) a suscité un grand nombre d'interprétations. Certains la considèrent inadaptée pour caractériser Pénélope, d'autres au contraire suggèrent que c'est bien à la puissance de la reine que l'expression ferait allusion. Plus récemment, on a suggéré que la main de Pénélope s'était épaissie à force de

*(CHANT XXI.)* C'est alors qu'Athéna, la déesse aux yeux pers, vint mettre dans l'esprit de la fille d'Icare d'offrir aux prétendants l'arc et les fers polis[1] dans le manoir d'Ulysse, jeux et début du meurtre. Par le haut escalier, la sage Pénélope descendit de sa chambre. Sa forte main[2] tenait la belle clef de bronze à la courbe savante, à la poignée d'ivoire. Avec ses chambrières, elle alla tout au fond du trésor où le maître déposait ses joyaux avec son or, son bronze et ses fers travaillés ; là se trouvaient aussi l'arc à brusque détente et le carquois de flèches, tout rempli de ces traits, d'où viendraient tant de pleurs.

C'est en Lacédémone[3], un jour, qu'en un voyage, Ulysse avait reçu ces présents d'Iphitos[4], l'un des fils d'Eurytos[5], semblable aux Immortels.

Tous deux, en Messénie ils s'étaient rencontrés chez le sage Orsiloque[6] : Ulysse y réclamait la dette[7] que ce peuple avait envers le sien ; car des Messéniens, sur leurs

tisser. Pour les différentes interprétations, cf. Nagler, 1993, 241-257 ; D. et L. Roller, 1994, 9-19 ; voir aussi Fortassier, 1993, 174-180.

3. Soit dans le Péloponnèse.

4. Ce remarquable archer vivrait en Œchalie, une ville dont on ne connaît pas la localisation. Certains la plaçaient, en effet, en Thessalie, d'autres en Messénie, d'autres encore en Eubée.

5. Remarquable archer, fils de Mélanée. Il aurait défié Apollon qui punit son audace en le tuant ; cf. VIII, 223-228.

6. En III, 489 et XV, 187, ce héros apparaît comme le père de Dioclès, roi de Phères que les spécialistes associent à Kalamata. C'est chez son fils que Télémaque et Pisistrate s'arrêtent alors qu'ils se rendent de Pylos à Sparte.

7. Sur ce type de dette, cf. III, 367 et note.

νηυσὶ πολυκλήισι τριηκόσι' ἠδὲ νομῆας·
τῶν ἕνεκ' ἐξεσίην πολλὴν ὁδὸν ἦλθεν Ὀδυσσεὺς
παιδνὸς ἐών· πρὸ γὰρ ἧκε πατὴρ ἄλλοι τε γέροντες.
Ἴφιτος αὖθ' ἵππους διζήμενος, αἵ οἱ ὄλοντο
δώδεκα θήλειαι, ὑπὸ δ' ἡμίονοι ταλαεργοί.
αἳ δή οἱ καὶ ἔπειτα φόνος καὶ μοῖρα γένοντο,
ἐπεὶ δὴ Διὸς υἱὸν ἀφίκετο καρτερόθυμον,
φῶθ' Ἡρακλῆα, μεγάλων ἐπιίστορα ἔργων,
ὅς μιν ξεῖνον ἐόντα κατέκτανε ᾧ ἐνὶ οἴκῳ,
σχέτλιος, οὐδὲ θεῶν ὄπιν ᾐδέσατ' οὐδὲ τράπεζαν
τήν, ἥν οἱ παρέθηκεν, ἔπειτα δὲ πέφνε καὶ αὐτόν,
ἵππους δ' αὐτὸς ἔχε κρατερώνυχας ἐν μεγάροισι.
  Τὰς ἐρέων Ὀδυσῆι συνήντετο, δῶκε δὲ τόξον,
τὸ πρὶν μὲν ἐφόρει μέγας Εὔρυτος, αὐτὰρ ὁ παιδὶ
κάλλιπ' ἀποθνῄσκων ἐν δώμασιν ὑψηλοῖσι.
τῷ δ' Ὀδυσεὺς ξίφος ὀξὺ καὶ ἄλκιμον ἔγχος ἔδωκεν,
ἀρχὴν ξεινοσύνης προσκηδέος· οὐδὲ τραπέζῃ
γνώτην ἀλλήλων· πρὶν γὰρ Διὸς υἱὸς ἔπεφνεν
Ἴφιτον Εὐρυτίδην, ἐπιείκελον ἀθανάτοισιν,
ὅς οἱ τόξον ἔδωκε. τὸ δ' οὔ ποτε δῖος Ὀδυσσεὺς
ἐρχόμενος πόλεμον δὲ μελαινάων ἐπὶ νηῶν
ᾕρεῖτ', ἀλλ' αὐτοῦ μνῆμα ξείνοιο φίλοιο
κέσκετ' ἐνὶ μεγάροισι· φόρει δέ μιν ἧς ἐπὶ γαίης.
  Ἡ δ' ὅτε δὴ θάλαμον ὃν ἀφίκετο δῖα γυναικῶν
οὐδόν τε δρύινον προσεβήσετο, τόν ποτε τέκτων
ξέσσεν ἐπισταμένως καὶ ἐπὶ στάθμην ἴθυνεν,
ἐν δὲ σταθμοὺς ἄρσε, θύρας δ' ἐπέθηκε φαεινάς·
αὐτίκ' ἄρ' ἥ γ' ἱμάντα θοῶς ἀπέλυσε κορώνης,
ἐν δὲ κληῖδ' ἧκε, θυρέων δ' ἀνέκοπτεν ὀχῆας
ἄντα τιτυσκομένη. τὰ δ' ἀνέβραχεν ἠύτε ταῦρος
βοσκόμενος λειμῶνι· τόσ' ἔβραχε καλὰ θύρετρα
πληγέντα κληῖδι, πετάσθησαν δέ οἱ ὦκα.
  Ἡ δ' ἄρ' ἐφ' ὑψηλῆς σανίδος βῆ· ἔνθα δὲ χηλοὶ
ἕστασαν· ἐν δ' ἄρα τῇσι θυώδεα εἵματ' ἔκειτο.]

vaisseaux à rames, avaient aux gens d'Ithaque volé trois cents moutons ainsi que leurs bergers. C'est comme ambassadeur, quoique tout jeune encore, qu'Ulysse était parti pour ce lointain voyage, député par son père et les autres doyens. Or, Iphitos cherchait ses cavales perdues, douze mères-juments et leurs mulets, sous elles, en âge de travail : elles devaient, hélas ! causer un jour sa perte, quand il irait trouver l'homme au cœur énergique, l'auteur des grands travaux, Héraclès, fils de Zeus ! En sa propre maison, sans redouter les dieux, sans respecter la table, où il l'avait reçu, où il allait l'abattre, Héraclès, l'insensé ! devait tuer cet hôte, pour prendre en son manoir les juments au pied dur.

C'est elles qu'Iphitos cherchait en Messénie quand, rencontrant Ulysse, il lui donna cet arc, que le grand Eurytos jadis avait porté et qu'il avait laissé, en mourant, à son fils dans sa haute demeure. En retour, Iphitos avait reçu d'Ulysse une lance robuste avec un glaive à pointe. Ce jour avait fait d'eux les plus unis des hôtes ; s'ils n'avaient pas connu la table l'un de l'autre, c'est que le fils de Zeus, auparavant, tua Iphitos l'Eurytide, cet émule des dieux. Or, jamais le divin Ulysse n'emportait le cadeau d'Iphitos, quand, sur les noirs vaisseaux, il partait pour la guerre : il gardait au manoir ce souvenir d'un hôte et ne l'avait jamais porté que dans son île.

Elle allait au trésor, cette femme divine. Elle était arrivée au seuil en bois de chêne que l'artisan jadis en maître avait poli et dressé au cordeau ; il en avait aussi ajusté les montants et les portes brillantes.

Aussitôt détachée la courroie du corbeau, Pénélope au panneau introduisit la clef, fit jouer les verrous et poussa devant elle : comme meugle un taureau pâturant dans les prés, le beau battant mugit sous le choc de la clef, et la porte tourna. Pénélope monta sur une planche haute, où les coffres dressés renfermaient les habits couchés dans les parfums.

ἔνθεν ὀρεξαμένη ἀπὸ πασσάλου αἴνυτο τόξον
αὐτῷ γωρυτῷ, ὅς οἱ περίκειτο φαεινός,
ἑζομένη δὲ κατ' αὖθι, φίλοισ' ἐπὶ γούνασι θεῖσα,
κλαῖε μάλα λιγέως, ἐκ δ' ᾕρεε τόξον ἄνακτος.
Ἡ δ' ἐπεὶ οὖν τάρφθη πολυδακρύτοιο γόοιο,
βῆ ῥ' ἴμεναι μέγαρον δὲ μετὰ μνηστῆρας ἀγαυούς,
τόξον ἔχουσ' ἐν χειρὶ παλίντονον ἠδὲ φαρέτρην.
τῇ δ' ἄρ' ἅμ' ἀμφίπολοι φέρον ὄγκιον, ἔνθα σίδηρος
[κεῖτο πολὺς καὶ χαλκός, ἀέθλια τοῖο ἄνακτος].
Ἡ δ' ὅτε δὴ μνηστῆρας ἀφίκετο δῖα γυναικῶν,
στῆ ῥα παρὰ σταθμὸν τέγεος πύκα ποιητοῖο
ἄντα παρειάων σχομένη λιπαρὰ κρήδεμνα,
αὐτίκα δὲ μνηστῆρσι μετηύδα καὶ φάτο μῦθον·
ΠΗΝ. — Κέκλυτέ μευ, [μνηστῆρες ἀγήνορες, οἳ τόδε δῶμα
ἐχράετ' ἐσθιέμεν καὶ πινέμεν ἐμμενὲς αἰεὶ
ἀνδρὸς ἀποιχομένοιο πολὺν χρόνον· οὐδέ τιν' ἄλλην
μύθου ποιήσασθαι ἐπισχεσίην ἐδύνασθε,
ἀλλ' ἐμὲ ἱέμενοι γῆμαι θέσθαι τε γυναῖκα.
ἀλλ' ἄγετε,] μνηστῆρες, ἐπεὶ τόδε φαίνετ' ἄεθλον.
θήσω γὰρ μέγα τόξον Ὀδυσσῆος θείοιο·
ὃς δέ κε ῥηΐτατ' ἐντανύσῃ βιὸν ἐν παλάμῃσι
καὶ διοϊστεύσῃ πελέκεων δυοκαίδεκα πάντων,
τῷ κεν ἅμ' ἑσποίμην νοσφισσαμένη τόδε δῶμα
κουρίδιον, μάλα καλόν, ἐνίπλειον βιότοιο,
τοῦ ποτε μεμνήσεσθαι ὀίομαι ἔν περ ὀνείρῳ.
Ὣς φάτο καί ῥ' Εὔμαιον ἀνώγει, δῖον ὑφορβόν,
τόξον μνηστήρεσσι θέμεν πολιόν τε σίδηρον·
δακρύσας δ' Εὔμαιος ἐδέξατο καὶ κατέθηκε·
κλαῖε δὲ βουκόλος ἄλλοθ', ἐπεὶ ἴδε τόξον ἄνακτος.

vers 60 : ἰοδόκον· πολλοὶ δ' ἔνεσαν στονόεντες ὀιστοί
vers 66 : ἀμφίπολος δ' ἄρα οἱ κεδνὴ ἑκάτερθε παρέστη

Pénélope étendit la main et décrocha l'arc avec le fourreau brillant qui l'entourait. Puis, s'asseyant et les prenant sur ses genoux et pleurant à grands cris, la reine dégaina du fourreau l'arc du maître, et son cœur se reput de pleurs et de sanglots.

Enfin, dans la grand-salle, elle revint auprès des nobles prétendants, ayant dans une main l'arc à brusque détente, dans l'autre le carquois tout rempli de ces traits d'où viendraient tant de pleurs ; ses femmes la suivaient, portant le coffre aux fers, si nombreux, et au bronze dont joutait ce grand roi.

Elle apparut alors devant les prétendants, cette femme divine, et, debout au montant de l'épaisse embrasure, ramenant sur ses joues ses voiles éclatants (debout à ses côtés, veillaient les chambrières), elle prit aussitôt la parole et leur dit :

PÉNÉLOPE. – « Écoutez, prétendants fougueux, qui chaque jour fondez sur ce logis pour y manger et boire les vivres d'un héros parti depuis longtemps ! Vous n'avez pu trouver d'autre excuse à vos actes que votre ambition de me prendre pour femme ! eh bien ! ô prétendants, voici pour vous l'épreuve : oui ! voici le grand arc de mon divin Ulysse : s'il est ici quelqu'un dont les mains, sans effort, puissent tendre la corde et, dans les douze haches, envoyer une flèche, c'est lui que je suivrai, quittant cette maison, ce toit de ma jeunesse, si beau, si bien fourni ! que je crois ne jamais oublier, même en songe ! »

Elle dit et donna l'ordre au divin porcher d'offrir aux prétendants l'arc et les fers polis. Eumée vint en pleurant les prendre et les offrir. Dans son coin, le bouvier pleurait aussi en revoyant l'arme du maître.

'Αντίνοος δ' ἐνένιπε ἔπος τ' ἔφατ' ἔκ τ' ὀνόμαζε·
ΑΝΤ. — [Νήπιοι ἀγροιῶται, ἐφημέρια φρονέοντες]
Ἆ δειλώ. τί νυ δάκρυ κατείβετον ἠδὲ γυναικὶ
θυμὸν ἐνὶ στήθεσσιν ὀρίνετον; ᾗ τε καὶ ἄλλως
κεῖται ἐν ἄλγεσι θυμός, ἐπεὶ φίλον ὤλεσ' ἀκοίτην.
ἀλλ' ἀκέων δαίνυσθε καθήμενοι, ἠὲ θύραζε
κλαίετον ἐξελθόντε, κατ' αὐτόθι τόξα λιπόντε,
μνηστήρεσσιν ἄεθλον ἀάατον· οὐ γὰρ ὀίω
ῥηιδίως τόδε τόξον ἐύξοον ἐντανύεσθαι.
οὐ γάρ τις μέτα τοῖος ἀνὴρ ἐν τοῖσι δὲ πᾶσιν,
οἷος 'Οδυσσεὺς ἔσκεν· ἐγὼ δέ μιν αὐτὸς ὄπωπα,
καὶ γὰρ μνήμων εἰμί, πάις δ' ἔτι νήπιος ἦα.
"Ὣς φάτο· τῷ δ' ἄρα θυμὸς ἐνὶ στήθεσσι ἐώλπει
νευρὴν ἐντανύειν διοϊστεύσειν τε σιδήρου.
[ἤτοι ὀιστοῦ γε πρῶτος γεύσεσθαι ἔμελλεν
ἐκ χειρῶν 'Οδυσῆος ἀμύμονος, ὃν τότ' ἀτίμα
ἥμενος ἐν μεγάροισ', ἐπὶ δ' ὤρνυε πάντας ἑταίρους.]
Τοῖσι δὲ καὶ μετέειφ' ἱερὴ ἲς Τηλεμάχοιο·
ΤΗΛ. — Ὢ πόποι, ἦ μάλα με Ζεὺς ἄφρονα θῆκε Κρονίων·
μήτηρ μέν μοί φησι φίλη, πινυτή περ ἐοῦσα,
ἄλλῳ ἅμ' ἕψεσθαι νοσφισσαμένη τόδε δῶμα·
αὐτὰρ ἐγὼ γελόω καὶ τέρπομαι ἄφρονι θυμῷ.
[ἀλλ' ἄγετε, μνηστῆρες, ἐπεὶ τόδε φαίνετ' ἄεθλον,
οἵη νῦν οὐκ ἔστι γυνὴ κατ' 'Αχαιίδα γαῖαν
οὔτε Πύλου ἱερῆς οὔτ' Ἄργεος οὔτε Μυκήνης·
καὶ δ' αὐτοὶ τόδε ἴστε· τί με χρὴ μητέρος αἴνου;
ἀλλ' ἄγε μὴ μύνῃσι παρέλκετε μηδ' ἔτι τόξου...]

vers 109 : οὔτ' αὐτῆς 'Ιθάκης οὔτ' ἠπείροιο μελαίνης

Alors Antinoos se mit à les tancer :

ANTINOOS. – « Ah ! les sots campagnards ! pensant au jour le jour ! Ah ! couple de malheur ! pourquoi verser des larmes et troubler en son sein le cœur de cette femme ? Vous savez les tourments où la plonge déjà la perte de l'époux ! Si vous voulez rester à table, taisez-vous ! si vous voulez pleurer, sortez ! mais posez l'arc ! laissez aux prétendants cette lutte anodine[8] : car cet arc bien poli, je ne crois pas qu'on puisse aisément le bander ! Non ! ce n'est pas ici, parmi tous ces convives, qu'Ulysse a son rival ; je l'ai vu de mes yeux et toujours m'en souviens ; j'étais pourtant bien jeune ! »

Il disait, bien qu'au cœur, il gardât l'espérance de pouvoir tendre l'arc et traverser les fers ; mais c'est lui, le premier, qui goûterait des flèches envoyées par la main de l'éminent Ulysse, qu'à cette heure, assis en son manoir, il raillait en excitant les autres.

Sa Force et Sainteté Télémaque leur dit :

TÉLÉMAQUE. – « Ah ! misère ! c'est Zeus, c'est le fils de Cronos qui me trouble l'esprit. Ma mère, cette femme à l'esprit de sagesse, me prévient qu'elle va quitter cette maison, pour suivre un autre époux, et je ris et, d'un cœur léger, me divertis ! Mais allons, prétendants ! Vous avez vu le prix ! est-il femme pareille en terres achéennes, dans la sainte Pylos, dans Argos, dans Mycènes ou même en notre Ithaque et sur ce continent dont la côte noircit[9] ? Mais vous le savez bien ! pourquoi vanter ma mère ? Allons ! pas de prétexte ! avancez sans

8. Cette expression est reprise par Ulysse en XXII, 5. On a souvent souligné la difficulté que pose le sens du mot *aaaton*. En effet, comment Antinoos peut-il dire que cette lutte est anodine si l'enjeu est la main de Pénélope ?

9. Télémaque présente sa mère comme le meilleur parti du monde achéen. D'une certaine façon, elle devient une « nouvelle Hélène » pour laquelle tant de guerriers se réunirent chez Tyndare, pour laquelle tant d'hommes sont morts.

⟨ἀλλ' ἄγετε, μνηστῆρες, ἐπέλθετε, μηδ' ἔτι τόξου⟩ 111 a
δηρὸν ἀποτρωπᾶσθε τανυστύος, ὄφρα ἴδωμεν.
καὶ δέ κεν αὐτὸς ἐγὼ τοῦ τόξου πειρησαίμην·
εἰ δέ κεν ἐντανύσω διοϊστεύσω τε σιδήρου,
οὔ κέ μοι ἀχνυμένῳ τάδε δώματα πότνια μήτηρ 115
λείποι ἅμ' ἄλλῳ ἰοῦσ', ὅτ' ἐγὼ κατόπισθε λιποίμην
οἷός τ' ἤδη πατρὸς ἀέθλια κάλ' ἀνελέσθαι.
Ἦ καὶ ἀπ' ὤμοιιν χλαῖναν θέτο φοινικόεσσαν
ὀρθὸς ἀναΐξας, ἀπὸ δὲ ξίφος ὀξὺ θέτ' ὤμων,
πρῶτον μὲν πελέκεας στῆσεν διὰ τάφρον ὀρύξας 120
πᾶσι μίαν μακρήν, καὶ ἐπὶ στάθμην ἴθυνεν,
ἀμφὶ δὲ γαῖαν ἔναξε. τάφος δ' ἕλε πάντας Ἀχαιούς,
[ὡς εὐκόσμως στῆσε· πάρος δ' οὐ πώποτ' ὀπώπει.]
στῆ δ' ἄρ' ἐπ' οὐδὸν ἰὼν καὶ τόξου πειρήτιζε
τρὶς μέν μιν πελέμιξε ⟨ταν⟩ύσσεσθαι μενεαίνων, 125
τρὶς δὲ μεθῆκε βίης, ἐπιελπόμενος τό γε θυμῷ, 126
καὶ νύ κε δὴ ἐτάνυσσε βίῃ τὸ τέταρτον ἀνέλκων, 128
ἀλλ' Ὀδυσεὺς ἀνένευε καὶ ἔσχεθε ἱέμενόν περ.
Τοῖς δ' αὖτις μετέειφ' ἱερὴ ἲς Τηλεμάχοιο· 130

ΤΗΛ. — Ὢ πόποι, ἦ καὶ ἔπειτα κακός τ' ἔσομαι καὶ ἄναλκις,
ἠὲ νεώτερός εἰμι καὶ οὔπω χερσὶ πέποιθα ; 132
ἀλλ' ἄγεθ', οἵ περ ἐμεῖο βίῃ προφερέστεροί ἐστε, 134
τόξου πειρήσασθε, καὶ ἐκτελέωμεν ἄεθλον. 135

Ὣς εἰπὼν τόξον μὲν ἀπὸ ἕο θῆκε χαμᾶζε
κλίνας κολλητῇσιν ἐυξέστῃς σανίδεσσιν,
αὐτοῦ δ' ὠκὺ βέλος καλῇ προσέκλινε κορώνῃ,
ἂψ δ' αὖτις κατ' ἄρ' ἕζετ' ἐπὶ θρόνου ἔνθεν ἀνέστη.
Τοῖσιν δ' Ἀντίνοος μετέφη, Εὐπείθεος υἱός· 140

ΑΝΤ. — Ὄρνυσθ' ἑξείης ἐπιδέξια πάντες, ἑταῖροι,
ἀρξάμενοι τοῦ χώρου, ὅθεν τ' ἔπι οἰνοχοεύειν.

vers 127 : νευρὴν ἐνατανύειν διοϊστεύσειν τε σιδήρου
vers 133 : ἄνδρ' ἀπαμύνασθαι, ὅτε τις πρότερος χαλεπήνῃ

retard et montrez-nous comment on peut bander cet arc ! car je veux essayer, moi aussi, de le tendre ! si je puis le bander et traverser les fers, alors plus de tristesse ! ma mère vénérée gardera ce manoir, sans aller chez un autre et sans me quitter, moi, qui serai désormais l'émule de mon père en ses plus beaux concours. »

Il dit et, son manteau de pourpre rejeté, il se dressa d'un bond, ôta le glaive à pointe pendu à son épaule et, pour planter les haches, vint tracer au cordeau et creuser un fossé, dont il buttait la terre autour de chaque manche[10]. Pour tous les Achéens, ce fut une surprise de le voir disposer si bellement ces haches, dont jusqu'ici, pourtant, ses yeux ne savaient rien ! Puis, montant sur le seuil, debout, il fit l'essai. Trois fois, pour bander l'arc, il ébranla la corde. Trois fois, il dut lâcher, malgré tout son espoir de pouvoir tendre l'arc et traverser les fers.

Il s'y reprit encore, et peut-être allait-il réussir cette fois, quand Ulysse, d'un signe, arrêta son effort.

Sa Force et Sainteté Télémaque leur dit :

TÉLÉMAQUE. – « Ah ! misère ! en ma vie serai-je faible et lâche ? Suis-je trop jeune encore pour compter sur mon bras et mettre à la raison qui voudrait m'outrager ? Mais puisque votre bras est plus fort que le mien, essayez de cet arc ! poursuivons le concours ! »

Il dit et, sur le sol, ayant déposé l'arc, il l'appuya aux bois des panneaux joints et lisses, coucha la flèche ailée sur le joli corbeau, puis reprit le fauteuil qu'il venait de quitter.

Antinoos, le fils d'Eupithès, dit aux autres :

ANTINOOS. – « De la gauche à la droite, allons ! que nos amis viennent tous, à la file, en commençant du même bout que l'échanson ! »

10. Pour la reconstitution de cet arrangement, cf. Delebecque, 1975, 59-60 ; Pocock, 1961, 359 ; Stubbings, 535 ; Fernandez-Galiano, 1992, 144-146.

Ὣς ἔφατ' Ἀντίνοος· τοῖσιν δ' ἐπιήνδανε μῦθος.
Λειώδης δὲ πρῶτος ἀνίστατο, Οἴνοπος υἱός,
ὅ σφι θυοσκόος ἔσκε, παρὰ κρητῆρα δὲ καλὸν
ἷζε μυχοίτατος αἰέν· ἀτασθαλίαι δέ οἱ οἴῳ
ἐχθραὶ ἔσαν· πᾶσιν δὲ νεμέσσα μνηστήρεσσιν·
ὅς ῥα τότε πρῶτος τόξον λάβε καὶ βέλος ὠκύ,
στῆ δ' ἄρ' ἐπ' οὐδὸν ἰὼν καὶ τόξου πειρήτιζεν,
οὐδέ μιν ἐντάνυσε· πρὶν γὰρ κάμε χεῖρας ἀνέλκων
ἀτρίπτους ἁπαλάς, μετὰ δὲ μνηστῆρσιν ἔειπεν·
ΛΕΙ. — Ὦ φίλοι, οὐ μ⟨ι⟩ν ἐγὼ τανύω· λαβέτω δὲ καὶ ἄλλος·
πολλοὺς γὰρ τόδε τόξον ἀριστῆας κεκαδήσει
θυμοῦ καὶ ψυχῆς, ἐπεὶ ἦ πολὺ φέρτερόν ἐστι
τεθνάμεν ἢ ζώοντας ἁμαρτεῖν, οὗ θ' ἕνεκ' αἰεὶ
ἐνθάδ' ὁμιλέομεν ποτιδέγμενοι ἤματα πάντα.
[νῦν μέν τις καὶ ἔλπετ' ἐνὶ φρεσὶν ἠδὲ μενοινᾷ
γῆμαι Πηνελόπειαν, Ὀδυσσῆος παράκοιτιν·
αὐτὰρ ἐπὴν τόξου πειρήσεται ἠδὲ ἴδηται,
ἄλλην δή τιν' ἔπειτα Ἀχαιιάδων εὐπέπλων
μνάσθω ἐέδνοισιν διζήμενος· ἡ δέ κ' ἔπειτα
γήμαιθ' ὅς κε πλεῖστα πόροι καὶ μόρσιμος ἔλθοι.]
Ὣς ἄρ' ἐφώνησεν καὶ ἀπὸ ἕο τόξον ἔθηκε.
κλίνας κολλητῇσιν ἐυξέστῃς σανίδεσσιν,
αὐτοῦ δ' ὠκὺ βέλος καλῇ προσέκλινε κορώνῃ,
ἂψ δ' αὖτις κατ' ἄρ' ἕζετ' ἐπὶ θρόνου ἔνθεν ἀνέστη.
Ἀντίνοος δ' ἐνένιπε ἔπος τ' ἔφατ', ἔκ τ' ὀνόμαζε·
ΑΝΤ. — Λειῶδες, ποῖόν σε ἔπος φύγεν ἕρκος ὀδόντων,
δεινόν τ' ἀργαλέον τε; νεμεσσῶμαι δέ τ' ἀκούων,
εἰ δὴ τοῦτό γε τόξον ἀριστῆας κεκαδήσει
θυμοῦ καὶ ψυχῆς, ἐπεὶ οὐ δύνασαι σὺ τανύσσαι.
οὐ γάρ τοι σέ γε τοῖον ἐγείνατο πότνια μήτηρ
οἷόν τε ῥυτῆρα βιοῦ τ' ἔμεναι καὶ ὀιστῶν·
ἀλλ' ἄλλοι τανύουσι τάχα μνηστῆρες ἀγαυοί.

Tous ayant approuvé ces mots d'Antinoos, ce fut le fils d'Œnops, Liodès l'haruspice[11], qui s'en vint le premier: son siège était au coin, tout près du beau cratère ; seul, il avait l'horreur de leurs impiétés et leur montrait son blâme. Donc il prit, le premier, l'arc et la flèche ailée et, montant sur le seuil, debout, il fit l'essai, mais ne put tendre l'arc. À tirer sur la corde, il eut bientôt lassé ses blanches mains débiles. Il dit aux prétendants :

LIODÈS. – « Amis, ce n'est pas moi qui tendrai l'arc : à d'autres ! Mais cet arc va briser et le cœur et la vie à plusieurs de nos princes ! s'il est vrai que, cent fois mieux nous vaudrait mourir que vivre sans avoir enfin la récompense d'une si longue attente, après tant de journées passées en ce manoir ! S'il en est dont le cœur a pu former l'espoir d'épouser Pénélope, la compagne d'Ulysse, qu'ils tâtent de cet arc ! qu'ils le voient seulement ! et nous verrons bientôt leurs cadeaux et leurs vœux s'en aller vers quelque autre Achéenne au beau voile ! Et, quant à Pénélope, c'est ou le plus offrant ou l'élu du destin qui sera son époux. »

Il dit et, sur le sol ayant déposé l'arc, il l'appuya aux bois des panneaux joints et lisses, coucha la flèche ailée sur le joli corbeau, puis reprit le fauteuil qu'il venait de quitter.

Alors Antinoos se mit à le tancer :

ANTINOOS. – « Quel mot s'est échappé de l'enclos de tes dents ! C'est un mot, Liodès, terriblement cruel ! j'enrage de l'entendre. Donc il faut que cet arc brise à bien des héros et le cœur et la vie, parce qu'un Liodès n'a pas pu le bander ! Si tu reçus le jour de ton auguste mère, ce n'est pas pour tirer de l'arc, lancer des flèches ! Laisse un peu ! tu vas voir nos braves prétendants ! »

11. En grec, *thuoskoos*, « celui qui examine les sacrifices » (Chantraine, *DE*, s.v. *thuô*), cf. *Il.*, XXIV, 221. Sur ce personnage, double d'Amphinomos en quelque sorte, cf. Fenik, 1974, 192-198.

῝Ως φάτο καί ῥ' ἐκέλευσε Μελάνθιον, αἰπόλον αἰγῶν·
ΑΝΤ. — Ἄγρει δή, πῦρ κ⟨ῆ⟩ον ἐνὶ μεγάροισι, Μελανθεῦ,
πὰρ δὲ τίθει δίφρόν τε μέγαν καὶ κῶας ἐπ' αὐτοῦ,
ἐκ δὲ στέατος ἔνεικε μέγαν τροχὸν ἔνδον ἐόντος,
ὄφρα νέοι θάλποντες ἐπιχρί⟨ω⟩ντ⟨αι⟩ ἀλοιφῇ.
῝Ως φάθ'· ὁ δ' αἶψ' ἀνέκαιε Μελάνθιος ἀκάματον πῦρ,
πὰρ δὲ φέρων δίφρον θῆκεν καὶ κῶας ἐπ' αὐτοῦ,
ἐκ δὲ στέατος ἔνεικε μέγαν τροχὸν ἔνδον ἐόντος·
τῷ ῥα νέοι θάλποντες ἐπειρῶντ', οὐδὲ δύναντο
ἐντανύσαι, πολλὸν δὲ βίης ἐπιδευέες ἦσαν.
Ἀντίνοος δ' ἔτ' ἐπεῖχε καὶ Εὐρύμαχος θεοειδής,
ἀρχοὶ μνηστήρων· ἀρετῇ δ' ἔσαν ἔξοχ' ἄριστοι.
Τὼ δ' ἐκ οἴκου βῆσαν ⟨Ὀδυσσῆος θείοιο⟩
βουκόλος ἠδὲ συφορβὸς ⟨ὁμαρτήσαντες ἅμ' ἄμφω⟩·
ἐκ δ' αὐτὸς μετὰ τοὺς δόμου ἤλυθε δῖος Ὀδυσσεύς.
Ἀλλ' ὅτε δή ῥ' ἐκτὸς θυρέων ἔσαν ἠδὲ καὶ αὐλῆς,
φθεγξάμενός σφ' ἐπέεσσι προσηύδα μειλιχίοισι·
ΟΔΥ. — Βουκόλε καὶ σύ, συφορβέ, ἔπος τί κε μυθησαίμην,
ἦ' αὐτὸς κεύθω; φάσθαι δέ με θυμὸς ἀνώγει.
ποῖοί κ' εἶτ' Ὀδυσῆι ἀμυνέμεν, εἴ ποθεν ἔλθοι
ὧδε μάλ' ἐξαπίνης καί τις θεὸς αὐτὸν ἐνείκαι;
ἦ κε μνηστήρεσσιν ἀμύνοιτ' ἦ' Ὀδυσῆι;
εἴπαθ' ὅπως ὑμέας κραδίη θυμός τε κελεύει.
Τὸν δ' αὖτε προσέειπε βοῶν ἐπιβουκόλος ἀνήρ·
ΦΙΛ. — Ζεῦ πάτερ, αἲ γὰρ τοῦτο τελευτήσειας ἐέλδωρ
ὡς ἔλθοι μὲν κεῖνος ἀνήρ· ἀγάγοι δέ ἑ δαίμων.
῝Ως δ' αὔτως Εὔμαιος ἐπεύχετο πᾶσι θεοῖσι
νοστῆσαι Ὀδυσῆα πολύφρονα ὃν δὲ δόμον δέ.

vers 180 : τόξου πειρώμεσθα καὶ ἐκτελέωμεν ἄεθλον
vers 202 : γνοίης χ' οἵη ἐμὴ δύναμις καὶ χεῖρες ἕπονται

Il dit et, s'adressant au maître-chevrier :

ANTINOOS. – « Vite, Mélantheus ! ranime-nous le feu ! mets auprès du foyer une grande escabelle, couverte de toisons ; puis va chercher dans la réserve un pain de suif pour que nos jeunes gens chauffent l'arc et le graissent ! puis essayons cet arc ; achevons le concours ! »

Il dit et Mélantheus, ranimant aussitôt la danse de la flamme, apporta l'escabeau, qu'il mit près du foyer, le couvrit de toisons, puis fut chercher le pain de suif dans la réserve. Quand on eut chauffé l'arc, les jeunes essayèrent : pas un ne le tendit ; la force leur manquait, et l'écart était grand !

Il ne resta bientôt, parmi les prétendants, que les deux chefs, Antinoos et Eurymaque au visage de dieu ; leur valeur les mettait de beaucoup hors de pair.

Or, s'étant concertés, Eumée et le bouvier se décidaient ensemble à quitter le logis de leur maître divin. Derrière eux, le divin Ulysse se leva, sortit de la maison et déjà, de la cour, ils franchissaient les portes, quand il les rappela doucement et leur dit :

ULYSSE. – « Bouvier et toi, porcher, puis-je vous dire un mot ? vaudrait-il mieux me taire ? J'obéis à mon cœur et je parle. Voyons ! seriez-vous en humeur de lutter pour Ulysse, si jamais il rentrait, si tout à coup le ciel le ramenait ici ? de lui, des prétendants, auquel irait votre aide ? répondez ! n'écoutez que vos cœurs et vos âmes. »

Le maître des bouviers aussitôt répondit :

PHILOETIOS. – « Puisses-tu, Zeus le père ! accorder à nos vœux que le maître revienne, que le ciel nous le rende : tu verrais ce que vaut et mon bras et ma force. »

Eumée pareillement invoquait tous les dieux pour le retour du sage Ulysse en sa demeure.

Αὐτὰρ ἐπεὶ δὴ τῶν γε νόον νημερτέ' ἀνέγνω, 205
ἐξαῦτις σφ' ἐπέεσσιν ἀμειβόμενος προσέειπεν·
ΟΔΥ.—"Ενδον μὲν δὴ ὅδ' αὐτὸς ἐγώ, κακὰ πολλὰ μογήσας· 207
γινώσκω δ' ὡς σφῶιν ἐελδομένοισιν ἱκάνω 209
οἴοισι δμώων· τῶν δ' ἄλλων οὔ τευ ἄκουσα 210
εὐξαμένου ἐμὲ αὖτις ὑπότροπον οἴκαδ' ἱκέσθαι·
σφῶιν δ', ὡς ἔσεταί περ, ἀληθείην καταλέξω·
εἴ χ' ὑπ' ἐμοί γε θεὸς δαμάσῃ μνηστῆρας ἀγαυούς,
ἄξομαι ἀμφοτέροισ' ἀλόχους καὶ κτήματ' ὀπάσσω
οἰκία τ' ἐγγὺς ἐμεῖο τετυγμένα· καί μοι ἔπειτα 215
Τηλεμάχου ἑτάρω τε κασιγνήτω τε ἔσεσθον.
εἰ δ' ἄγε δή, καὶ σῆμα ἀριφραδὲς ἄλλό τι δείξω,
ὄφρά μ' ἔυ γνῶτον πιστωθῆτόν τ' ἐνὶ θυμῷ. 218
"Ὣς εἰπὼν ῥάκεα μεγάλης ἀποέργαθεν οὐλῆς. 221
τὼ δ' ἐπεὶ ἐσιδέτην εὖ τ' ἐφράσσαντο ἕκαστα,
κλαῖον ἄρ' ἀμφ' Ὀδυσῆι δαΐφρονι χεῖρε βαλόντε
καὶ κύνεον ἀγαπαζόμενοι κεφαλήν τε καὶ ὤμους·
ὣς δ' αὔτως Ὀδυσεὺς κεφαλὰς καὶ χεῖρας ἔκυσσε, 225
καί νύ κ' ὀδυρομένοισιν ἔδυ φάος ἠελίοιο,
εἰ μὴ Ὀδυσσεὺς αὐτὸς ἐρύκακε φώνησέν τε·
ΟΔΥ. — Παύεσθον κλαυθμοῖο γόοιό τε, μή τις ἴδηται
ἐξελθὼν μεγάροιο, ἀτὰρ εἴπησι καὶ εἴσω.
ἀλλὰ προμνηστῖνοι ἐσέλθετε, μηδ' ἅμα πάντες, 230
πρῶτος ἐγώ, μετὰ δ' ὔμμες. ἀτὰρ τόδε σῆμα τετύχθω·
ἄλλοι μὲν γὰρ πάντες, ὅσοι μνηστῆρες ἀγαυοί,
οὐκ ἐάσουσιν ἐμοὶ δόμεναι βιὸν ἠδὲ φαρέτρην·
ἀλλὰ σύ, δῖ' Εὔμαιε, φέρων ἀνὰ δώματα τόξον

vers 208 : ἤλυθον εἰκοστῷ ἔτεϊ ἐς πατρίδα γαῖαν
vers 219 : οὐλήν, τήν ποτέ με σῦς ἤλασε λευκῷ ὀδόντι
220 : Παρνησὸν δ' ἐλθόντα σὺν υἱάσιν Αὐτολύκοιο

Quand il fut bien certain de connaître leurs cœurs, Ulysse, reprenant la parole, leur dit :

ULYSSE. – « Eh bien, il est ici ! Regardez-le ! c'est moi : après vingt ans, je rentre au pays de mes pères ! De tous mes serviteurs, c'est vous seuls que je vois, après tant de traverses, souhaiter mon retour ! Du moins, de tous les autres, n'ai-je pas entendu un vœu pour ma rentrée ! Aussi je vais vous dire en toute vérité ce que je compte faire : si quelque jour un dieu jette sous ma vengeance les nobles prétendants, je vous marie tous deux, je vous donne des biens, je vous bâtis une maison près de la mienne et, pour moi, désormais, vous êtes les amis, les frères de mon fils ! Mais, tenez, s'il vous faut une marque certaine, vos cœurs, sans plus douter pourront me reconnaître : c'est la plaie[12] que jadis de sa blanche défense, me fit un sanglier, lorsque j'étais allé, avec les fils d'Autolycos[13] sur le Parnasse[14].

À ces mots, écartant ses haillons, il montra la grande cicatrice.

Après l'avoir bien vue, avoir bien recherché leurs souvenirs du maître, ils jetèrent leurs bras au cou du sage Ulysse et, tout en pleurs, avec amour, ils le baisaient au front, sur les épaules, et le maître en retour les baisait tous les deux sur le front et les mains, et le soleil couchant eût encor vu leurs pleurs, si, pour les arrêter, Ulysse n'avait dit :

ULYSSE. – « Laissez larmes et cris ! car il ne faudrait pas que, sortant de la salle, un de leurs gens nous vît et retournât le dire... Rentrons l'un après l'autre, et non pas tout ensemble ! moi d'abord, vous ensuite ! Et veillez au signal ! car ces fiers prétendants vont tous me refuser mon arc et mon carquois : alors, divin Eumée, à travers

12. Sur la cicatrice, cf. XIX, 386 sq.

13. Sur ce héros, grand-père d'Ulysse, celui qui lui donna son nom, cf. XI, 85 et note ; XIX, 394 sq.

14. Montagne de Phocide où vivait Autolycos.

ἐν χείρεσσιν ἐμοὶ θέμεναι, εἰπεῖν δὲ γυναιξὶ
κληῖσσαι μεγάροιο θύρας πυκινῶς ἀραρυίας·
ἢν δέ τις ἢ στοναχῆς ἠὲ κτύπου ἔνδον ἀκούσῃ
ἀνδρῶν ἡμετέροισιν ἐν ἕρκεσι, μή τι θύραζε
προβλώσκειν, ἀλλ' αὐτοῦ ἀκὴν ἔμεναι παρὰ ἔργῳ.
σοὶ δέ, Φιλοίτιε δῖε, θύρας ἐπιτέλλομαι αὐλῆς
κληῖσσαι κληῖδι, θοῶς δ' ἐπὶ δεσμὸν ἰῆλαι.
Ὣς εἰπὼν εἰσῆλθε δόμους εὐναιετάοντας,
ἕζετ' ἔπειτ' ἐπὶ δίφρον ἰὼν ἔνθέν περ ἀνέστη.
ἐς δ' ἄρα καὶ τὼ δμῶε ἴτην θείου Ὀδυσῆος.
Εὐρύμαχος δ' ἤδη τόξον μετὰ χερσὶν ἐνώμα
θάλπων ἔνθα καὶ ἔνθα σέλᾳ πυρός· ἀλλά μιν οὐδ' ὣς
ἐντανύσαι δύνατο, μέγα δὲ στένε κυδάλιμον κῆρ.
ὀχθήσας δ' ἄρ' ⟨ἔπειτα⟩ ἔπος τ' ἔφατ' ἔκ τ' ὀνόμαζεν·
ΕΥΡ. — Ὢ πόποι, ἦ μοι ἄχος περί τ' αὐτοῦ καὶ περὶ πάντων.
οὔ τι γάμου τοσσοῦτον ὀδύρομαι ἀχνύμενός περ·
εἰσὶ καὶ ἄλλαι πολλαὶ Ἀχαιΐδες, αἱ μὲν ἐν αὐτῇ
ἀμφιάλῳ Ἰθάκῃ, αἱ δ' ἄλλῃσιν πολίεσσιν·
ἀλλ' εἰ δὴ τοσσόνδε βίης ἐπιδευέες εἰμὲν
ἀντιθέου Ὀδυσῆος, ὅ τ' οὐ δυνάμεσθα τανύσσαι
τόξον· ἐλεγχείη δὲ καὶ ἐσσομένοισι πυθέσθαι.
Τὸν δ' αὖτ' Ἀντίνοος προσέφη, Εὐπείθεος υἱός·
ΑΝΤ. — Εὐρύμαχ', οὐχ οὕτως ἔσται· νοέεις δὲ καὶ αὐτός.
νῦν μὲν γὰρ κατὰ δῆμον ἑορτὴ τοῖο θεοῖο
ἁγνή. τίς δέ κε τόξα τιταίνοιτ'; ἀλλὰ ἕκηλοι
κάτθετ'· ἀτὰρ πελέκεάς γε καὶ εἴ κ' εἰῶμεν ἅπαντας
ἑστάμεν· οὐ μὲν γάρ τιν' ἀναιρήσεσθαι ὀΐω
ἐλθόντ' ἐς μέγαρον Λαερτιάδεω Ὀδυσῆος.
ἀλλ' ἄγε, οἰνοχόος μὲν ἐπαρξάσθω δεπάεσσιν,

la grand-salle, viens m'apporter cet arc à moi-même, en mains propres ; puis tu diras aux femmes de fermer sur la salle leurs portes en bois plein et, si l'on entendait ou des cris ou des coups dans notre enclos des hommes, que pas une au-dehors ne sorte ! et pas un mot ! mais qu'on reste au travail ! Je te demande, à toi, divin Philoetios, de veiller au portail de la cour ; ferme-le ; mets prestement la barre et noue-la d'une corde. »

Sur ces mots, il rentra au grand corps du logis et reprit l'escabeau qu'il venait de quitter, et bientôt, après lui, les deux bergers rentraient chez le divin Ulysse.

L'arc était maintenant dans les mains d'Eurymaque : il le tournait de-ci de-là, pour le chauffer à la lueur du feu, mais sans pouvoir le tendre, et son cœur glorieux éclatait de colère. En gémissant, il dit enfin et déclara :

EURYMAQUE. – « Que je souffre, ah ! misère ! et pour moi et pour tous ! Ce n'est pas tant l'hymen qui cause mes regrets ! Je sais, en mon dépit, bien d'autres Achéennes, soit en cette cité d'Ithaque entre-deux-mers, soit dans les autres villes... Mais voir notre vigueur dépassée de si loin par le divin Ulysse ! et que pas un de nous n'ait pu tendre son arc ! Quelle honte pour nous jusque dans l'avenir[15] ! »

Antinoos, le fils d'Eupithès, répliqua :

ANTINOOS. – « Non ! il n'en sera rien, Eurymaque ! oublies-tu quelle fête, aujourd'hui, célèbre notre peuple ? et tu sais de quel dieu ! Comment tirer de l'arc aujourd'hui ? rien à faire ! mais que toutes les haches restent ainsi plantées ; personne ne viendra les enlever, je pense, en voulant pénétrer dans la salle d'Ulysse, chez le fils de Laërte ! Allons ! que l'échanson, nous remplisse les coupes ; que l'on fasse l'offrande, puis posons l'arc

15. Dans cette société pacifique, comme celle des Phéaciens, les exploits sportifs étaient des sujets de chant ; la défaite suscitait le blâme. Sur la poétique de l'éloge et du blâme, cf. Nagy, 1979, 222-242.

ὄφρα σπείσαντες καταθείομεν ἀγκύλα τόξα·
ἠῶθεν δὲ κέλεσθε Μελάνθιον, αἰπόλον αἰγῶν,
αἶγας ἄγειν, αἳ πᾶσι μέγ' ἔξοχοι αἰπολίοισιν,
ὄφρ' ἐπὶ μηρία θέντες Ἀπόλλωνι κλυτοτόξῳ
τόξου πειρώμεσθα καὶ ἐκτελέωμεν ἄεθλον.
Ὣς ἔφατ' Ἀντίνοος· τοῖσιν δ' ἐπιήνδανε μῦθος· 269
κοῦροι δὲ κρητῆρας ἐπεστέψαντο ποτοῖο, 271
νώμησαν δ' ἄρα πᾶσιν ἐπαρξάμενοι δεπάεσσιν.
οἱ δ' ἐπεὶ οὖν σπεῖσάν τε πίον θ' ὅσον ἤθελε θυμός,
τοῖσι δολοφρονέων μετέφη πολύμητις Ὀδυσσεύς·
ΟΔΥ. — Κέκλυτέ μευ, μνηστῆρες ἀγακλειτῆς βασιλείης·
Εὐρύμαχον δὲ μάλιστα καὶ Ἀντίνοον θεοειδέα 277
λίσσομ', ἐπεὶ καὶ τοῦτο ἔπος κατὰ μοῖραν ἔειπε,
νῦν μὲν παῦσαι τόξον, ἐπιτρέψαι δὲ θεοῖσιν·
ἠῶθεν δὲ θεὸς δώσει κράτος ᾧ κ' ἐθέλῃσιν.
ἀλλ' ἄγ' ἐμοὶ δότε τόξον ἐύξοον, ὄφρα μεθ' ὑμῖν
χειρῶν καὶ σθένεος πειρήσομαι, ἤ μοι ἔτ' ἐστὶ
ἴς, οἵη πάρος ἔσκεν ἐνὶ γναμπτοῖσι μέλεσσιν
ἦ' ἤδη μοι ὄλεσσεν ἄλη τ' ἀκομιστίη τε.
Ὣς ἔφαθ'· οἱ δ' ἄρα πάντες ὑπερφιάλως νεμέσησαν,
δείσαντες μὴ τόξον ἐύξοον ἐντανύσειεν.
Ἀντίνοος δ' ἐνένιπε ἔπος τ' ἔφατ' ἔκ τ' ὀνόμαζεν·
ΑΝΤ. — Ἆ δειλὲ ξείνων, ἔνι τοι φρένες οὐδ' ἠ βαιαί.
οὐκ ἀγαπᾷς ὃ ἕκηλος ὑπερφιάλοισι μεθ' ἡμῖν
δαίνυσαι, οὐδέ τι δαιτὸς ἀμέρδεαι, αὐτὰρ ἀκούεις
μύθων ἡμετέρων καὶ ῥήσιος; [οὐδέ τις ἄλλος
ἡμετέρων μύθων ξεῖνος καὶ πτωχὸς ἀκούει.
οἶνός σε τρώει μελιηδής, ὅς τε καὶ ἄλλους
βλάπτει, ὃς ἄν μιν χανδὸν ἕλῃ μηδ' αἴσιμα πίνῃ.

vers 270 : τοῖσι δὲ κήρυκες μὲν ὕδωρ ἐπὶ χεῖρας ἔχευαν
vers 276 : ὄφρ' εἴπω τά με θυμὸς ἐνὶ στήθεσσι κελεύει

courbé ! Mais pour demain, donnez au maître-chevrier l'ordre de nous fournir la fleur de ses troupeaux : en l'honneur d'Apollon, du glorieux archer, nous brûlerons les cuisses et, reprenant l'essai, finirons le concours. »

Tous ayant approuvé ces mots d'Antinoos, les hérauts leur versaient à laver sur les mains, la jeunesse remplit jusqu'aux bords les cratères ; pour les libations, on versa dans les coupes ; chacun fit son offrande et but tout son content. Ayant sa ruse en tête, Ulysse l'avisé prit alors la parole :

Ulysse. – « Écoutez, prétendants de la plus noble reine : voici ce que mon cœur me dicte en ma poitrine, mais d'abord Eurymaque et toi, Antinoos au visage de dieu, j'aurais une prière... Tu viens de prononcer une sage parole en disant qu'aujourd'hui, il vaut mieux laisser l'arc et s'en remettre aux dieux : demain, ils donneront la force à qui leur plaît. Mais voyons ! prêtez-moi cet arc aux beaux polis ; je voudrais essayer la vigueur de mes mains, voir s'il me reste encore un peu de cette force, qui jadis se trouvait en mes membres alertes, ou si la vie errante et le manque de soins me l'ont déjà fait perdre. »

Il dit ; mais le courroux des autres éclata : si le vieux allait tendre cet arc aux beaux polis !

Antinoos prit la parole et le tança :

Antinoos. – « Mais tu n'as plus ta tête, ô le plus gueux des hôtes ! Que te faut-il encore ? en noble compagnie, sans le moindre travail, tu sièges au festin, tu prends de tous les plats et tu peux écouter nos dires et propos ! Jamais un étranger, un mendiant put-il entendre ainsi nos dires ? Le vin au goût de miel t'a donc porté un coup ? Tu n'es pas le premier qu'il ait conduit à mal, pour l'avoir engouffré sans garder la mesure. C'est le vin

οἶνος καὶ Κένταυρον, ἀγακλυτὸν Εὐρυτίωνα,
ἄασ' ἐνὶ μεγάρῳ μεγαθύμου Πειριθόοιο,
ἐς Λαπίθας ἐλθόνθ'· ὁ δ' ἐπεὶ φρένας ἄασε οἴνῳ,
μαινόμενος κάκ' ἔρεξε δόμον κάτα Πειριθόοιο.
ἥρωας δ' ἄχος εἷλε, διὲκ προθύρου δὲ θύραζε
ἕλκον ἀναΐξαντες, ἀπ' οὔατα νηλέι χαλκῷ
ῥῖνάς τ' ἀμήσαντες· ὁ δὲ φρεσὶν ᾗσιν ἀασθεὶς
ἤιε ἣν ἄτην ὀχέων ἀεσίφρονι θυμῷ.
ἐξ οὗ Κενταύροισι καὶ ἀνδράσι νεῖκος ἐτύχθη,
οἷ δ' αὐτῷ πρώτῳ κακὸν εὕρετο οἰνοβαρείων.
ὣς καὶ σοὶ μέγα πῆμα πιφαύσκομαι, αἴ κε τὸ τόξον
ἐντανύσῃς· οὐ γάρ τευ ἐπητύος ἀντιβολήσεις
ἡμετέρῳ ἐνὶ δήμῳ· ἄφαρ δέ σε νηὶ μελαίνῃ
πέμψομεν ἔνθεν δ' οὔ τι σαώσεαι.] ἀλλὰ ἕκηλος
πῖνέ τε, μηδ' ἐρίδαινε μετ' ἀνδράσι κουροτέροισι.
Τὸν δ' αὖτε προσέειπε περίφρων Πηνελόπεια·
ΠΗΝ. — Ἀντίνο', οὐ μὲν καλὸν ἀτέμβειν οὐδὲ δίκαιον
ξείνους Τηλεμάχου, ὅς κεν τάδε δώμαθ' ἵκηται.
ἔλπεαι, αἴ χ' ὁ ξεῖνος Ὀδυσσῆος μέγα τόξον
ἐντανύσῃ χερσίν τε βίηφί τε ἧφι πιθήσας,
οἴκαδέ μ' ἄξεσθαι καὶ ἑὴν θήσεσθαι ἄκοιτιν;
οὐδ' αὐτός που τοῦτό γ' ἐνὶ στήθεσσι ἔολπε.
μηδέ τις ὑμείων τοῦ γ' εἵνεκα θυμὸν ἀχεύων
ἐνθάδε δαινύσθω, ἐπεὶ οὐδὲ μὲν οὐδὲ ἔοικε.
Τὴν δ' αὖτ' Εὐρύμαχος, Πολύβου παῖς, ἀντίον ηὔδα·
ΕΥΡ. — Κούρη Ἰκαρίοιο, περίφρον Πηνελόπεια,
οὔ τί σε τόνδ' ἄξεσθαι διόμεθ'· οὐδὲ ἔοικεν·

vers 308 : εἰς Ἔχετον βασιλῆα, βροτῶν δηλήμονα πάντων

qui tourna l'esprit d'Eurytion[16] ! Ce Centaure fameux était chez les Lapithes[17], dans le manoir du valeureux Pirithoos[18]. Il laissa dans le vin sa raison ; sa folie emplit de ses forfaits la maison de son hôte. Les héros en fureur se jetèrent sur lui. On le traîna dehors, dans la rue, hors du poche ; d'un bronze sans pitié, on moissonna sur lui son nez et ses oreilles ! Et lui, l'esprit toujours aveuglé, s'en alla, ne rêvant que vengeance en son cœur affolé. Il en vint cette guerre entre hommes et Centaures où, le premier de tous, succomba cet ivrogne ! Or, moi, si tu bandais cet arc, je te prédis un malheur aussi grand ! ne compte plus trouver d'appuis en ce pays ! au fond d'un noir vaisseau, nous t'enverrons d'où rien ne te puisse sauver, chez le roi Échétos, fléau du genre humain[19] ! Tiens-toi tranquille et bois, sans chercher des rivaux parmi cette jeunesse ! »

Mais Pénélope alors, la plus sage des femmes :

PÉNÉLOPE. – « Je crois, Antinoos, qu'il n'est ni beau ni juste que l'on manque d'égards à l'hôte, quel qu'il soit, que mon fils a chez lui. Mais regarde cet homme ! si, grâce à la vigueur de son bras, il tendait, lui, le grand arc d'Ulysse, crois-tu qu'en sa maison, il pourrait m'emmener et m'avoir pour compagne ? Mais lui-même, en son cœur, n'eut jamais cet espoir ! Non ! que pas un de vous ne s'en fasse un chagrin ! vous pouvez banqueter ! rien n'est plus impossible ! »

Eurymaque, le fils de Polybe, intervint :

EURYMAQUE. – « Mais non ! fille d'Icare, ô sage Pénélope ! jamais nous n'avons cru qu'il pourrait t'em-

16. Centaure qui aurait tenté d'enlever la femme de Pirithoos, Hippodamie, fille d'Adraste ou de Boutès, le jour de ses noces.

17. Peuple de Thessalie.

18. Sur ce héros thessalien, fils de Zeus et de Dia, cf. XI, 631 et note. Voir aussi *Il.*, I, 263 ; II, 740-744, et XIV, 318.

19. Sur ce roi, cf. XVIII, 85 et note 116.

ἀλλ' αἰσχυνόμενοι φάτιν ἀνδρῶν ἠδὲ γυναικῶν,
μή ποτέ τις εἴπῃσι κακώτερος ἄλλος Ἀχαιῶν·
— Ἦ πολὺ χείρονες ἄνδρες ἀμύμονος ἀνδρὸς ἄκοιτιν
μνῶνται, οὐδέ τι τόξον ἐΰξοον ἐντανύουσιν·
ἀλλ' ἄλλός τις πτωχὸς ἀνὴρ ἀλαλήμενος ἐλθὼν
ῥηιδίως ἐτάνυσσε βιόν, διὰ δ' ἧκε σιδήρου.
— Ὣς ἐρέουσ'· ἡμῖν δέ κ' ἐλέγχεα ταῦτα γένοιτο.
Τὸν δ' αὖτε προσέειπε περίφρων Πηνελόπεια·
ΠΗΝ. — Εὐρύμαχ', οὔ πως ἔστιν ἐυκλεῖας κατὰ δῆμον
ἔμμεναι οἳ δὴ οἶκον ἀτιμάζοντες ἔδουσιν
ἀνδρὸς ἀριστῆος· τί δ' ἐλέγχεα ταῦτα τίθεσθε;
[οὗτος δὲ ξεῖνος μάλα μὲν μέγας ἠδ' εὐπηγής,
πατρὸς δ' ἐξ ἀγαθοῦ γένος εὔχεται ἔμμεναι υἱός.]
ἀλλ' ἄγε οἱ δότε τόξον ἐΰξοον, ὄφρα ἴδωμεν·
ὧδε γὰρ ἐκερέω· τὸ δὲ καὶ τετελεσμένον ἔσται·
εἴ κέ μιν ἐντανύσῃ, δώῃ δέ οἱ εὖχος Ἀπόλλων,
ἕσσω μιν χλαῖνάν τε χιτῶνά τε, εἵματα καλά,
δώσω δ' ὀξὺν ἄκοντα, κυνῶν ἀλκτῆρα καὶ ἀνδρῶν,
καὶ ξίφος ἄμφηκες, δώσω δ' ὑπὸ ποσσὶ πέδιλα,
πέμψω δ' ὅππῃ μιν κραδίη θυμός τε κελεύει.
Τὴν δ' αὖ Τηλέμαχος πεπνυμένος ἀντίον ηὔδα·
ΤΗΛ. — Μῆτερ ἐμή, τόξον μὲν Ἀχαιῶν οὔ τις ἐμεῖο
κρείσσων ᾧ κ' ἐθέλω δόμεναί τε καὶ ἀρνήσασθαι·
τῶν οὔ τίς μ' ἀέκοντα βιήσεται, αἴ κ' ἐθέλωμι
καὶ καθάπαξ ξείνῳ δόμεναι τάδε τόξα φέρεσθαι.
ἀλλ' ἐς οἶκον ἰοῦσα τὰ σ' αὐτῆς ἔργα κόμιζε,

vers 346 : οὔθ' ὅσσοι κραναὴν Ἰθάκην κάτα κοιρανέουσιν,
347 : οὔθ' ὅσσοι Νήσοισι πρὸς Ἤλιδος ἱπποβότοιο

20. En XIX, 172 sq., le mendiant affirmait appartenir à la plus importante famille de Crète, dont les ancêtres les plus célèbres étaient Minos et Deucalion.

mener ! c'est si peu vraisemblable ! Mais nous serions honteux d'entendre hommes et femmes et jusqu'au moins vaillant des Achéens nous dire : « Ah ! ces gens sans vigueur ! d'un héros éminent, ils recherchent l'épouse et ne peuvent bander son arc aux beaux polis, alors qu'un mendiant qui passe, un vagabond, tend sans peine la corde et traverse les fers ! » Voilà ce qu'on dirait pour notre déshonneur. »

Mais Pénélope alors, la plus sage des femmes :

PÉNÉLOPE. – « Eurymaque, tu veux que le peuple vous loue, lorsque, sans respecter la maison du héros, vous venez la manger ! Où voyez-vous en tout ceci le déshonneur ? Non ! regardez cet hôte ! il est grand, bien bâti. Il se flatte d'avoir un père de sang noble[20]. Allons ! donnez-lui l'arc aux beaux polis ! voyons s'il arrive à le tendre ! Pour moi, je vous le dis et vous verrez la chose : s'il tend l'arc, s'il obtient d'Apollon cette gloire, je lui donne les habits neufs, robe et manteau, un épieu bien ferré pour écarter de lui et les chiens et les hommes, un glaive à deux tranchants, les sandales aux pieds, et je le fais conduire en tels lieux que son cœur et son âme désirent. »

Posément, Télémaque la regarda et dit :

TÉLÉMAQUE. – « Ma mère, sur cet arc, aucun autre Achéen, qu'il régisse en seigneur les monts de notre Ithaque ou les Îles qu'on voit de l'Élide[21] aux chevaux, n'a le droit, comme moi, de prêt ou de refus, selon qu'il me convient ! Personne ne pourra forcer ma volonté : si même il me plaisait de donner à notre hôte cet arc à emporter, il l'aurait pour toujours… Mais rentre à la maison et reprends tes travaux, ta toile, ta quenouille ;

21. De cette contrée du Péloponnèse, on voit parfaitement Zacynthe. Cependant il est probable que Télémaque évoque également Doulichion et Samé, c'est-à-dire les îles d'où venaient un grand nombre des prétendants de Pénélope.

ἱστόν τ' ἠλακάτην τε, καὶ ἀμφιπόλοισι κέλευε
ἔργον ἐποίχεσθαι· τόξον δ' ἄνδρεσσι μελήσει
πᾶσι, μάλιστα δ' ἐμοί· τοῦ γὰρ κράτος ἔστ' ἐνὶ οἴκῳ.
Ἡ μὲν θαμβήσασα πάλιν οἶκον δὲ βεβήκει·
παιδὸς γὰρ μῦθον πεπνυμένον ἔνθετο θυμῷ, 355
ἐς δ' ὑπερῷ' ἀναβᾶσα σὺν ἀμφιπόλοισι γυναιξὶ
κλαῖεν ἔπειτ' Ὀδυσῆα, φίλον πόσιν, ὄφρά οἱ ὕπνον
ἡδὺν ἐπὶ βλεφάροισι βάλε γλαυκῶπις Ἀθήνη.

## ΜΝΗΣΤΗΡΟΦΟΝΙΑ

Αὐτὰρ ὁ τόξα λαβὼν φέρε καμπύλα δῖος ὑφορβός· 359
μνηστῆρες δ' ἄρα πάντες ὁμόκλεον ἐν μεγάροισιν. 360
Ὧδε δέ τις εἴπεσκε νέων ὑπερηνορεόντων·
ΧΟΡ. — Πῇ δὴ καμπύλα τόξα φέρεις, ἀμέγαρτε συβῶτα,
πλαγκτέ; τάχ' αὖ σ' ἐφ' ὕεσσι κύνες ταχέες κατέδονται
οἶον ἀπ' ἀνθρώπων, οὓς ἔτρεφες, εἴ κεν Ἀπόλλων
ἡμῖν ἱλήκῃσι καὶ ἀθάνατοι θεοὶ ἄλλοι. 365
Ὣς φάσαν· αὐτὰρ ὁ θῆκε φέρων αὐτῇ ἐνὶ χώρῃ. 366
Τηλέμαχος δ' ἑτέρωθεν ἀπειλήσας ἐγεγώνει· 368
ΤΗΛ. — Ἄττα, πρόσω φέρε τόξα· τάχ' οὐκ εὖ πᾶσι πιθήσεις·
μή σε καὶ ὁπλότερός περ ἐὼν ἀγρὸν δὲ δίωμαι 370
βάλλων χερμαδίοισι· βίηφι δὲ φέρτερός εἰμι.
[αἲ γὰρ πάντων τόσσον, ὅσοι κατὰ δώματ' ἔασι,
μνηστήρων χερσίν τε βίηφί τε φέρτερος εἴην·
τῶ κε τάχα στυγερῶς τιν' ἐγὼ πέμψαιμι νέεσθαι
ἡμετέρου ἐκ οἴκου, ἐπεὶ κακὰ μηχανόωνται.] 375

ers 367 : δείσας οὕνεκα πολλοὶ ὁμόκλεον ἐν μεγάροισι

22. En renvoyant sa mère à ses activités, comme il l'avait fait en I, 356-359, Télémaque veut l'empêcher d'assister au massacre des prétendants qui commencera dès lors qu'Ulysse prendra l'arc dans ses mains.

ordonne à tes servantes de se remettre à l'œuvre ; l'arc est affaire entre hommes, d'abord affaire à moi, qui suis maître céans[22] ! »

Pénélope, en tremblant, regagna son étage, le cœur rempli des mots si sages de son fils, et lorsque à son étage elle fut remontée avec ses chambrières, elle y pleurait encore Ulysse, son époux, à l'heure où la déesse aux yeux pers, Athéna, vint jeter sur ses yeux le plus doux des sommeils.

## Le massacre

Or le divin porcher, ayant pris l'arc courbé, le portait vers Ulysse. Mais tous les prétendants le huaient dans la salle.

Un de ces jeunes fats s'en allait, répétant :

Le Chœur. – « Misérable porcher, à qui donc t'en vas-tu porter cet arc courbé ? Attends un peu, vieux fou ! auprès de tes pourceaux, abandonné de tous, les chiens coureurs que tu nourris te mangeront, si jamais Apollon et tous les autres dieux daignent nous écouter ! »

Il disait. Le porcher qu'effrayaient tant et tant de huées dans la salle remit l'arc en sa place. Mais Télémaque alors lui cria des menaces :

Télémaque. – « Vieux frère, avance donc ! va lui porter cet arc ! Il t'en cuirait bientôt d'écouter tous ces gens ! Je vais te reconduire aux champs, à coups de pierres, car je suis ton cadet, mais non pas le moins fort : si j'étais aussi sûr que ma force et mon bras l'emportent sur tous ceux qui sont en cette salle, ma colère en mettrait à la porte plus d'un, car je connais leurs trames[23] ! »

23. La rudesse de Télémaque à l'égard d'Eumée est, en quelque sorte, une mise en scène. En attirant l'attention des prétendants sur le porcher, il permet à Ulysse de se concentrer. De plus, en évoquant sa faiblesse, il rassure les prétendants, qui ne se doutent pas du sort qui leur est réservé.

Ὣς ἔφαθ'· οἱ δ' ἄρα πάντες ἐπ' αὐτῷ ἡδὺ γέλασσαν
μνηστῆρες καὶ δὴ μέθιεν χαλεποῖο χόλοιο
Τηλεμάχῳ· τὰ δὲ τόξα φέρων ἀνὰ δῶμα συβώτης
ἐν χείρεσσ' Ὀδυσῆι δαΐφρονι θῆκε παραστάς,
ἐκ δὲ καλεσσάμενος προσέφη τροφὸν Εὐρύκλειαν·
ΕΥΜ. — Τηλέμαχος κέλεταί σε, περίφρων Εὐρύκλεια,
κληῖσαι μεγάροιο θύρας πυκινῶς ἀραρυίας·
ἢν δέ τις ἢ στοναχῆς ἠὲ κτύπου ἔνδον ἀκούσῃ
ἀνδρῶν ἡμετέροισιν ἐν ἕρκεσι, μή τι θύραζε
προβλώσκειν, ἀλλ' αὐτοῦ ἀκὴν ἔμεναι παρὰ ἔργῳ.
Ὣς ἄρ' ἐφώνησεν· τῇ δ' ἄπτερος ἔπλετο μῦθος·
κλήισσεν δὲ θύρας μεγάρων εὐναιεταόντων.
σιγῇ δ' ἐκ οἴκοιο Φιλοίτιος ἆλτο θύραζε,
κλήισσεν δ' ἄρ' ἔπειτα θύρας εὐερκέος αὐλῆς·
κεῖτο δ' ὑπ' αἰθούσῃ ὅπλον νεὸς ἀμφιελίσσης
βύβλινον, ᾧ ῥ' ἐπέδησε θύρας, ἐς δ' ἤιεν αὐτός,
ἕζετ' ἔπειτ' ἐπὶ δίφρον ἰὼν ἔνθέν περ ἀνέστη,
εἰσορόων Ὀδυσῆα. ὁ δ' ἤδη τόξον ἐνώμα
πάντῃ ἀναστρωφῶν, πειρώμενος ἔνθα καὶ ἔνθα,
μὴ κέρα ἶπες ἔδοιεν ἀποιχομένοιο ἄνακτος.
Ὧδε δέ τις εἴπεσκε ἰδὼν ἐς πλησίον ἄλλον·
ΧΟΡ. — Ἦ τις θηητὴρ καὶ ἐπίκλοπος ἔπλετο τόξων·
ἤ ῥά νύ που τοιαῦτα καὶ αὐτῷ οἴκοθι κεῖται,
ἦ' ὅ γ' ἐφορμᾶται ποιησέμεν, ὡς ἐνὶ χερσὶ
νωμᾷ ἔνθα καὶ ἔνθα κακῶν ἔμπαιος ἀλήτης.
Ἄλλος δ' αὖ εἴπεσκε νέων ὑπερηνορεόντων·
ΧΟΡ. — Αἲ γὰρ δὴ τοσσοῦτον ὀνήσιος ἀντιάσειεν,
ὡς οὗτός ποτε τοῦτο δυνήσεται ἐντανύσασθαι.
Ὣς ἄρ' ἔφαν μνηστῆρες· ἀτὰρ πολύμητις Ὀδυσσεύς,
αὐτίκ' ἐπεὶ μέγα τόξον ἐβάστασε καὶ ἴδε πάντῃ,

Il dit, et tous les prétendants en joie de rire, et, contre Télémaque, leur colère perdit un peu de son aigreur. Le porcher reprit l'arc ; à travers la grand-salle, il s'en fut le remettre aux mains du sage Ulysse, puis, ayant appelé la nourrice Euryclée au-dehors, il lui dit :

EUMÉE. – « Télémaque t'ordonne, ô très sage Euryclée, de fermer sur la salle vos portes en bois plein, et, si vous entendiez ou des cris ou des coups dans notre enclos des hommes, que pas une au-dehors ne sorte et pas un mot ! Mais restez au travail ! »

Il disait : sans qu'un mot s'envolât de ses lèvres, la nourrice ferma la porte entre la salle et le corps du logis.

Le bouvier, en silence, avait quitté la salle et, le long de l'enceinte, avait couru fermer le portail de la cour. D'un câble de byblos[24], qu'il trouva dans l'entrée – c'était l'amarre d'un navire à deux gaillards –, il lia les deux barres, puis rentra dans la salle et, les yeux sur Ulysse, il reprit l'escabeau qu'il venait de quitter.

Ulysse tenait l'arc, le tournait, retournait, tâtant de-ci de-là et craignant que les vers n'eussent rongé la corne en l'absence du maître, et l'un des prétendants disait à son voisin :

LE CHŒUR. – « Voilà un connaisseur qui sait jouer de l'arc ! Pour sûr, il a chez lui de pareils instruments ou songe à s'en faire un ! Voyez comme ce gueux vous le tourne et retourne en ses mains misérables ! »

Mais un autre de ces jeunes fats s'écriait :

LE CHŒUR. – « Pour son plus grand profit, qu'il réussisse en tout, comme il va réussir à nous bander cet arc ! »

Or, tandis qu'ils parlaient, Ulysse l'avisé finissait de tâter son grand arc, de tout voir. Comme un chanteur, qui sait manier la cithare, tend aisément la corde neuve sur la

24. Il s'agit ici d'une corde fabriquée avec des lanières de papyrus, provenant de Byblos ; cf. Hérodote, VII, 25, 36.

ὡς ὅτ' ἀνὴρ φόρμιγγος ἐπιστάμενος καὶ ἀοιδῆς
ῥηιδίως ἐτάνυσσε νέῳ περὶ κόλλοπι χορδήν,
ἅψας ἀμφοτέρωθεν ἐυστρεφὲς ἔντερον οἰός,
ὣς ἄρ' ἄτερ σπουδῆς τάνυσεν μέγα τόξον Ὀδυσσεύς,
δεξιτερῇ δ' ἄρα χειρὶ λαβὼν πειρήσατο νευρῆς·
ἡ δ' ὑπὸ καλὸν ἄεισε, χελιδόνι εἰκέλη αὐδήν.
μνηστήρεσσι δ' ἄχος γένετο μέγα· πᾶσι δ' ἄρα χρὼς
ἐτράπετο· Ζεὺς δὲ μεγάλ' ἔκτυπε σήματα φαίνων.
γήθησέν τ' ἄρ' ἔπειτα πολύτλας δῖος Ὀδυσσεύς,
ὅττί ῥά οἱ τέρας ἧκε Κρόνου παῖς ἀγκυλομήτεω·
εἵλετο δ' ὠκὺν ὀιστόν, ⟨ὅ⟩ οἱ παρέκειτο τραπέζῃ
γυμνός· τοὶ δ' ἄλλοι κοίλης ἔντοσθε φαρέτρης
κείατο, τῶν τάχ' ἔμελλον Ἀχαιοὶ πειρήσεσθαι.
τόν ῥ' ἐπὶ πήχει ἑλὼν ἕλκεν νευρὴν γλυφίδας τε,
αὐτόθεν ἐκ δίφροιο καθήμενος, ἧκε δ' ὀιστὸν
ἄντα τιτυσκόμενος, πελέκεων δ' οὐκ ἤμβροτε πάντων
πρώτης στειλειῆς· διὰ δ' ἀμπερὲς ἦλθε θύραζε
ἰὸς χαλκοβαρής· ὁ δὲ Τηλέμαχον προσέειπε·
ΟΔΥ. — Τηλέμαχ', οὔ σ' ὁ ξεῖνος ἐνὶ μεγάροισιν ἐλέγχει
ἥμενος, οὐδέ τι τοῦ σκοποῦ ἤμβροτον οὐδέ τι τόξον
δὴν ἔκαμον τανύων· ἔτι μοι μένος ἔμπεδόν ἐστιν,
οὐχ ὥς με μνηστῆρες ἀτιμάζοντες ὄνονται.
νῦν δ' ὥρη καὶ δόρπον Ἀχαιοῖσιν τετυκέσθαι
ἐν φάει, αὐτὰρ ἔπειτα καὶ ἄλλως ἑψιάασθαι
μολπῇ καὶ φόρμιγγι· τὰ γάρ τ' ἀναθήματα δαιτός.
Ἦ καὶ ἐπ' ὀφρύσι νεῦσεν· ὁ δ' ἀμφέθετο ξίφος ὀξὺ
Τηλέμαχος, φίλος υἱὸς Ὀδυσσῆος θείοιο,
ἀμφὶ δὲ χεῖρα φίλην βάλεν ἔγχει· ἄγχι δ' ἄρ' αὐτοῦ
πὰρ θρόνῳ ἑστήκει κεκορυθμένο⟨ν⟩ αἴθοπι χαλκῷ.

25. Cette comparaison est tout à fait pertinente et remarquable à ce moment de l'intrigue. En se transformant en aède chez les

clef et fixe à chaque bout le boyau bien tordu[25], Ulysse alors tendit, sans effort, le grand arc, puis sa main droite prit et fit vibrer la corde, qui chanta bel et clair, comme un cri d'hirondelle.

Pour tous les prétendants, ce fut la grande angoisse : ils changeaient de couleur, quand, d'un grand coup de foudre, Zeus marqua ses arrêts. Le héros d'endurance en fut tout réjoui : il avait bien compris, cet Ulysse divin, que le fils de Cronos, aux pensers tortueux[26], lui donnait ce présage... Il prit la flèche ailée qu'il avait, toute nue, déposée sur sa table ; les autres reposaient dans le creux du carquois – celles dont tâteraient bientôt les Achéens. Il l'ajusta sur l'arc, prit la corde et l'encoche et, sans quitter son siège, il tira droit au but...

D'un trou à l'autre trou, passant toutes les haches, la flèche à lourde pointe sortit à l'autre bout, tandis que le héros disait à Télémaque :

ULYSSE. – « Fait-il rire de toi, Télémaque, cet hôte assis en ton manoir ? ai-je bien mis au but ? et, pour tendre cet arc, ai-je fait trop d'efforts ? Ah ! ma force est intacte, quoi que les prétendants m'aient pu crier d'insultes ! Mais voici le moment ! avant qu'il fasse nuit, servons aux Achéens un souper que suivront tous les jeux de la voix et ceux de la cithare, ces atours du festin ! »

Et, des yeux, le divin Ulysse fit un signe et son fils aussitôt, passant son glaive à pointe autour de son épaule, reprit en main sa lance, qui dressait près de lui, accotée au fauteuil, la lueur de sa pointe.

Phéaciens, Ulysse s'est ménagé le chemin du retour. En racontant des mensonges semblables à la vérité chez Eumée, et même dans son manoir, Ulysse a annoncé le retour du glorieux héros d'Ilion. Maintenant qu'il a l'arc en mains, comme l'habile aède, il va tendre la corde pour que de nouveaux chants célèbrent l'exploit qu'il s'apprête à accomplir.

26. Pour cette épithète, cf. Hés., *Th.*, 168. Voir aussi, Vernant, 1990, 126 sq.

Αὐτὰρ ὁ γυμνώθη ῥακέων πολύμητις Ὀδυσσεύς,
ἆλτο δ' ἐπὶ μέγαν οὐδὸν ἔχων βιὸν ἠδὲ φαρέτρην
ἰῶν ἐμπλείην, ταχέας δ' ἐκχεύατ' ὀιστοὺς
αὐτοῦ πρόσθε ποδῶν, μετὰ δὲ μνηστῆρσιν ἔειπεν·
ΟΔΥ. — Οὗτος μὲν δὴ ἄεθλος ἀάατος ἐκτετέλεσται·
νῦν αὖτε σκοπὸν ἄλλον, ὃν οὔ πώ τις βάλεν ἀνήρ,
εἴσομαι, αἴ κε τύχωμι, πόρῃ δέ μοι εὖχος Ἀπόλλων.
Ἦ καὶ ἐπ' Ἀντινόῳ ἰθύνετο πικρὸν ὀιστόν·
ἤτοι ὁ καλὸν ἄλεισον ἀναιρήσεσθαι ἔμελλε,
χρύσεον, ἄμφωτον, καὶ δὴ μετὰ χερσὶν ἐνώμα,
ὄφρα πίοι οἴνοιο· φόνος δέ οἱ οὐκ ἐνὶ θυμῷ
μέμβλετο· τίς κ' οἴοιτο μετ' ἀνδράσι δαιτυμόνεσσι
μοῦνον ἐνὶ πλεόνεσσι, καὶ εἰ μάλα καρτερὸς εἴη,
οἷ τεύξειν θάνατόν τε κακὸν καὶ κῆρα μέλαιναν;
τὸν δ' Ὀδυσεὺς κατὰ λαιμὸν ἐπισχόμενος βάλεν ἰῷ·
ἀντικρὺ δ' ἁπαλοῖο δι' αὐχένος ἤλυθ' ἀκωκή·
ἐκλίνθη δ' ἑτέρωσε· δέπας δέ οἱ ἔκπεσε χειρὸς
βλημένου· αὐτίκα δ' αὐλὸς ἀνὰ ῥῖνας παχὺς ἦλθεν
αἵματος ἀνδρομέοιο· θοῶς δ' ἀπὸ εἷο τράπεζαν
ὦσε ποδὶ πλήξας, ἀπὸ δ' εἴδατα χεῦεν ἔραζε·

1. Sur cette expression, cf. XXI, 91 et note. Voir aussi Olcott, 1993, 77-90.

*(CHANT XXII.)* Alors, jetant ses loques, Ulysse l'avisé sauta sur le grand seuil. Il avait à la main son arc et son carquois plein de flèches ailées. Il vida le carquois devant lui, à ses pieds, puis dit aux prétendants :

ULYSSE. – « C'est fini maintenant de ces jeux anodins[1] ! Il est un autre but, auquel nul ne visa : voyons si je pourrais obtenir d'Apollon la gloire de l'atteindre ! »

Il dit et, sur Antinoos, il décocha la flèche d'amertume. L'autre allait soulever sa belle coupe en or ; déjà, de ses deux mains, il en tenait les anses ; il s'apprêtait à boire ; c'est de vin, non de fin, que son âme rêvait ! Qui donc aurait pensé que seul, en plein festin et parmi cette foule, un homme, si vaillant qu'il pût être, viendrait jeter la male mort et l'ombre de la Parque ?

Ulysse avait tiré ; la flèche avait frappé Antinoos au col : la pointe traversa la gorge délicate[2] et sortit par la nuque. L'homme frappé à mort tomba à la renverse ; sa main lâcha la coupe ; soudain, un flot épais jaillit de ses narines : c'était du sang humain ; d'un brusque coup, ses pieds culbutèrent la table, d'où les viandes rôties, le pain et tous les mets coulèrent sur le sol, mêlés à la poussière.

2. Pour décrire la mort des prétendants, le poète emprunte à maintes reprises des expressions que l'on trouve dans l'*Iliade*. Pour la mort d'Antinoos, cf. *Il.*, XVII, 49 ; voir aussi XXII, 327 où le poète décrit la mort d'Hector. Ulysse, en son palais, tenant son grand arc à la main, est de nouveau en position de héros guerrier.

σῖτός τε κρέα τ' ὀπτὰ φορύνετο. τοὶ δ' ὁμάδησαν
μνηστῆρες κατὰ δώμαθ', ὅπως ἴδον ἄνδρα πεσόντα,
[ἐκ δὲ θρόνων ἀνόρουσαν ὀρινθέντες κατὰ δῶμα,
πάντοσε παπταίνοντες ἐυδμήτους ποτὶ τοίχους·
οὐδέ πη ἀσπὶς ἔην οὐδ' ἄλκιμον ἔγχος ἑλέσθαι.]
νείκειον δ' Ὀδυσῆα χολωτοῖσιν ἐπέεσσι·
ΧΟΡ. — Ξεῖνε, κακῶς ἀνδρῶν τοξάζεαι· οὐκέτ' ἀέθλων
ἄλλων ἀντιάσεις· νῦν τοι σῶς αἰπὺς ὄλεθρος.
καὶ γὰρ δὴ νῦν φῶτα κατέκτανες, ὃς μέγ' ἄριστος
κούρων ἐν Ἰθάκῃ· τῷ σ' ἐνθάδε γῦπες ἔδονται.
[Ἴσκε ἕκαστος ἀνήρ, ἐπεὶ ἦ φάσαν οὐκ ἐθέλοντα
ἄνδρα κατακτεῖναι· τὸ δὲ νήπιοι οὐκ ἐνόησαν
ὡς δή σφιν καὶ πᾶσιν ὀλέθρου πείρατ' ἐφῆπτο.]
Τοὺς δ' ἄρ' ὑπόδρα ἰδὼν προσέφη πολύμητις Ὀδυσσεύς·
ΟΔΥ. — Ὦ κύνες, οὔ μ' ἔτ' ἐφάσκεθ' ὑπότροπον οἴκαδ' ἱκέσθαι
δήμου ἄπο Τρώων, ὅτι μοι κατεκείρετε οἶκον,
δμῳῇσιν δὲ γυναιξὶ παρευνάζεσθε βιαίως,
αὐτοῦ τε ζώοντος ὑπεμνάασθε γυναῖκα,
οὔτε θεοὺς δείσαντες, οἳ οὐρανὸν εὐρὺν ἔχουσιν,
οὔτέ τιν' ἀνθρώπων νέμεσιν καθόπισθεν ἔσεσθαι·
νῦν ὕμιν καὶ πᾶσιν ὀλέθρου πείρατ' ἐφῆπται.
Ὣς φάτο· τοὺς δ' ἄρα πάντας ὑπὸ χλωρὸν δέος εἷλεν· 42
Εὐρύμαχος δέ μιν οἶος ἀμειβόμενος προσέειπεν· 44
ΕΥΡ. — Εἰ μὲν δὴ Ὀδυσεὺς Ἰθακήσιος εἰλήλουθας,
ταῦτα μὲν αἴσιμα εἶπας, ὅσα ῥέζεσκον Ἀχαιοί,
πολλὰ μὲν ἐν μεγάροισιν ἀτάσθαλα, πολλὰ δ' ἐπ' ἀγροῦ.
ἀλλ' ὁ μὲν ἤδη κεῖται, ὃς αἴτιος ἔπλετο πάντων,
Ἀντίνοος· οὗτος γὰρ ἐπίηλεν τάδε ἔργα,
οὔ τι γάμου τόσσον κεχρημένος οὐδὲ χατίζων,
ἀλλ' ἄλλα φρονέων, τά οἱ οὐκ ἐτέλεσσε Κρονίων,

vers 43 : πάπτηνεν δὲ ἕκαστος, ὅπῃ φύγοι αἰπὺν ὄλεθρον

Parmi les prétendants, quand on vit l'homme à terre, ce fut un grand tumulte : s'élançant des fauteuils, ils couraient dans la salle, et, sur les murs bien joints leurs yeux cherchaient en vain où prendre un bouclier ou quelque forte lance[3]. Ils querellaient Ulysse en des mots furieux :

LE CHŒUR. – « L'étranger, quel forfait ! tu tires sur les gens ! Ne pense plus jouter ailleurs ! ton compte est bon ! la mort est sur ta tête ! C'est le grand chef de la jeunesse en notre Ithaque, que tu viens de tuer ! Aussi, tu vas nourrir les vautours de chez nous. »

Ainsi parlaient ces fous, car chacun d'eux pensait qu'Ulysse avait tué son homme par mégarde et, quand la mort déjà les tenait en ses nœuds, pas un ne la voyait !

Ulysse l'avisé les toisa et leur dit :

ULYSSE. – « Ah ! chiens, vous pensez donc que, du pays de Troie, jamais je ne devrais rentrer en ce logis ! vous pilliez ma maison ! vous entriez de force au lit de mes servantes ! et vous faisiez la cour, moi vivant, à ma femme ! sans redouter les dieux, maîtres des champs du ciel ! sans penser qu'un vengeur humain pouvait surgir ! Vous voilà maintenant dans les nœuds de la mort ! »

Il disait ; la terreur les faisait tous verdir, leurs yeux cherchaient où fuir la tombée de la mort, et le seul Eurymaque trouvait à lui répondre.

EURYMAQUE. – « Ulysse, ah ! si vraiment c'est toi qui nous reviens, notre Ulysse d'Ithaque ! tu peux avec raison parler aux Achéens de ces forfaits sans nombre, qu'ils ont commis dans ton manoir et sur tes champs... Mais le voilà gisant, celui qui les causa ! c'est cet Antinoos qui mettait tout en branle ! Ce n'est pas tant l'hymen que rêvait son envie ! il avait d'autres vues, que le fils de Cronos n'a pas favorisées : car il pensait régner

3. Ulysse avait ordonné à Télémaque de cacher dans le trésor toutes les armes qui étaient exposées dans son palais. Cf. XVI, 281 sq. ; et XIX, 4 sq.

ὄφρ' Ἰθάκης κατὰ δῆμον ἐϋκτιμένης βασιλεύοι
αὐτός, ἀτὰρ σὸν παῖδα κατακτείνειε λοχήσας.
νῦν δ' ὁ μὲν ἐν μοίρῃ πέφαται· σὺ δὲ φείδεο λαῶν
σῶν· ἀτὰρ ἄμμες ὄπισθεν ἀρεσσάμενοι κατὰ δῆμον,
ὅσσά τοι ἐκπέποται καὶ ἐδήδοται ἐν μεγάροισι,
[τιμὴν ἀμφὶς ἄγοντες ἐεικοσάβοιον ἕκαστος,]
χαλκόν τε χρυσόν τ' ἀποδώσομεν, εἰς ὅ κε σὸν κῆρ
ἰανθῇ· πρὶν δ' οὔ τι νεμεσσητὸν κεχολῶσθαι.
Τὸν δ' ἄρ' ὑπόδρα ἰδὼν προσέφη πολύμητις Ὀδυσσεύς·
ΟΔΥ. — Εὐρύμαχ', οὐδ' εἴ μοι πατρώια πάντ' ἀποδοῖτε
ὅσσά τε νῦν ὔμμ' ἐστί, καὶ εἴ ποθεν ἄλλ' ἐπιθεῖτε,
οὐδέ κεν ὣς ἔτι χεῖρας ἐμὰς λήξαιμι φόνοιο,
πρὶν πᾶσαν μνηστῆρας ὑπερβασίην ἀποτῖσαι·
νῦν ὔμιν παράκειται ἐναντίον ἠὲ μάχεσθαι
ἢ φεύγειν, ὅς κεν θάνατον καὶ κῆρας ἀλύξῃ·
ἀλλά τιν' οὐ φεύξεσθαι ὀίομαι αἰπὺν ὄλεθρον.
Ὣς φάτο· τῶν δ' αὐτοῦ λύτο γούνατα καὶ φίλον ἦτορ.
Τοῖσιν δ' Εὐρύμαχος μετεφώνεε δεύτερον αὖτις·
ΕΥΡ. — Ὦ φίλοι, οὐ γὰρ σχήσει ἀνὴρ ὅδε χεῖρας ἀάπτους,
ἀλλ' ἐπεὶ ἔλλαβε τόξον ἐΰξοον ἠδὲ φαρέτρην,
οὐδοῦ ἄπο ξεστοῦ τοξάσσεται, εἰς ὅ κε πάντας
ἄμμε κατακτείνῃ· ἀλλὰ μνησώμεθα χάρμης.
φάσγανά τε σπάσσασθε καὶ ἀντίσχεσθε τραπέζας
ἰῶν ὠκυμόρων· ἐπὶ δ' αὐτῷ πάντες ἔχωμεν
ἀθρόοι, εἴ κέ μιν οὐδοῦ ἀπώσομεν ἠδὲ θυράων,
ἔλθωμεν δ' ἀνὰ ἄστυ, βοὴ δ' ὤκιστα γένηται·
τῶ κε τάχ' οὗτος ἀνὴρ νῦν ὕστατα τοξάσσαιτο.
Ὣς ἄρα φωνήσας εἰρύσσατο φάσγανον ὀξύ,
σμερδαλέα ἰάχων. ὁ δ' ἁμαρτῇ δῖος Ὀδυσσεὺς

vers 80 : χάλκεον, ἀμφοτέρωθεν ἀκαχμένον, ἆλτο δ' ἐπ' αὐτῷ

sur ton pays d'Ithaque et sur ta belle ville, quand il aurait tué ton fils en trahison... Mais puisque le voilà puni par le destin, épargne tes sujets ! Nous allons t'apaiser, trouver dans le pays, soit en or, soit en bronze, de quoi te rembourser tout ce qu'on a pu boire et dévorer chez toi, en t'amenant chacun l'amende de vingt bœufs[4]. Tant que ton cœur n'aura pas eu ce réconfort, nous ne pouvons trouver que juste ta colère. »

Ulysse l'avisé le toisa et lui dit :

ULYSSE. – « Pour me dédommager, vous pourriez, Eurymaque, m'apporter tous vos biens, et ceux de vos familles, et m'en ajouter d'autres ! mon bras continuerait encor de vous abattre tant que, de vos forfaits, je n'aurais pas tiré ma complète vengeance ! Vous n'avez devant vous que le choix : ou combattre ou chercher dans la fuite un moyen d'éviter les Parques et la mort ! Mais croyez-moi, la mort est déjà sur vos têtes : pas un n'échappera. »

À ces mots, ils sentaient se dérober sous eux leurs cœurs et leurs genoux.

Eurymaque reprit à nouveau la parole :

EURYMAQUE. – « Amis, vous l'entendez ! rien ne peut arrêter ces mains infatigables ; puisqu'il tient le carquois et l'arc aux beaux polis, il va, du haut du seuil luisant, tirer ses flèches tant qu'il lui restera l'un de nous à abattre ! Ne pensons qu'à lutter ! Allons ! glaives au vent ! contre la pluie de mort, prenons pour boucliers nos tables et, fondant sur lui tous à la fois, tâchons de le chasser du seuil et de la porte et courons vers la ville appeler au secours : cet homme aurait tiré pour la dernière fois ! »

À ces mots, Eurymaque avec un cri sauvage sortait son glaive à pointe aux deux tranchants de bronze ; il bondit vers le seuil. Mais le divin Ulysse le prévint et

4. Sur la proposition de compensation, évoquée par le verbe *apodidômi*, et le refus d'Ulysse, cf. Scheid-Tissinier, 1994, 180-181.

ἰὸν ἀποπροίει, βάλε δὲ στῆθος παρὰ μαζόν,
ἐν δέ οἱ ἥπατι πῆξε θοὸν βέλος· ἐκ δ' ἄρα χειρὸς
φάσγανον ἧκε χαμᾶζε, περιρρηδὴς δὲ τραπέζῃ
κάππεσεν ἰδνωθείς, ἀπὸ δ' εἴδατα χεῦεν ἔραζε
καὶ δέπας ἀμφικύπελλον ⟨ἰ⟩δὲ χθόνα τύπτε μετώπῳ
θυμῷ ἀνιάζων, ποσὶ δὲ θρόνον ἀμφοτέροισι
λακτίζων ἐτίναξε· κατ' ὀφθαλμῶν δ' ἔχυτ' ἀχλύς.
'Αμφίνομος δ' 'Οδυσῆος ἐείσατο κυδαλίμοιο
ἀντίος ἀίξας, εἴρυτο δὲ φάσγανον ὀξύ
εἴ πως οἱ εἴξειε θυράων· ἀλλ' ἄρα μιν φθῆ
Τηλέμαχος κατόπισθε βαλὼν χαλκήρει δουρὶ
ὤμων μεσσηγύς, διὰ δὲ στήθεσφιν ἔλασσε·
δούπησεν δὲ πεσών, χθόνα δ' ἤλασε παντὶ μετώπῳ.
Τηλέμαχος δ' ἀπόρουσε λιπὼν δολιχόσκιον ἔγχος
αὐτοῦ ἐν 'Αμφινόμῳ· περὶ γὰρ δίε μή τις 'Αχαιῶν
ἔγχος ἀνελκόμενον δυλιχόσκιον ἤ' ἐλάσειε
φασγάνῳ ἀίξας ἠὲ προπρηνέα τύψας,
βῆ δὲ θέειν, μάλα δ' ὦκα φίλον πατέρ' εἰσαφίκανεν,
ἀγχοῦ δ' ἱστάμενος ἔπεα πτερόεντα προσηύδα·
ΤΗΛ. — Ὦ πάτερ, ἤδη τοι σάκος οἴσω καὶ δύο δοῦρε
καὶ κυνέην πάγχαλκον, ἐπὶ κροτάφοισ' ἀραρυῖαν,
αὐτός τ' ἀμφιβαλεῦμαι ἰών, δώσω δὲ συβώτῃ
καὶ τῷ βουκόλῳ ἄλλα· τετευχῆσθαι γὰρ ἄμεινον.
Τὸν δ' ἀπαμειβόμενος προσέφη πολύμητις 'Οδυσσεύς·
ΟΔΥ. — Οἶσε θέων, εἴως μοι ἀμύνεσθαι πάρ' διστοί,
μή μ' ἀποκινήσωσι θυράων μοῦνον ἐόντα.
Ὣς φάτο· Τηλέμαχος δὲ φίλῳ ἐπεπείθετο πατρί,
βῆ δ' ἴμεναι θάλαμον δ', ὅθι οἱ κλυτὰ τεύχε' ἔκειτο.
ἔνθεν τέσσαρα μὲν σάκε' ἔξελε δούρατα δ' ὀκτὼ
καὶ πίσυρας κυνέας χαλκήρεας, ἱπποδασείας,
βῆ δὲ φέρων, μάλα δ' ὦκα φίλον πατέρ' εἰσαφίκανεν,
αὐτὸς δὲ πρώτιστα περὶ χροῒ δύσετο χαλκόν.

tira : la flèche, sous le sein, entra dans la poitrine et courut se planter dans le foie ; Eurymaque laissa tomber son glaive et, plongeant de l'avant, le corps plié en deux, s'abattit sur la table en renversant avec les mets la double coupe ; le front frappa le sol ; le souffle devint rauque ; le fauteuil, sous le choc des talons, culbuta ; puis les yeux se voilèrent.

Alors, tirant son glaive à pointe, Amphinomos bondit pour attaquer le glorieux Ulysse et dégager la porte. Mais déjà Télémaque lui plantait dans le dos, entre les deux épaules, sa lance, dont le fer sortit par la poitrine. Amphinomos tomba ; on l'entendit donner du front contre le sol, tandis que, vers le seuil, Télémaque courait sans avoir retiré sa lance à la grande ombre, car le risque était fort que l'un des Achéens l'assaillît de son glaive ou s'en vînt l'assommer quand il se baisserait. Il courut ; en deux bonds, il rejoignit son père et, montant sur le seuil, lui dit ces mots ailés :

TÉLÉMAQUE. – « Mon père, je reviens ! je vais chercher pour toi un bouclier, deux piques, un bonnet tout en bronze qui t'entre bien aux tempes ; je m'armerai moi-même et j'armerai aussi Eumée et le bouvier : il vaut mieux nous couvrir. »

Ulysse l'avisé lui fit cette réponse :

ULYSSE. – « Cours, pendant que j'ai là mes flèches pour défense ; mais rapporte des armes avant que, de la porte où je vais être seul, ils ne m'aient délogé. »

Il disait : Télémaque obéit à son père. Il s'en fut au trésor et, dans les nobles armes, prit quatre boucliers, quatre paires de piques, quatre bonnets de bronze à l'épaisse crinière et revint, tout courant, aux côtés de son père avec son chargement. Ce fut lui qui, d'abord, se

ὣς δ' αὔτως τὼ δμῶε δυέσθην τεύχεα καλά,
ἔσταν δ' ἀμφ' Ὀδυσῆα δαΐφρονα, ποικιλομήτην.
Αὐτὰρ ὅ γ', ὄφρα μὲν αὐτῷ ἀμύνεσθαι ἔσαν ἰοί,
τόφρα μνηστήρων ἕνα γ' αἰεὶ ᾧ ἐνὶ οἴκῳ
βάλλε τιτυσκόμενος· τοὶ δ' ἀγχιστῖνοι ἔπιπτον·
αὐτὰρ ἐπεὶ λίπον ἰοὶ διστεύοντα ἄνακτα,
τόξον μὲν πρὸς σταθμὸν ἐυσταθέος μεγάροιο
ἔκλιν' ἑστάμεναι, πρὸς ἐνώπια παμφανόωντα,
αὐτὸς δ' ἀμφ' ὤμοισι σάκος θέτο τετραθέλυμνον,
κρατὶ δ' ἐπ' ἰφθίμῳ κυνέην εὔτυκτον ἔθηκεν,
εἵλετο δ' ἄλκιμα δοῦρε δύω κεκορυθμένα χαλκῷ.
Ὀρσοθύρη δέ τις ἔσκεν ἐυδμήτῳ ἐνὶ τοίχῳ,
ἀκρότατον δὲ παρ' οὐδὸν ἐυσταθέος μεγάροιο
ἦν ὁδὸς ἐς λαύρην· σανίδες δ' ἔχον εὖ ἀραρυῖαι.
τὴν δ' Ὀδυσεὺς φράζεσθαι ἀνώγει δῖον ὑφορβὸν
ἑσταῶτ' ἄγχ' αὐτῆς· μία δ' οἴη γίνετ' ἐφορμή.
Τοῖς δ' Ἀγέλεως μετέειπε ἔπος πάντεσσι πιφαύσκων·
ΑΓΕ. — Ὦ φίλοι, οὐκ ἂν δή τις ἀν' ὀρσοθύρην ἀναβαίη
καὶ εἴποι λαοῖσι; βοὴ δ' ὤκιστα γένοιτο.
Τὸν δ' αὖτε προσέειπε Μελάνθιος, αἰπόλος αἰγῶν·
ΜΕΛ. — Οὔ πως ἔστ', Ἀγέλαε διοτρεφές· ἄγχι γὰρ αἰνῶς
αὐλῆς καλὰ θύρετρα, καὶ ἀργαλέον στόμα λαύρης,
καί χ' εἷς πάντας ἐρύκοι ἀνήρ, ὅς τ' ἄλκιμος εἴη.
ἀλλ' ἄγεθ', ὑμιν τεύχε' ἐνείκω θωρηχθῆναι
[ἐκ θαλάμου· ἔνδον γάρ, ὀίομαι, οὐδέ πη ἄλλῃ
τεύχεα κατθέσθην Ὀδυσεὺς καὶ φαίδιμος υἱός].
Ὣς εἰπὼν ἀνέβαινε Μελάνθιος, αἰπόλος αἰγῶν,
ἐς θαλάμο⟨ν⟩ Ὀδυσῆος ἀνὰ ῥῶγας μεγάροιο.
ἔνθεν δώδεκα μὲν σάκε' ἔξελε, τόσσα δὲ δοῦρα
καὶ τόσσας κυνέας χαλκήρεας, ἱπποδασείας·
βῆ δ' ἴμεναι, μάλα δ' ὦκα φέρων μνηστῆρσιν ἔδωκε.

vers 124 : ἵππουριν· δεινὸν δὲ λόφος καθύπερθεν ἔνευεν
vers 134 : τῶ κε τάχ' οὗτος ἀνὴρ νῦν ὕστατα τοξάσσαιτο

revêtit du bronze ; puis les deux serviteurs prirent les belles armes pour s'en couvrir aussi, et leur groupe se tint autour du sage Ulysse aux fertiles pensées.

Mais lui, tant qu'il avait ses flèches pour défense, il tirait dans la salle, abattant chaque fois quelqu'un des prétendants qui tombaient côte à côte. À force de tirer, les flèches lui manquèrent. Alors, déposant l'arc contre l'un des montants de la salle trapue, il le laissa dressé au mur resplendissant, puis couvrit ses épaules d'un bouclier plaqué de cuir en quatre couches et sa tête vaillante, d'un bonnet de métal, dont l'aigrette terrible ondulait au cimier ; enfin il prit en mains les deux robustes piques à la coiffe de bronze…

Or, dans le plein du mur de la salle trapue, à la pointe du seuil, s'ouvrait une poterne qui menait au couloir ; mais elle était fermée de panneaux en bois plein, et le divin porcher, posté là par Ulysse, surveillait cette issue, la seule qui restât.

S'adressant à la troupe, Agélaos leur dit :

AGÉLAOS. – « Amis, n'aurons-nous donc personne, pour monter jusqu'à cette poterne et prévenir le peuple, et crier au secours ? cet homme aurait tiré pour la dernière fois. »

Le maître-chevrier, Mélantheus, répliqua :

MÉLANTHEUS. – « Ce n'est pas si commode, ô nourrisson des dieux ! C'est terriblement près de cette grande porte, qui mène dans la cour, et l'entrée du couloir est tellement étroite ! un seul homme y tiendrait contre tous nos assauts, pour peu qu'il fût vaillant… Mais attendez ! je vais chercher pour vous des armes au trésor, car c'est là, ce ne peut être ailleurs, à mon avis, qu'Ulysse et son illustre fils ont déposé les armes. »

Sur ce, Mélantheus, grimpant à la muraille, sortit par les larmiers et, courant au trésor, y choisit douze piques, douze casques de bronze à l'épaisse crinière et douze boucliers, qu'il se hâta de rapporter aux prétendants.

καὶ τότ' Ὀδυσσῆος λύτο γούνατα καὶ φίλον ἦτορ,
ὡς περιβαλλομένους ἴδε τεύχεα χερσί τε δοῦρα
μακρὰ τινάσσοντας· μέγα δ' αὐτῷ φαίνετο ἔργον.
Αἶψα δὲ Τηλέμαχον ἔπεα πτερόεντα προσηύδα·
ΟΔΥ. — Τηλέμαχ', ἦ μάλα δή τις ἐνὶ μεγάροισι γυναικῶν
νῶιν ἐποτρύνει πόλεμον κακὸν ἠὲ Μελανθεύς.
Τὸν δ' αὖ Τηλέμαχος πεπνυμένος ἀντίον ηὔδα·
ΤΗΛ. — Ὦ πάτερ, αὐτὸς ἐγὼ τόδε γ' ἤμβροτον, οὐδέ τις ἄλλος
αἴτιος, ὃς θαλάμοιο θύρην πυκινῶς ἀραρυῖαν
κάλλιπον ἀγκλίνας· τῶν δὲ σκοπὸς ἦεν ἀμείνων.
ἀλλ' ἴθι, δῖ' Εὔμαιε, θύρην ἐπίθες θαλάμοιο
καὶ φράσαι ⟨ἤ⟩ τις ἄρ' ἐστὶ γυναικῶν ἣ τάδε ῥέζει,
ἢ υἱὸς Δολίοιο, Μελανθεύς, τόν περ ὀίω.
Ὣς οἱ μὲν τοιαῦτα πρὸς ἀλλήλους ἀγόρευον,
βῆ δ' αὖτις θάλαμον δὲ Μελάνθιος, αἰπόλος αἰγῶν,
οἴσων τεύχεα καλά· νόησε δὲ δῖος ὑφορβός,
αἶψα δ' Ὀδυσσῆα προσεφώνεεν ἐγγὺς ἐόντα·
ΕΥΜ. — Διογενὲς Λαερτιάδη, πολυμήχαν' Ὀδυσσεῦ,
κεῖνος δ' αὖτ' ἀίδηλος ἀνήρ, ὃν ὀιόμεθ' αὐτοί,
ἔρχεται ἐς θάλαμον. σὺ δέ μοι νημερτὲς ἐνίσπες
ἤ μιν ἀποκτείνω, αἴ κε κρείσσων γε γένωμαι,
ἦε σοὶ ἐνθάδ' ἄγω, ἵν' ὑπερβασίας ἀποτίσῃ
πολλάς, ὅσσας οὗτος ἐμήσατο σῷ ἐνὶ οἴκῳ.
Τὸν δ' ἀπαμειβόμενος προσέφη πολύμητις Ὀδυσσεύς·
ΟΔΥ. — Ἤτοι ἐγὼ καὶ Τηλέμαχος μνηστῆρας ἀγαυοὺς
σχήσομεν ἔντοσθεν μεγάρων, μάλα περ μεμαῶτας·
σφῶι δ' ἀποστρέψαντε πόδας καὶ χεῖρας ὕπερθεν
ἐς θάλαμον βαλέειν, σανίδας δ' ἐκδῆσαι ὄπισθε, 174
ὥς κεν δηθὰ ζωὸς ἐὼν χαλέπ' ἄλγεα πάσχῃ. 177

vers 175 : σειρὴν δὲ πλεκτὴν ἐξ αὐτοῦ πειρήναντε
176 : κίον' ἀν' ὑψηλὴν ἐρύσαι πελάσαι τε δοκοῖσιν

Les genoux et le cœur d'Ulysse défaillirent, quand il les vit couverts de bronze et brandissant leurs longues javelines : la tâche lui semblait trop lourde ! Il se hâta de dire à Télémaque ces paroles ailées :

ULYSSE. – « Télémaque, à coup sûr, c'est l'une des servantes qui nous vaut du logis cette lutte inégale, à moins que Mélantheus... »

Posément, Télémaque le regarda et dit :

TÉLÉMAQUE. – « Non ! mon père ! c'est moi ! je suis le seul coupable : en quittant le trésor, je n'ai pas refermé les battants en bois plein ; je les ai laissés contre ; leur guetteur sut mieux faire ! Allons, divin Eumée, va fermer cette porte et tâche de savoir qui nous a fait le coup : serait-ce une des femmes ? c'est plutôt Mélantheus, le fils de Dolios ? »

Pendant qu'ils échangeaient ces paroles entre eux, le maître-chevrier retournait au trésor afin d'en rapporter encor de belles armes. Mais le divin porcher le vit et se hâta de prévenir Ulysse – ils étaient côte à côte :

EUMÉE. – « Fils de Laërte, écoute ! ô rejeton des dieux, Ulysse aux mille ruses ! c'est bien celui que nous pensions, oh ! la canaille ! Le voilà qui retourne au trésor ; réponds-moi : faudra-t-il le tuer, si je suis le plus fort, ou te le ramener ici, que tu te venges de tant d'indignités commises sous ton toit ? »

Ulysse l'avisé lui fit cette réponse :

ULYSSE. – « À nous deux, Télémaque et moi, nous tâcherons, malgré tous leurs assauts, de les tenir ici, ces nobles prétendants : vous ! courez au trésor ! jetez-le sur le dos ! liez-lui bras et jambes ! puis attachez la porte. Roulez-le d'une corde et le hissez en haut de l'une des colonnes, jusqu'au ras du plafond : je veux l'avoir en vie pour le bien torturer ! »

῝Ως ἔφαθ'· οἱ δ' ἄρα τοῦ μάλα μὲν κλύον ἠδὲ πίθοντο,
βὰν δ' ἴμεν ἐς θάλαμον, λαθέτην δέ μιν ἔνδον ἐόντα.
ἤτοι ὁ μὲν θαλάμοιο μυχὸν κάτα τεύχε' ἐρεύνα·
τὼ δ' ἔσταν ἑκάτερθε παρὰ σταθμοῖσι μένοντε.
εὖθ' ὑπὲρ οὐδὸν ἔβαινε Μελάνθιος, αἰπόλος αἰγῶν,
τῇ ἑτέρῃ μὲν χειρὶ φέρων καλὴν τρυφάλειαν,
τῇ δ' ἑτέρῃ σάκος εὐρὺ γέρον, πεπαλαγμένον ἄζῃ,
Λαέρτεω ἥρωος, ὃ κουρίζων φορέεσκε·
δὴ τότε γ' ἤδη κεῖτο· ῥαφαὶ δ' ἐλέλυντο ἱμάντων·
τὼ δ' ἄρ' ἐπαΐξανθ' ἑλέτην ἔρυσάν τέ μιν εἴσω
κουρίξ, ἐν δαπέδῳ δὲ χαμαὶ βάλον ἀχνύμενον κῆρ,
σὺν δὲ πόδας χεῖράς τε δέον θυμαλγέϊ δεσμῷ,
σειρὴν δὲ πλεκτὴν ἐξ αὐτοῦ πειρήναντε
κίον' ἀν' ὑψηλὴν ἔρυσαν πέλασάν τε δοκοῖσι.
Τὸν δ' ἐπικερτομέων προσέφης, Εὔμαιε συβῶτα·
ΕΥΜ. — Νῦν μὲν δὴ μάλα πάγχυ, Μελάνθιε, νύκτα φυλάξεις
εὐνῇ ἔνι μαλακῇ καταλέγμενος, ὥς σε ἔοικεν·
οὐδὲ σέ γ' Ἠριγένεια παρ' Ὠκεανοῖο ῥοάων
λήσει ἀνερχομένη χρυσόθρονος, ἡνίκ' ἀγινεῖς
αἶγας μνηστήρεσσι δόμον κάτα δαῖτα πένεσθαι.
῝Ως ὁ μὲν αὖθι λέλειπτο ταθεὶς ὀλοῷ ἐνὶ δεσμῷ·
τὼ δ' ἐς τεύχεα δύντε, θύρην ἐπιθέντε φαεινήν,
βήτην εἰς Ὀδυσῆα δαΐφρονα, ποικιλομήτην.
[ἔνθα μένος πνείοντες ἐφέστασαν, οἱ μὲν ἐπ' οὐδοῦ
τέσσαρες, οἱ δ' ἔντοσθε δόμων πολέες τε καὶ ἐσθλοί.
Τοῖσι δ' ἐπ' ἀγχίμολον θυγάτηρ Διὸς ἦλθεν Ἀθήνη,
Μέντορι εἰδομένη ἠμὲν δέμας ἠδὲ καὶ αὐδήν.

vers 190 : εὖ μάλ' ἀποστρέψαντε διαμπερές, ὡς ἐκέλευσε
191 : υἱὸς Λαέρταο, πολύτλας δῖος Ὀδυσσεύς

Il dit : tout aussitôt, les autres obéirent. Arrivés au trésor, ils virent Mélantheus qui faisait tout au fond sa récolte des armes et ne pouvait les voir… Debout, auprès des deux montants, ils l'attendirent.

Le maître-chevrier, quand il revint au seuil, tenait dans une main un casque magnifique et, dans l'autre, un de ces immenses boucliers que le héros Laërte avait porté au temps de sa prime jeunesse ; mais, rouillé, craquelé, les courroies décousues, il était aujourd'hui relégué dans un coin.

Les deux bergers alors sautent sur Mélantheus, le tirent aux cheveux, le rejettent dedans et l'étendent à terre, déjà tout angoissé, puis le serrent à mort, mains et pieds attachés ; ils en font un paquet, selon l'ordre d'Ulysse, du héros d'endurance, de ce fils de Laërte ; un cordage était là, qui sert à le hisser au haut d'une colonne, jusqu'au ras du plafond.

C'est toi qui le raillais alors, porcher Eumée :

Eumée. – « Te voilà bien posté maintenant pour la nuit ! Veille, ô Mélantheus ! C'est le lit qu'il te faut ! une couche moelleuse ! Ah ! tu ne risques pas de laisser passer l'heure ! Quand la fille des Brumes quittera, pour monter sur son trône doré, le cours de l'Océan, n'oublie pas d'amener aux prétendants les chèvres pour le festin à préparer en ce logis ! »

Et, le laissant pendu en ces nœuds de la mort, les deux autres, prenant leurs armes, refermèrent la porte aux bois luisants.

Auprès du sage Ulysse aux fertiles pensées, ils revinrent tous deux.

Ils étaient en présence, tous respirant l'audace, mais quatre d'un côté, alignés sur le seuil, et, de l'autre, en la salle, une foule de braves. Or, la fille de Zeus, Athéna, vint à eux ; de Mentor, elle avait et l'allure et la voix[5].

5. Sur cet ami d'Ulysse, dont Athéna se plaît à prendre l'apparence, cf. II, 225, 243, 253, 267-268, 401 ; III, 22, 240 ; IV, 654-655 ; XVII, 68 ; XXIV, 446, 456, 503, 548.

Τὴν δ' Ὀδυσεὺς γήθησε ἰδὼν καὶ μῦθον ἔειπε·
ΟΔΥ. — Μέντορ, ἄμυνον ἀρήν, μνῆσαι δ' ἑτάροιο φίλοιο,
ὅς σ' ἀγαθὰ ῥέζεσκον· ὁμηλικίη δέ μοί ἐσσι.
Ὣς φάτ' ὀιόμενος λαοσσόον ἔμμεν Ἀθήνην·
μνηστῆρες δ' ἑτέρωθεν ὁμόκλεον ἐν μεγάροισι.

Πρῶτος τήν γ' ἐνένιπε Δαμαστορίδης Ἀγέλαος·
ΑΓΕ. — Μέντορ, μή σ' ἐπέεσσι παραιπεπίθῃσιν Ὀδυσσεὺς
μνηστήρεσσι μάχεσθαι, ἀμυνέμεναι δὲ οἷ αὐτῷ.
ὧδε γὰρ ἡμέτερόν γε νόον τελέεσθαι ὀίω·
ὁππότε κεν τούτους κτέωμεν, πατέρ' ἠδὲ καὶ υἱόν,
ἐν δὲ σὺ τοῖσιν ἔπειτα πεφήσεαι, οἷα μενοινᾷς
ἔρδειν ἐν μεγάροις· σῷ δ' αὐτοῦ κράατι τίσεις·
αὐτὰρ ἐπὴν ὑμέων γε βί⟨ον⟩ ἀφελώμεθα χαλκῷ,
κτήμαθ' ὁπόσσά τοί ἐστι, τά τ' ἔνδοθι καὶ τὰ θύρηφι,
τοῖσιν Ὀδυσσῆος μεταμίξομεν, οὐδέ τοι υἷας
ζώειν ἐν μεγάροισιν ἐάσομεν, οὐδὲ θύγατρας
οὐδ' ἄλοχον κεδνὴν Ἰθάκης κατὰ ἄστυ πολεύειν.
Ὣς φάτ'· Ἀθηναίη δὲ χολώσατο κηρόθι μᾶλλον.
νείκεσσεν δ' Ὀδυσῆα χολωτοῖσιν ἐπέεσσιν·
ΑΘΗ. — Οὐκέτι σοί γ', Ὀδυσεῦ, μένος ἔμπεδον οὐδέ τις ἀλκή
οἵη ὅτ' ἀμφ' Ἑλένῃ λευκωλένῳ, εὐπατερείῃ,
εἰνάετες Τρώεσσιν ἐμάρναο νωλεμὲς αἰεί,
πολλοὺς δ' ἄνδρας ἔπεφνες ἐν αἰνῇ δηιοτῆτι,
σῇ δ' ἥλω βουλῇ Πριάμου πόλις εὐρυάγυια.
πῶς δὴ νῦν, ὅτε σόν γε δόμον καὶ κτήμαθ' ἱκάνεις,
ἄντα μνηστήρων ὀλοφύρεαι ἄλκιμος εἶναι;
ἀλλ' ἄγε δεῦρο, πέπον, παρ' ἔμ' ἵστασο καὶ ἴδε ἔργον,
ὄφρα ἴδῃς οἷός τοι ἐν ἀνδράσι δυσμενέεσσι
Μέντωρ Ἀλκιμίδης εὐεργεσίας ἀποτίνειν.
Ἦ ῥα καὶ οὔ πω πάγχυ δίδου ἑτεραλκέα νίκην,
ἀλλ' ἔτ' ἄρα σθένεός τε καὶ ἀλκῆς πειρήτιζεν
ἠμὲν Ὀδυσσῆος ἠδ' υἱοῦ κυδαλίμοιο,
αὐτὴ δ' αἰθαλόεντος ἀνὰ μεγάροιο μέλαθρον
ἕζετ' ἀναΐξασα, χελιδόνι εἰκέλη ἄντην.]

Ulysse, tout joyeux en la voyant, lui dit :

ULYSSE. – « Sauve-nous du malheur, Mentor, et souviens-toi des services rendus par ton vieux compagnon : nous sommes du même âge ! »

Mais, dans son cœur, ces mots étaient pour Athéna : il avait reconnu la meneuse d'armées. Les prétendants, de leur côté, la menaçaient ; le fils de Damastor, Agélaos, du fond de la salle, s'était mis à l'apostropher :

AGÉLAOS. – « Mentor, ferme l'oreille aux demandes d'Ulysse : pour sa seule défense, il veut te mettre en lutte avec les prétendants ! Sache bien nos desseins, et qui s'accompliraient : quand on aurait tué et le père et le fils, on te tuerait sur eux, pour prix de ta conduite ; ta tête en répondrait ! puis, quand le bronze vous aurait ôté la vie, on prendrait tous tes biens, et chez toi et dehors ; on les mettrait au tas des richesses d'Ulysse, et tes fils ne pourraient plus vivre en ton manoir, ni ta fidèle épouse et tes filles, rester dans la ville d'Ithaque. »

Il dit ; mais, redoublant de courroux, la déesse interpellait Ulysse en ces mots irrités :

ATHÉNA. – « Ulysse, n'as-tu plus de force ni d'ardeur ? Toi qui, pour les bras blancs de cette noble Hélène, neuf années sans faiblir, combattis les Troyens, qui tuas tant de gens dans la mêlée terrible et sus, par ta sagesse, enlever à Priam sa ville aux larges rues ! À l'heure où te voilà en tes maisons et biens, devant les prétendants ton cœur ne sait que geindre ! Mais, mon bon ! reste là, debout à mes côtés, et me regarde faire ! tu verras de quel cœur, parmi les ennemis, Mentor, fils d'Alkimos, sait payer les bienfaits ! »

Elle dit, mais laissa la bataille incertaine : elle voulait qu'Ulysse et son fils glorieux fissent la preuve encor de leurs force et courage. Changée en hirondelle[6] et prenant son essor, elle alla se poser sur les poutres du faîte, noircies par la fumée.

6. Cf. I, 319 où Athéna prend la forme d'un oiseau de mer pour disparaître ; en III, 371-372, elle prend également la forme d'une orfraie et s'envole de Pylos.

Μνηστῆρας δ' ὤτρυνε Δαμαστορίδης Ἀγέλαος
[Εὐρύνομός τε καὶ Ἀμφιμέδων Δημοπτόλεμός τε
Πείσανδρός τε Πολυκτορίδης Πόλυβός τε δαΐφρων·
οἱ γὰρ μνηστήρων ἀρετῇ ἔσαν ἔξοχ' ἄριστοι,]
ὅσσοι ἔτ' ἔζωον περί τε ψυχέων ἐμάχοντο·
τοὺς δ' ἤδη ἐδάμασσε βιὸς καὶ ταρφέες ἰοί.
Τοῖς δ' Ἀγέλεως μετέειπε, ἔπος πάντεσσι πιφαύσκων·
ΑΓΕ. — Ὦ φίλοι, ἤδη σχήσει ἀνὴρ ὅδε χεῖρας ἀάπτους·
[καὶ δή οἱ Μέντωρ μὲν ἔβη κενὰ εὔγματα εἰπών·
οἱ δ' οἶοι λείπονται ἐπὶ πρώτῃσι θύρῃσι.]
τὼ νῦν μὴ ἅμα πάντες ἐφίετε δούρατα μακρά,
ἀλλ' ἄγεθ' οἱ ἓξ πρῶτο⟨ι⟩ ἀκοντίσατ', αἴ κέ ποθι Ζεὺς
δώῃ Ὀδυσσῆα βλῆσθαι καὶ κῦδος ἀρέσθαι·
τῶν δ' ἄλλων οὐ κῆδος, ἐπὴν οὗτός γε πέσῃσιν.
Ὣς ⟨φάτο· ἓξ⟩ δ' ἄρα ⟨πρῶτοι⟩ ἀκόντισαν, ὡς ἐκέλευε,
ἱέμενοι· τὰ δὲ πάντα ἐτώσια θῆκεν Ἀθήνη.
Αὐτὰρ ἐπεὶ δὴ δούρατ' ἀλεύαντο μνηστήρων,
τοῖσ' ἄρα μύθων ἦρχε πολύτλας δῖος Ὀδυσσεύς·
ΟΔΥ. — Ὦ φίλοι, ἤδη μέν κεν ἐγὼ εἴποιμι καὶ ἄμμι
μνηστήρων ἐς ὅμιλον ἀκοντίσαι, οἳ μεμάασιν
ἡμέας ἐξεναρίξαι ἐπὶ προτέροισι κακοῖσιν.
Ὣς ἔφαθ'· οἱ δ' ἄρα πάντες ἀκόντισαν ὀξέα δοῦρα
ἄντα τιτυσκόμενοι· Δημοπτόλεμον μὲν Ὀδυσσεύς,
Εὐρυάδην δ' ἄρα Τηλέμαχος, Ἔλατον δὲ συβώτης,
Πείσανδρον δ' ἄρ' ἔπεφνε βοῶν ἐπιβουκόλος ἀνήρ·

vers 257 : τῶν ἄλλος μὲν σταθμὸν ἐυσταθέος μεγάροιο
258 : βεβλήκειν· ἄλλος δὲ θύρην πυκινῶς ἀραρυῖαν·
259 : ἄλλου δ' ἐν τοίχῳ μελίη πέσε χαλκοβάρεια
vers 269 : οἱ μὲν ἔπειθ' ἅμα πάντες ὀδὰξ ἕλον ἄσπετον οὖδας

Parmi les prétendants, c'était Agélaos, le fils de Damastor, qui poussait au combat tous ceux qui survivaient et luttaient pour la vie, Eurynomos, Amphimédon, Démoptolème, et Pisandre, de la race de Polyctor, et le sage Polybe[7] ; tels étaient, désormais, ceux qui, par leur valeur, primaient les prétendants ; l'arc et sa pluie de flèches avaient couché les autres.

S'adressant à la troupe, Agélaos leur dit :

AGÉLAOS. – « Amis ! voici la fin ! il lui faut arrêter ses mains infatigables : Mentor a disparu : vaine fanfaronnade ! en travers de la porte, il ne reste plus qu'eux ! Lançons nos longues piques, mais pas tous à la fois ! Allons ! les six premiers ! tirez ! et plaise à Zeus de nous donner la gloire d'abattre cet Ulysse ! Quand il sera tombé, nous nous moquons des autres ! »

Il dit ; suivant son ordre, les six premiers tirèrent. Ils avaient bien visé ; mais Athéna fit dévier toutes leurs piques. Une pique frappa dans l'épaisse embrasure ; l'autre dans le panneau de la porte en bois plein ; une autre, dans le mur, planta sa lourde pointe.

Quand le divin Ulysse les vit manquer leur coup, il se reprit à dire, le héros d'endurance :

ULYSSE. – « Mes amis, un seul mot ! tirons tous dans le tas ! après tant de forfaits, ces gens parlent encor d'avoir notre dépouille ! »

Il dit, et tous les quatre, en visant devant eux, lancent leurs javelines, et la pointe d'Ulysse perce Démoptolème, tandis que Télémaque abat Euryadès, le porcher, Élatos, et le bouvier, Pisandre : tous mordent la poussière en cette immense salle. Les autres prétendants reculent

7. Dans ces vers perce encore le goût du poète de l'*Odyssée* pour le catalogue. En effet, certains des prétendants tués par Ulysse n'ont jamais été nommé dans le corps du poème. Il était nécessaire de citer leur nom, comme le faisait le poète de l'*Iliade*, pour que la gloire d'Ulysse et de son fils fût effective. Dans ces vers, en effet, le nom des prétendants, comme l'affirmation de leur origine, est en quelque sorte une garantie de leur valeur.

μνηστῆρες δ' ἀνεχώρησαν μεγάροιο μυχὸν δέ·
τοὶ δ' ἄρ' ἐπήϊξαν, νεκύων δ' ἐξ ἔγχε' ἕλοντο.
Αὖτις δὲ μνηστῆρες ἀκόντισαν ὀξέα δοῦρα
ἱέμενοι· τὰ δὲ πολλὰ ἐτώσια θῆκεν Ἀθήνη·
τῶν ἄλλος μὲν σταθμὸν ἐϋσταθέος μεγάροιο
βεβλήκειν, ἄλλος δὲ θύρην πυκινῶς ἀραρυῖαν·
ἄλλου δ' ἐν τοίχῳ μελίη πέσε χαλκοβάρεια·
Ἀμφιμέδων δ' ἄρα Τηλέμαχον βάλε χεῖρ' ἐπὶ καρπῷ
λίγδην· ἄκρον δὲ ῥινὸν δηλήσατο χαλκός.
Κτήσιππος δ' Εὔμαιον ὑπὲρ σάκος ἔγχεϊ μακρῷ
ὦμον ἐπέγραψεν· τὸ δ' ὑπέρπτατο, πῖπτε δ' ἔραζε.
Τοὶ δ' αὖτ' ἀμφ' Ὀδυσῆα δαΐφρονα, ποικιλομήτην,
μνηστήρων ἐς ὅμιλον ἀκόντισαν ὀξέα δοῦρα.
ἔνθ' αὖτ' Εὐρυδάμαντα βάλε πτολίπορθος Ὀδυσσεύς,
Ἀμφιμέδοντα δὲ Τηλέμαχος, Πόλυβον δὲ συβώτης,
[Κτήσιππον δ' ἄρ' ἔπειτα βοῶν ἐπιβουκόλος ἀνὴρ
βεβλήκει πρὸς στῆθος, ἐπευχόμενος δὲ προσηύδα·
ΦΙΛ. — Ὦ Πολυθερσείδη φιλοκέρτομε, μή ποτε πάμπαν
εἴκων ἀφραδίῃς μέγα εἰπεῖν, ἀλλὰ θεοῖσι
μῦθον ἐπιτρέψαι, ἐπεὶ ἦ πολὺ φέρτεροί εἰσι.
τοῦτό τοι ἀντὶ ποδὸς ξεινήϊον, ὅν ποτ' ἔδωκας
ἀντιθέῳ Ὀδυσῆϊ δόμον κατ' ἀλητεύοντι.
Ἦ ῥα βοῶν ἑλίκων...]
⟨Κτήσιππον δὲ βοῶν⟩ ἐπιβουκόλος· αὐτὰρ Ὀδυσσεὺς
οὖτα Δαμαστορίδην αὐτοσχεδὸν ἔγχεϊ μακρῷ·
Τηλέμαχος δ' Εὐηνορίδην Λειώκριτον οὖτα
δουρὶ μέσον κενεῶνα, διὰ πρὸ δὲ χαλκὸν ἔλασσεν·

8. On peut voir, avec Lossau, 1993, 168-173, dans cette scène et dans bien d'autres épisodes, une parodie de l'*Iliade*. Télémaque et Eumée jouent ici le rôle du guerrier frappé à la place d'un autre, phénomène courant dans l'*Iliade*.

vers le fond. Nos gens alors s'élancent et courent retirer des morts leurs javelines.

Mais à nouveau, voici que, brandissant leurs piques, les prétendants tiraient. Athéna détourna la plupart de leurs coups : une pique frappa dans l'épaisse embrasure, une autre, dans le plein du panneau de la porte ; une troisième, au mur, planta sa lourde pointe, tandis qu'Amphimédon atteignait au poignet la main de Télémaque[8] ; mais le bronze ne fit qu'égratigner la peau ; lancée par Ctésippos, une autre longue pique, en passant par-dessus le bouclier d'Eumée, lui éraillait l'épaule et, poursuivant son vol, allait tomber à terre.

Autour du sage Ulysse aux fertiles pensées, on riposte, en dardant les piques dans le tas : Ulysse cette fois, le preneur d'Ilion, atteint Eurydamas, tandis que Télémaque abat Amphimédon ; le bouvier Ctésippos, et le porcher Polybe.

Fier d'avoir atteint Ctésippos à la poitrine, l'homme qui paît les bœufs lui parlait en ces termes :

PHILOETIOS. – « Fils de Polythersès, allons ! le beau plaisant ! c'est fini des grands mots et des coups de folie ! laisse parler les dieux ! ce sont eux les plus forts ! mais reçois mon cadeau, en échange du pied que tu donnas naguère à ce divin Ulysse quêtant en son logis[9]. »

Ainsi dit le pasteur des bœufs aux cornes torses…

Ulysse alors, courant au fils de Damastor, le tue à bout de pique ; Télémaque, en plein ventre, atteint Liocritos, un des fils d'Événor, et la pointe s'en va ressortir dans le dos.

9. Dans le contexte guerrier, ces insultes, au même titre que le rire, sont une manière d'affirmer l'excellence du vainqueur sur l'ennemi qu'il se doit de rabaisser. Sur la question, cf. entre autres Arnould, 1990, 31-32.

[ἤριπε δὲ πρηνής, χθόνα δ' ἤλασε παντὶ μετώπῳ.
δὴ τότ' Ἀθηναίη φθισίμβροτον αἰγίδ' ἀνέσχεν
ὑψόθεν ἐξ ὀροφῆς· τῶν δὲ φρένες ἐπτοίηθεν.
οἱ δ' ἐφέβοντο κατὰ μέγαρον βόες ὣς ἀγελαῖαι,
τὰς μέν τ' αἰόλος οἶστρος ἐφορμηθεὶς ἐδόνησεν
ὥρῃ ἐν εἰαρινῇ, ὅτε τ' ἤματα μακρὰ πέλονται.
οἱ δ' ὥς τ' αἰγυπιοὶ γαμψώνυχες, ἀγκυλοχεῖλαι,
ἐξ ὀρέων ἐλθόντες ἐπ' ὀρνίθεσσι θόρωσι·
ταὶ μέν τ' ἐν πεδίῳ νέφεα πτώσσουσαι ἵενται,
οἱ δέ τε τὰς ὀλέκουσιν ἐπάλμενοι, οὐδέ τις ἀλκὴ
γίνεται οὐδὲ φυγή· χαίρουσι δέ τ' ἀνέρες ἄγρῃ·
ὣς ἄρα τοὶ μνηστῆρας ἐπεσσύμενοι κατὰ δῶμα
τύπτον ἐπιστροφάδην· τῶν δὲ στόνος ὤρνυτ' ἀεικὴς
κράτων τυπτομένων, δάπεδον δ' ἅπαν αἵματι θῦε.]

Λειώδης δ' Ὀδυσῆος ἐπεσσύμενος λάβε γούνων
καί μιν λισσόμενος ἔπεα πτερόεντα προσηύδα·
ΛΕΙ. — Γουνοῦμαί σ', Ὀδυσεῦ· σὺ δέ μ' αἴδεο καί μ' ἐλέησον.
οὐ γάρ πώ τινά φημι γυναικῶν ἐν μεγάροισιν
εἰπεῖν οὐδέ τι ῥέξαι ἀτάσθαλον, ἀλλὰ καὶ ἄλλους
παύεσκον μνηστῆρας, ὅτις τοιαῦτά γε ῥέζοι·
ἀλλά μοι οὐ πείθοντο κακῶν ἄπο χεῖρας ἔχεσθαι·
τὼ καὶ ἀτασθαλίῃσιν ἀεικέα πότμον ἐπέσπον.
αὐτὰρ ἐγὼ μετὰ τοῖσι θυοσκόος οὐδὲν ἐοργὼς
κείσομαι· ὣς οὐκ ἔστι χάρις μετόπισθ' εὐεργέων.
Τὸν δ' ἄρ' ὑπόδρα ἰδὼν προσέφη πολύμητις Ὀδυσσεύς·
ΟΔΥ. — Εἰ μὲν δὴ μετὰ τοῖσι θυοσκόος εὔχεαι εἶναι,
πολλάκι που μέλλεις ἀρήμεναι ἐν μεγάροισι
τηλοῦ ἐμοὶ νόστοιο τέλος γλυκεροῖο γενέσθαι,
σοὶ δ' ἄλοχόν τε φίλην σπέσθαι καὶ τέκνα τεκέσθαι·
τὼ οὐκ ἂν θάνατόν γε δυσηλεγέα προφύγοισθα.

Il s'abat sur la face et son front bat le sol... Et voici qu'Athéna, déployant du plafond son égide[10] qui tue, terrasse leurs courages. À travers la grand-salle, ils fuient épouvantés : tel un troupeau de bœufs qu'au retour du printemps, lorsque les jours allongent, tourmente un taon agile. Mais Ulysse et les siens, on eût dit des vautours qui, du haut des montagnes, fondent, le bec en croc et les griffes crochues, sur les petits oiseaux qui tombent dans la plaine en fuyant les nuages, les vautours les massacrent ; rien ne peut les sauver, ni bataille ni fuite, et les hommes aussi ont leur part du gibier... C'est ainsi qu'en la salle, assaillis de partout, tombaient les prétendants, avec un bruit affreux de crânes fracassés, dans les ruisseaux du sang qui courait sur le sol.

Mais, aux genoux d'Ulysse, Liodès s'est jeté : il les prend ; il supplie ; il dit ces mots ailés :

LIODÈS. – « J'embrasse tes genoux, Ulysse ! épargne-moi ! pitié ! Je te le jure : jamais dans ce manoir, je n'ai rien dit, rien fait pour outrager tes femmes ! même, quand je voyais les autres mal agir, je mettais le holà ; mais ils continuaient de se souiller les mains sans vouloir m'écouter ! et leurs folies ont mérité ce sort affreux ! Moi donc, qui n'ai rien fait qu'être leur haruspice, vais-je tomber aussi ? N'est-il que ce paiement pour avoir bien agi ? »

Ulysse l'avisé le toisa et lui dit :

ULYSSE. – « C'est toi qui t'honorais d'être leur haruspice ! alors, tu dus souvent prier en ce manoir pour éloigner de moi la douceur du retour et me prendre ma femme et en avoir des fils ! Ah ! non ! pas de pitié ! pas de fuite ! la mort ! »

10. Cette peau de chèvre ou bouclier recouvert de peau (selon *Il.*, II, 101, fabriquée par Héphaïstos) est un attribut de Zeus. Cependant, sa fille, Athéna, s'en sert assez souvent pour terrasser les ennemis de ses protégés. Dans l'iconographie, l'égide est souvent ornée de serpents et de la tête de la Gorgone qui pétrifie ceux qui la regardent.

῝Ως ἄρα φωνήσας ξίφος εἵλετο χειρὶ παχείῃ
κείμενον, ὅ ῥ' Ἀγέλαος ἀποπροέηκε χαμᾶζε
κτεινόμενος· τῷ τόν γε κατ' αὐχένα μέσσον ἔλασσε.
Τερπιάδης δ' ἔτ' ἀοιδὸς ἀλύσκανε κῆρα μέλαιναν,
Φήμιος, ὅς ῥ' ἤειδε μετὰ μνηστῆρσιν ἀνάγκῃ,
ἔστη δ' ἐν χείρεσσιν ἔχων φόρμιγγα λίγειαν
ἄγχι παρ' ὀρσοθύρην, δίχα δὲ φρεσὶ μερμήριζεν
ἤ' ἐκδὺς μεγάροιο Διὸς μεγάλου ποτὶ βωμὸν
ἑρκείου ἵζοιτο τετυγμένον, ἔνθ' ἄρα πολλὰ
Λαέρτης Ὀδυσεύς τε βοῶν ἐπὶ μηρί' ἔκηαν,
ἢ γούνων λίσσοιτο προσαΐξας Ὀδυσῆα.
ὧδε δέ οἱ φρονέοντι δοάσσατο κέρδιον εἶναι
γούνων ἅψασθαι Λαερτιάδεω Ὀδυσῆος·
ἤτοι ὁ φόρμιγγα γλαφυρὴν κατέθηκε χαμᾶζε
μεσσηγὺς κρητῆρος ἰδὲ θρόνου ἀργυροήλου,
αὐτὸς δ' αὖτ' Ὀδυσῆα προσαΐξας λάβε γούνων
καί μιν λισσόμενος ἔπεα πτερόεντα προσηύδα·
ΦΗΜ. — Γουνοῦμαί σ', Ὀδυσεῦ· σὺ δέ μ' αἴδεο καί μ' ἐλέησον.
αὐτῷ τοι μετόπισθ' ἄχος ἔσσεται, εἴ κεν ἀοιδὸν
πέφνῃς, ὅς τε θεοῖσι καὶ ἀνθρώποισιν ἀείδω.
αὐτοδίδακτος δ' εἰμί· θεὸς δέ μοι ἐν φρεσὶν οἴμας
παντοίας ἐνέφυσε· ἔοικα δέ τοι παραείδειν
ὥς τε θεῷ· τῶ μή με λιλαίεο δειροτομῆσαι.
καί κεν Τηλέμαχος τάδε εἴποι, σὸς φίλος υἱός,
ὡς ἐγὼ οὔ τι ἑκὼν ἐς σὸν δόμον οὐδὲ χατίζων
πωλεύμην μνηστῆρσιν ἀεισόμενος μετὰ δαῖτας·
ἀλλὰ πολὺ πλέονες καὶ κρείσσονες ἦγον ἀνάγκῃ.
῝Ως φάτο· τοῦ δ' ἤκουσ' ἱερὴ ἲς Τηλεμάχοιο,
αἶψα δ' ἑὸν πατέρα προσεφώνεεν ἐγγὺς ἐόντα·

vers 329 : φθεγγομένου δ' ἄρα τοῦ γε κάρη κονίῃσιν ἐμίχθη

Et, de sa forte main, ramassant sur le sol l'épée qu'Agélaos mourant avait lâchée, il la lui plonge au col : sa tête, avec un cri, roule dans la poussière.

Mais le fils de Terpès, l'aède Phémios[11], cherchait à éviter la Parque ténébreuse – lui qui n'avait jamais chanté que par contrainte, devant les prétendants. Tenant entre ses bras la cithare au chant clair, il restait indécis, auprès de la poterne : quitterait-il la salle ? irait-il au-dehors, à l'autel du grand Zeus, protecteur de la cour[12], s'asseoir contre ces pierres où Laërte et son fils faisaient jadis brûler tant de cuisses de bœufs ? dans la salle, irait-il prendre Ulysse aux genoux ? Il crut, tout compte fait, que mieux valait encore se jeter aux genoux de ce fils de Laërte. Donc, ayant déposé sa cithare bombée entre un fauteuil aux clous d'argent et le cratère, il courut vers Ulysse et lui prit les genoux et dit en suppliant ces paroles ailées :

PHÉMIOS. – « Je suis à tes genoux, Ulysse, épargne-moi ! Ne sois pas sans pitié ! Le remords te prendrait un jour d'avoir tué l'aède, le chanteur des hommes et des dieux ! Je n'ai pas eu de maître ! en toutes poésies, c'est un dieu qui m'inspire ! je saurai désormais te chanter comme un dieu ! donc résiste à l'envie de me couper la gorge ! Demande à Télémaque ! il te dira, ton fils, que si je suis ici, si, pour les prétendants, je chantais aux festins, je ne l'ai pas cherché, je ne l'ai pas voulu ! Mais, nombreux et puissants, c'est eux qui m'y forçaient. »

Sa Force et Sainteté Télémaque entendit ; il courut vers son père et dit en arrivant :

11. Sur « celui qui répand la renommée », le fils de « celui qui charme », cf. I, 154 et note.

12. En grec, *Herkeios*. Sous cette épiclèse, Zeus est non seulement le protecteur de la cour, mais également de la demeure et du foyer.

ΤΗΛ. — Ἴσχεο, μηδέ τι τοῦτον ἀναίτιον οὔταε χαλκῷ,
καὶ κήρυκα Μέδοντα σαώσομεν, ὅς τέ μευ αἰεὶ
οἴκῳ ἐν ἡμετέρῳ κηδέσκετο παιδὸς ἐόντος,
εἰ δὴ μή μιν ἔπεφνε Φιλοίτιος ἠὲ συβώτης,
ἠὲ σοὶ ἀντεβόλησεν ὀρινομένῳ κατὰ δῶμα.
Ὣς φάτο· τοῦ δ' ἤκουσε Μέδων πεπνυμένα εἰδώς·
πεπτηὼς γὰρ ἔκειτο ὑπὸ θρόνον, ἀμφὶ δὲ δέρμα
ἕστο βοὸς νεόδαρτον, ἀλύσκων κῆρα μέλαιναν.
αἶψα δ' ὑπ⟨ἐκ⟩ θρόνου ὦρτο, βοὸς δ' ἀπέδυνε βοείην,
Τηλέμαχον δ' ἄρ' ἔπειτα προσαΐξας λάβε γούνων
καί μιν λισσόμενος ἔπεα πτερόεντα προσηύδα·
ΜΕΔ. - Ὦ φίλ', ἐγὼ μὲν ὅδ' εἰμί· σὺ δ' ἴσχεο, εἰπὲ δὲ πατρί,
μή με περισθενέων δηλήσεται ὀξέι χαλκῷ,
ἀνδρῶν μνηστήρων κεχολωμένος, οἵ οἱ ἔκειρον
κτήματ' ἐνὶ μεγάρῳ, σὲ δὲ νήπιοι οὐδὲν ἔτιον.
Τὸν δ' ἐπιμειδήσας προσέφη πολύμητις Ὀδυσσεύς·
ΟΔΥ. — Θάρσει, ἐπεὶ δή σ' οὗτος ἐρύσατο καὶ ἐσάωσεν,
[ὄφρα γνῷς κατὰ θυμόν, ἀτὰρ εἴπῃσθα καὶ ἄλλῳ,
ὡς κακοεργίης εὐεργεσίη μέγ' ἀμείνων.]
ἀλλ' ἐξελθόντες μεγάρων ἕζεσθε θύραζε
ἐκ φόνου εἰς αὐλήν, σύ τε καὶ πολύφημος ἀοιδός,
ὄφρ' ἂν ἐγὼ κατὰ δῶμα πονήσομαι ὅττεό με χρή.
Ὣς φάτο· τὼ δ' ἔξω βήτην μεγάροιο κιόντε,
ἑζέσθην δ' ἄρα τώ γε Διὸς μεγάλου ποτὶ βωμὸν
πάντοσε παπταίνοντε, φόνον ποτιδεγμένω αἰεί.
Πάπτηνεν δ' Ὀδυσεὺς καθ' ἑὸν δόμον, εἴ τις ἔτ' ἀνδρῶν
ζωὸς ὑποκλοπέοιτο ἀλύσκων κῆρα μέλαιναν,
τοὺς δὲ ἴδεν μάλα πάντας ἐν αἵματι καὶ κονίῃσι
πεπτεῶτας, πολλοὺς ὥς τ' ἰχθύας, οὕς θ' ἁλιῆες

TÉLÉMAQUE. – « Arrête ! que ton glaive épargne un innocent ! Sauvons aussi Médon, le héraut[13] ! qui toujours a, dans notre demeure, pris soin de mon enfance ! Pourvu que, sous les coups d'Eumée et du bouvier, il n'ait pas succombé ou ne se soit pas mis en travers de ta course ! »

Mais Médon l'entendit, car cet homme de sens gisait sous un fauteuil : blotti et recouvert de la peau de la vache fraîchement écorchée, il avait évité la Parque ténébreuse… Il sort de son fauteuil ; il rejette la peau ; il court à Télémaque ; il lui prend les genoux et dit, en suppliant, ces paroles ailées :

MÉDON. – « Cher ami, me voici ! toi-même, épargne-moi ! et détourne de moi la pique de ton père ! il est si déchaîné ! je comprends sa fureur contre ces prétendants qui lui mangeaient ses biens, chez lui, les pauvres fous, et te traitaient si mal ! »

Ulysse l'avisé dit avec un sourire :

ULYSSE. – « N'aie pas peur ! grâce à lui, te voilà hors d'affaire ! Que ton salut te prouve – et va le dire aux autres ! – combien est préférable au crime la vertu. Mais sortez du manoir, l'illustre aède et toi ! Asseyez-vous dehors, dans la cour, loin du sang ! Il faut qu'en ce logis, ma besogne s'achève ! »

Sur ces mots, le héraut et l'aède sortirent. Ils s'en furent s'asseoir à l'autel du grand Zeus[14] ; mais leurs yeux inquiets voyaient partout la mort. Et partout, dans la salle, Ulysse regardait si quelque survivant ne restait pas blotti, cherchant à éviter la Parque ténébreuse. Mais tous étaient couchés dans la boue et le sang : sous ses yeux, quelle foule ! on eût dit des poissons qu'en un

13. Quoique attaché aux prétendants, Médon était resté fidèle à Ulysse et à sa famille, cf. IV, 675 sq.

14. Cf. v. 334.

κοῖλον ἐς αἰγιαλὸν πολιῆς ἔκτοσθε θαλάσσης
δικτύῳ ἐκέρυσαν πολυωπῷ· οἱ δέ τε πάντες
κύμαθ' ἁλὸς ποθέοντες ἐπὶ ψαμάθοισι κέχυνται·
τῶν μέν τ' ἠέλιος φαέθων ἐξείλετο θυμόν·
ὣς τότ' ἄρα μνηστῆρες ἐπ' ἀλλήλοισι κέχυντο.

## ΑΝΑΓΝΩΡΙΣΜΟΣ ΟΔΥΣΣΗΟΣ ΥΠΟ ΠΗΝΕΛΟΠΕΙΑΣ

Δὴ τότε Τηλέμαχον προσέφη πολύμητις Ὀδυσσεύς·
ΟΔΥ. — Τηλέμαχ', εἰ δ' ἄγε μοι κάλεσον τροφὸν Εὐρύκλειαν,
ὄφρα ἔπος εἴπωμι, τό μοι καταθύμιόν ἐστιν.
Ὣς φάτο· Τηλέμαχος δὲ φίλῳ ἐπεπείθετο πατρί,
κινήσας δὲ θύρην προσέφη τροφὸν Εὐρύκλειαν·
ΤΗΛ. — Δεῦρο δὴ ὄρσο, γρηῢ παλαιγενές, ἥ τε γυναικῶν
δμῳάων σκοπός ἐσσι κατὰ μέγαρ' ἡμετεράων·
ἔρχεο· κικλήσκει σε πατὴρ ἐμός, ὄφρά τι εἴπῃ.
Ὣς ἄρ' ἐφώνησεν· τῇ δ' ἄπτερος ἔπλετο μῦθος·
ὤιξεν δὲ θύρας μεγάρων εὐναιεταόντων,
βῆ δ' ἴμεν· αὐτὰρ Τηλέμαχος πρόσθ' ἡγεμόνευεν.
εὗρ⟨ο⟩ν ἔπειτ' Ὀδυσῆα μετὰ κταμένοισι νέκυσσιν,
αἵματι καὶ λύθρῳ πεπαλαγμένον ὥς τε λέοντα,
ὅς ῥά τε βεβρωκὼς βοὸς ἔρχεται ἀγραύλοιο·
πᾶν δ' ἄρα οἱ στῆθός τε παρήϊά τ' ἀμφοτέρωθεν
αἱματόεντα πέλει· δεινὸς δ' εἰς ὦπα ἰδέσθαι·
ὣς Ὀδυσεὺς πεπάλακτο πόδας καὶ χεῖρας ὕπερθεν.
Ἡ δ' ὡς οὖν νέκυάς τε καὶ ἄσπετον ἔσιδεν αἷμα,
ἴθυσέν ῥ' ὀλολύξαι, ἐπεὶ μέγα εἴσ⟨ατο⟩ ἔργον·
ἀλλ' Ὀδυσεὺς κατέρυκε καὶ ἔσχεθε ἱεμένην περ,
καί μιν φωνήσας ἔπεα πτερόεντα προσηύδα·

creux de la rive, les pêcheurs ont tirés de la mer écumante ; aux mailles du filet, sur les sables, leur tas bâille vers l'onde amère, et les feux du soleil leur enlèvent le souffle... C'est ainsi qu'en un tas, gisaient les prétendants.

## Mari et femme

Ulysse l'avisé dit alors à son fils :

ULYSSE. – « Télémaque, va-t'en appeler de ma part la nourrice Euryclée ; j'aurais à lui donner un ordre auquel je tiens. »

Sur ces mots, Télémaque obéit à son père et, secouant la porte, il dit à la nourrice :

TÉLÉMAQUE. – « Debout ! et vite ici ! vieille des anciens jours, qui surveilles chez nous nos femmes de service ! Viens ! mon père t'appelle ; il voudrait te parler ! »

Il dit et, sans qu'un mot s'envolât de ses lèvres, la vieille ouvrit la porte du grand corps de logis et, marchant sur les pas de Télémaque, entra.

Ils trouvèrent Ulysse au milieu des cadavres : il était tout souillé de poussière et de sang. On eût dit un lion qui vient de dévorer quelque bœuf à l'enclos : son poitrail et ses deux bajoues ensanglantés en font une épouvante... Des pieds au haut des bras, c'est ainsi que le corps d'Ulysse était souillé.

En voyant tous ces morts et ces ruisseaux de sang, devant un tel exploit, la vieille allait pousser la clameur de triomphe[15]. Ulysse l'arrêta et contint son envie, puis, élevant la voix, lui dit ces mots ailés :

15. L'*ololugé* est également le cri de lamentation que l'on pousse au moment de la mort d'un être cher ou d'un animal que l'on vient de sacrifier. Cf. III, 450.

ΟΔΥ. — Ἐν θυμῷ, γρηῦ, χαῖρε καὶ ἴσχεο, μηδ' ὀλόλυζε·
οὐχ ὁσίη κταμένοισιν ἐπ' ἀνδράσιν εὐχετάασθαι·
τούσδε δὲ μοῖρ' ἐδάμασσε θεῶν καὶ σχέτλια ἔργα· 413
ἀλλ' ἄγε μοι σὺ γυναῖκας ἐνὶ μεγάροις κατάλεξον, 417
αἵ τέ μ' ἀτιμάζουσι καὶ αἳ νηλιτιδές εἰσι.
Τὸν δ' αὖτε προσέειπε φίλη τροφὸς Εὐρύκλεια·
ΕΥΡ. — Τοὶ γὰρ ἐγώ τοι, τέκνον, ἀληθείην καταλέξω·
πεντήκοντά τοὶ εἰσιν ἐνὶ μεγάροισι γυναῖκες
[δμῳαί, τὰς μέν τ' ἔργα διδάξαμεν ἐργάζεσθαι
εἴριά τε ξαίνειν καὶ δουλοσύνην ἀνέχεσθαι·]
τάων δώδεκα πᾶσαι ἀναιδείης ἐπέβησαν,
οὔτ' ἐμὲ τίο⟨ν ται γ'⟩ οὔτ' αὐτὴν Πηνελόπειαν.
Τηλέμαχος δὲ νέον μὲν ἀέξετο· οὐδέ ἑ μήτηρ
σημαίνειν εἴασκεν ἐπὶ δμῳῇσι γυναιξίν.
ἀλλ' ἄγ' ἐγὼν ἀναβᾶσ' ὑπερώια σιγαλόεντα
εἴπω σῇ ἀλόχῳ· τῇ τις θεὸς ὕπνον ἐπῶρσε.
Τὴν δ' ἀπαμειβόμενος προσέφη πολύμητις Ὀδυσσεύς·
ΟΔΥ. — Μή πω τήνδ' ἐπέγειρε· σὺ δ' ἐνθάδε εἰπὲ γυναιξὶν
ἐλθέμεν, αἵ περ πρόσθεν ἀεικέα μηχανόωντο.
Ὣς ἄρ' ἔφη· γρηῢς δὲ διὲκ μεγάροιο βεβήκει,
ἀγγελέουσα γυναιξὶ καὶ ὀτρυνέουσα νέεσθαι.
Αὐτὰρ ὁ Τηλέμαχον καὶ βουκόλον ἠδὲ συβώτην
ἐς ἓ καλεσσάμενος ἔπεα πτερόεντα προσηύδα·
ΟΔΥ. — Ἄρχετε νῦν νέκυας φορέειν καὶ ἄνωχθε γυναῖκας·
αὐτὰρ ἔπειτα θρόνους περικαλλέας ἠδὲ τραπέζας
ὕδατι καὶ σπόγγοισι πολυτρήτοισι καθαίρειν.
αὐτὰρ ἐπεὶ δὴ πάντα δόμον κατακοσμήσεσθε,
δμῳὰς ἐξαγαγόντες ἐυσταθέος μεγάροιο 441

vers 414 : οὔ τινα γὰρ τίεσκον ἐπιχθονίων ἀνθρώπων,
415 : οὐ κακὸν οὐδὲ μὲν ἐσθλόν, ὅτίς σφεας εἰσαφίκοιτο·
416 : τῷ καὶ ἀτασθαλίῃσιν ἀεικέα πότμον ἐπέσπον

ULYSSE. – « Vieille, aie la joie au cœur ! mais tais-toi ! Pas un cri ! triompher sur les morts est une impiété ! C'est le destin des dieux qui les tue, et leurs crimes : qu'on fût noble ou vilain, quand on les abordait, ils n'avaient pour tout homme au monde que mépris ; c'est leur folie qui leur valut ce sort affreux ; mais, au manoir, dis-moi, de toutes les servantes, lesquelles m'ont trahi, lesquelles sont fidèles ? »

La nourrice Euryclée lui fit cette réponse :

EURYCLÉE. – « Mon fils, je te dirai toute la vérité. Des cinquante servantes qui sont en ce manoir et que j'avais dressées à toutes les besognes, à travailler la laine et subir l'esclavage, il en est douze en tout dont l'audace éhontée fut sans respect pour moi, pour Pénélope même… Télémaque achevait seulement de grandir ; sa mère interdisait qu'il commandât aux femmes ! Mais laisse ! que je monte à l'étage brillant avertir ton épouse ; un dieu l'a fait dormir. »

Ulysse l'avisé lui fit cette réponse :

ULYSSE. – « Elle ? non ! pas encore ! Avant de l'éveiller, fais-moi venir ici les filles que tu vis tramer des vilenies. »

Il disait : traversant la grand-salle, la vieille alla dire aux servantes de venir au plus tôt.

Mais appelant son fils, Eumée et le bouvier, Ulysse leur disait ces paroles ailées :

ULYSSE. – « Commencez à l'instant ! qu'on emporte les morts ! que les femmes vous aident ! et vous prendrez ensuite l'éponge aux mille trous pour laver à grande eau tables et beaux fauteuils[16]. Quand vous aurez remis tout en ordre au manoir, de la salle trapue emmenez les

16. Ce travail de nettoyage est également une première purification. Le sang versé est porteur de *miasma*, une « souillure » qui doit être purifiée. D'autre part, en état de souillure, un homme ne peut en aucun cas invoquer les dieux. Sur la question, cf. Burkert, 1985, 75-86, et particulièrement, Parker, 1990, 104-143.

θεινέμεναι ξίφεσιν τανυήκεσιν, εἰς ὅ κε πασέων
ψυχὰς ἐξαφέλησθε καὶ ἐκλελάθωντ' Ἀφροδίτης,
τὴν ἄρ' ὑπὸ μνηστῆρσιν ἔχον μίσγοντό τε λάθρῃ.
Ὣς ἔφαθ'· αἱ δὲ γυναῖκες ἀ⟨ναιδ⟩έες ἦλθον ἅπασαι,
αἰν' ὀλοφυρόμεναι, θαλερὸν κατὰ δάκρυ χέουσαι·
πρῶτα μὲν οὖν νέκυας φόρεον κατατεθνηῶτας,
κὰδ δ' ἄρ' ὑπ' αἰθούσῃ τίθεσαν εὐερκέος αὐλῆς,
ἀλλήλοισιν ἐρείδουσαι· σήμαινε δ' Ὀδυσσεὺς
αὐτὸς ἐπισπέρχων· ταὶ δ' ἐκφόρεον καὶ ἀνάγκῃ·
αὐτὰρ ἔπειτα θρόνους περικαλλέας ἠδὲ τραπέζας
ὕδατι καὶ σπόγγοισι πολυτρήτοισι κάθαιρον·
αὐτὰρ Τηλέμαχος καὶ βουκόλος ἠδὲ συβώτης
λίστροισιν δάπεδον πύκα ποιητοῖο δόμοιο
ξῦον· ταὶ δ' ἐφόρεον δμῳαί, τίθεσαν δὲ θύραζε.
Αὐτὰρ ἐπεὶ δὴ πᾶν μέγαρον διεκοσμήσαντο,
δμῳὰς δ' ἐξαγαγόντες ἐυσταθέος μεγάροιο,
μεσσηγύς τε θόλου καὶ ἀμύμονος ἕρκεος αὐλῆς
εἴλεον ἐν στείνει, ὅθεν οὔ πως ἦεν ἀλύξαι.
Τοῖσι δὲ Τηλέμαχος πεπνυμένος ἦρχ' ἀγορεύειν·
ΤΗΛ. — Μὴ μὲν δὴ καθαρῷ θανάτῳ ἀπὸ θυμὸν ἑλοίμην
τάων, αἳ δὴ ἐμῇ κεφαλῇ κατ' ὀνείδεα χεῦαν
μητέρι θ' ἡμετέρῃ, παρά τε μνηστῆρσιν ἴαυον.
Ὣς ἄρ' ἔφη καὶ πεῖσμα νεὸς κυανοπρῴροιο
κίονος ἐξάψας μεγάλης περίβαλλε θόλοιο,
ὑψόσ' ἐπεντανύσας, μή τις ποσὶν οὖδας ἵκοιτο.
ὡς δ' ὅτ' ἂν ἢ κίχλαι τανυσίπτεροι ἠὲ πέλειαι
ἕρκει ἐνιπλήξωσι, τό θ' ἑστήκῃ ἐνὶ θάμνῳ,
αὖλιν ἐσιέμεναι· στυγερὸς δ' ὑπεδέξατο κοῖτος·
ὣς αἵ γ' ἑξείης κεφαλὰς ἔχον· ἀμφὶ δὲ πάσαις
δειρῇσι βρόχοι ἦσαν, ὅπως οἴκτιστα θάνοιεν·

vers 442 : μεσσηγύς τε θόλου καὶ ἀμύμονος ἕρκεος αὐλῆς

servantes ! et dans la cour d'honneur, entre le pavillon et la solide enceinte, faites-leur rendre l'âme à la pointe du glaive, sans en épargner une : c'est fini d'Aphrodite et des plaisirs de nuit aux bras des prétendants ! »

Il disait, dans la salle, entrait déjà la troupe des filles infidèles.

Poussant des cris affreux, versant des pleurs à flots, il leur fallut d'abord emporter les cadavres et ranger tous ces morts au porche de la cour, dans l'entrée de l'enceinte : Ulysse commandait et pressait la besogne ; il fallait obéir. Elles prirent ensuite l'éponge aux mille trous pour laver à grande eau tables et beaux fauteuils. Puis Télémaque, Eumée et le bouvier raclèrent tout le sol à la pelle entre les murs épais ; les femmes emportaient au-dehors cette boue.

Lorsque au mégaron tout fut remis en ordre, on fit sortir les femme de la salle trapue ; on entassa leur troupe en un coin de la cour, entre le pavillon et la solide enceinte : impossible de fuir !

Posément, Télémaque avait dit à ses gens :

TÉLÉMAQUE. – « Il ne sera pas dit qu'une mort honorable ait terminé la vie de celles qui versaient l'opprobre sur ma mère et sur ma propre tête et qui passaient les nuits au lit des prétendants ! »

Ce disant, il prenait le câble du navire à la proue azurée et le tendait du haut de la grande colonne autour du pavillon, de façon que les pieds ne pussent toucher terre... Grives aux larges ailes, colombes qui vouliez regagner votre nid, vous donnez au filet dressé sur le buisson, et vous voilà couchées au sommeil de la mort... Ainsi, têtes en ligne et le lacet passé autour de tous les

ἤσπαιρον δὲ πόδεσσι μίνυνθά περ, οὔ τι μάλα δήν.
ἐκ δὲ Μελάνθιον ἦγον ἀνὰ πρόθυρόν τε καὶ αὐλήν·
τοῦ δ' ἀπὸ μὲν ῥῖνάς τε καὶ οὔατα νηλέι χαλκῷ
τάμνον, μήδεά τ' ἐκέρυσαν, κυσὶν ὠμὰ δάσασθαι,
χεῖράς τ' ἠδὲ πόδας κόπτον κεκοτηότι θυμῷ.
Οἱ μὲν ἔπειτ' ἀπονιψάμενοι χεῖράς τε πόδας τε
εἰς Ὀδυσῆα δόμον δὲ κίον· τετέλεστο δὲ ἔργον.
Αὐτὰρ ὅ γε προσέειπε φίλην τροφὸν Εὐρύκλειαν·
ΟΔΥ. — Οἶσε θέειον, γρηΰ, κακῶν ἄκος, οἶσε δέ μοι πῦρ,
ὄφρα θεειώσω μέγαρον· σὺ δὲ Πηνελόπειαν
ἐλθεῖν ἐνθάδ' ἄνωχθι σὺν ἀμφιπόλοισι γυναιξί·
πάσας δ' ὄτρυνον δμῳὰς κατὰ δῶμα νέεσθαι.
Τὸν δ' αὖτε προσέειπε φίλη τροφὸς Εὐρύκλεια·
ΕΥΡ. — Ναὶ δὴ ταῦτά γε, τέκνον ἐμόν, κατὰ μοῖραν ἔειπες.
ἀλλ' ἄγε τοι χλαῖνάν τε χιτῶνά τε εἵματ' ἐνείκω,
μηδ' οὕτω ῥάκεσιν πεπυκασμένος εὐρέας ὤμους
ἕσταθ' ἐνὶ μεγάροισι· νεμεσσητὸν δέ κεν εἴη.
Τὴν δ' ἀπαμειβόμενος προσέφη πολύμητις Ὀδυσσεύς·
ΟΔΥ. — Πῦρ νῦν μοι πρώτιστον ἐνὶ μεγάροισι γενέσθω

17. Ces femmes, semblables aux grives, pendant du toit du manoir, évoquent les oies du songe de Pénélope : un aigle venant du ciel brisait leur cou ; cf. XIX, 535 sq. L'écho est saisissant même si l'interprétation qu'Ulysse en donne renvoie au châtiment des prétendants, cf. XIX, 546 sq.

cols, les filles subissaient la mort la plus atroce, et leurs pieds s'agitaient un instant, mais très bref[17].

Alors Mélantheus fut sorti dans la cour. Au-devant de l'entrée, on lui trancha d'abord, d'un bronze sans pitié, le nez et les oreilles, puis son membre arraché fut jeté tout sanglant à disputer aux chiens et, d'un cœur furieux, on lui coupa enfin et les mains et les pieds[18].

S'étant lavé ensuite et les pieds et les mains, on rentra vers Ulysse : l'œuvre était accomplie.

Ulysse était en train de dire à la nourrice :

ULYSSE. – « Pour chasser l'air mauvais, vieille, apporte du soufre[19] et donne-nous du feu : je veux soufrer la salle. Puis va chez Pénélope et la prie de venir avec ses chambrières ; dépêche-nous aussi toutes les autres femmes. »

La nourrice Euryclée lui fit cette réponse :

EURYCLÉE. – « Là-dessus, mon enfant, ton discours est parfait. Mais il faut te vêtir : je m'en vais t'apporter la robe et le manteau ! tu ne peux pas rester avec ces seuls haillons sur tes larges épaules : on le prendrait très mal. »

Ulysse l'avisé lui fit cette réponse :

ULYSSE. – « C'est du feu que, d'abord, je veux en cette salle. »

18. La mutilation de Mélanthos est comparable au supplice que le roi Échétos infligeait à ceux qu'il détenait ; cf. XVIII, 85 et note.

19. Ulysse ordonne une seconde purification de son manoir. Sur le souffre et le feu comme substances purificatrices, cf. Parker, 1990, 56-58 ; 227-228.

Ὣς ἔφατ'· οὐδ' ἀπίθησε φίλη τροφὸς Εὐρύκλεια,
ἤνεικεν δ' ἄρα πῦρ καὶ θήιον· αὐτὰρ Ὀδυσσεὺς
εὖ διεθείωσεν μέγαρον καὶ δῶμα καὶ αὐλήν.
γρηῢς δ' αὖτ' ἀπέβη διὰ δώματα κάλ' Ὀδυσῆος
ἀγγελέουσα γυναιξὶ καὶ ὀτρυνέουσα νέεσθαι. 496
Αἱ μὲν ἄρ' ἀμφεχέοντο καὶ ἠσπάζοντ' Ὀδυσῆα, 498
καὶ κύνεον ἀγαπαζόμεναι κεφαλήν τε καὶ ὤμους
χεῖράς τ' αἰνύμεναι· τὸν δὲ γλυκὺς ἵμερος ᾕρει
κλαυθμοῦ καὶ στοναχῆς· γίνωσκε δ' ἄρα φρεσὶ πάσας.

vers 497 : αἱ δ' ἴσαν ἐκ μεγάροιο δάος μετὰ χερσὶν ἔχουσαι

Sur ces mots, la nourrice Euryclée obéit. Elle apporta du feu. Elle apporta du soufre. Ulysse en imprégna salle, manoir et cour. Puis la vieille s'en fut aux grands appartements raconter la nouvelle et dépêcher les femmes, qui sortirent de la grand-salle avec des torches, qui, se jetant au cou d'Ulysse et le fêtant et lui prenant les mains, couvraient de leurs baisers sa tête et ses épaules. L'envie de sangloter, de gémir le prenait doucement, car son cœur les reconnaissait toutes.

Γρηῢς δ' εἰς ὑπερῷ' ἀνεβήσετο καγχαλόωσα,
δεσποίνῃ ἐρέουσα φίλον πόσιν ἔνδον ἐόντα·
γούνατα δ' ἐρρώσαντο· πόδες δ' ὑπερικταίνοντο.
στῆ δ' ἄρ' ὑπὲρ κεφαλῆς καί μιν πρὸς μῦθον ἔειπεν·
ΕΥΡ. — Ἔγρεο, Πηνελόπεια, φίλον τέκος, ὄφρα ἴδηαι
ὀφθαλμοῖσι τεοῖσιν ἃ ἔλδεαι ἤματα πάντα·
ἦλθ' Ὀδυσεὺς καὶ οἶκον ἱκάνεται, ὀψέ περ ἐλθών·
μνηστῆρας δ' ἔκτεινεν ἀγήνορας, οἵ θ' ἑὸν οἶκον
κήδεσκον καὶ κτήματ' ἔδον βιόωντό τε παῖδα.
Τὴν δ' αὖτε προσέειπε περίφρων Πηνελόπεια·
ΠΗΝ. — Μαῖα φίλη, μάργην σε θεοὶ θέσαν, οἵ τε δύνανται
ἄφρονα ποιῆσαι καὶ ἐπίφρονά περ μάλ' ἐόντα.
[καί τε χαλιφρονέοντα σαοφροσύνης ἐπέβησαν
οἵ σέ περ ἔβλαψαν· πρὶν δὲ φρένας αἰσίμη ἦσθα.]
τίπτέ με λωβεύεις πολυπενθέα θυμὸν ἔχουσαν,
ταῦτα παρὲκ ἐρέουσα, καὶ ἐξ ὕπνου μ' ἀνεγείρεις
ἡδέος, ὅς μ' ἐπέδησε φίλα βλέφαρ' ἀμφικαλύψας;
οὐ γάρ πω τοιόνδε κατέδραθον, ἐξ οὗ Ὀδυσσεὺς
ᾤχετ' ἐποψόμενος Κακοΐλιον οὐκ ὀνομαστήν.
ἀλλ' ἄγε νῦν κατάβηθι καὶ ἄψ ἔρχευ μέγαρον δέ.
εἰ γάρ τίς μ' ἄλλη γε γυναικῶν, αἵ μοι ἔασι,
ταῦτ' ἐλθοῦσ' ἤγγειλε καὶ ἐξ ὕπνου μ' ἀνέγειρε,
τῶ κε τάχα στυγερῶς μιν ἐγὼν ἀπέπεμψα νέεσθαι
αὖτ' ⟨ἔξ⟩ω μεγάρ⟨ω⟩ν· σὲ δὲ τοῦτό γε γῆρας ὀνήσει.
Τὴν δ' αὖτε προσέειπε φίλη τροφὸς Εὐρύκλεια·
ΕΥΡ. — Οὔ τί σε λωβεύω, τέκνον φίλον· ἀλλ' ἔτυμόν τοι
ἦλθ' Ὀδυσεὺς καὶ οἶκον ἱκάνεται, ὡς ἀγορεύω,

*(CHANT XXIII.)* Mais la vieille Euryclée montait chez sa maîtresse : elle riait tout haut à l'idée d'annoncer que l'époux était là ! ses genoux bondissaient ; ses pieds sautaient les marches. Elle était au chevet de la reine ; elle dit :

EURYCLÉE. – « Lève-toi, Pénélope ! que tes yeux, chère enfant, revoient enfin l'objet de tes vœux éternels ! Ulysse est revenu : il est dans son manoir ! qu'il a tardé longtemps ! Mais viens ! Il a tué les fougueux prétendants qui pillaient sa maison, lui dévoraient ses biens et maltraitaient son fils. »

La plus sage des femmes, Pénélope, reprit :

PÉNÉLOPE. – « Bonne mère, es-tu folle, un dieu peut donc troubler la tête la plus sage ! et donner la sagesse à l'esprit le plus faux ! toi, si posée jadis, c'est un dieu qui t'égare ! Par tous ces racontars, ah ! pourquoi te jouer de ce cœur douloureux ? pourquoi me réveiller du sommeil qui mettait, sur ces paupières closes, un joug plein de douceur ? Je n'ai jamais si bien dormi depuis qu'Ulysse est allé voir là-bas cette Troie de malheur – que le nom en périsse ! Mais, allons ! redescends ! retourne à la grand-salle ! Si, pour cette nouvelle, une autre de nos femmes m'eût tirée du sommeil, crois bien que, sans tarder, ma colère l'aurait renvoyée du manoir ! mais toi, il me faut bien excuser ta vieillesse ! »

La nourrice Euryclée lui fit cette réponse :

EURYCLÉE. – « Mais qui se joue de toi, ma fille ? En vérité, Ulysse est de retour ! il est à la maison ! c'est

ὁ ξεῖνος, τὸν πάντες ἀτίμων ἐν μεγάροισι.
Τηλέμαχος δ' ἄρα μιν πάλαι ᾔδεεν ἔνδον ἐόντα,
ἀλλὰ σαοφροσύνῃσι νοήματα πατρὸς ἔκευθεν,
ὄφρ' ἀνδρῶν τίσαιτο βίην ὑπερηνορεόντων.
"Ὣς ἔφαθ'· ἡ δ' ἐχάρη καὶ ἀπὸ λέκτροιο θοροῦσα
γρηῒ περιπλέχθη, βλεφάρων δ' ἀπὸ δάκρυον ἧκε
καί μιν φωνήσασ' ἔπεα πτερόεντα προσηύδα·
ΠΗΝ. — Εἰ δ' ἄγε δή μοι, μαῖα φίλη, νημερτὲς ἐνίσπες,
εἰ ἐτεὸν δὴ οἶκον ἱκάνεται, ὡς ἀγορεύεις,
ὅππως δὴ μνηστῆρσιν ἀναιδέσι χεῖρας ἐφῆκε
μοῦνος ἐών· οἱ δ' αἰὲν ἀολλέες ἔνδον ἔμιμνον.
Τὴν δ' αὖτε προσέειπε φίλη τροφὸς Εὐρύκλεια·
ΕΥΡ. — Οὐ ἴδον, οὐ πυθόμην, ἀλλὰ στόνον οἶον ἄκουον
κτεινομένων· ἡμεῖς δὲ μυχῷ θαλάμων εὐπήκτων
ἥμεθ' ἀτυζόμεναι, σανίδες δ' ἔχον εὖ ἀραρυῖαι,
πρίν γ' ὅτε δή με σὸς υἱὸς ἀπὸ μεγάροιο κάλεσσε
Τηλέμαχος· τὸν γάρ ῥα πατὴρ προέηκε καλέσσαι.
εὗρον ἔπειτ' Ὀδυσῆα μετὰ κταμένοισι νέκυσσιν
ἑσταόθ'· οἱ δέ μιν ἀμφί, κραταίπεδον οὖδας ἔχοντες,
κείατ' ἐπ' ἀλλήλοισι· ἰδοῦσά κε θυμὸν ἰάνθης.
νῦν οἱ μὲν δὴ πάντες ἐπ' αὐλείῃσι θύρῃσιν
ἀθρόοι· αὐτὰρ ὁ δῶμα θεειοῦται περικαλλές,
πῦρ μέγα κηάμενος, σὲ δέ με προέηκε καλέσσαι.
ἀλλ' ἕπευ, ὄφρα σφῶιν ἐυφροσύνης ἐπιβή⟨ῃ⟩
ἀμφοτέρω φίλον ἦτορ, ἐπεὶ κακὰ πολλὰ πέποσθε.
νῦν δ' ἤδη τόδε μακρὸν ἐέλδωρ ἐκτετέλεσται·
ἦλθε μὲν αὐτὸς ζωὸς ἐφέστιος, εὗρε δὲ καὶ σὲ
καὶ παῖδ' ἐν μεγάροισι· κακῶς δ' οἵ πέρ μιν ἔρεζον
μνηστῆρες, τοὺς πάντας ἐτίσατο ᾧ ἐνὶ οἴκῳ.
Τὴν δ' αὖτε προσέειπε περίφρων Πηνελόπεια·

vers 48 : αἵματι καὶ λύθρῳ πεπαλαγμένον ὥς τε λέοντα

comme je le dis ! C'était lui l'étranger que, tous, ils outrageaient : Télémaque savait de longtemps sa présence, mais prudemment gardait le secret de son père, pour lui donner le temps de punir ces bandits. »

À ces mots, Pénélope en joie sauta du lit, prit en ses bras la vieille et, les yeux pleins de larmes, lui dit ces mots ailés :

PÉNÉLOPE. – « Bonne mère, ah ! vraiment, tu ne me trompes pas ? Si, comme tu le dis, il est à la maison, comment donc a-t-il pu, à lui tout seul, abattre cette troupe éhontée ? Car chez nous, c'est toujours en nombre qu'ils étaient. »

La nourrice Euryclée lui fit cette réponse :

EURYCLÉE. – « Je n'ai rien vu, rien su ; je n'ai rien entendu que le fracas du meurtre ; apeurées, nous restions dans le fond de nos chambres, entre les murs épais et toutes portes closes. De la grand-salle, enfin, Télémaque, ton fils, que son père envoyait, me cria de venir. Quand je revis Ulysse, c'était parmi les morts, debout ; autour de lui, leurs cadavres pressés couvraient le sol battu... Si tu les avais vus, quelle joie pour ton cœur ! de poussière et de sang couvert comme un lion[1] ! On les a mis en tas aux portes de la cour ; il a fait un grand feu ; il a brûlé du soufre ; la salle est toute belle ; il m'envoie te chercher ; suis-moi ! que vos deux cœurs s'unissent dans la joie, après tant de souffrances ! tes vœux de si longtemps, les voilà donc remplis : tu l'as à ton foyer ; il est vivant ; chez lui, il a pu retrouver et sa femme et son fils ! et tous ces prétendants, fauteurs de tant de maux, il a pu s'en venger en sa propre maison ! »

La plus sage des femmes, Pénélope, reprit :

1. Cette comparaison est développée au chant XXII, 402 sq.

ΠΗΝ. — Μαῖα φίλη, μή πω μέγ' ἐπεύχεο καγχαλόωσα·
οἶσθα γὰρ ὥς κ' ἀσπαστὸς ἐνὶ μεγάροισι φανείη
πᾶσι, μάλιστα δ' ἐμοί τε καὶ υἱέι, τὸν τεκόμεσθα.
ἀλλ' οὐκ ἔσθ' ὅδε μῦθος ἐτήτυμος, ὡς ἀγορεύεις·
ἀλλά τις ἀθανάτων κτεῖνε μνηστῆρας ἀγαυούς,
ὕβριν ἀγασσάμενος θυμαλγέα καὶ κακὰ ἔργα·
οὔ τινα γὰρ τίεσκον ἐπιχθονίων ἀνθρώπων,
οὐ κακὸν οὐδὲ μὲν ἐσθλόν, ὅτίς σφεας εἰσαφίκοιτο·
τῶ δι' ἀτασθαλίας ἔπαθον κακόν· αὐτὰρ Ὀδυσσεὺς
ὤλεσε τηλοῦ νόστον Ἀχαιίδος, ὤλετο δ' αὐτός.
Τὴν δ' ἠμείβετ' ἔπειτα φίλη τροφὸς Εὐρύκλεια·
ΕΥΡ. — Τέκνον ἐμόν, ποῖόν σε ἔπος φύγεν ἕρκος ὀδόντων,
ἣ πόσιν ἔνδον ἐόντα παρ' ἐσχάρῃ οὔ ποτ' ἔφησθα
οἴκαδ' ἐλεύσεσθαι; θυμὸς δέ τοι αἰὲν ἄπιστος.
ἀλλ' ἄγε τοι καὶ σῆμα ἀριφραδὲς ἄλλό τι εἴπω,
οὐλήν, τήν ποτέ μιν σῦς ἤλασε λευκῷ ὀδόντι.
τὴν ἀπονίζουσα φρασάμην, ἔθελον δὲ σοὶ αὐτῇ
εἰπέμεν· ἀλλά με κεῖνος ἑλὼν ἐπὶ μάστακα χερσὶν
οὐκ εἴα εἰπεῖν πολυϊδρείῃσι νόοιο.
ἀλλ' ἕπευ· αὐτὰρ ἐγὼν ἐμέθεν περιδώσομαι αὐτῆς·
αἴ κέν σ' ἐξαπάφω, κτεῖναί μ' οἰκτίστῳ ὀλέθρῳ.
Τὴν δ' ἠμείβετ' ἔπειτα περίφρων Πηνελόπεια·
ΠΗΝ. — Μαῖα φίλη, χαλεπόν σε θεῶν αἰειγενετάων
δήνεα εἴρυσθαι, μάλα περ πολύιδριν ἐοῦσαν·
ἀλλ' ἔμπης ἴομεν μετὰ παῖδ' ἐμόν, ὄφρα ἴδωμαι
ἄνδρας μνηστῆρας τεθνηότας ἠδ' ὃς ἔπεφνεν.
Ὣς φαμένη κατέβαιν' ὑπερώια· πολλὰ δέ οἱ κῆρ
ὅρμαιν' ἢ ἀπάνευθε φίλον πόσιν ἐξερεείνοι,
ἢ παρστᾶσα κύσειε κάρη καὶ χεῖρε λαβοῦσα.

2. En grec, *athastalia*. Les propos de Pénélope font en quelque sorte écho à ceux que Zeus prononçait à l'assemblée des dieux en I, 34. Cf. Fuqua, 1991, 49-58.

PÉNÉLOPE. – « Bonne mère, contiens tes transports et tes rires ! Le revoir au logis ! ah ! tu sais le bonheur que, tous, nous en aurions, moi surtout et ce fils, qui nous a dû le jour. Mais comment croire un mot des récits que tu fais ? Si quelqu'un vint tuer les nobles prétendants, c'est un dieu qu'indignaient leur audace et leurs crimes ! quand on les abordait, qu'on fût noble ou vilain, ils n'avaient pour tout homme au monde que mépris ; c'est leur folie[2] qui leur valut ce sort affreux ! Mais loin de l'Achaïe[3], mon Ulysse a perdu la journée du retour et s'est perdu lui-même. »

La nourrice Euryclée lui fit cette réponse :

EURYCLÉE. – « Quel mot s'est échappé de l'enclos de tes dents, ma fille ? Il est ici ! il est à son foyer, celui que tu pensais n'y voir rentrer jamais... Cœur toujours incrédule, est-ce donc une preuve assurée qu'il te faut ? Cette plaie que jadis lui fit le sanglier à la blanche défense[4], j'en avais vu la marque, en lui donnant le bain ; je voulais te le dire, à toi ; mais, des deux mains me prenant à la gorge, il me ferma la bouche[5] : il avait son projet ! Viens ! suis-moi : je te mets ma propre vie en gage et, si je mens, tue-moi de la pire des morts ! »

La plus sage des femmes, Pénélope, reprit :

PÉNÉLOPE. – « Bonne mère, je sais ta prudence achevée ! mais peux-tu déjouer les plans des Éternels ? Quoi qu'il en soit, allons retrouver mon enfant : je veux voir s'ils sont morts, les seigneurs prétendants, et qui les a tués. »

De l'étage, à ces mots, la reine descendit. Quel trouble dans son cœur ! Elle se demandait si, de loin, elle allait interroger l'époux ou s'approcher de lui et, lui prenant la tête et les mains, les baiser.

3. Dans ce contexte, ce terme désigne la Grèce entière. Parfois, il désigne soit une partie de la Thessalie, soit une partie du Péloponnèse.

4. Sur la cicatrice d'Ulysse, cf. XIX, 392 sq.

5. Cf. XIX, 480-481.

Ἡ δ' ἐπεὶ εἰσῆλθεν καὶ ὑπέρβη λάινον οὐδόν,
ἕζετ' ἔπειτ' Ὀδυσῆος ἐναντίον, ἐν πυρὸς αὐγῇ,
τοίχου τοῦ ἑτέρου· ὁ δ' ἄρα πρὸς κίονα μακρὴν
ἧστο κάτω ὁρόων, ποτιδέγμενος εἴ τί μιν εἴποι
ἰφθίμη παράκοιτι ἐπεὶ ἴδεν ὀφθαλμοῖσιν.
ἡ δ' ἄνεῳ δὴν ἧστο· τάφος δέ οἱ ἦτορ ἵκανεν·
ὄψει δ' ἄλλοτε μέν μιν ἐς ὦπ' ⟨Ὀδυσῆ' ἐέ⟩ισκεν,
ἄλλοτε δ' ἀγνώσασκε κακὰ χροῒ εἵματ' ἔχοντα.

Τηλέμαχος δ' ἐνένιπε, ἔπος τ' ἔφατ' ἔκ τ' ὀνόμαζε·

ΤΗΛ. — Μῆτερ ἐμή, δύσμητερ, ἀπηνέα θυμὸν ἔχουσα,
τίφθ' οὕτω πατρὸς νοσφίζεαι, οὐδὲ παρ' αὐτὸν
ἑζομένη μύθοισιν ἀνείρεαι οὐδὲ μεταλλᾷς;
οὐ μέν κ' ἄλλη γ' ὧδε γυνὴ τετληότι θυμῷ
ἀνδρὸς ἀποσταίη, ὅς οἱ κακὰ πολλὰ μογήσας
ἔλθοι ἐεικοστῷ ἔτεϊ ἐς πατρίδα γαῖαν·
σοὶ δ' αἰεὶ κραδίη στερεωτέρη ἐστὶ λίθοιο.

Τὸν δ' αὖτε προσέειπε περίφρων Πηνελόπεια·

ΠΗΝ. — Τέκνον ἐμόν, θυμός μοι ἐνὶ στήθεσσι τέθηπεν·
οὐδέ τι προσφάσθαι δύναμαι ἔπος οὐδ' ἐρέεσθαι
οὐδ' εἰς ὦπα ἰδέσθαι ἐναντίον· εἰ δ' ἐτεὸν δὴ
ἔστ' Ὀδυσεὺς καὶ οἶκον ἱκάνεται, ἦ μάλα νῶϊ
γνωσόμεθ' ἀλλήλων καὶ λώϊον· ἔστι γὰρ ἡμῖν
σήμαθ', ἃ δὴ καὶ νῶϊ κεκρυμμένα ἴδμεν ἀπ' ἄλλων.

Ὣς φάτο· μείδησεν δὲ πολύτλας δῖος Ὀδυσσεύς,
αἶψα δὲ Τηλέμαχον ἔπεα πτερόεντα προσηύδα·

ΟΔΥ. — Τηλέμαχ', ἤτοι μητέρ' ἐνὶ μεγάροισιν ἔασον
πειράζειν ἐμέθεν· τάχα δὲ φράσεται καὶ ἄρειον.
νῦν δ' ὅττι ῥυπόω, κακὰ δὲ χροῒ εἵματα εἷμαι,
τοὔνεκ' ἀτιμάζει με καὶ οὔ πώ φησι τὸν εἶναι.
ἡμεῖς δὲ φραζόμεθ' ὅπως ὄχ' ἄριστα γένηται.
καὶ γάρ τίς θ' ἕνα φῶτα κατακτείνας ἐνὶ δήμῳ,
ᾧ μὴ πολλοὶ ἔωσιν ἀοσσητῆρες ὀπίσσω,

Elle entra... Elle avait franchi le seuil de pierre : dans la lueur du feu, contre l'autre muraille, juste en face d'Ulysse, elle vint prendre un siège ; assis, les yeux baissés, sous la haute colonne, il attendait le mot que sa vaillante épouse, en le voyant, dirait. Mais elle se taisait, de surprise accablée.

Elle resta longtemps à le considérer, et ses yeux tour à tour reconnaissaient les traits d'Ulysse en ce visage ou ne pouvaient plus voir que ces mauvais haillons.

Son fils, en la tançant, lui dit et déclara :

TÉLÉMAQUE. – « Ton cœur est trop cruel, mère ! ô méchante mère ! de mon père, pourquoi t'écarter de la sorte ? Auprès de lui, pourquoi ne vas-tu pas t'asseoir, lui parler, t'enquérir ? fut-il jamais un cœur de femme aussi fermé ? S'éloigner d'un époux quand, après vingt années de longs maux et d'épreuves, il revient au pays ! Ah ! ton cœur est toujours plus dur que le rocher ! »

La plus sage des femmes, Pénélope, reprit :

PÉNÉLOPE. – « Mon enfant, la surprise est là, qui tient mon cœur. Je ne puis proférer un mot, l'interroger, ni même dans les yeux le regarder en face ! Si vraiment c'est Ulysse qui rentre en sa maison, nous nous reconnaîtrons et, sans peine, l'un l'autre, car il est entre nous de ces marques secrètes, qu'ignorent tous les autres. »

À ces mots, le divin Ulysse eut un sourire et vite, à Télémaque, il dit ces mots ailés, le héros d'endurance :

ULYSSE. – « Laisse donc, Télémaque ! ta mère en ce manoir veut encore m'éprouver ! Bientôt, elle pourra me reconnaître, et mieux : je suis sale, tu vois, et couvert de haillons ; son mépris la retient de voir Ulysse en moi ! Mais nous, tenons conseil pour le meilleur succès : bien souvent, quand on n'a tué dans le pays qu'un homme et qui n'a pas grands vengeurs de sa mort, il faut aban-

φεύγει πηούς τε προλιπὼν καὶ πατρίδα γαῖαν·
ἡμεῖς δ' ἕρμα πόληος ἀπέκταμεν, οἳ μέγ' ἄριστοι
κούρων ἐν Ἰθάκῃ. τὰ δέ σε φράζεσθαι ἄνωγα.
  Τὸν δ' αὖ Τηλέμαχος πεπνυμένος ἀντίον ηὔδα·
ΤΗΛ. — Αὐτὸς ταῦτά γε λεῦσσε, πάτερ φίλε. σὴν γὰρ ἀρίστην
μῆτιν ἐπ' ἀνθρώπους φάσ' ἔμμεναι· οὐδέ κέ τίς τοι
ἄλλος ἀνὴρ ἐρίσειε καταθνητῶν ἀνθρώπων.
  Τὸν δ' ἀπαμειβόμενος προσέφη πολύμητις Ὀδυσσεύς·
ΟΔΥ. — Τοὶ γὰρ ἐγὼ ἐρέω, ὥς μοι δοκεῖ εἶναι ἄριστα·
πρῶτα μὲν ἂρ λούσασθε καὶ ἀμφιέσασθε χιτῶνας·
δμῳὰς δ' ἐν μεγάροισιν ἀνώγετε εἵμαθ' ἑλέσθαι·
αὐτὰρ θεῖος ἀοιδὸς ἔχων φόρμιγγα λίγειαν
ὑμῖν ἡγείσθω φιλοπαίγμονος ὀρχηθμοῖο,
ὥς κέν τις φαίη γάμον ἔμμεναι ἐκτὸς ἀκούων
ἢ' ἀν' ὁδὸν στείχων ἢ' οἳ περιναιετάουσι,
μὴ πρόσθε κλέος εὐρὺ φόνου κατὰ ἄστυ γένηται
ἀνδρῶν μνηστήρων, πρίν γ' ἡμέας ἐλθέμεν ἔξω
ἀγρὸν ἐς ἡμέτερον πολυδένδρεον· ἔνθα δ' ἔπειτα
φρασσόμεθ' ὅττί κε κέρδος Ὀλύμπιος ἐγγυαλίξῃ.
  Ὣς ἔφαθ'· οἱ δ' ἄρα τοῦ μάλα μὲν κλύον ἠδὲ πίθοντο·
πρῶτα μὲν οὖν λούσαντο καὶ ἀμφιέσαντο χιτῶνας·
ὅπλισθεν δὲ γυναῖκες· ὁ δ' εἵλετο θεῖος ἀοιδὸς
φόρμιγγα γλαφυρήν, ἐν δέ σφισιν ἵμερον ὦρσε
μολπῆς τε γλυκερῆς καὶ ἀμύμονος ὀρχηθμοῖο·
τοῖσιν δὲ μέγα δῶμα περιστεναχίζετο ποσσὶν
ἀνδρῶν παιζόντων καλλιζώνων τε γυναικῶν.
  Ὧδε δέ τις εἴπεσκε δόμων ἔκτοσθεν ἀκούων·
ΧΟΡ. — Ἦ μάλα δή τις ἔγημε πολυμνήστην βασίλειαν.
σχετλίη, οὐδ' ἔτλη πόσιος οὗ κουριδίοιο
εἴρυσθαι μέγα δῶμα διαμπερές, εἷς ὅ κεν ἔλθῃ.

vers 127 : ἡμεῖς δὲ μεμαῶτες ἅμ' ἑψόμεθ', οὐδέ τί φημι
128 : ἀλκῆς δευήσεσθαι ὅση δύναμίς θε πάρεστι

donner sa patrie et les siens ! Nous avons abattu le rempart de la ville, ce que l'île comptait de plus nobles garçons : qu'en penses-tu, dis-moi ? »

Posément, Télémaque le regarda et dit :

TÉLÉMAQUE. – « C'est à toi d'y veiller, père : chez les humains, ta sagesse au conseil est, dit-on, sans égale ; il n'est pas homme en ce monde à pouvoir y prétendre. De toute mon ardeur, je saurai obéir et le cœur, je te jure, ne me manquera pas, jusqu'au bout de mes forces. »

Ulysse l'avisé lui fit cette réponse :

ULYSSE. – « Je vais donc t'exposer ce que je crois le mieux. Allez d'abord au bain et changez-y de robes ! puis faites prendre aux femmes leurs vêtements sans tache ! et, pour vous entraîner, que le divin aède, sur sa lyre au chant clair, joue quelque danse alerte. À l'entendre au-dehors, soit qu'on passe en la rue, soit qu'on habite autour, on dira : "C'est la noce !" Car il faut que la mort des seigneurs prétendants ne soit connue en ville qu'après notre départ, quand nous aurons gagné notre verger des champs. Là, nous aurons le temps de chercher quel secours Zeus pourra nous offrir. »

Dociles à sa voix, les autres obéirent. Ils allèrent au bain ; ils changèrent de robes, firent parer les femmes, puis le divin chanteur prit sa lyre bombée et, comme il éveillait en leurs cœurs le désir de la douce musique et des danses parfaites, bientôt le grand manoir résonnait sous les pas des hommes et des femmes à la belle ceinture, et, dans le voisinage, on disait à ce bruit :

LE CHŒUR. – « Un mari nous la prend, la reine courtisée ! La pauvre ! déserter cette grande demeure ! n'avoir pas eu le cœur d'attendre que revînt l'époux de sa jeunesse ! »

Ὣς ἄρα τις εἴπεσκε· τὰ δ' οὐ ἴσαν ὡς ἐτέτυκτο.
Αὐτὰρ Ὀδυσσῆα μεγαλήτορα ᾧ ἐνὶ οἴκῳ
Εὐρυνόμη ταμίη λοῦσεν καὶ χρῖσεν ἐλαίῳ,
ἀμφὶ δέ μιν φᾶρος καλὸν βάλεν ἠδὲ χιτῶνα· 155
αὐτὰρ κὰκ κεφαλῆς χεῦεν πολὺ κάλλος Ἀθήνη· 156
ὡς δ' ὅτε τις χρυσὸν περιχεύεται ἀργύρῳ ἀνὴρ 159
ἴδρις, ὃν Ἥφαιστος δέδαεν καὶ Παλλὰς Ἀθήνη 160
τέχνην παντοίην, χαρίεντα δὲ ἔργα τελείει·
ὣς μέν οἱ περίχευε χάριν κεφαλήν τε καὶ ὤμους·
ἐκ δ' ἀσαμίνθου βῆ δέμας ἀθανάτοισιν ὁμοῖος,
ἂψ δ' αὖτις κατ' ἄρ' ἕζετ' ἐπὶ θρόνου ἔνθεν ἀνέστη,
ἀντίον ἧς ἀλόχου, καί μιν πρὸς μῦθον ἔειπε· 165
ΟΔΥ. — Δαιμονίη, περὶ σοί γε γυναικῶν θηλυτεράων
κῆρ' ἀτέραμνον ἔθηκαν Ὀλύμπια δώματ' ἔχοντες· 167
ἀλλ' ἄγε μοι, μαῖα, στόρεσον λέχος, ὄφρα καὶ αὐτὸς 171
λέξομαι· ἦ γὰρ τῇ γε σιδήρεον ἐν φρεσὶν ἦτορ.
Τὸν δ' αὖτε προσέειπε περίφρων Πηνελόπεια·
ΠΗΝ. — Δαιμόνι', οὔτ' ἄρ τι μεγαλίζομαι οὔτ' ἀθερίζω
οὔτε λίην ἄγαμαι, μάλα δ' εὖ οἶδ' οἷος ἔησθα 175
ἐξ Ἰθάκης ἐπὶ νηὸς ἰὼν δολιχηρέτμοιο.

vers 157 : μείζονά τ' ἐσιδέειν καὶ πάσσονα, κὰδ δὲ κάρητος
158 : οὔλας ἧκε κόμας, ὑακινθίνῳ ἄνθει ὁμοίας
168 : οὐ μέν κ' ἄλλη γ' ὧδε γυνὴ τετληότι θυμῷ
vers 169 : ἀνδρὸς ἀποσταίη, ὅς οἱ κακὰ πολλὰ μογήσας
170 : ἔλθοι ἐεικοστῷ ἔτεϊ ἐς πατρίδα γαῖαν

Et l'on parlait ainsi sans connaître l'affaire. Mais Ulysse au grand cœur était rentré chez lui ; le baignant, le frottant d'huile, son intendante Eurynomé l'avait revêtu d'une robe et d'une belle écharpe ; sur sa tête, Athéna répandait la beauté, le faisant apparaître et plus grand et plus fort, déroulant de son front des boucles de cheveux aux reflets d'hyacinthe[6] ; on voit l'artiste habile, instruit par Héphaestos et Pallas Athéna[7] de toutes leurs recettes, nieller, or sur argent, un chef-d'œuvre de grâce : c'est ainsi qu'Athéna, sur sa tête et son buste, faisait couler la grâce ; sortant de la baignoire, il rentra tout pareil d'allure aux Immortels.

En face de sa femme, il reprit le fauteuil qu'il venait de quitter et lui tint ce discours :

ULYSSE. – « Malheureuse ! jamais, en une faible femme, les dieux, les habitants des manoirs de l'Olympe, n'ont mis un cœur plus sec : est-il un autre cœur de femme aussi fermé ? s'éloigner de l'époux, quand, après vingt années de longs maux et d'épreuves, il revient au pays ! C'est bien ! Nourrice, à toi de me dresser un lit : j'irai dormir tout seul ; car, en place de cœur, elle n'a que du fer. »

La plus sage des femmes, Pénélope, reprit :

PÉNÉLOPE. – « Non ! malheureux ! je n'ai ni mépris ni dédain ; je reprends tout mon calme et reconnais en toi celui qui, loin d'Ithaque, partit un jour sur son navire aux

6. Athéna avait également embelli Ulysse chez les Phéaciens (VI, 229-231). Puis, à Ithaque, de sa baguette magique, elle l'avait transformé en vieillard, en le couvrant des habits d'un mendiant (XIII, 429-438 ; cf. aussi XVI, 172-176, et 454-456). Lors du combat avec Iros, elle avait insufflé la force dans ses membres (XVIII, 69-70). Désormais, elle lui redonne son apparence véritable.

7. Dans cette comparaison le poète se plaît à mettre côte à côte le forgeron divin et l'ouvrière par excellence, rapprochement souligné dans l'*Hymne homérique à Héphaïstos* où ces divinités sont célébrées comme celles qui ont arraché les hommes à leur état sauvage.

ἀλλ' ἄγε οἱ στόρεσον πυκινὸν λέχος, Εὐρύκλεια,
ἐ⟨ν⟩τὸς ἐυσταθέος θαλάμου, τόν ῥ' αὐτὸς ἐποίει·
ἔνθά οἱ ἐ⟨ν⟩θεῖσαι πυκινὸν λέχος ἐμβάλετ' εὐνήν,
κώεα καὶ χλαίνας καὶ ῥήγεα σιγαλόεντα.
Ὣς ἄρ' ἔφη πόσιος πειρωμένη· αὐτὰρ Ὀδυσσεὺς
ὀχθήσας ἄλοχον προσεφώνεε κέδν' εἰδυῖαν·
ΟΔΥ. — Ὦ γύναι, ἦ μάλα τοῦτο ἔπος θυμαλγὲς ἔειπες·
τίς δέ μοι ἄλλοσ' ἔθηκε λέχος; χαλεπὸν δέ κεν εἴη
καὶ μάλ' ἐπισταμένῳ, ὅτε μὴ θεὸς αὐτὸς ἐπελθὼν
[ῥηιδίως ἐθέλων θείη ἄλλῃ ἐνὶ χώρῃ.
ἀνδρῶν δ' οὔ κέν τις ζωὸς βροτός, οὐδὲ μάλ' ἡβῶν,]
ῥεῖα μετοχλίσσειεν, ἐπεὶ μέγα σῆμα τέτυκται
ἐν λέχει ἀσκητῷ· τὸ δ' ἐγὼ κάμον οὐδέ τις ἄλλος.
θάμνος ἔφυ τανυφύλλου ἐλαίης ἕρκεος ἐντός,
⟨ὑψηλ⟩ός, θαλέθων, πάχετος δ' ἦν ἠύτε κίων.
τῷ δ' ἐγὼ ἀμφιβαλὼν θάλαμον δέμον, ὄφρ' ἐτέλεσσα
[πυκνῇσιν λιθάδεσσι, καὶ εὖ καθύπερθεν ἔρεψα,]
κολλητὰς δ' ἐπέθηκα θύρας, πυκινῶς ἀραρυίας,
καὶ τότ' ἔπειτ' ἀπέκοψα κόμην τανυφύλλου ἐλαίης,
κορμὸν δ' ἐκ ῥίζης προταμὼν ἀμφέξεσα χαλκῷ
εὖ καὶ ἐπισταμένως καὶ ἐπὶ στάθμην ἴθυνα,
ἑρμῖν' ἀσκήσας, τέτρηνα δὲ πάντα τερέτρῳ·
ἐκ δὲ τοῦ ἀρχόμενος λέχος ἔ⟨ντυ⟩ον, ὄφρ' ἐτέλεσσα
[δαιδάλλων χρυσῷ τε καὶ ἀργύρῳ ἠδ' ἐλέφαντι].
ἐν δ' ἐτάνυσσ' ἱμάντα βοὸς φοίνικι φαεινόν.
οὕτω τοι τόδε σῆμα πιφαύσκομαι· οὐδέ τι οἶδα
ἤ μοι ἔτ' ἔμπεδόν ἐστι, γύναι, λέχος, ἦέ τις ἤδη
ἀνδρῶν ἄλλοσ' ἔθηκε, ταμὼν ὕπο πυθμέν' ἐλαίης.
Ὣς φάτο· τῆς δ' αὐτοῦ λύτο γούνατα καὶ φίλον ἦτορ,
σήματ' ἀναγνούσῃ, τά οἱ ἔμπεδα πέφραδ' Ὀδυσσεύς,
δακρύσασα δ' ἔπειτ' ἰθὺς κίεν, ἀμφὶ δὲ χεῖρας
δειρῇ βάλλ' Ὀδυσῆι, κάρη δ' ἔκυσ' ἠδὲ προσηύδα·

longues rames... Obéis, Euryclée ! et va dans notre chambre aux solides murailles nous préparer le lit que ses mains avaient fait ; dresse les bois du cadre et mets-y le coucher, les feutres, les toisons, avec les draps moirés ! »

C'était là sa façon d'éprouver son époux. Mais Ulysse indigné méconnut le dessein de sa fidèle épouse :

ULYSSE. – « Ô femme, as-tu bien dit ce mot qui me torture ? Qui donc a déplacé mon lit ? le plus habile n'aurait pas réussi sans le secours d'un dieu qui, rien qu'à le vouloir, l'aurait changé de place. Mais il n'est homme en vie, fût-il plein de jeunesse, qui l'eût roulé sans peine. La façon de ce lit, c'était mon grand secret ! C'est moi seul, qui l'avais fabriqué sans un aide. Au milieu de l'enceinte, un rejet d'olivier éployait son feuillage ; il était vigoureux et son gros fût avait l'épaisseur d'un pilier : je construisis, autour, en blocs appareillés, les murs de notre chambre ; je la couvris d'un toit et, quand je l'eus munie d'une porte aux panneaux de bois plein, sans fissure, c'est alors seulement que, de cet olivier coupant la frondaison, je donnai tous mes soins à équarrir le fût jusques à la racine, puis, l'ayant bien poli et dressé au cordeau, je le pris pour montant où cheviller le reste ; à ce premier montant, j'appuyai tout le lit dont j'achevai le cadre ; quand je l'eus incrusté d'or, d'argent et d'ivoire, j'y tendis des courroies d'un cuir rouge éclatant... Voilà notre secret ! la preuve te suffit ? Je voudrais donc savoir, femme, si notre lit est toujours en sa place ou si, pour le tirer ailleurs, on a coupé le tronc de l'olivier. »

Il disait : Pénélope sentait se dérober ses genoux et son cœur ; elle avait reconnu les signes évidents que lui donnait Ulysse ; pleurant et s'élançant vers lui et lui jetant les bras autour du cou et le baisant au front, son Ulysse, elle dit :

ΠΗΝ. — Μή μοι, Ὀδυσσεῦ, σκύζευ, ἐπεὶ τά περ ἄλλα μάλιστα
ἀνθρώπων πέπνυσο· θεοὶ δ' ὤπαζον ὀιζύν,
οἳ νῶιν ἀγάσαντο παρ' ἀλλήλοισι μένοντε
ἥβης ταρπῆναι καὶ γήραος οὐδὸν ἱκέσθαι.
αὐτὰρ μὴ νῦν μοι τόδε χώεο μηδὲ νεμέσσα,
οὕνεκά σ' οὐ τὸ πρῶτον, ἐπεὶ ἴδον, ὧδ' ἀγάπησα.
αἰεὶ γάρ μοι θυμὸς ἐνὶ στήθεσσι φίλοισιν
ἐρρίγει, μή τίς με βροτῶν ἀπάφοιτ' ἐπέεσσιν
ἐλθών· πολλοὶ γὰρ κακὰ κέρδεα βουλεύουσιν.
[οὐδέ κεν Ἀργείη Ἑλένη, Διὸς ἐκγεγαυῖα,
ἀνδρὶ παρ' ἀλλοδαπῷ ἐμίγη φιλότητι καὶ εὐνῇ,
εἰ ᾔδη ὅ μιν αὖτις Ἀρήιοι υἷες Ἀχαιῶν
ἀξέμεναι οἶκον δὲ φίλην ἐς πατρίδ' ἔμελλον
τὴν δ' ἤτοι ῥέξαι θεὸς ὤρορε ἔργον ἀεικές·
τὴν δ' ἄτην οὐ πρόσθεν ἑῷ ἐγκάτθετο θυμῷ
λυγρήν, ἐξ ἧς πρῶτα καὶ ἡμέας ἵκετο πένθος.]
νῦν δ', ἐπεὶ ἤδη σήματ' ἀριφραδέα κατέλεξας
εὐνῆς ἡμετέρης, τὴν οὐ βροτὸς ἄλλος ὀπώπει,
ἀλλ' οἶοι σύ τ' ἐγώ τε καὶ ἀμφίπολος μία μούνη,
Ἀκτορίς, ἥν μοι δῶκε πατὴρ ἔτι δεῦρο κιούσῃ,
ἣ νῶιν εἴρυτο θύρας πυκινοῦ θαλάμοιο·
πείθεις δή μευ θυμὸν ἀπηνέα περ μάλ' ἐόντα.
Ὣς φάτο· τῷ δ' ἔτι μᾶλλον ὑφ' ἵμερον ὦρσε γόοιο
κλαῖε δ' ἔχων ἄλοχον θυμαρέα, κέδν' εἰδυῖαν.
[ὡς δ' ὅτ' ἂν ἀσπάσιος γῆ νηχομένοισι φανήῃ,
ὧν τε Ποσειδάων εὐεργέα νῆ' ἐνὶ πόντῳ

8. Le dieu du carnage, de la violence à la guerre, sert souvent à désigner les guerriers pleins de fougue, comme dans ces vers.

PÉNÉLOPE. – « Ulysse, excuse-moi ! Toujours je t'ai connu le plus sage des hommes ! Nous comblant de chagrin, les dieux n'ont pas voulu nous laisser l'un à l'autre à jouir du bel âge et parvenir ensemble au seuil de la vieillesse ! Mais aujourd'hui, pardonne et sois sans amertume si, du premier abord, je ne t'ai pas fêté ! Dans le fond de mon cœur, veillait toujours la crainte qu'un homme ne me vînt abuser par ses contes ; il est tant de méchants qui ne songent qu'aux ruses ! Ah ! la fille de Zeus, Hélène l'Argienne, n'eût pas donné son lit à l'homme de là-bas, si elle eût soupçonné que les fils d'Achaïe, comme d'autres Arès[8], s'en iraient la reprendre, la rendre à son foyer, au pays de ses pères ; mais un dieu la poussa vers cette œuvre de honte[9] ! son cœur auparavant n'avait pas résolu cette faute maudite, qui fut, pour nous aussi, cause de tant de maux ! Mais tu m'as convaincue ! la preuve est sans réplique ! tel est bien notre lit ! en dehors de nous deux, il n'est à le connaître que la seule Aktoris, celle des chambrières, que, pour venir ici, mon père[10] me donna. C'est elle qui gardait l'entrée de notre chambre aux épaisses murailles... Tu vois : mon cœur se rend, quelque cruel qu'il soit ! »

Mais Ulysse, à ces mots, pris d'un plus vif besoin de sangloter, pleurait.

Il tenait dans ses bras la femme de son cœur, sa fidèle compagne !

Elle est douce, la terre, aux vœux des naufragés, dont Posidon en mer, sous l'assaut de la vague et du vent, a

9. Pénélope sous-entend qu'Hélène a agi sous la contrainte d'un pouvoir supérieur. L'intéressée affirmait d'ailleurs qu'Aphrodite était responsable de son départ vers Troie ; cf. IV, 260 sq.

10. C'est-à-dire Icarios. Sur ce personnage, cf. I, 329 et note.

ῥαίσῃ, ἐπειγομένην ἀνέμῳ καὶ κύματι πηγῷ·
παῦροι δ' ἐξέφυγον πολιῆς ἁλὸς ἤπειρον δὲ
νηχόμενοι· πολλὴ δὲ περὶ χροῒ τέτροφεν ἅλμη·
ἀσπάσιοι δ' ἐπέβαν γαίης, κακότητα φυγόντες·
ὣς ἄρα τῇ ἀσπαστὸς ἔην πόσις εἰσοροώσῃ,
δειρῆς δ' οὔ πω πάμπαν ἀφίετο πήχεε λευκώ.]
καί νύ κ' ὀδυρομένοισι φάνη ῥοδοδάκτυλος Ἠώς,
εἰ μὴ ἄρ' ἄλλ' ἐνόησε θεὰ γλαυκῶπις Ἀθήνη·
νύκτα μὲν ἐν περάτῃ δολιχὴν σχέθεν, Ἠῶ δ' αὖτε
ῥύσατ' ἐπ' Ὠκεανῷ χρυσόθρονον, οὐδ' ἔα ἵππους
ζεύγνυσθ' ὠκύποδας, φάος ἀνθρώποισι φέροντας
[Λάμπον καὶ Φαέθονθ', οἵ τ' Ἠῶ πῶλοι ἄγουσι].

Καὶ τότ' ἄρ' ἣν ἄλοχον προσέφη πολύμητις Ὀδυσσεύς·
ΟΔΥ. — Ὦ γύναι, οὐ γάρ πω πάντων ἐπὶ πείρατ' ἀέθλων
ἤλθομεν· ἀλλ' ἔτ' ὄπισθεν ἀμέτρητος πόνος ἐστί,
πολλὸς καὶ χαλεπός, τὸν ἐμὲ χρὴ πάντα τελέσσαι.
ὣς γάρ μοι ψυχὴ μαντεύσατο Τειρεσίαο
ἤματι τῷ, ὅτε δὴ κατέβην δόμον Ἄιδος εἴσω,
νόστον ἑταίροισιν διζήμενος ἠδ' ἐμοὶ αὐτῷ.
ἀλλ' ἔρχευ, λέκτρον δ' ἴομεν, γύναι, ὄφρα καὶ ἤδη
ὕπνῳ ὕπο γλυκερῷ ταρπώμεθα κοιμηθέντε.

Τὸν δ' αὖτε προσέειπε περίφρων Πηνελόπεια·
ΠΗΝ. — Εὐνὴ μὲν δὴ σοί γε τότ' ἔσσεται, ὁππότε θυμῷ
σῷ ἐθέλῃς, ἐπεὶ ἄρ σε θεοὶ ποίησαν ἱκέσθαι
οἶκον ἐς ὑψόροφον καὶ σὴν ἐς πατρίδα γαῖαν·
ἀλλ' ἐπεὶ ἐφράσθης καί τοι θεὸς ἔμβαλε θυμῷ,
εἴπ' ἄγε μοι τὸν ἄεθλον, ἐπεὶ καὶ ὄπισθεν, ὀίω,
πεύσομαι· αὐτίκα δ' ἐστὶ δαήμεναι οὔ τι χέρειον.

Τὴν δ' ἀπαμειβόμενος προσέφη πολύμητις Ὀδυσσεύς·
ΟΔΥ. — Δαιμονίη, τί τ' ἄρ' αὖ με μάλ' ὀτρύνουσα κελεύεις
εἰπέμεν; αὐτὰρ ἐγὼ μυθήσομαι οὐδ' ἐπικεύσω.

brisé le solide navire : ils sont là, quelques-uns qui, nageant vers la terre, émergent de l'écume ; tout leur corps est plaqué de salure marine ; bonheur ! ils prennent pied ! ils ont fui le désastre ! La vue de son époux lui semblait aussi douce : ses bras blancs ne pouvaient s'arracher à son cou.

L'Aurore aux doigts de roses les eût trouvés pleurants, sans l'idée qu'Athéna, la déesse aux yeux pers, eut d'allonger la nuit qui recouvrait le monde[11] : elle retint l'Aurore aux bords de l'Océan[12], près de son trône d'or, en lui faisant défense de mettre sous le joug pour éclairer les hommes, ses rapides chevaux Lampos et Phaéton, les poulains de l'Aurore.

Ulysse l'avisé dit enfin à sa femme :

ULYSSE. – Ô femme, ne crois pas être au bout des épreuves ! Il me reste à mener jusqu'au bout, quelque jour, un travail compliqué, malaisé, sans mesure : c'est le devin Tirésias qui me l'a dit, le jour que, débarqué à la maison d'Hadès, je consultai son ombre sur la voie du retour pour mes gens et pour moi... Mais gagnons notre lit, ô femme ! il est grand temps de dormir, de goûter le plus doux des sommeils !

La plus sage des femmes, Pénélope, reprit :

PÉNÉLOPE. – Ton lit te recevra, dès que voudra ton cœur, puisque les dieux t'ont fait rentrer sous ton grand toit, au pays de tes pères ! Mais puisqu'ils t'ont donné la pensée de me dire qu'une épreuve te reste, voyons ! il faudra bien qu'un jour, je la connaisse : la savoir tout de suite est peut-être le mieux.

Ulysse l'avisé lui fit cette réponse :

ULYSSE. – Pauvre amie, à quoi bon me presser de parler ? et pourquoi tant de hâte ! Je m'en vais te le dire

11. Zeus aurait également allongé une nuit pour mieux goûter le plaisir dans les bras d'Alcmène.

12. Sur ce fleuve qui entoure le monde, cf., entre autres IV, 568 ; V, 275 ; XI, 13, etc.

οὐ μέν τοι θυμὸς κεχαρήσεται· οὐδὲ γὰρ αὐτὸς
χαίρω, ἐπεὶ μάλα πολλὰ βροτῶν ἐπὶ ἄστε' ἄνωγεν
ἐλθεῖν, ἐν χείρεσσιν ἔχοντ' εὐῆρες ἐρετμόν,
εἰς ὅ κε τοὺς ἀφίκωμαι, οἳ οὐ ἴσασι θάλασσαν·
σῆμα δέ μοι τόδ' ἔειπεν ἀριφραδές, οὐδέ σε κεύσω·
ὁππότε κεν δή μοι ξυμβλήμενος ἄλλος ὁδίτης
φήῃ ἀθηρηλ⟨ό⟩γον ἔχειν ἀνὰ φαιδίμῳ ὤμῳ,
καὶ τότε μ' ἐν γαίῃ πήξαντ' ἐκέλευσεν ἐρετμόν,
ἔρξανθ' ἱερὰ καλὰ Ποσειδάωνι ἄνακτι,
ἀρνειὸν ταῦρόν τε συῶν τ' ἐπιβήτορα κάπρον,
οἴκαδ' ἀποστείχειν ἔρδειν θ' ἱερὰς ἑκατόμβας
ἀθανάτοισι θεοῖσι, τοὶ οὐρανὸν εὐρὺν ἔχουσι,
πᾶσι μάλ' ἑξείης· θάνατος δέ μοι ἐξ ἁλὸς αὐτῷ
ἀβληχρὸς μάλα τοῖος ἐλεύσεται, ὅς κέ με πέφνῃ
γήρᾳ ὕπο λιπαρῷ ἀρημένον· ἀμφὶ δὲ λαοὶ
ὄλβιοι ἔσσονται. τὰ δέ μοι φάτο πάντα τελεῖσθαι.
Τὸν δ' αὖτε προσέειπε περίφρων Πηνελόπεια·
ΠΗΝ. — Εἰ μὲν δὴ γῆράς γε θεοὶ τελέουσιν ἄρειον,
ἐλπωρή τοι ἔπειτα κακῶν ὑπάλυξιν ἔσεσθαι.
Ὣς οἱ μὲν τοιαῦτα πρὸς ἀλλήλους ἀγόρευον·
τόφρα δ' ἄρ' Εὐρυνόμη τ' ἠδὲ τροφὸς ἔντυον εὐνὴν
ἐσθῆτος μαλακῆς, δαΐδων ὕπο λαμπομενάων.
Αὐτὰρ ἐπεὶ στόρεσαν πυκινὸν λέχος ἐγκονέουσαι,
γρηῢς μὲν κείουσα πάλιν οἶκον δὲ βεβήκει·
τοῖσιν δ' Εὐρυνόμη θαλαμηπόλος ἡγεμόνευεν
ἐρχομένοισι λέχος δέ, δάος μετὰ χερσὶν ἔχουσα,
ἐς θάλαμον δ' ἀγαγοῦσα πάλιν κίεν· οἱ μὲν ἔπειτα
ἀσπάσιοι λέκτροιο παλαιοῦ θεσμὸν ἵκοντο.

vers 270 : ἀνέρες, οὐδέ θ' ἅλεσσι μεμιγμένον εἶδαρ ἔδουσιν
271 : οὐδ' ἄρα τοὶ ἴσασι νέας φοινικοπαρῄους,
272 : οὐδ' εὐήρε' ἐρετμά, τά τε πτερὰ νηυσὶ πέλονται

et ne t'en rien cacher ; mais ton cœur n'aura pas de quoi se réjouir, et moi-même, j'en souffre ! Tirésias m'a dit d'aller de ville en ville, ayant entre mes bras une rame polie, tant et tant qu'à la fin, j'arrive chez les gens qui ignorent la mer et, vivant sans jamais saler leurs aliments, n'aient pas vu de vaisseaux aux joues de vermillon, ni de rames polies, ces ailes des navires ! Et connais à ton tour quelle marque assurée le devin m'en donna : sur la route, il faudra qu'un autre voyageur me demande pourquoi j'ai cette pelle à grains sur ma brillante épaule ; ce jour-là, je devrai, plantant ma rame en terre, faire au roi Posidon le parfait sacrifice d'un taureau, d'un bélier et d'un verrat de taille à couvrir une truie ; puis, rentrant au logis, si j'offre à tous les dieux, maîtres des champs du ciel, la complète série des saintes hécatombes, la plus douce des morts me viendra de la mer ; je ne succomberai qu'à l'heureuse vieillesse, ayant autour de moi des peuples fortunés... Voilà ce que le sort, m'a-t-il dit, me réserve !

La plus sage des femmes, Pénélope, reprit :

PÉNÉLOPE. – Si c'est à nos vieux jours que les dieux ont vraiment réservé le bonheur, espérons échapper ensuite à tous les maux !

Pendant qu'ils échangeaient ces paroles entre eux, la nourrice Euryclée, aidée d'Eurynomé, leur préparait le lit à la lueur des torches.

Quand leurs soins diligents eurent garni de doux tissus les bois du cadre, la nourrice rentra chez elle pour dormir ; mais, leur servant de chambrière, Eurynomé revenait, torche en main, pour leur ouvrir la marche.

Elle les conduisit dans leur chambre et revint, les laissant au bonheur de retrouver leur couche et ses droits d'autrefois.

## ΤΑ ΕΝ ΛΑΕΡΤΟΥ Η ΣΠΟΝΔΑΙ

Αὐτὰρ Τηλέμαχος καὶ βουκόλος ἠδὲ συβώτης
παύσαντ' ὀρχηθμοῖο πόδας, παῦσαν δὲ γυναῖκας,
αὐτοὶ δ' εὐνάζοντο κατὰ μέγαρα σκιόεντα.
Τὼ δ' ἐπεὶ οὖν φιλότητος ἐταρπήτην ἐρατεινῆς,
τερπέσθην μύθοισι, πρὸς ἀλλήλους ἐνέποντε,
ἡ μὲν ὅσ' ἐν μεγάροισιν ἀνέσχετο δῖα γυναικῶν,
ἀνδρῶν μνηστήρων ἐσορῶσ' ἀίδηλον ὅμιλον,
οἳ ἕθεν εἵνεκα πολλά, βόας καὶ ἴφια μῆλα
ἔσφαζον, πολλὸς δὲ πίθων ἠφύσσετο οἶνος·
αὐτὰρ ὁ διογενὴς Ὀδυσεύς, ὅσα κήδε' ἔθηκεν
ἀνθρώποισ' ὅσα τ' αὐτὸς διζύσας ἐμόγησε,
πάντ' ἔλεγ'· ἡ δ' ἄρ' ἐτέρπετ' ἀκούουσ'· οὐδέ οἱ ὕπνος
πῖπτεν ἐπὶ βλεφάροισι πάρος καταλέξαι ἅπαντα.
[Ἤρξατο δ' ὡς πρῶτον Κίκονας δάμασ', αὐτὰρ ἔπειτα
ἦλθ' ἐς Λωτοφάγων ἀνδρῶν πίειραν ἄρουραν,

ἠδ' ὅσα Κύκλωψ ἔρξε καὶ ὡς ἀπετίσατο ποινὴν
ἰφθίμων ἑτάρων, οὓς ἤσθιεν οὐδ' ἐλέαιρεν,
ἠδ' ὡς Αἴολον ἵκεθ', ὅ μιν πρόφρων ὑπέδεκτο
καὶ πέμπ'· οὐ δέ πω αἶσα φίλην ἐς πατρίδ' ἱκέσθαι
ἦην· ἀλλά μιν αὖτις ἀναρπάξασα θύελλα
πόντον ἐπ' ἰχθυόεντα φέρεν βαρέα στενάχοντα·
ἠδ' ὡς Τηλέπυλον Λαιστρυγονίην ἀφίκανεν,
οἳ νῆάς τ' ὄλεσαν καὶ ἐυκνήμιδας ἑταίρους,
[πάντας· Ὀδυσσεὺς δ' οἶος ὑπέκφυγε νηὶ μελαίνῃ]
καὶ Κίρκης κατέλεξε δόλον πολυμηχανίην τε,
ἠδ' ὡς εἰς Ἀίδεω δόμον ἤλυθεν εὐρώεντα,
ψυχῇ χρησόμενος Θηβαίου Τειρεσίαο,

13. Pour cet épisode, cf. IX, 39-66.
14. Cf. IX, 85-102.
15. Cf. IX, 105-540.

## CHEZ LAËRTE OU LA PAIX

Pendant que Télémaque, Eumée et le bouvier s'arrêtaient de danser et, renvoyant les femmes, se donnaient au sommeil dans l'ombre du manoir, les deux époux goûtaient les plaisirs de l'amour, puis les charmes des confidences réciproques. Elle lui racontait, cette femme divine, tout ce qu'en ce manoir, elle avait enduré, lorsque des prétendants la troupe détestable immolait tant de bœufs et tant de moutons gras et faisait ruisseler le vin de tant de jarres – et tout cela pour elle ! Le rejeton des dieux, Ulysse, lui narrait les chagrins qu'il avait causés aux ennemis, puis sa propre misère et toutes ses traverses. Elle écoutait ravie, et le sommeil ne vint lui clore les paupières qu'après qu'il eut fini de tout lui raconter.

Il commença par la défaite des Kikones[13], puis sa visite au bon pays des Lotophages[14] ; du Cyclope[15], il conta les crimes et comment il avait châtié ce monstre sans pitié, qui lui avait mangé ses braves compagnons ; il dit son arrivée et l'accueil empressé qu'il reçut chez Éole[16], puis le renvoi, hélas ! inutile, au pays, et le sort le jetant aux coups de la tempête, et ses cris déchirants sur la mer aux poissons ! l'escale à Télépyle, en pays lestrygon[17], et le bris de la flotte et le meurtre de tous ses compagnons guêtrés et la fuite d'Ulysse, avec son noir vaisseau ; il conta tout au long la ruse de Circé[18] et ses inventions, le voyage aux séjours humides de l'Hadès[19] sur son navire à rames, et l'ombre du devin Tirésias de

16. Cf. X, 1-76.
17. Cf. X, 80-132.
18. Pour cet épisode, cf. X, 133-574 ; XII, 1-143.
19. Pour la *nekuya*, cf. chant XI.

νηὶ πολυκλήιδι, καὶ ἔσιδε πάντας ἑταίρους
μητέρα θ', ἥ μιν ἔτικτε καὶ ἔτρεφε τυτθὸν ἐόντα,
ἠδ' ὡς Σειρήνων ἁ⟨λ⟩ιάων φθόγγον ἄκουσεν,
ὥς θ' ἵκετο Πλαγκτὰς Πέτρας δεινήν τε Χάρυβδιν
Σκύλλην θ', ἣν οὔ πώποτ' ἀκήριοι ἄνδρες ἄλυξαν,
ἠδ' ὡς Ἠελίοιο βόας κατέπεφνον ἑταῖροι,
ἠδ' ὡς νῆα θοὴν ἔβαλε ψολόεντι κεραυνῷ
Ζεὺς ὑψιβρεμέτης, ἀπὸ δ' ἔφθιθεν ἐσθλοὶ ἑταῖροι
πάντες ὁμῶς, αὐτὸς δὲ κακὰς ὑπὸ κῆρας ἄλυξεν,
ὥς θ' ἵκετ' Ὠγυγίην νῆσον νύμφην τε Καλυψώ,
ἣ δή μιν κατέρυκε λιλαιομένη πόσιν εἶναι
ἐν σπέεσι γλαφυροῖσι καὶ ἔτρεφεν ἠδὲ ⟨ἑ⟩ φάσκε
θήσειν ἀθάνατον καὶ ἀγήραον ἤματα πάντα,
ἀλλὰ τοῦ οὔ ποτε θυμὸν ἐνὶ στήθεσσιν ἔπειθεν,
ἠδ' ὡς ἐς Φαίηκας ἀφίκετο πολλὰ μογήσας,
οἳ δή μιν περὶ κῆρι θεὸν ὣς τιμήσαντο
καὶ πέμψαν σὺν νηὶ φίλην ἐς πατρίδα γαῖαν,
χαλκόν τε χρυσόν τε ἅλις ἐσθῆτά τε δόντες.
τοῦτ' ἄρα δεύτατον εἶπε ἔπος, ὅτε οἱ γλυκὺς ὕπνος
λυσιμελὴς ἐπόρουσε, λύων μελεδήματα θυμοῦ.]

Ἡ δ' αὖτ' ἄλλ' ἐνόησε θεὰ γλαυκῶπις Ἀθήνη·
ὁππότε δή ῥ' Ὀδυσῆα ἐέλπετο ὃν κατὰ θυμὸν
εὐνῆς ἧς ἀλόχου ταρπήμεναι ἠδὲ καὶ ὕπνου,
αὐτίκ' ἀπ' Ὠκεανοῦ χρυσόθρονον Ἠριγένειαν
ὦρσεν, ἵν' ἀνθρώποισι φόως φέροι· ὦρτο δ' Ὀδυσσεὺς
εὐνῆς ἐκ μαλακῆς, ἀλόχῳ δ' ἐπὶ μῦθον ἔτελλεν·

20. Sur la rencontre avec Tirésias, cf. XI, 90-151.

21. Ulysse rencontre Agamemnon, XI, 387-466 ; Achille, XI, 467-540 ; Ajax, cf. XI, 469, et 541-564. Ulysse voit également Patrocle et Antiloque, cf. XI, 468.

22. Sur cette entrevue, cf. XI, 152-224.

23. Cf. XII, 154-200.

Thèbes[20], et tous ses compagnons de jadis retrouvés[21], et sa mère revue[22], qui l'avait enfanté et nourri tout petit, et les chants entendus des Sirènes marines[23], et les Pierres Errantes, Charybde la divine et Skylla[24], que personne, jamais, sans souffrir, ne passa, et l'île du Soleil[25] et le meurtre des Vaches[26], et le croiseur frappé de la foudre fumante, et Zeus, le Haut-Tonnant, abattant d'un seul coup tous ses nobles amis, et lui seul échappant aux Parques de la mort[27] ; il dit son arrivée en cette île océane où Calypso la nymphe[28], qui brûlait de l'avoir pour époux, l'enfermait au creux de ses cavernes et, prenant soin de lui, lui promettait de le rendre immortel et jeune à tout jamais, mais sans pouvoir jamais le convaincre en son cœur ; il dit son arrivée en terre phéacienne[29] après beaucoup d'épreuves, et le cœur de ces gens l'accueillant comme un dieu, lui donnant un vaisseau pour rentrer au pays avec un chargement d'or, de bronze et d'étoffes[30]. C'est par là qu'il finit, lorsque, domptant ses membres, le doux sommeil dompta les soucis de son cœur.

Mais Pallas Athéna, la déesse aux yeux pers, eut alors son dessein. Quand elle crut qu'Ulysse, au lit de son épouse, avait rassasié de sommeil tout son cœur, elle éveilla l'Aurore en son berceau de brume, et, sur son trône d'or, l'aube, pour apporter aux hommes la lumière, monta de l'Océan. Ulysse se leva de sa couche moelleuse et dit à son épouse :

24. Cf. XII, 201-261. Voir aussi XII, 399-446.
25. Cf. XII, 261-398.
26. Cf. XII, 351-365.
27. Cf. XII, 420-446.
28. Cf. XII, 467-469, et tout le chant V.
29. Cf. VI-XIII.
30. Cf. XIII, 62 sq.

ΟΔΥ. — Ὦ γύναι, ἤδη μὲν πολέων κεκορήμεθ' ἀέθλων
ἀμφοτέρω, σὺ μὲν ἐνθάδ' ἐμὸν πολυκηδέα νόστον
κλαίουσ'· αὐτὰρ ἐμὲ Ζεὺς ἄλγεσι καὶ θεοὶ ἄλλοι
ἱέμενον πεδάασκον ἐμῆς ἀπὸ πατρίδος αἴης.
νῦν δ' ἐπεὶ ἀμφοτέρω πολυήρατον ἱκόμεθ' εὐνήν,
κτήματα μέν, τά μοί ἐστι, κομιζέμεν ἐν μεγάροισι,
μῆλα δ', ἅ μοι μνηστῆρες ὑπερφίαλοι κατέκειρον,
πολλὰ μὲν αὐτὸς ἐγὼ ληίσσομαι, ἄλλα δ' Ἀχαιοὶ
δώσουσ', εἰς ὅ κε πάντας ἐνιπλήσωσιν ἐπαύλους·
ἀλλ' ἤτοι μὲν ἐγὼ πολυδένδρεον ἀγρὸν ἄπειμι,
ὀψόμενος πατέρ' ἐσθλόν, ὅ μοι πυκινῶς ἀκάχηται·
σοὶ δέ, γύναι, τόδ' ἐπιστέλλω πινυτῇ περ ἐούσῃ·
αὐτίκα γὰρ φάτις εἶσιν ἅμ' ἠελίῳ ἀνιόντι
ἀνδρῶν μνηστήρων, οὓς ἔκτανον ἐν μεγάροισιν·
εἰς ὑπερῷ' ἀναβᾶσα σὺν ἀμφιπόλοισι γυναιξὶν
ἧσθαι, μηδέ τινα προτιόσσεο μηδ' ἐρέεινε.

Ἦ ῥα, καὶ ἀμφ' ὤμοισιν ἐδύσετο τεύχεα καλά,
ὦρσε δὲ Τηλέμαχον καὶ βουκόλον ἠδὲ συβώτην,
πάντας δ' ἔντε' ἄνωγεν ἀρήια χερσὶν ἑλέσθαι.
οἱ δέ οἱ οὐκ ἀπίθησαν, ἐθωρήσσοντο δὲ χαλκῷ,
ὤιξαν δὲ θύρας, ἐκ δ' ἤιον· ἦρχε δ' Ὀδυσσεύς.
ἤδη μὲν φάος ἦεν ἐπὶ χθόνα· τοὺς δ' ἄρ' Ἀθήνη
νυκτὶ κατακρύψασα θοῶς ἐξῆγε πόληος.

31. Il est probable que le héros évoque ici la compensation que ses compatriotes et « sujets » seront obligés de lui offrir pour réparer l'usurpation de ses biens à laquelle s'adonnèrent les prétendants.

ULYSSE. – « Femme, nous avons eu, l'un et l'autre déjà, tout notre poids d'épreuves : mon retour te mettait dans l'angoisse et les pleurs ; loin du pays natal, Zeus et les autres dieux entravaient mes désirs et me comblaient de maux. Nous voici de nouveau réunis en ce lit, où tendaient tous mes vœux ; il faudra m'occuper des biens qu'en ce manoir, nous possédons encore, et des troupeaux que ces bandits ont décimés. Oh ! je saurai moi-même en ramener en prise, et beaucoup, sans compter ceux que les Achéens auront à me donner pour refaire le plein de toutes mes étables[31]... Mais je voudrais d'abord aller à mon verger revoir mon noble père, que le chagrin torture... Je connais ton bon sens ; mais écoute un avis : au lever du soleil, le bruit va se répandre que j'ai, dans ce manoir, tué les prétendants ; regagne ton étage avec tes chambrières ! restes-y ! n'interroge et ne reçois personne ! »

Il dit. À ses épaules, il mit ses belles armes, fit lever Télémaque, Eumée et le bouvier, et leur fit prendre à tous un attirail de guerre. Dociles à sa voix, quand ils eurent vêtu leurs armures de bronze, la porte fut ouverte : on sortit du manoir ; Ulysse les menait ; le jour régnait déjà ; mais, d'un voile de nuit, Athéna les couvrait pour les faire évader au plus tôt de la ville[32] ...

32. Cf. VII, 140-141, Athéna répand également sur Ulysse une épaisse nuée pour que les Phéaciens ne puissent pas le voir avant qu'il ait touché les genoux d'Arété.

## ΔΕΥΤΕΡΑ ΝΕΚΥΙΑ

Ἑρμῆς δὲ ψυχὰς Κυλλήνιος ἐξεκαλεῖτο
ἀνδρῶν μνηστήρων· ἔχε δὲ ῥάβδον μετὰ χερσὶ
καλήν, χρυσείην, τῇ τ' ἀνδρῶν ὄμματα θέλγει,
ὧν ἐθέλει, τοὺς δ' αὖτε καὶ ὑπνώοντας ἐγείρει·
τῇ ῥ' ἄγε κινήσας· ταὶ δὲ τρίζουσαι ἕποντο.
ὡς δ' ὅτε νυκτερίδες μυχῷ ἄντρου θεσπεσίοιο
τρίζουσαι ποτέονται, ἐπεί κέ τις ἀποπέσῃσιν
ὁρμαθοῦ ἐκ πέτρης, ἀνά τ' ἀλλήλῃσιν ἔχονται,
ὣς αἱ τετριγυῖαι ἅμ' ἤισαν· ἦρχε δ' ἄρα σφιν
Ἑρμείας ἀκάκητα κατ' εὐρώεντα κέλευθα·
πὰρ δ' ἴσαν Ὠκεανοῖο ῥοὰς καὶ Λευκάδα πέτρην
ἠδὲ παρ' Ἠελίοιο πύλας καὶ δῆμον Ὀνείρων
ἤισαν, αἶψα δ' ἵκοντο κατ' Ἀσφοδελὸν Λειμῶνα,

1. La seconde *nekuya* fut considérée par les Anciens comme une interpolation, que l'on pouvait éliminer sans que cela gêne la continuité du récit. Cependant, en dehors des croyances sur l'au-delà résumées dans ces vers (1-204), la seconde *nekuya* contribue à souligner l'excellence *(aretê)*, le renom d'Ulysse *(kléos)* même chez Hadès, et d'une certaine façon à réconcilier le monde et les valeurs de l'*Iliade* et de l'*Odyssée*. Sur la question, voir Woodhouse, 1969, 116-119, et Heubeck, *ad loc.* ; cf. aussi la bibliographie concernant ce chant en appendice.

2. Montagne d'Arcadie. Cette épiclèse est utilisée également dans l'*Hymne homérique à Hermès*, 2. Hermès, messager des dieux, apparaît dans ce chant dans sa fonction de psychopompe, guide des âmes vers l'Hadès. Ce rôle, il l'exerce d'ailleurs lors des Anthestéries où les

## SECONDE DESCENTE AUX ENFERS[1]

(*CHANT XXIV.*) Répondant à l'appel de l'Hermès du Cyllène[2], les âmes des seigneurs prétendants accouraient : le dieu avait en main la belle verge d'or[3], dont il charme les yeux des mortels ou les tire à son gré du sommeil. De sa verge, il donna le signal du départ ; les âmes, en poussant de petits cris, suivirent...

Dans un antre divin, où les chauves-souris attachent au rocher la grappe de leurs corps, si l'une d'elles lâche, toutes prennent leur vol avec de petits cris ; c'est ainsi qu'au départ, leurs âmes bruissaient. Le dieu de la santé, Hermès, les conduisait par les routes humides ; ils s'en allaient, suivant le cours de l'Océan[4] ; passé le Rocher Blanc[5], les portes du Soleil[6] et le pays des Rêves[7], ils eurent vite atteint la Prairie d'Asphodèle[8], où les ombres

âmes des morts *(Keres)* frayent avec les hommes. Sur le rôle du dieu, cf. Burkert, 1985, 217 ; Lévêque-Séchan, 1990, 272-274.

3. Pour le caducée d'Hermès, cf. V, 277 (où le poète utilise le terme *chrusorrhapis*).

4. Fleuve qui entoure le monde.

5. Certains associaient cette étape vers le royaume des morts au promontoire blanc situé sur la côte méridionale de Leucade d'où sautaient ceux qui étaient frappés du mal d'amour.

6. Le monde des morts étant associé à l'ouest, ces portes indiquaient le lieu où le soleil se couche.

7. La race des songes, selon Hésiode, *Th.*, 212, est issue de la Nuit.

8. Plante de la famille des lilliacées ; cf. XI, 539. Les Anciens se demandaient s'il fallait comprendre l'expression comme une prairie affreuse ou comme une prairie parsemée de cendres, cf. Burkert, 1985, 176.

ἔνθά τε ναίουσι ψυχαί, εἴδωλα καμόντων,
εὗρον δὲ ψυχὴν Πηληιάδεω Ἀχιλῆος
καὶ Πατροκλῆος καὶ ἀμύμονος Ἀντιλόχοιο
Αἴαντός θ', ὃς ἄριστος ἔην εἶδός τε δέμας τε
τῶν ἄλλων Δαναῶν μετ' ἀμύμονα Πηλείωνα.
Ὣς οἱ μὲν περὶ κεῖνον ὁμίλεον, ἀγχίμολον δὲ
ἤλυθ' ἔπι ψυχὴ Ἀγαμέμνονος Ἀτρείδαο
ἀχνυμένη· περὶ δ' ἄλλαι ἀγηγέραθ', ὅσσαι ἅμ' αὐτῷ
οἴκῳ ἐν Αἰγίσθοιο θάνον καὶ πότμον ἐπέσπον.
Τὸν προτέρη ψυχὴ προσεφώνεε Πηλείωνος·
ΑΧΙ. — Ἀτρείδη, περὶ μέν σε φάμεν Διὶ τερπικεραύνῳ
ἀνδρῶν ἡρώων φίλον ἔμμεναι ἤματα πάντα,
οὕνεκα πολλοῖσίν τε καὶ ἰφθίμοισι ἄνασσες
δήμῳ ἔνι Τρώων, ὅθι πάσχομεν ἄλγε' Ἀχαιοί.
ἦ τ' ἄρα καὶ σοὶ πρῶι παραστήσεσθαι ἔμελλε
μοῖρ' ὀλοή, τὴν οὔ τις ἀλεύεται, ὅς κε γένηται.
ὡς ὄφελες τιμῆς ἀπονήμενος, ἧς περ ἄνασσες,
δήμῳ ἔνι Τρώων θάνατον καὶ πότμον ἐπισπεῖν·
τῷ κέν τοι τύμβον μὲν ἐποίησαν Παναχαιοί,
ἠδέ κε καὶ σῷ παιδὶ μέγα κλέος ἤρα' ὀπίσσω·
νῦν δ' ἄρα σ' οἰκτίστῳ θανάτῳ εἵμαρτο ἁλῶναι.
Τὸν δ' αὖτε ψυχὴ προσεφώνεεν Ἀτρείδαο·
ΑΓΑ. — Ὄλβιε Πηλέος υἱέ, θεοῖσ' ἐπιείκελ' Ἀχιλλεῦ,
ὃς θάνες ἐν Τροίῃ ἑκὰς Ἄργεος· ἀμφὶ δέ σ' ἄλλοι
κτείνοντο Τρώων καὶ Ἀχαιῶν υἷες ἄριστοι,
μαρνάμενοι περὶ σεῖο· σὺ δ' ἐν στροφάλιγγι κονίης

9. Sur le massacre d'Agamemnon et de ses compagnons, cf. IV, 529 sq. ; IX, 409 sq.

10. La mort d'Achille, à laquelle le poète de *l'Iliade* ne fait pas allusion, était probablement racontée dans l'*Éthiopide* ; du moins, le poète évoquait-il ses funérailles.

habitent, fantômes des défunts, et c'est là qu'ils trouvèrent, près de l'ombre du fils de Pélée, près d'Achille, les ombres de Patrocle, du parfait Antiloque et d'Ajax, le plus beau par la mine et la taille de tous les Danaens ; seul, le fils de Pélée le surpassait encore. Ils entouraient Achille, quand l'ombre de l'Atride Agamemnon survint. Elle était tout en pleurs et menait le cortège de ceux qui, chez Égisthe[9], avaient trouvé la mort et subi le destin.

Ce fut l'ombre d'Achille qui parla la première :

ACHILLE. – « Atride, nous pensions que, de tous les héros, Zeus, le joueur de foudre, n'avait jamais aimé personne autant que toi : quand on sait quelle armée de braves te suivait au pays des Troyens, aux jours de nos épreuves, à nous, gens d'Achaïe ! Mais la Parque de mort avant l'heure est venue te prendre, toi aussi ! Hélas, nul ne l'évite ! il suffit d'être né ! Qu'il t'aurait mieux valu subit la destinée et mourir en Troade, au milieu des honneurs, en plein commandement ! Car les Panachéens auraient dressé ta tombe, et quelle grande gloire tu léguais à ton fils ! Ah ! c'est pitié, la mort où t'a pris le destin ! »

Mais l'ombre de l'Atride en réponse lui dit :

AGAMEMNON. – « Ô bienheureux Achille, ô toi, fils de Pélée, qui, tout semblable aux dieux, succombas loin d'Argos, là-bas dans la Troade[10], et pour qui sont tombés, luttant sur ton cadavre, les meilleurs des Troyens et des fils d'Achaïe[11] ! Ah ! je revois encor, dans l'orbe de poussière, ton grand corps allongé, tes chevaux délaissés, et

11. Le récit d'Agamemnon est fondé sur celui que le poète de l'*Iliade* donne de la mort et des funérailles de Patrocle, cf. XVI, 777-867 (sa mort) ; XVII, 1-87 (combat autour de son corps) ; XXIII, 108-261 (ses funérailles) ; XXIII, 262-897 (jeux funèbres en son honneur).

κεῖσο μέγας μεγαλωστί, λελασμένος ἱπποσυνάων·
ἡμεῖς δὲ πρόπαν ἦμαρ ἐμαρνάμεθ'· οὐδέ κε πάμπαν
παυσάμεθα πτολέμου, εἰ μὴ Ζεὺς λαίλαπι παῦσεν.
αὐτὰρ ἐπεί σ' ἐπὶ νῆας ἐνείκαμεν ἐκ πολέμοιο,
κάτθεμεν ἐν λεχέεσσι, καθήραντες χρόα καλὸν
ὕδατί τε λιαρῷ καὶ ἀλείφατι· πολλὰ δέ σ' ἀμφὶ
δάκρυα θερμὰ χέον Δαναοὶ κείραντό τε χαίτας.
μήτηρ δ' ἐξ ἁλὸς ἦλθε σὺν ἀθανάτῃσ' ἁλίῃσιν
ἀγγελίης ἀίουσα· βοὴ δ' ἐπὶ πόντον ὀρώρει
θεσπεσίη· ὑπὸ δὲ τρόμος ἔλλαβε πάντας Ἀχαιούς.
καί νύ κ' ἀναΐξαντες ἔβαν κοίλας ἐπὶ νῆας,
εἰ μὴ ἀνὴρ κατέρυκε παλαιά τε πολλά τε εἰδώς,
Νέστωρ, οὗ καὶ πρόσθεν ἀρίστη φαίνετο βουλή·
— Ἴσχεσθ', Ἀργεῖοι· μὴ φεύγετε, κοῦροι Ἀχαιῶν.
μήτηρ ἐξ ἁλὸς ἥδε σὺν ἀθανάτῃσ' ἁλίῃσιν
ἔρχεται, οὗ παιδὸς τεθνηότος ἀντιόωσα.
— Ὣς ἔφαθ'· οἱ δ' ἔσχοντο φόβου μεγάθυμοι Ἀχαιοί·
ἀμφὶ δέ σ' ἔστησαν κοῦραι ἁλίοιο Γέροντος
οἴκτρ' ὀλοφυρόμεναι, περὶ δ' ἄμβροτα εἵματα ἕσσαν·
[Μοῦσαι δ' ἐννέα πᾶσαι ἀμειβόμεναι ὀπὶ καλῇ
θρήνεον. ἔνθά κεν οὔ τιν' ἀδάκρυτόν γε νόησας
Ἀργείων· τοῖον γὰρ ὑπώρορε Μοῦσα λίγεια.]
ἑπτὰ δὲ καὶ δέκα μέν σε ὁμῶς νύκτάς τε καὶ ἦμαρ
κλαίομεν ἀθάνατοί τε θεοὶ θνητοί τ' ἄνθρωποι·

vers 53 : ὅ σφιν ἐυφρονέων ἀγορήσατο καὶ μετέειπεν

12. Les compagnons d'Achille le préparent pour la *prothesis*, l'« exposition » du corps. Sur le bain et l'onction des morts, cf. Burkert, 1985, 194 ; Jost, 1992, 258.

13. En se coupant les cheveux en l'honneur du mort, les Anciens signifiaient leur douleur et la mort que, dans leur souffrance, ils partageaient avec le disparu. Encore une fois, le poète de l'*Odyssée* fait allusion aux hommages qu'Achille offrit à Patrocle, cf. *Il.*, XXIII, 141 sq.

14. Téthis et les Néréides viennent pleurer Patrocle dans l'*Iliade*, XVIII, 22-147. Ce faisant, c'est comme si elles pleuraient déjà Achille. En effet, la mort de Patrocle annonçait celle du meilleur des Achéens.

tout ce jour de lutte, qui n'aurait pas fini sans l'orage de Zeus ! En ce soir de bataille, nous avons rapporté ton cadavre aux vaisseaux. On le mit sur ton lit ; on lava ce beau corps dans l'eau tiède ; on l'oignit[12]. Sur toi, les Danaens, pleurant à chaudes larmes, coupaient leurs chevelures[13]. Mais ta mère, sitôt qu'elle apprit la nouvelle, sortit des flots, suivie des déesses marines, et soudain, sur la mer, monta son cri divin[14], et tous les Achéens en avaient le frisson. Ils se seraient enfuis au creux de leurs vaisseaux, si un homme, Nestor, ne les eût retenus ; en sa vieille sagesse, il fut, comme toujours, l'homme du bon conseil ; c'est pour le bien de tous qu'il prenait la parole : "Arrêtez, Argiens ! restez, fils d'Achaïe ! c'est sa mère qui sort des flots, accompagnée des déesses marines ! elle est venue revoir le corps de son enfant !" À ces mots de Nestor, la crainte abandonna nos grands cœurs d'Achéens. Et l'on vit se dresser autour de toi les filles du Vieillard de la Mer[15], qui, pleurant et criant, revêtirent ton corps de vêtements divins.

Puis, de leurs belles voix, les neuf Muses[16] ensemble te chantèrent un thrène[17] en couplets alternés : parmi les Achéens, tu n'aurais vu personne qui n'eût les yeux en larmes, tant leur allaient au cœur ces sanglots de la Muse. Là, nous t'avons pleuré dix-sept jours, dix-sept nuits, hommes et dieux ensemble[18].

15. C'est-à-dire Nérée. Sur la descendance de ce dieu, fils du Flot, cf. Hés., *Th.*, 140 sq.

16. C'est la première fois que le poète de l'*Odyssée* fait allusion à l'ensemble des filles de Zeus et de Mémoire, *Mnémosyne*. Sur ces divinités, cf. Hés., *Th.*, 53 sq.

17. Ce chant rituel, en l'honneur du défunt, était entonné soit autour du cadavre, soit autour de son lit de mort. Cf. aussi les lamentations en l'honneur d'Hector, *Il.*, XXIV, 720-723. Sur la question, cf. Alexiou, 1974, particulièrement 10-14 ; Nagy, 1979, 94-117.

18. Ce deuil particulièrement long souligne la grandeur du personnage honoré.

ὀκτωκαιδεκάτῃ δ' ἔδομεν πυρί, πολλὰ δέ σ' ἀμφὶ
μῆλα κατεκτάνομεν μάλα πίονα καὶ ἕλικας βοῦς.
καίεο δ' ἐν ἐσθῆτι θεῶν καὶ ἀλείφατι πολλῷ
καὶ μέλιτι γλυκερῷ· πολλοὶ δ' ἥρωες Ἀχαιοὶ
τεύχεσιν ἐρρώσαντο πυρὴν πέρι καιομένοιο,
πεζοί θ' ἱππῆές τε· πολὺς δ' ὀρυμαγδὸς ὀρώρει.
αὐτὰρ ἐπεὶ δή σε φλὸξ ἤνυσεν Ἡφαίστοιο,
ἠῶθεν δή τοι λέγομεν λεύκ' ὀστέ', Ἀχιλλεῦ,
οἴνῳ ἐν ἀκρήτῳ καὶ ἀλείφατι· δῶκε δὲ μήτηρ
χρύσεον ἀμφιφορῆα· Διωνύσοιο δὲ δῶρον
φάσκ' ἔμεναι, ἔργον δὲ περικλυτοῦ Ἡφαίστοιο.
ἐν τῷ τοι κεῖται λεύκ' ὀστέα, φαίδιμ' Ἀχιλλεῦ.
μίγδα δὲ Πατρόκλοιο Μενοιτιάδαο θανόντος,
χωρὶς δ' Ἀντιλόχοιο, τὸν ἔξοχα τῖες ἁπάντων
τῶν ἄλλων ἑτάρων μετὰ Πάτροκλόν γε θανόντα.
ἀμφ' αὐτοῖσι δ' ἔπειτα μέγαν καὶ ἀμύμονα τύμβον
χεύαμεν Ἀργείων ἱερὸς στρατὸς αἰχμητάων,
ἀκτῇ ἔπι προυχούσῃ, ἐπὶ πλατεῖ Ἑλλησπόντῳ.
ὥς κεν τηλεφανὴς ἐκ ποντόφιν ἀνδράσιν εἴη
τοῖσ', οἳ νῦν γεγάασι καὶ οἳ μετόπισθεν ἔσονται.
μήτηρ δ' αἰτήσασα θεοὺς περικαλλέ' ἄεθλα
θῆκε μέσῳ ἐν ἀγῶνι ἀριστήεσσιν Ἀχαιῶν.

19. Ici le poète de l'*Odyssée* se détache de l'*Iliade*. En effet, sur la pyre funèbre de Patrocle, Achille avait immolé moutons, bœufs, cavales, chiens, et même douze nobles Troyens, cf. *Il.*, XXIII, 165 sq.

20. Sur les jeux en l'honneur de Patrocle, cf. *Il.*, XXIII, 262-897.

21. Héphaïstos est souvent associé au feu dont il se sert pour exécuter ses travaux de forgeron.

22. Cf. *Iliade*, XXIII, 241 sq.

23. Les rapports entre Téthis et Dionysos sont mieux établis dans l'*Iliade*. En effet, la déesse l'aurait sauvé alors qu'il était poursuivi par Lycurgue, cf. VI, 130-137.

Au dix-huitième jour, on te mît au bûcher et, sur toi, l'on tua un monceau de victimes, tant de grasses brebis que de vaches cornues[19] ! puis tu brûlas, couvert de tes habits divins et de parfums sans nombre et du miel le plus doux. Autour de ton bûcher, pendant que tu brûlais, les héros achéens, gens de pied, gens de char, joutaient avec leurs armes : quel tumulte et quel bruit[20] !

Quand le feu d'Héphaestos[21] eut consumé tes chairs, au matin nous recueillîmes tes os blanchis, qu'on lava de vin pur, qu'on oignit de parfums[22]. Ta mère nous donna une amphore dorée, qu'elle disait avoir reçue de Dionysos[23] ; mais du grand Hephaestos[24], cette urne était l'ouvrage. On y versa tes os blanchis, ô noble Achille, avec ceux de Patrocle, le fils de Menoeteus[25]. Dans une autre urne, on mit les restes d'Antiloque[26], celui qu'après la mort de Patrocle, ton cœur honora sans rival parmi tes compagnons. Puis, pour eux et pour toi, toute la sainte armée des guerriers achéens érigea le plus grand, le plus noble des tertres, au bout du promontoire où s'ouvre l'Hellespont[27] : on le voit de la mer ; du plus loin, il appelle les regards des humains qui vivent maintenant ou viendront après nous. Puis ta mère apporta les prix incomparables qu'elle avait obtenus des dieux pour les concours de nos chefs achéens[28]. En l'honneur d'un

24. Dans l'*Iliade*, Héphaïstos apparaît également comme un des protégés de Téthis. C'est elle qui le recueillit quand Héra le précipita du haut de l'Olympe, cf. XVIII, 397 sq.

25. Ce qui correspondait parfaitement à la volonté qu'Achille exprimait dans l'*Iliade*, XXIII, 243 sq.

26. Fils de Nestor, ce guerrier aurait été tué par Memnon, fils d'Aurore. Sa mort était racontée dans l'*Éthiopide*.

27. C'est-à-dire sur le détroit des Dardanelles. Sur la nécessité d'honorer un guerrier avec un tombeau qui préservera sa mémoire, cf. XI, 72 sq. Dans l'*Éthiopide*, cependant, Téthis transportait les restes de son fils jusqu'à l'île Blanche.

28. Pour les jeux funèbres de Patrocle, c'est Achille, le plus proche compagnon du héros, qui fournit les prix : *Il.*, XXIII, 259 sq.

ἤδη μὲν πολέων τάφῳ ἀνδρῶν ἀντεβόλησας
ἡρώων, ὅτε κέν ποτ' ἀποφθιμένου βασιλῆος
ζώννυνταί τε νέοι καὶ ἐπεκτύνονται ἄεθλα·
ἀλλά κε κεῖνα μάλιστα ἰδὼν θηήσαο θυμῷ,
οἷ' ἐπὶ σοὶ κατέθηκε θεὰ περικαλλέ' ἄεθλα
ἀργυρόπεζα Θέτις· μάλα γὰρ φίλος ἦσθα θεοῖσιν.
ὣς σὺ μὲν οὐδὲ θανὼν ὄνομ' ὤλεσας· ἀλλά τοι αἰεὶ
πάντας ἐπ' ἀνθρώπους κλέος ἔσσεται ἐσθλόν, Ἀχιλλεῦ.
αὐτὰρ ἐμοὶ τί τόδ' ἦδος, ἐπεὶ πόλεμον τολύπευσα;
ἐν νόστῳ γάρ μοι Ζεὺς μήσατο λυγρὸν ὄλεθρον
Αἰγίσθου ὑπὸ χερσὶ καὶ οὐλομένης ἀλόχοιο.

Ὣς οἱ μὲν τοιαῦτα πρὸς ἀλλήλους ἀγόρευον·
ἀγχίμολον δέ σφ' ἦλθε διάκτορος Ἀργειφόντης
ψυχὰς μνηστήρων κατάγων Ὀδυσῆι δαμέντων.
τὼ δ' ἄρα θαμβήσαντ' ἰθὺς κίον, ὡς ἐσιδέσθην·
ἔγνω δὲ ψυχὴ Ἀγαμέμνονος Ἀτρεΐδαο
παῖδα φίλον Μελανῆος, ἀγακλυτὸν Ἀμφιμέδοντα·
ξεῖνος γάρ οἱ ἔην Ἰθάκῃ ἔνι οἰκία ναίων.

Τὸν προτέρη ψυχὴ προσεφώνεεν Ἀτρεΐδαο·

ΑΓΑ. — Ἀμφίμεδον, τί παθόντες ἐρεμνὴν γαῖαν ἔδυτε
πάντες κεκριμένοι καὶ ὁμήλικες; οὐδέ κεν ἄλλως
κρινάμενος λέξαιτο κατὰ πτόλιν ἄνδρας ἀρίστους.
ἦ' ὔμμ' ἐν νήεσσι Ποσειδάων ἐδάμασσεν
ὄρσας ἀργαλέους ἀνέμους καὶ κύματα μακρά;
ἦ που ἀνάρσιοι ἄνδρες ἐδηλήσαντ' ἐπὶ χέρσου
βοῦς περιταμνομένους ἠδ' οἰῶν πώεα καλά ;
εἰπέ μοι εἰρομένῳ· ξεῖνος δέ τοι εὔχομαι εἶναι.
ἦ' οὐ μέμνῃ ὅτε κεῖσε κατήλυθον ὑμέτερον δῶ,
ὀτρυνέων Ὀδυσῆα σὺν ἀντιθέῳ Μενελάῳ
Ἴλιον εἰς ἅμ' ἕπεσθαι ἐυσσέλμων ἐπὶ νηῶν;
μηνὶ δ' ἐν οὔλῳ πάντ⟨ι⟩ περήσαμεν εὐρέα πόντον,
σπουδῇ παρπεπιθόντες Ὀδυσσῆα πτολίπορθον.

Τὸν δ' αὖτε ψυχὴ προσεφώνεεν Ἀμφιμέδοντος·

vers 113 : ἠὲ περὶ πτόλιος μαχεούμενοι ἠδὲ γυναικῶν

héros, tu pus voir en ta vie nombre de jeux funèbres, quand, à la mort d'un roi, les jeunes gens se ceignent et s'apprêtent aux luttes ; mais ton cœur et tes yeux n'auraient pu qu'admirer ces prix incomparables que nous donnait pour toi Thétis aux pieds d'argent ! Il fallait que les dieux te chérissent bien fort ! C'est ainsi qu'à ta mort, a survécu ton nom et que toujours Achille aura, chez tous les hommes, la plus noble des gloires ! Mais moi, qu'ai-je gagné à terminer la guerre ? Si Zeus m'a ramené, c'est qu'il voulait pour moi cette mort lamentable, sous les coups d'un Égisthe ! d'une femme perdue ! »

Tandis qu'ils échangeaient ces paroles entre eux, Hermès, le messager rayonnant, survenait avec les prétendants qu'Ulysse avait tués. Surpris à cette vue, les deux rois approchèrent, et l'ombre de l'Atride aussitôt reconnut le fils de Mélaneus, ce noble Amphimédon[29], que jadis, en Ithaque, il avait eu pour hôte.

L'ombre d'Agamemnon, la première, parla :

AGAMEMNON. – « Quel malheur en ces lieux t'amène, Amphimédon ? Dans l'ombre souterraine, que veut cette levée de héros du même âge ! car, à faire en la ville une levée de princes, on n'eût pas mieux choisi ! Est-ce donc Posidon qui coula vos vaisseaux, en levant contre vous le flot des grandes houles et les vents de malheur ? auriez-vous succombé sous les coups d'ennemis, lorsque, sur un rivage, vous enleviez de beaux troupeaux, bœufs et moutons, ou dans quelque combat sous les murs, pour les femmes ? Réponds à ma demande : oublies-tu que je suis ton hôte ? je m'en vante ! Là-bas, en compagnie du divin Ménélas, j'étais allé chez toi, quand nous pressions Ulysse de nous suivre vers Troie sur ses vaisseaux à rames. Il nous fallut un mois de voyage outre-mer, et quelle traversée ! pour décider enfin le preneur d'Ilion.

L'ombre d'Amphimédon lui fit cette réponse :

29. Sur ce personnage, que le poète place parmi les meilleurs des prétendants, cf. XXII, 242 ; voir aussi, 277, et 284.

ΑΜΦ. — Μέμνημαι τάδε πάντα, διοτρεφές, ὡς ἀγορεύεις·
σοὶ δ' ἐγὼ εὖ μάλα πάντα καὶ ἀτρεκέως καταλέξω,
ἡμετέρου θανάτοιο κακὸν τέλος, οἷον ἐτύχθη.
μνώμεθ' Ὀδυσσῆος δὴν οἰχομένοιο δάμαρτα·
ἡ δ' οὔτ' ἠρνεῖτο στυγερὸν γάμον οὔτ' ἐτελεύτα,
ἡμῖν φραζομένη θάνατον καὶ κῆρα μέλαιναν.
ἀλλὰ δόλον τόνδ' ἄλλον ἐνὶ φρεσὶ μερμήριξε·
στησαμένη μέγαν ἱστὸν ἐνὶ μεγάροισιν ὕφαινε,
λεπτὸν καὶ περίμετρον, ἄφαρ δ' ἡμῖν μετέειπε·
— Κοῦροι, ἐμοὶ μνηστῆρες, ἐπεὶ θάνε δῖος Ὀδυσσεύς,
μίμνετ' ἐπειγόμενοι τὸν ἐμὸν γάμον, εἰς ὅ κε φᾶρος
ἐκτελέσω, μή μοι μεταμώνια νήματ' ὄληται,
Λαέρτῃ ἥρωι ταφήιον, εἰς ὅτε κέν μιν
μοῖρ' ὀλοὴ καθέλῃσι τανηλεγέος θανάτοιο,
μή τίς μοι κατὰ δῆμον Ἀχαιιάδων νεμεσήσῃ,
αἴ κεν ἄτερ σπείρου κεῖται πολλὰ κτεατίσσας.
— Ὣς ἔφαθ'· ἡμῖν δ' αὖτ' ἐπεπείθετο θυμὸς ἀγήνωρ.
ἔνθα καὶ ἠματίη μὲν ὑφαίνεσκεν μέγαν ἱστόν,
νύκτας δ' ἀλλύεσκεν, ἐπὴν δαΐδας παραθεῖτο.
ὣς τρίετες μὲν ἔληθε δόλῳ καὶ ἔπειθεν Ἀχαιούς·
ἀλλ' ὅτε τέτρατον ἦλθε ἔτος καὶ ἐπήλυθον ὧραι,
καὶ τότε δή τις ἔειπε γυναικῶν, ἣ σάφα ᾔδη,
καὶ τήν γ' ἀλλύουσαν ἐφεύρομεν ἀγλαὸν ἱστόν.
ὣς τὸ μὲν ἐξετέλεσσε καὶ οὐκ ἐθέλουσ', ὑπ' ἀνάγκης.
εὖθ' ἡ φᾶρος ἔδειξεν, ὑφήνασα μέγαν ἱστόν,
πλύνασ', ἠελίῳ ἐναλίγκιον ἠὲ σελήνῃ,
καὶ τότε δή ῥ' Ὀδυσῆα κακός ποθεν ἤγαγε δαίμων
ἀγροῦ ἐπ' ἐσχατιήν, ὅθι δώματα ναῖε συβώτης.
ἔνθ' ἦλθεν φίλος υἱὸς Ὀδυσσῆος θείοιο
ἐκ Πύλου ἠμαθόεντος ἰὼν σὺν νηὶ μελαίνῃ·

vers 121 : Ἀτρείδη κύδιστε, ἄναξ ἀνδρῶν Ἀγάμεμνον
vers 143 : μηνῶν φθινόντων, περὶ δ' ἤματα πολλ' ἐτελέσθη

AMPHIMÉDON. – « Atride glorieux, ô toi le chef de nos héros, Agamemnon, je me souviens de tout, ô nourrisson de Zeus ! Tu dis vrai et je vais te répondre en tous points : écoute de nos vies le triste dénouement. Ulysse était absent, toujours absent, et nous courtisions son épouse. Elle, sans repousser un hymen abhorré, n'osait pas en finir, mais rêvait notre mort sous l'ombre de la Parque. Veux-tu l'une des ruses[30] qu'avait ourdies son cœur ? Elle avait au manoir dressé son grand métier et, feignant d'y tisser un immense linon, nous disait au passage : "Mes jeunes prétendants, je sais bien qu'il n'est plus, cet Ulysse divin ; mais, malgré vos désirs de presser cet hymen, permettez que j'achève ; tout ce fil resterait inutile et perdu : c'est pour ensevelir notre seigneur Laërte ; quand la Parque de mort viendra tout de son long le coucher au trépas, quel serait contre moi le cri des Achéennes, si cet homme opulent gisait là sans suaire !" Elle disait et nous, à son gré, faisions taire la fougue de nos cœurs. Sur cette immense toile, elle passait les jours. La nuit, elle venait aux torches la défaire. Trois années, son secret dupa les Achéens. Quand vint la quatrième, à ce printemps dernier, les mois étant finis et les jours s'allongeant, nous fûmes avertis par l'une de ses femmes, l'une de ses complices ; alors on la surprit juste en train d'effiler la toile sous l'apprêt, et si, bon gré, mal gré, elle dut en finir, c'est que nous l'y forçâmes. La pièce était tissée tout entière, lavée ; elle nous la montrait ; la lune et le soleil ne sont pas plus brillants... C'est alors qu'un mauvais génie jetait Ulysse à la pointe de l'île, où vivait le porcher[31].

Il y trouva son fils, qui, sur son noir vaisseau, revenait justement de la Pylos des Sables[32]. Ils firent contre

30. Pour le récit de la toile de Pénélope, cf. II, 93 sq. et notes.

31. Sur l'emplacement de la cabane d'Eumée, cf. XIII, 408 sq.

32. Sur les voyages de Télémaque, cf. chants III-IV, et XV, 1-300 ; 495-557.

τὼ δὲ μνηστῆρσιν θάνατον κακὸν ἀρτύναντε
ἵκοντο προτὶ ἄστυ περικλυτόν, ἤτοι Ὀδυσσεὺς
ὕστερος· αὐτὰρ Τηλέμαχος πρόσθ' ἡγεμόνευε.
τὸν δὲ συβώτης ἦγε κακὰ χροῒ εἵματ' ἔχοντα,
πτωχῷ λευγαλέῳ ἐναλίγκιον ἠδὲ γέροντι· ·
οὐδέ τις ἡμείων δύνατο γνῶναι τὸν ἐόντα
ἐξαπίνης προφανέντ', οὐδ' οἳ προγενέστεροι ἦσαν,
ἀλλ' ἔπεσίν τε κακοῖσιν ἐνίσσομεν ἠδὲ βολῇσιν.
αὐτὰρ ὁ τέως μὲν ἐτόλμα ἐνὶ μεγάροισιν ἑοῖσι
βαλλόμενος καὶ ἐνισσόμενος τετληότι θυμῷ·
ἀλλ' ὅτε δή μιν ἔγειρε Διὸς νόος αἰγιόχοιο,
σὺν μὲν Τηλεμάχῳ περικαλλέα τεύχε' ἀείρας
ἐς θάλαμον κατέθηκε καὶ ἐκλήισσεν ὀχῆας,
αὐτὰρ ὁ ἣν ἄλοχον πολυκερδείῃσιν ἄνωγε
τόξον μνηστήρεσσι θέμεν πολιόν τε σίδηρον,
ἡμῖν αἰνομόροισιν ἀέθλια καὶ φόνου ἀρχήν.
οὐδέ τις ἡμείων δύνατο κρατεροῖο βιοῖο
νευρὴν ἐντανύσαι· πολλὸν δ' ἐπιδευέες ἦμεν.
ἀλλ' ὅτε χεῖρας ἵκανεν Ὀδυσσῆος μέγα τόξον,
ἔνθ' ἡμεῖς μὲν πάντες ὁμοκλέομεν ἐπέεσσι
τόξον μὴ δόμεναι, μηδ' εἰ μάλα πόλλ' ἀγορεύοι·
Τηλέμαχος δ' ⟨Εὔμαιον⟩ ἐποτρύνων ἐκέλευσεν.
αὐτὰρ ὁ δέξατο χειρὶ πολύτλας δῖος Ὀδυσσεύς,
ῥηιδίως δ' ἐτάνυσσε βιόν, διὰ δ' ἧκε σιδήρου·
στῆ δ' ἄρ' ἐπ' οὐδὸν ἰών, ταχέας δ' ἐκχεύατ' ὀιστοὺς
δεινὸν παπταίνων, βάλε δ' Ἀντίνοον βασιλῆα.
αὐτὰρ ἔπειτ' ἄλλοισ' ἐφίει βέλεα στονόεντα
ἄντα τιτυσκόμενος· τοὶ δ' ἀγχιστῖνοι ἔπιπτον.
γνωτὸν δ' ἦν ὅ ῥά τίς σφι θεῶν ἐπιτάρροθος ἦεν·
αὐτίκα γὰρ κατὰ δώματ' ἐπισπόμενοι μένεϊ σφῷ
κτεῖνον ἐπιστροφάδην· τῶν δὲ στόνος ὤρνυτ' ἀεικὴς
κράτων τυπτομένων· δάπεδον δ' ἅπαν αἵματι θῦεν.
ὣς ἡμεῖς, Ἀγάμεμνον, ἀπωλόμεθ', ὧν ἔτι καὶ νῦν
σώματ' ἀκηδέα κεῖται ἐνὶ μεγάροισ' Ὀδυσῆος·
οὐ γάρ πω ἴσασι φίλοι κατὰ δώμαθ' ἑκάστου,

vers 158 : σκηπτόμενον· τὰ δὲ λυγρὰ περὶ χροῒ εἵματα ἕστο

nous leurs plans de male mort, puis revinrent tous deux en notre illustre ville. Mais Ulysse suivait, conduit par le porcher ; devant lui, Télémaque avait montré la route. Revêtu de haillons, Ulysse ressemblait au pire des vieux pauvres[33] ; il avait un bâton et de mauvaises loques ; personne d'entre nous, même les plus âgés, ne pouvait reconnaître ce brusque revenant ! On l'accabla de mots insultants et de coups[34], et lui, dans son manoir, eut le cœur d'endurer les coups et les insultes. Mais, enfin réveillé par le Zeus à l'égide, il enleva avec son fils les belles armes et les mit au trésor en fermant les verrous ; le traître alors nous fit présenter par sa femme l'arc et les fers brillants, instruments de la joute, mais aussi de la mort pour nous, infortunés ! Or, l'arc était si dur que nul ne put bander, tant s'en fallait, la corde ! Mais, quand aux mains d'Ulysse le grand arc arriva, nous eûmes beau crier qu'on le lui refusât, quoi qu'il en pût bien dire, Télémaque le lui envoya par Eumée.

À peine le héros d'endurance avait-il cet arc entre les mains qu'il en tendait la corde et traversait les fers, et quelle aisance avait cet Ulysse divin ! Puis, debout sur le seuil, il vida du carquois ses traits au vol rapide et, d'un œil furieux visant Antinoos, notre chef, il tira... Et ses flèches de deuil en percèrent bien d'autres ! Il visait devant lui : nous tombions côte à côte ! il était évident qu'un dieu guidait ses coups. Puis, à travers la salle, ils nous tuaient partout, n'écoutant que leur rage : un bruit affreux montait de crânes fracassés, dans les ruisseaux de sang qui couraient sur le sol... Et voilà, fils d'Atrée, quelle fut notre mort. Dans le manoir d'Ulysse, à cette heure, nos corps gisent sans sépulture ; les nôtres au logis

33. Pour la description d'Ulysse mendiant, cf. XIII, 430-438.

34. Cf., entre autres, XVII, 217 sq. ; 375 sq. ; XVIII, 321 sq. ; XVIII, 362 sq. (insultes) ; XVII, 409 sq. ; XVIII, 394 sq. (coups).

οἵ κ' ἀπονίψαντες μέλανα βρότον ἐξ ὠτειλέων
κατθέμενοι γοάοιεν· ὃ γὰρ γέρας ἐστὶ θανόντων.
Τὸν δ' αὖτε ψυχὴ προσεφώνεεν Ἀτρείδαο·
ΑΓΑ. — Ὄλβιε Λαέρταο πάι, πολυμήχαν' Ὀδυσσεῦ,
ἦ ἄρα σὺν μεγάλῃ ἀρετῇ ἐκτήσω ἄκοιτιν·
ὡς ἀγαθαὶ φρένες ἦσαν ἀμύμονι Πηνελοπείῃ,
κούρῃ Ἰκαρίου, ὡς εὖ μέμνητ' Ὀδυσῆος,
ἀνδρὸς κουριδίου· τῷ οἱ κλέος οὔ ποτ' ὀλεῖται
ἧς ἀρετῆς· τεύξουσι δ' ἐπιχθονίοισιν ἀοιδὴν
ἀθάνατοι χαρίεσσαν ἐχέφρονι Πηνελοπείῃ·
οὐχ ὡς Τυνδαρέου κούρη κακὰ μήσατο ἔργα,
κουρίδιον κτείνασα πόσιν· στυγερὴ δέ τ' ἀοιδὴ
ἔσσετ' ἐπ' ἀνθρώπους· χαλεπὴν δέ τε φῆμιν ὀπάσσει
θηλυτέρῃσι γυναιξί, καὶ ἥ κ' εὐεργὸς ἔῃσιν.
Ὣς οἱ μὲν τοιαῦτα πρὸς ἀλλήλους ἀγόρευον,
ἑσταότ' εἰν Ἀίδαο δόμοισ', ὑπὸ κεύθεσι γαίης...

Οἱ δ' ἐπεὶ ἐκ πόλιος κατέβαν, τάχα δ' ἀγρὸν ἵκοντο
καλὸν Λαέρταο τετυγμένον, ὅν ῥά ποτ' αὐτὸς
Λαέρτης κτεάτισσεν, ἐπεὶ μάλα πόλλ' ἐμόγησεν.
ἔνθά οἱ οἶκος ἔην· περὶ δὲ κλίσιον θέε πάντῃ,
ἐν τῷ σιτέσκοντο καὶ ἵζανον ἠδ' ἐνίαυον
δμῶες ἀναγκαῖοι, τοί οἱ φίλα ἐργάζοντο·
ἐν δὲ γυνὴ Σικελὴ γρηῢς πέλεν, ἥ ῥα γέροντα
ἐνδυκέως κομέεσκεν ἐπ' ἀγροῦ, νόσφι πόληος.
Ἔνθ' Ὀδυσεὺς δμώεσσι καὶ υἱέι μῦθον ἔειπεν·
ΟΔΥ. — Ὑμεῖς μὲν νῦν ἔλθετ' ἐυκτίμενον δόμον εἴσω,
δεῖπνον δ' αἶψα συῶν ἱερεύσατε ὅς τις ἄριστος·
αὐτὰρ ἐγὼ πατρὸς πειρήσομαι ἡμετέροιο
αἴ κέ μ' ἐπιγνώῃ [καὶ φράσσεται ὀφθαλμοῖσιν,
ἦέ κεν ἀγνοιῇ]σι πολὺν χρόνον ἀμφὶς ἐόντα.

ne savent toujours rien ; ils auraient de nos plaies lavé le sang noirci ; ils nous exposeraient et nous lamenteraient, dernier hommage aux morts ! »

L'ombre d'Agamemnon, reprenant la parole :

AGAMEMNON. – « Heureux fils de Laërte, Ulysse aux mille ruses ! c'est ta grande valeur qui te rendit ta femme ; mais quelle honnêteté parfaite dans l'esprit de la fille d'Icare, en cette Pénélope qui jamais n'oublia l'époux de sa jeunesse ! son renom de vertu ne périra jamais, et les dieux mortels dicteront à la terre de beaux chants pour vanter la sage Pénélope… Ô forfaits que trama la fille de Tyndare pour livrer à la mort l'époux de sa jeunesse ; quels poèmes d'horreur les hommes en feront ! et le triste renom qu'en aura tout femme, même la plus honnête ! »

Tels étaient les discours qu'ils échangeaient entre eux, dans la maison d'Hadès, aux profondeurs du monde.

Descendus de la ville, ils atteignaient bientôt les murs du beau domaine, que Laërte jadis avait pu s'acquérir à force de travail : là était sa maison, entourée des hangars où s'asseyaient, mangeaient et se couchaient les gens qu'il avait condamnés au travail de sa terre ; il avait avec lui, pour soigner sa vieillesse, une très vieille femme amenée de Sicile[35], et c'est là qu'il vivait, loin de la ville, aux champs.

Ulysse, alors, dit à ses gens et à son fils :

ULYSSE. – « Vous entrerez tout droit dans la maison de pierre et, pour notre repas, vous tuerez aussitôt le cochon le plus gras ; je m'en vais aller voir ce que pense mon père, s'il me reconnaîtra, si ses yeux parleront ou ne verront en moi qu'un inconnu, après une si longue absence.

35. Cette servante est la femme de Dolios (XXIV, 386-390), le serviteur qui accompagna Pénélope à Ithaque (cf. IV, 735-739).

῝Ως εἰπὼν δμώεσσιν ἀρήια τεύχε' ἔδωκεν.
οἱ μὲν ἔπειτα δόμον δὲ θοῶς κίον· αὐτὰρ Ὀδυσσεὺς
ἇσσον ἴεν πολυκάρπου ἀλωῆς πειρητίζων,
οὐδ' εὗρεν Δολίον, μέγαν ὄρχατον ἐσκαταβαίνων,
οὐδέ τινα δμώων οὐδ' υἱῶν· ἀλλ' ἄρα τοί γε
αἱμασιὰς λέξοντες ἀλωῆς ἔμμεναι ἕρκος
ᾤχοντ'· αὐτὰρ ὁ τοῖσι γέρων ὁδὸν ἡγεμόνευε.
τὸν δ' οἶον πατέρ' εὗρεν ἐυκτιμένῃ ἐν ἀλωῇ
λιστρεύοντα φυτόν· ῥυπόωντα δὲ ἕστο χιτῶνα,
ῥαπτόν, ἀεικέλιον, περὶ δὲ κνήμῃσι βοείας
κνημῖδας ῥαπτὰς δέδετο, γραπτῦς ἀλεείνων,
χειρῖδάς τ' ἐπὶ χερσὶ βάτων ἕνεκ'· αὐτὰρ ὕπερθεν
αἰγείην κυνέην κεφαλῇ ἔχε, ⟨ψῦχ⟩ος ἀ⟨λ⟩έξων.
Τὸν δ' ὡς οὖν ἐνόησε πολύτλας δῖος Ὀδυσσεὺς
γήραϊ τειρόμενον, μέγα δὲ φρεσὶ πένθος ἔχοντα,
στὰς ἄρ' ὑπὸ βλωθρὴν ὄγχνην κατὰ δάκρυον εἶβε,
μερμήριξε δ' ἔπειτα κατὰ φρένα καὶ κατὰ θυμὸν
κύσσαι καὶ περιφῦναι ἑὸν πατέρ' ἠδὲ ἕκαστα
εἰπεῖν, ὡς ἔλθοι καὶ ἵκοιτ' ἐς πατρίδα γαῖαν.
ὧδε δέ οἱ φρονέοντι δοάσσατο κέρδιον εἶναι
πρῶτον κερτομίοισ' ἐπέεσσιν πειρηθῆναι.
τὰ φρονέων ἰθὺς κίεν αὐτοῦ δῖος Ὀδυσσεύς·
ἤτοι ὁ μὲν κατέχων κεφαλὴν φυτὸν ἀμφελάχαινε.
Τὸν δὲ παριστάμενος προσεφώνεε φαίδιμος υἱός·
ΟΔΥ. — Ὦ γέρον, οὐκ ἀδαημονίη σ' ἔχει ἀμφιπολεύειν
ὄρχατον· ἀλλ' εὖ τοι κομιδὴ ἔχει, οὐδέ τι πάμπαν,
οὐ φυτόν, οὐ συκῆ, οὐκ ἄμπελος, οὐ μὲν ἐλαίη,
οὐκ ὄγχνη, οὐ πρασιή τοι ἄνευ κομιδῆς κατὰ κῆπον.
ἄλλο δέ τοι ἐρέω· σὺ δὲ μὴ χόλον ἔνθεο θυμῷ·
αὐτόν σ' οὐκ ἀγαθὴ κομιδὴ ἔχει· ἀλλ' ἅμα γῆρας

vers 238 : ἦ πρῶτ' ἐξερέοιτο ἕκαστά τε πειρήσαιτο

Il dit et, leur donnant son attirail de guerre, il envoya ses gens tout droit à la maison, puis courut s'informer au verger plein de fruits. Il entra dans le grand enclos : il était vide ; Dolios et ses fils et ses gens étaient loin ; conduits par Dolios, ils ramassaient la pierre pour le mur de clôture.

Ulysse dans l'enclos ne trouva que son père, bêchant au pied d'un arbre. Or, le vieillard n'avait qu'une robe sordide, noircie et rapiécée[36]. Une peau recousue, nouée à ses mollets et lui servant de guêtres, le garait des épines, et des gants à ses mains le protégeaient des ronces ; sur la tête, il avait, pour se garer du froid, sa toque en peau de chèvre.

Tout cassé par la vieillesse, le cœur plein de chagrin, il apparut aux yeux du héros d'endurance, et le divin Ulysse ne put tenir ses larmes. Il s'arrêta auprès d'un poirier en quenouille. Son esprit et son cœur ne savaient que résoudre : irait-il à son père, le prendre, et l'embrasser, et tout lui raconter, son retour, sa présence à la terre natale ou bien l'interroger afin de tout savoir ? Il pensa, tout compté, qu'il valait mieux encore essayer avec lui des paroles railleuses.

C'est dans cette pensée qu'il alla droit à lui, cet Ulysse divin. Tête baissée, Laërte était là qui bêchait.

Arrivé près de lui, son noble fils parla :

ULYSSE. – « Vieillard, tu te connais aux travaux du jardin : quelle tenue ! quels arbres ! vigne, figuiers, poiriers, oliviers et légumes, tu ne négliges rien..., du moins en ton verger, car – laisse-moi te dire et ne te fâche pas –, sur toi, c'est autre chose ! Le soin te manque un peu ; quelle triste vieillesse ! quelle sale misère ! et quels

36. La description que le poète donne de Laërte correspond parfaitement à la douleur, à la déchirure du père privé de la vue de son enfant pendant vingt ans. Cette présentation n'est pas sans évoquer celle que le poète faisait du chien d'Ulysse, Argos, en XVII, 290 sq.

λυγρὸν ἔχει σ', αὐχμεῖς τε κακῶς καὶ ἀεικέα ἕσσαι.
οὐ μὲν ἀεργίης γε ἄναξ ἕνεκ' οὔ σε κομίζει·
οὐδέ τί τοι δούλειον ἐπιπρέπει εἰσοράασθαι
εἶδος καὶ μέγεθος· βασιλῆι γὰρ ἀνδρὶ ἔοικας.
τοιούτῳ δὲ ἔοικας, ἐπεὶ λούσαιτο φάγοι τε,
εὑδέμεναι μαλακῶς· ἡ γὰρ δίκη ἐστὶ γερόντων.
ἀλλ' ἄγε μοι τόδε εἰπὲ καὶ ἀτρεκέως κατάλεξον·
τεῦ δμώς εἰς ἀνδρῶν; τεῦ δ' ὄρχατον ἀμφιπολεύεις;
καί μοι τοῦτ' ἀγόρευσον ἐτήτυμον, ὄφρ' ἔυ εἰδῶ,
εἰ ἐτεόν γ' Ἰθάκην τήνδ' ἱκόμεθ', ὥς μοι ἔειπεν
οὗτος ἀνὴρ νῦν δὴ ξυμβλήμενος ἐνθάδ' ἰόντι,
οὔ τι μάλ' ἀρτίφρων, ἐπεὶ οὐ τόλμησε ἕκαστα
εἰπέμεν ἠδ' ἐπακοῦσαι ἐμὸν ἔπος, ὡς ἐρέεινον
ἀμφὶ ξείνῳ ἐμῷ ⟨ἤ⟩ που ζώει τε καὶ ἔστιν,
ἦ' ἤδη τέθνηκε καὶ εἰν Ἀίδαο δόμοισιν.
ἐκ γάρ τοι ἐρέω· σὺ δὲ σύνθεο καί μευ ἄκουσον·
ἄνδρά ποτε ξείνισσα φίλῃ ἐνὶ πατρίδι γαίῃ
ἡμέτερον δ' ἐλθόντα, καὶ οὔ πώ τις βροτὸς ἄλλος
ξείνων τηλεδαπῶν φιλίων ἐμὸν ἵκετο δῶμα·
εὔχετο δ' ἐξ Ἰθάκης γένος ἔμμεναι, αὐτὰρ ἔφασκε
Λαέρτην Ἀρκεσσιάδην πατέρ' ἔμμεναι αὐτῷ.
τὸν μὲν ἐγὼ πρὸς δώματ' ἄγων ἔυ ἐξείνισσα,
ἐνδυκέως φιλέων, πολλῶν κατὰ οἶκον ἐόντων,
καί οἱ δῶρα πόρον ξεινήια, οἷα ἐῴκει.
χρυσοῦ μέν οἱ δῶκ' εὐεργέος ἑπτὰ τάλαντα,
δῶκα δέ οἱ κρητῆρα πανάργυρον, ἀνθεμόεντα,
δώδεκα δ' ἁπλοΐδας χλαίνας, τόσσους δὲ χιτῶνας,
χωρὶς δ' αὖτε γυναῖκας ἀμύμονα ἔργ' εἰδυίας
τέσσαρας, εἰδαλίμας, ἃς ἤθελεν αὐτὸς ἑλέσθαι.
Τὸν δ' ἠμείβετ' ἔπειτα πατὴρ κατὰ δάκρυον εἴβων·
ΛΑΕ. — Ξεῖν', ἤτοι μὲν γαῖαν ἱκάνεις, ἣν ἐρεείνεις·
ὑβρισταὶ δ' αὐτὴν καὶ ἀτάσθαλοι ἄνδρες ἔχουσι.

vers 277 : τόσσα δὲ φάρεα καλά, τόσους δ' ἐπὶ τοῖσι χιτῶνας

linges ignobles ! Ce n'est pas un patron qui te néglige ainsi pour punir ta paresse ! À te voir, rien en toi ne trahit l'esclavage, ni les traits ni la taille ! tu me sembles un roi ou l'un de ces vieillards qui n'ont plus dans la vie qu'à se baigner, manger, puis dormir à la douce. Mais allons ! réponds-moi sans feinte, point par point : quel est donc ton patron ! à qui donc ce verger ? Autre chose à me dire ; j'ai besoin de savoir : est-il vrai que la terre où je suis soit Ithaque ? quand je venais ici, un passant, rencontré en chemin, me l'a dit... Oh ! c'est un pauvre esprit, qui n'a su me donner aucun détail précis ni même me répondre au sujet de mon hôte... Je demandais s'il vit ou si la mort l'a mis aux maisons de l'Hadès. Mais, puisque te voilà, écoute et me comprends. Jadis, en mon pays, un homme vint chez nous que j'accueillis en hôte, comme tant d'autres gens qui me venaient de loin : jamais ami plus cher n'est entré sous mon toit ! Il se disait d'Ithaque et vantait sa naissance, ayant pour père un fils d'Arkésios[37], Laërte. Je l'emmenait chez moi, le traitai de mon mieux et lui donnai mes soins : j'avais maison fournie ! Au départ, je luis fis les présents qu'il convient, car il eut sept talents[38] de mon bel or ouvré, sans compter un cratère à fleurs, tout en argent, douze robes, autant de manteaux non doublés, tout autant de tapis, et de belles écharpes, et, pour finir, il prit à son choix quatre femmes, parmi mes plus jolies et fines travailleuses.

Mais Laërte, en pleurant lui fit cette réponse :

LAËRTE. – « Étranger, c'est ici le pays que tu cherches ; mais il est au pouvoir de bandits sans pudeur.

37. Sur ce héros, cf. XIV, 182 et note.

38. On ne connaît pas la valeur du talent « homérique ». Si le talent mycénien pesait 29 kg, l'attique, lui, pesait plus ou moins 25,8 kg. Sur la question, cf. Heubeck, *ad loc.*

δῶρα δ' ἐτώσια ταῦτα χαρίζεο, μυρί' ὀπάζων·
εἰ γάρ μιν ζωόν γε κίχ⟨ε⟩ς Ἰθάκης ἐνὶ δήμῳ,
τῶ κέν σ' εὖ δώροισιν ἀμειψάμενος ἀπέπεμψε
καὶ ξενίῃ ἀγαθῇ, ἡ γὰρ θέμις, ὅς τις ὑπάρξῃ.
ἀλλ' ἄγε μοι τόδε εἰπὲ καὶ ἀτρεκέως κατάλεξον·
πόστον δὴ ἔτος ἐστίν, ὅτε ξείνισσας ἐκεῖνον
σὸν ξεῖνον δύστηνον, ἐμὸν παῖδ', εἴ ποτ' ἔην γε,
δύσμορον; ὅν που τῆλε φίλων καὶ πατρίδος αἴης
ἠέ που ἐν πόντῳ φάγον ἰχθύες, ἦ' ἐπὶ χέρσου
θηρσὶ καὶ οἰωνοῖσι ἕλωρ γένετ'· οὐδέ ἑ μήτηρ
κλαῦσε περιστείλασα πατήρ θ', οἵ μιν τεκόμεσθα·
οὐδ' ἄλοχος πολύδωρος, ἐχέφρων Πηνελόπεια,
κώκυσ' ἐν λεχέεσσιν ἑὸν πόσιν, ὡς ἐπεῴκει,
ὀφθαλμοὺς καθελοῦσα· τὸ γὰρ γέρας ἐστὶ θανόντων·
καί μοι τοῦτ' ἀγόρευσον ἐτήτυμον, ὄφρ' ἒυ εἰδῶ·
τίς, πόθεν εἰς ἀνδρῶν; πόθι τοι πόλις ἠδὲ τοκῆες;
ποῦ δαὶ νηῦς ἕστηκε θοή, ἥ σ' ἤγαγε δεῦρο
ἀντιθέους θ' ἑτάρους; ἦ' ἔμπορος εἰλήλουθας
νηὸς ἐπ' ἀλλοτρίης; οἱ δ' ἐκβήσαντες ἔβησαν;

Τὸν δ' ἀπαμειβόμενος προσέφη πολύμητις Ὀδυσσεύς·
ΟΔΥ. — Τοὶ γὰρ ἐγώ τοι πάντα μάλ' ἀτρεκέως καταλέξω.
εἰμὶ μὲν ἐξ Ἀλύβαντος, ὅθι κλυτὰ δώματα ναίω,
υἱὸς Ἀφείδαντος Πολυπημονίδαο ἄνακτος·
αὐτὰρ ἐμοί γ' ὄνομ' ἐστὶν Ἐπήριτος· ἀλλά με δαίμων
πλάγξ' ἀπὸ Σικανίης δεῦρ' ἐλθέμεν οὐκ ἐθέλοντα·
νηῦς δέ μοι ἥδ' ἕστηκεν ἐπ' ἀγροῦ νόσφι πόληος.
αὐτὰρ Ὀδυσσῆι τόδε δὴ πέμπτον ἔτος ἐστίν,
ἐξ οὗ κεῖθεν ἔβη καὶ ἐμῆς ἀπελήλυθε πάτρης,
δύσμορος· ἦ τέ οἱ ἐσθλοὶ ἔσαν ὄρνιθες ἰόντι,
δεξιοί, ὡς χαίρων μὲν ἐγὼν ἀπέπεμπον ἐκεῖνον·
χαῖρε δὲ κεῖνος ἰών· θυμὸς δ' ἔτι νῶιν ἐώλπει
μίξεσθαι ξενίῃ ἠδ' ἀγλαὰ δῶρα διδώσειν.

Tu perdis les présents dont tu comblas cet hôte ! Ah ! s'il vivait encor, si tu l'avais trouvé en ce pays d'Ithaque, cadeaux, accueil d'ami, il ne t'eût reconduit que sa dette payée ; n'est-ce pas l'équité de rendre à qui nous donne ? Mais allons ! réponds-moi sans feinte, point par point : voilà combien d'années que tu reçus chez toi cet hôte malheureux ! Car c'est mon fils, le pauvre ! ou du moins, il le fut ! Mais, loin de tous les siens et du pays natal, les poissons de la mer l'auraient-ils dévoré ? Sur terre, serait-il devenu la pâture des fauves et rapaces ? Ni sa mère ni moi, qui l'avions mis au jour, n'avons pu le pleurer et le voir au linceul ! Ni sa femme, qui lui coûta tant de présents, la sage Pénélope, ne put, comme il convient, lamenter son époux autour du lit funèbre et lui fermer les yeux, dernier hommage aux morts ! Mais autre chose encor ; j'ai besoin de savoir : quel est ton nom, ton peuple, et ta ville et ta race ? où donc est le croiseur qui chez nous t'amena ? Ton divin équipage ? Nous viens-tu, passager, sur un vaisseau d'autrui ? ont-ils repris la mer, quand tu fus débarqué ? »

Ulysse l'avisé lui fit cette réponse :

ULYSSE. – « Oui, je vais là-dessus te répondre sans feinte. Moi, je suis d'Alybas[39] où j'ai mon beau logis ; mon père est Aphidas, fils de Polypémon, qui fut roi, et mon nom, à moi, est Épérite[40]. Je rentrais de Sicile ; hors de ma route, un dieu m'a jeté sur vos bords ; mon navire est mouillé loin de la ville, aux champs... Pour Ulysse, voici quatre ans passés déjà que, dans notre pays, il est venu, le pauvre ! puis en est reparti. Au départ, il avait les oiseaux à sa droite ; en le reconduisant, je l'en félicitais, et lui, tout en marchant, me disait son bonheur ! Nous avions bien l'espoir de reprendre, tous deux, ces échanges d'accueils et de brillants cadeaux ! »

39. Lieu imaginaire que certains associaient à Métaponte, ville du sud de l'Italie.

40. Ce nom serait, selon Heubeck (*ad vv.* 304-306), équivalent à la forme archaïque *eparitos* qui signifie « choisi ».

Ὣς φάτο· τὸν δ' ἄχεος νεφέλη ἐκάλυψε μέλαινα·
ἀμφοτέρῃσι δὲ χερσὶν ἑλὼν κόνιν αἰθαλόεσσαν
χεύατο κὰκ κεφαλῆς πολιῆς, ἁδινὰ στεναχίζων.
Τοῦ δ' ὠρίνετο θυμός· ἀνὰ ῥῖνας δέ οἱ ἤδη
δριμὺ μένος προύτυψε φίλον πατέρ' εἰσορόωντι·
κύσσε δέ μιν περιφὺς ἐπιάλμενος ἠδὲ προσηύδα·
ΟΔΥ. — Κεῖνος μέν τοι ὅδ' αὐτὸς ἐγώ, πάτερ ὃν σὺ μεταλλᾷς,
ἦλθον ἐεικοστῷ ἔτεϊ ἐς πατρίδα γαῖαν.
ἀλλ' ἴσχεο κλαυθμοῖο γόοιό τε δακρυόεντος.
ἐκ γάρ τοι ἐρέω· μάλα δὲ χρὴ σπευδέμεν ἔμπης·
μνηστῆρας κατέπεφνον ἐν ἡμετέροισι δόμοισι,
λώβην τινύμενος θυμαλγέα καὶ κακὰ ἔργα.
Τὸν δ' αὖ Λαέρτης ἀπαμείβετο φώνησέν τε·
ΛΑΕ. — Εἰ μὲν δὴ Ὀδυσεύς γε, ἐμὸς παῖς, ἐνθάδ' ἱκάνεις,
σῆμά τί μοι νῦν εἰπὲ ἀριφραδές, ὄφρα πεποίθω.
Τὸν δ' ἀπαμειβόμενος προσέφη πολύμητις Ὀδυσσεύς·
ΟΔΥ. — Οὐλὴν μὲν πρῶτον τήνδε φράσαι ὀφθαλμοῖσι,
τὴν ἐν Παρνησῷ μ' ἔλασεν σῦς λευκῷ ὀδόντι
[οἰχόμενον· σὺ δέ με προΐεις καὶ πότνια μήτηρ
ἐς πατέρ' Αὐτόλυκον μητρὸς φίλον, ὄφρ' ἀνελοίμην
δῶρα, τὰ δεῦρο μολών μοι ὑπέσχετο καὶ κατένευσεν].
εἰ δ' ἄγε τοι καὶ δένδρε' ἐυκτιμένην κατ' ἀλωὴν
εἴπω, ἅ μοί ποτ' ἔδωκας, ἐγὼ δ' ᾔτεόν σε [ἕκαστα
παιδνὸς ἐών, κατὰ κῆπον ἐπισπόμενος· διὰ δ' αὐτῶν
ἱκνεύμεσθα· σὺ δ' ὠνόμασας καὶ ἔειπες] ἕκαστα·
ὄγχνας μοι δῶκας τρισκαίδεκα καὶ δέκα μηλέας,
συκέας τεσσαράκοντ'· ὄρχους δέ μοι ὧδ' ὀνόμηνας
δώσειν πεντήκοντα· διατρύγιος δὲ ἕκαστος

Il disait ; la douleur enveloppait Laërte de son nuage sombre et, prenant à deux mains la plus noire poussière, il en couvrait ses cheveux blancs, et ses sanglots ne pouvaient s'arrêter.

Le cœur tout remué, Ulysse commençait à sentir ses narines picotées par les larmes.

Il regarda son père ; il s'élança, le prit, le baisa et lui dit :

ULYSSE. – « Mon père ! le voici, celui que tu demandes... Je reviens au pays, après vingt ans d'absence ! Mais trêve de sanglots, de larmes et de cris ! Écoute ! nous n'avons pas un instant à perdre ! Car, j'ai, sous notre toit, tué les prétendants ; j'ai vengé mon honneur et soulagé mon âme, en punissant leurs crimes. »

Mais Laërte, prenant la parole, lui dit :

LAËRTE. – « Si j'ai bien devant moi Ulysse, mon enfant, je ne veux me fier qu'à des marques certaines. »

Ulysse l'avisé lui fit cette réponse :

ULYSSE. – « Que tes yeux tout d'abord regardent la blessure[41] que jadis au Parnasse, un sanglier me fit de sa blanche défense : c'est toi qui m'envoyas, et mon auguste mère ; car chez Autolycos, mon aïeul maternel, m'attendaient les cadeaux qu'à l'un de ses voyages, il vous avait ici promis de me donner.... Une autre preuve encor ? dans les murs de ce clos, je puis montrer les arbres que j'avais demandés et que tu me donnas, quand j'étais tout petit ; après toi, je courais à travers le jardin, allant de l'un à l'autre et parlant de chacun ; toi, tu me les nommais. J'eus ces treize poiriers, ces quarante figuiers, avec ces dix pommiers ! Voici cinquante rangs de ceps, dont tu me fis le don ou la promesse ; chacun d'eux a son temps pour être vendangé, et les grappes y sont de toutes

41. La cicatrice d'Ulysse est évoquée en XIX, 395-466. Pour les scènes de reconnaissance où la cicatrice joue un rôle fondamental, cf. XIX, 392 sq., et XXI, 221 sq.

ἤην· ἔνθα δ' ἀνὰ σταφυλαὶ παντοῖαι ἔασιν,
ὁππότε δὴ Διὸς ὧραι ἐπιβρίσειαν ὕπερθεν.
Ὣς φάτο· τοῦ δ' αὐτοῦ λύτο γούνατα καὶ φίλον ἦτορ
σήματ' ἀναγνόντος, τά οἱ ἔμπεδα πέφραδ' Ὀδυσσεύς·
ἀμφὶ δὲ παιδὶ φίλῳ βάλε πήχεε· τὸν δὲ ποτὶ οἷ
εἷλεν ἀποψύχοντα πολύτλας δῖος Ὀδυσσεύς.
Αὐτὰρ ἐπεί ῥ' ἄμπνυτο καὶ ἐς φρένα θυμὸς ἀγέρθη,
ἐξαῦτις μύθοισιν ἀμειβόμενος προσέειπε·
ΛΑΕ. — Ζεῦ πάτερ, ἦ ῥα ἔτ' ἐστὲ θεοὶ κατὰ μακρὸν Ὄλυμπον,
εἰ ἐτεὸν μνηστῆρες ἀτάσθαλον ὕβριν ἔτισαν.
νῦν δ' αἰνῶς δέδοικα κατὰ φρένα, μὴ τάχα πάντες
ἐνθάδ' ἐπέλθωσιν Ἰθακήσιοι, ἀγγελίας δὲ
πάντῃ ἐποτρύνωσι Κεφαλλήνων πολίεσσι.
Τὸν δ' ἀπαμειβόμενος προσέφη πολύμητις Ὀδυσσεύς·
ΟΔΥ. — Θάρσει· μή τοι ταῦτα μετὰ φρεσὶ σῇσι μελόντων·
ἀλλ' ἴομεν προτὶ οἶκον, ὃς ὀρχάτου ἐγγύθι κεῖται·
ἔνθα δὲ Τηλέμαχον καὶ βουκόλον ἠδὲ συβώτην
προὔπεμψ', ὡς ἂν δεῖπνον ἐφοπλίσσωσι τάχιστα.
Ὣς ἄρα φωνήσαντε βάτην πρὸς δώματα καλά·
οἱ δ' ὅτε δή ῥ' ἵκοντο δόμους εὐναιετάοντας,
εὗρον Τηλέμαχον καὶ βουκόλον ἠδὲ συβώτην
ταμνομένους κρέα πολλὰ κερῶντάς τ' αἴθοπα οἶνον.
Τόφρα δὲ Λαέρτην μεγαλήτορα ᾧ ἐνὶ οἴκῳ
ἀμφίπολος Σικελὴ λοῦσεν καὶ χρῖσεν ἐλαίῳ,
ἀμφὶ δ' ἄρα χλαῖναν καλὴν βάλεν· αὐτὰρ Ἀθήνη
ἄγχι παρισταμένη μέλε' ἤλδανε ποιμένι λαῶν
μείζονα δ' ἠὲ πάρος καὶ πάσσονα θῆκε ἰδέσθαι.
ἐκ δ' ἀσαμίνθου βῆ· θαύμαζε δέ μιν φίλος υἱός,
ὡς ἴδεν ἀθανάτοισι θεοῖσ' ἐναλίγκιον ἄντην,
καί μιν φωνήσας ἔπεα πτερόεντα προσηύδα·

les nuances, suivant que les saisons de Zeus les font changer. »

Mais Laërte, à ces mots, sentait se dérober ses genoux et son cœur : il avait reconnu la vérité des signes que lui donnait Ulysse. Au cou de son enfant, il jeta les deux bras, et le divin Ulysse, le héros d'endurance, le reçut défaillant. Mais il reprit haleine ; son cœur se réveilla ; pour répondre à son fils, il prononça ces mots :

LAËRTE. – « Au sommet de l'Olympe, dieux, vous régnez encor, s'il est vrai, Zeus le père ! que tous ces prétendants ont payé leurs folies et leurs impiétés. Mais voici que me prend une crainte terrible : c'est que les gens d'Ithaque sur nous vont accourir ; partout des messagers vont porter la nouvelle aux Képhalléniotes[42] ! »

Ulysse l'avisé lui fit cette réponse :

ULYSSE. – « Laisse là ce souci ! que ton cœur soit sans crainte ! Mais rentrons au logis qui borde le verger ! C'est là que Télémaque, Eumée et le bouvier, envoyés devant moi, ont dû nous préparer le repas au plus vite. »

Il l'emmène, à ces mots, vers la jolie maison. Ils arrivent bientôt au grand corps du logis. Ils trouvent Télémaque, Eumée et le bouvier, qui tranchaient force viandes et déjà mélangeaient le vin aux sombres feux.

Mais Laërte au grand cœur était entré chez lui. Sa vieille de Sicile au bain l'avait conduit, frotté d'huile, vêtu de son plus beau manteau. Debout auprès de lui et versant la vigueur à ce pasteur du peuple, Athéna le rendait et plus grand et plus fort que jadis aux regards.

Il quitta la baignoire, et son fils étonné, quand il le vit en face pareil à l'un des dieux, lui dit, en élevant la voix, ces mots ailés :

42. Ce terme générique semble désigner les gens d'Ulysse, soit les gens d'Ithaque, cf. *Il.*, II, 631-636.

ΟΔΥ. — Ὦ πάτερ, ἦ μάλα τίς σε θεῶν αἰειγενετάων
εἶδός τε μέγεθός τε ἀμείνονα θῆκε ἰδέσθαι.
Τὸν δ' αὖ Λαέρτης πεπνυμένος ἀντίον ηὔδα·
ΛΑΕ. — Αἲ γάρ, Ζεῦ τε πάτερ καὶ Ἀθηναίη καὶ Ἄπολλον,
οἷος Νήρικον εἷλον, ἐυκτίμενον πτολίεθρον
ἀκτὴν ἠπείροιο, Κεφαλλήνεσσι ἀνάσσων,
τοῖος ἐών τοι χθιζὸς ἐν ἡμετέροισι δόμοισι,
τεύχε' ἔχων ὤμοισιν, ἐφεστάμεναι καὶ ἀμύνειν
ἄνδρας μνηστῆρας· τῶ κέ σφεων γούνατ' ἔλυσα
πολλῶν ἐν μεγάροισι· σὺ δὲ φρένας ἔνδον ἐγήθεις.
Ὣς οἱ μὲν τοιαῦτα πρὸς ἀλλήλους ἀγόρευον·
οἱ δ' ἐπεὶ οὖν παύσαντο πόνου τετύκοντό τε δαῖτα,
ἑξείης ἕζοντο κατὰ κλισμούς τε θρόνους τε.
Ἔνθ' οἱ μὲν δείπνῳ ἐπεχείρεον· ἀγχίμολον δὲ
ἦλθ' ὁ γέρων Δολίος, σὺν δ' υἱεῖς τοῖο γέροντος,
ἐκ ἔργων μογέοντες, ἐπεὶ προμολοῦσα κάλεσσε
μήτηρ, γρηῦς Σικελή, ἥ σφεας τρέφε καί ῥα γέροντα
ἐνδυκέως κομέεσκεν, ἐπεὶ κατὰ γῆρας ἔμαρψεν.
οἱ δ' ὡς οὖν Ὀδυσῆα ἴδον φράσσαντό τε θυμῷ,
ἔσταν ἐνὶ μεγάροισι τεθηπότες· αὐτὰρ Ὀδυσσεὺς
μειλιχίοισ' ἐπέεσσι καθαπτόμενος προσέειπεν·
ΟΔΥ. — Ὦ γέρον, ἷζ' ἐπὶ δεῖπνον· ἀπεκλελάθεσθε δὲ θάμβευς·
δηρὸν γὰρ σίτῳ ἐπιχειρήσειν μεμαῶτες
μίμνομεν ἐν μεγάροισ', ὑμέας ποτιδέγμενοι αἰεί.
Ὣς ἄρ' ἔφη· Δολίος δ' ἰθὺς κίε χεῖρε πετάσσας
ἀμφοτέρας, Ὀδυσέ⟨ω⟩ς δὲ λαβὼν κύσε χεῖρ' ἐπὶ καρπῷ
καί μιν φωνήσας ἔπεα πτερόεντα προσηύδα·
ΔΟΛ. — Ὦ φίλ', ἐπεὶ νόστησας ἐελδομένοισι μάλ' ἡμῖν
οὐδ' ἔτ' ὀιομένοισι, θεοὶ δέ σέ γ' ἤγαγον αὐτοί,
οὖλέ τε καὶ μέγα χαῖρε· θεοὶ δέ τοι ὄλβια δοῖεν.
καί μοι τοῦτ' ἀγόρευσον ἐτήτυμον, ὄφρ' ἔυ εἰδῶ,
ἢ' ἤδη σάφα οἶδε περίφρων Πηνελόπεια
νοστήσαντά σε δεῦρ', ἢ' ἄγγελον ὀτρύνωμεν.

ULYSSE. – « Oh ! père, assurément, c'est l'un des Éternels qui te montre à nos yeux et plus grand et plus beau ! »

Laërte, posément, le regarda et dit :

LAËRTE. – « Ah ! pourquoi, Zeus le père, Athéna ! Apollon ! hier, en notre maison, pourquoi n'étais-je pas ce qu'autrefois je fus, quand, avec mon armée de Képhalléniotes, je pris au bout du cap, là-bas en terre ferme, la forte Néricos ? C'est moi qu'on aurait vu, l'armure sur le dos, marcher aux prétendants et nous en délivrer et, dans notre manoir, rompre bien des genoux ! et la joie t'eût rempli le cœur au fond de toi ! »

Tandis qu'ils échangeaient ces paroles entre eux, les autres achevaient les apprêts du repas ; en ligne, prenant place aux sièges et fauteuils, on se mettait à table, quand le vieux Dolios rentra avec ses fils. Le vieux les ramenait des champs, très fatigués : la vieille de Sicile, leur mère, avait couru là-bas les appeler ; tout en les élevant, c'est elle qui donnait ses bons soins au vieillard appesanti par l'âge. En revoyant Ulysse, leurs cœurs le reconnurent. Mais ils restaient debout, en proie à la surprise.

Ulysse les reçut de ses mots les plus doux :

ULYSSE. – « Vieillard ! prends place à table ! quittez cette stupeur ! Nous avons tous, depuis longtemps, grand appétit ; mais, sans toucher au pain, nous restions là, dans ce logis, à vous attendre ! »

Il dit ; mais Dolios, lui ouvrant les deux bras, venait droit à son maître et prenait le poignet d'Ulysse et le baisait et disait, élevant la voix, ces mots ailés :

DOLIOS. – « Ami, tu nous reviens ! tous nos vœux t'appelaient ; mais nous n'espérions plus ! Puisque la main des dieux te ramène, salut ! sois heureux à jamais par la grâce du ciel ! Mais sans feinte réponds ; j'ai besoin de savoir : la sage Pénélope sait-elle ton retour et ta présence ici ? ou faut-il l'avertir ? »

Τὸν δ' ἀπαμειβόμενος προσέφη πολύμητις Ὀδυσσεύς·
ΟΔΥ. — Ὦ γέρον, ἤδη οἶδε· τί σε χρὴ ταῦτα πένεσθαι;
Ὣς φάθ'· ὃ δ' αὖθι κάθιζεν ἐυξέστου ἐπὶ δίφρου.
ὣς δ' αὔτως παῖδες Δολίου κλυτὸν ἀμφ' Ὀδυσῆα
δεικανόωντ' ἐπέεσσι καὶ ἐν χείρεσσι φύοντο,
ἑξείης δ' ἕζοντο παρὰ Δολίον, πατέρα σφόν.
Ὣς οἱ μὲν περὶ δεῖπνον ἐνὶ μεγάροισι πένοντο·
Ὄσσα δ' ἄρ' ἄγγελος ὦκα κατὰ πτόλιν ᾤχετο πάντῃ,
μνηστήρων στυγερὸν θάνατον καὶ κῆρ' ἐνέπουσα.
οἱ δ' ἄρ' ὁμῶς ἀίοντες ἐφοίτων ἄλλοθεν ἄλλος
μυχμῷ τε στοναχῇ τε δόμων προπάροιθ' Ὀδυσῆος,
ἐκ δὲ νέκυς οἴκων φόρεον καὶ θάπτον ἕκαστον·
τοὺς δ' ἐξ ἀλλάων πολίων οἶκον δὲ ἕκαστον
πέμπον ἄγειν ἁλιεῦσι θοῇσ' ἐπὶ νηυσὶ τιθέντες·
αὐτοὶ δ' εἰς ἀγορὴν κίον ἀθρόοι, ἀχνύμενοι κῆρ.
Αὐτὰρ ἐπεὶ ῥ' ἤγερθεν ὁμηγερέες τε γένοντο,
τοῖσιν δ' Εὐπείθης ἀνά θ' ἵστατο καὶ μετέειπε·
παιδὸς γάρ οἱ ἄλαστον ἐνὶ φρεσὶ πένθος ἔκειτο,
Ἀντινόου, τὸν πρῶτον ἐνήρατο δῖος Ὀδυσσεύς.
Τοῦ ὅ γε δάκρυ χέων ἀγορήσατο καὶ μετέειπεν·
ΕΥΠ. — Ὦ φίλοι, ἦ μέγα ἔργον ἀνὴρ ὅδε μήσατ' Ἀχαιούς·
τοὺς μὲν σὺν νήεσσιν ἄγων πολέας τε καὶ ἐσθλοὺς
ὤλεσε μὲν νῆας γλαφυράς, ἀπὸ δ' ὤλεσε λαούς,
τοὺς δ' ἐλθὼν ἔκτεινε Κεφαλλήνων ὄχ' ἀρίστους.
ἀλλ' ἄγετε, πρὶν τοῦτον ἢ ἐς Πύλον ὦκα ἱκέσθαι
ἢ καὶ ἐς Ἦλιδα δῖαν, ὅθι κρατέουσιν Ἐπειοί,
ἴομεν· ἦ καὶ ἔπειτα κατηφέες ἐσσόμεθ' αἰεί·

43. En I, 282, la Renommée, en grec *Ossa*, apparaît comme une envoyée de Zeus. C'est grâce à cette abstraction que Télémaque obtint quelques nouvelles de son père.

Ulysse l'avisé lui fit cette réponse :

ULYSSE. – « Elle sait tout, vieillard ! ne t'occupe de rien ! »

Il dit et Dolios, sur l'escabeau luisant, s'assit et, comme lui, ses enfants s'empressaient autour du noble Ulysse et lui prenaient les mains et lui disaient leurs vœux ; puis, côte à côte, auprès de Dolios, leur père, ils allèrent s'asseoir.

Pendant qu'à la maison, ils faisaient ce repas, déjà la Renommée[43], rapide messagère, avait couru la ville. Elle allait, racontant le sort des prétendants et leur fin lamentable. Et la foule, accourue de partout à sa voix, assiégeait de ses cris, de ses gémissements, la demeure d'Ulysse. Chacun y prit ses morts pour les ensevelir. On mit sur des croiseurs les morts des autres villes ; on chargea des pêcheurs d'aller les reporter, chacun à son foyer. Puis le peuple d'Ithaque à l'agora s'en vint, le cœur plein de tristesse.

Quand, le peuple accouru, l'assemblée fut complète, Eupithès[44] se leva. Un deuil inconsolable avait empli son cœur : car le divin Ulysse, de sa première flèche, lui avait abattu son fils Antinoos.

C'est en pleurant sur lui qu'il prenait la parole :

EUPITHÈS. – « Contre les Achéens, mes amis, quels forfaits n'a pas commis cet homme ! Il est parti, nous emmenant sur ses vaisseaux une foule de braves : il a perdu ses gens, perdu ses vaisseaux creux ! Il revient, et voyez ! il nous tue les meilleurs des chefs képhalléniotes. Allons ! Il ne faut pas qu'il s'enfuie vers Pylos[45] ou la divine Élide, chez les rois épéens... Marchons ! nous resterions à jamais décriés ! jusque dans l'avenir, on

44. Le père d'Antinoos porte un nom parlant. Pris dans son sens actif, ce nom signifie « persuasif ».

45. C'est-à-dire chez Nestor.

λώβη γὰρ τάδε γ' ἐστὶ καὶ ἐσσομένοισι πυθέσθαι,
εἰ δὴ μὴ παίδων τε κασιγνήτων τε φονῆας
τισόμεθ'· οὐκ ἂν ἐμοί γε μετὰ φρεσὶ ἡδὺ γένοιτο
ζωέμεν· ἀλλὰ τάχιστα θανὼν φθιμένοισι μετείην.
[ἀλλ' ἴομεν, μὴ φθέωσι περαιωθέντες ἐκεῖνοι.]
  Ὣς φάτο δάκρυ χέων· οἶκτος δ' ἕλε πάντας Ἀχαιούς.
ἀγχίμολον δέ σφ' ἦλθε Μέδων καὶ θεῖος ἀοιδὸς
ἐκ μεγάρων Ὀδυσῆος, ἐπεί σφεας ὕπνος ἀνῆκεν,
ἔσταν δ' ἐν μέσσοισι· τάφος δ' ἕλεν ἄνδρα ἕκαστον.
  Τοῖσι δὲ καὶ μετέειπε Μέδων πεπνυμένα εἰδώς·
ΜΕΔ. — Κέκλυτε δὴ νῦν μευ, Ἰθακήσιοι· οὐ γὰρ Ὀδυσσεὺς
ἀθανάτων ἀέκητι θεῶν τάδε μήσατο ἔργα·
αὐτὸς ἐγὼν εἶδον θεὸν ἄμβροτον, ὅς ῥ' Ὀδυσῆι
ἐγγύθεν ἑστήκει καὶ Μέντορι πάντα ἐῴκει.
ἀθάνατος δὲ θεὸς τοτὲ μὲν προπάροιθ' Ὀδυσῆος
φαίνετο θαρσύνων, τοτὲ δὲ μνηστῆρας ὀρίνων
θῦνε κατὰ μέγαρον· τοὶ δ' ἀγχιστῖνοι ἔπιπτον.
  Ὣς φάτο· τοὺς δ' ἄρα πάντας ὑπὸ χλωρὸν δέος ᾕρει.
  Τοῖσι δὲ καὶ μετέειπε γέρων ἥρως Ἁλιθέρσης
Μαστορίδης· ὁ γὰρ οἶος ὅρα πρόσσω καὶ ὀπίσσω·
ὅ σφιν ἐυφρονέων ἀγορήσατο καὶ μετέειπε·
ΑΛΙ. — Ὑμετέρῃ κακότητι, φίλοι, τάδε ἔργα γένοντο·
οὐ γὰρ ἐμοὶ πείθεσθ', οὐ Μέντορι, ποιμένι λαῶν,
ὑμετέρους παῖδας καταπαυέμεν ἀφροσυνάων,
οἳ μέγα ἔργον ἔρεξαν ἀτασθαλίῃσι κακῇσι,
κτήματα κείροντες καὶ ἀτιμάζοντες ἄκοιτιν
ἀνδρὸς ἀριστῆος· τὸν δ' οὐκέτι φάντο νέεσθαι.
καὶ νῦν ὧδε γένοιτο, πίθεσθέ μοι, ὡς ἀγορεύω·
μὴ ἴομεν, μή πού τις ἐπισπαστὸν κακὸν εὕρῃ.

vers 454 : κέκλυτε δὴ νῦν μευ, Ἰθακήσιοι, ὅττι κε εἴπω

dirait notre honte, si nos frères, nos fils demeuraient sans vengeurs ! Pour moi, je ne saurais avoir goût à la vie, je préfère la mort, la descente au tombeau. Non ! ne leur laissons pas le temps de s'embarquer ! »

Il disait, et ses pleurs excitaient la pitié de tous les Achéens.

Mais le divin aède et le héraut survinrent : ils sortaient du manoir d'Ulysse, où le sommeil venait de les quitter, et chacun, à les voir au milieu de la foule, demeurait étonné.

Médon prit la parole et posément leur dit :

MÉDON. – « Gens d'Ithaque, deux mots, ce n'est pas sans l'aveu des dieux, des Immortels, qu'Ulysse a fait cela. Car j'ai vu, de mes yeux, une divinité debout auprès de lui, sous les traits de Mentor. C'était un Immortel qui tantôt l'excitait, visible à ses côtés, et tantôt, dans la salle, allait troubler les autres qui succombaient en tas. »

Il disait et le peuple entier verdit de crainte.

Alors, pour leur parler, un héros se leva, le vieil Halithersès[46], un des fils de Mastor, qui, seul d'entre eux, voyait avenir et passé. C'est pour le bien de tous qu'il prenait la parole :

HALITHERSÈS. – « Gens d'Ithaque, écoutez : j'ai deux mots à vous dire. C'est votre lâcheté, amis, qui fit cela ! Vous ne nous avez crus, ni moi ni le pasteur de ce peuple, Mentor, quand nous voulions brider les folies de vos fils ! Vous laissiez leurs forfaits s'accomplir ! Les impies ! ils pillaient le domaine, ils outrageaient la femme du maître qui jamais ne devait revenir ! Mais songeons au présent ! acceptez mes conseils : ne marchons pas contre eux ! c'est courir, de nous-mêmes, au-devant du malheur. »

46. Sur ce devin, qui soutint la cause de Télémaque lors de l'assemblée, cf. II, 157 sq.

῝Ως ἔφαθ'· οἱ δ' ἄρ' ἀνήιξαν μεγάλῳ ἀλαλητῷ
ἡμίσεων πλείους· τοὶ δ' ἀθρόοι αὐτόθι μεῖναν·
οὐ γάρ σφιν ἅδε μῦθος ἐνὶ φρεσίν· ἀλλ' Εὐπείθει
πείθοντ', αἶψα δ' ἔπειτ' ἐπὶ τεύχεα ἐσσεύοντο.
Αὐτὰρ ἐπεὶ ῥ' ἕσσαντο περὶ χροῒ νώροπα χαλκόν,
ἀθρόοι ἠγερέθοντο πρὸ ἄστεος εὐρυχόροιο.
τοῖσιν δ' Εὐπείθης ἡγήσατο νηπιέῃσι·
φῆ δ' ὅ γε τίσεσθαι παιδὸς φόνον, οὐδ' ἄρ' ἔμελλεν
ἂψ ἀπονοστήσειν, ἀλλ' αὐτοῦ πότμον ἐφέψειν.
Αὐτὰρ Ἀθηναίη Ζῆνα Κρονίωνα προσηύδα·
ΑΘΗ. — ῏Ω πάτερ ἡμέτερε, Κρονίδη, ὕπατε κρειόντων,
εἰπέ μοι εἰρομένῃ· τί νύ τοι νόος ἔνδοθι κεύθει;
ἢ προτέρω πόλεμόν τε κακὸν καὶ φύλοπιν αἰνὴν
τεύξεις, ἦ φιλότητα μετ' ἀμφοτέροισι τίθησθα;
Τὴν δ' ἀπαμειβόμενος προσέφη νεφεληγερέτα Ζεύς·
ΖΕΥΣ — Τέκνον ἐμόν, τί με ταῦτα διείρεαι ἠδὲ μεταλλᾷς; 478
ἔρξον ὅπως ἐθέλεις· ἐρέω δέ τοι ὡς ἐπέοικεν· 481
ἐπεὶ δὴ μνηστῆρας ἐτίσατο δῖος Ὀδυσσεύς,
ὅρκια πιστὰ ταμόντες, ὁ μὲν βασιλευέτω αἰεί,
ἡμεῖς δ' αὖ παίδων τε κασιγνήτων τε φόνοιο
ἔκλησιν θέωμεν· τοὶ δ' ἀλλήλους φιλεόντων
ὡς τὸ πάρος· πλοῦτος δὲ καὶ εἰρήνη ἅλις ἔστω.
῝Ως εἰπὼν ὤτρυνε πάρος μεμαυῖαν Ἀθήνην·
βῆ δὲ κατ' Οὐλύμποιο καρήνων ἀΐξασα.
Οἱ δ' ἐπεὶ οὖν σίτοιο μελίφρονος ἐξ ἔρον ἕντο,
τοῖσ' ἄρα μύθων ἦρχε πολύτλας δῖος Ὀδυσσεύς·
ΟΔΥ. — Ἐξελθών τις ἴδοι, μὴ δὴ σχεδὸν ὦσι κιόντες.

vers 479 : οὐ γὰρ δὴ τοῦτον μὲν ἐβούλευσας νόον αὐτή,
480 : ὡς ἤτοι κείνους Ὀδυσεὺς ἀποτίσεται ἐλθών ;

Il dit ; en grand tumulte, la plus forte moitié du peuple se leva ; mais les autres, restés en séance, blâmaient l'avis d'Halithersès et, derrière Eupithès, ils s'élançaient aux armes.

Toute bardée de bronze aux reflets aveuglants, une troupe se forme au-devant de la ville, dans la vaste campagne. Eupithès, l'insensé ! en a pris la conduite : il espérait venger le meurtre de son fils ; mais, sans en revenir, c'est là-bas qu'il devait finir sa destinée.

Athéna dit alors à Zeus, fils de Cronos :

ATHÉNA. – « Fils de Cronos, mon père, suprême Majesté ! réponds à ma demande ! n'as-tu pas en ton cœur quelque dessein caché ? vas-tu faire durer cette guerre funeste et sa mêlée terrible ? Ou veux-tu rétablir l'accord des deux partis ? »

Zeus, l'assembleur des nues, lui fit cette réponse :

ZEUS. – « Pourquoi ces questions, ma fille, et ces demandes ? ne nous as-tu pas fait toi-même décréter qu'Ulysse rentrerait pour châtier ces gens ? Fais comme il te plaira ; mais voici mon avis[47]. Puisque les prétendants ont été châtiés par le divin Ulysse, pourquoi ne pas sceller de fidèles serments ? il garderait le sceptre ; nous, aux frères et fils de ceux qui sont tombés, nous verserions l'oubli, et, l'ancienne amitié les unissant entre eux, on reverrait fleurir la richesse et la paix. »

Il dit et redoubla le zèle d'Athéna, qui partit, s'élançant des sommets de l'Olympe...

Ils avaient leur content de ce repas si doux et le divin Ulysse, le héros d'endurance, avait pris la parole :

ULYSSE. – « Que l'on sorte pour voir et veiller aux approches. »

47. Trois divinités consultent Zeus en privé dans l'*Odyssée*. D'abord Hélios, XII, 357 sq., puis Poséidon, XIII, 127 sq., et enfin, ici, Athéna. Bien que Zeus leur dise d'agir selon leur idée, c'est sa volonté qui s'impose toujours.

Ὣς ἔφατ'· ἐκ δ' υἱὸς Δολίου κίεν, ὡς ἐκέλευε,
στῆ δ' ἄρ' ἐπ' οὐδὸν ἰών, τοὺς δὲ σχεδὸν ἔσιδε πάντας,
αἶψα δ' Ὀδυσσῆα ἔπεα πτερόεντα προσηύδα·
ΧΟΡ. — Οἵδε δὴ ἐγγὺς ἔασ'· ἀλλ' ὁπλιζώμεθα θᾶσσον.
Ὣς ἔφαθ'· οἱ δ' ὤρνυντο καὶ ἐν τεύχεσσι δύοντο,
τέσσαρες ἀμφ' Ὀδυσῆ', ἓξ δ' υἱεῖς οἱ Δολίοιο·
ἐν δ' ἄρα Λαέρτης Δολίος τ' ἐς τεύχε' ἔδυνον,
καὶ πολιοί περ ἐόντες, ἀναγκαῖοι πολεμισταί.
Αὐτὰρ ἐπεί ῥ' ἕσσαντο περὶ χροῒ νώροπα χαλκόν,
ὤιξάν ῥα θύρας, ἐκ δ' ἤιον· ἦρχε δ' Ὀδυσσεύς·
τοῖσι δ' ἐπ' ἀγχίμολον θυγάτηρ Διὸς ἦλθεν Ἀθήνη,
Μέντορι εἰδομένη ἠμὲν δέμας ἠδὲ καὶ αὐδήν.
Τὴν δὲ ἰδὼν γήθησε πολύτλας δῖος Ὀδυσσεύς,
αἶψα δὲ Τηλέμαχον προσεφώνεε ὃν φίλον υἱόν·
ΟΔΥ. — Τηλέμαχ', ἤδη μὲν τόδε εἴσεαι αὐτὸς ἐπελθών,
ἀνδρῶν μαρναμένων ἵνα τε κρίνονται ἄριστοι,
μή τι καταισχύνειν πατέρων γένος, οἳ τὸ πάρος περ
ἀλκῇ τ' ἠνορέῃ τε κεκάσμεθα πᾶσαν ἐπ' αἶαν.
Τὸν δ' αὖ Τηλέμαχος πεπνυμένος ἀντίον ηὔδα·
ΤΗΛ. — Ὄψεαι, αἴ κ' ἐθέλῃσθα, πάτερ φίλε, τῷδ' ἐνὶ θυμῷ
οὔ τι καταισχύνοντα τεὸν γένος, ὡς ἀγορεύεις.
Ὣς φάτο· Λαέρτης δὲ χάρη καὶ μῦθον ἔειπε·
ΛΑΕ. — Τίς νύ μοι ἡμέρη ἥδε, θεοὶ φίλοι; ἦ μάλα χαίρω·
υἱός θ' υἱωνός τ' ἀρετῆς πέρι δῆριν ἔχουσι.
Τὸν δὲ παρισταμένη προσέφη γλαυκῶπις Ἀθήνη·
ΑΘΗ. — Ὦ Ἀρκεισιάδη, πάντων πολὺ φίλταθ' ἑταίρων
εὐξάμενος κούρῃ γλαυκώπιδι καὶ Διὶ πατρί,
αἶψα μάλ' ἀμπεπαλὼν προΐει δολιχόσκιον ἔγχος.
Ὣς φάτο καί ῥ' ἔμπνευσε μένος μέγα Παλλὰς Ἀθήνη.
εὐξάμενος δ' ἄρ' ἔπειτα Διὸς κούρῃ μεγάλοιο,
αἶψα μάλ' ἀμπεπαλὼν προΐει δολιχόσκιον ἔγχος
καὶ βάλεν Εὐπείθεα κόρυθος διὰ χαλκοπαρῄου·
ἡ δ' οὐκ ἔγχος ἔρυτο· διὰ πρὸ δὲ εἴσατο χαλκός·
δούπησεν δὲ πεσών, ἀράβησε δὲ τεύχε' ἐπ' αὐτῷ.

Il dit, et l'un des fils de Dolios sortit, pour obéir à l'ordre. À peine sur le seuil, voyant toute la troupe, il cria vers Ulysse ces paroles ailées :

LE CHŒUR. – « Les voici ! ils sont là ! aux armes ! et plus vite ! »

Il disait : se levant, tous revêtent leurs armes, Ulysse, les six garçons du vieux et les trois autres ; Laërte et Dolios prennent aussi des armes, soldats chenus, servants de la nécessité. Tout revêtus de bronze aux reflets aveuglants, ils ouvrent la grand-porte et, sur les pas d'Ulysse, ils quittent la maison. Mais la fille de Zeus, Athéna, approchait : de Mentor, elle avait et l'allure et la voix et, joyeux de la voir, le héros d'endurance appelait Télémaque. Il disait à son fils, cet Ulysse divin :

ULYSSE. – « Télémaque, c'est l'heure ! entre dans la mêlée ! souviens-toi seulement, en cet instant des braves, de ne pas entacher le renom des aïeux ; car on a jusqu'ici vanté de par le monde leur force et leur courage. »

Posément, Télémaque le regarda et dit :

TÉLÉMAQUE. – « Si tel est ton désir, tu pourras voir, mon père, que, suivant tes paroles, ce cœur n'entache pas le renom de ta race. »

Il dit et, plein de joie, Laërte s'écriait :

LAËRTE. – « Quel jour pour moi, dieux qui m'aimez ! je suis heureux ! j'entends, sur la valeur, mon fils se quereller avec mon petit-fils ! »

Athéna, la déesse aux yeux pers, intervint :

ATHÉNA. – « Ô fils d'Arkésios, le plus cher des amis ! adresse ta prière à la Vierge aux yeux pers, à Zeus le père aussi ! puis brandis et envoie ta pique à la grande ombre ! »

Et Pallas Athéna animait le vieillard d'une vigueur nouvelle : il invoque aussitôt la fille du grand Zeus, puis brandit et envoie sa pique à la grande ombre qui, d'Eupithès, atteint le casque aux joues de bronze ; sans repousser le coup, le bronze cède et craque ; l'homme, à grand bruit, s'effondre, et ses armes résonnent. Sur ceux

ἐν δ' ἔπεσον προμάχοισ' Ὀδυσεὺς καὶ φαίδιμος υἱός,
τύπτον δὲ ξίφεσίν τε καὶ ἔγχεσιν ἀμφιγύοισι·
καί νύ κε δὴ πάντάς τ' ὄλεσαν καὶ ἔθηκαν ἀνόστους,
εἰ μὴ Ἀθηναίη, κούρη Διὸς αἰγιόχοιο,
ἤυσεν φωνῇ, κατὰ δὲ σχέθε λαὸν ἅπαντα·
ΑΘΗ. — Ἴσχεσθε πτολέμου, Ἰθακήσιοι, ἀργαλέοιο,
ὥς κεν ἀναιμωτί γε διακρινθῆτε τάχιστα.
Ὣς φάτ' Ἀθηναίη· τοὺς δὲ χλωρὸν δέος εἷλε.
τῶν δ' ἄρα δεισάντων ἐκ χειρῶν ἔπτατο τεύχεα,
πάντα δ' ἐπὶ χθονὶ πῖπτε, θεᾶς ὄπα φωνησάσης·
πρὸς δὲ πόλιν τρωπῶντο λιλαιόμενοι βιότοιο.
σμερδαλέον δ' ἐβόησε πολύτλας δῖος Ὀδυσσεύς,
οἴμησεν δὲ ἀλεὶς ὥς τ' αἰετὸς ὑψιπετήεις.
καὶ τότε δὴ Κρονίδης ἀφίει ψολόεντα κεραυνόν,
κὰδ δ' ἔπεσε πρόσθε γλαυκώπιδος Ὀβριμοπάτρης.
Δὴ τότ' Ὀδυσσῆα προσέφη γλαυκῶπις Ἀθήνη· 541
ΑΘΗ. — Ἴσχεο, παῦε δὲ νεῖκος ὁμοιίου πολέμοιο, 543
μή πως τοι Κρονίδης κεχολώσεται εὐρύοπα Ζεύς.
Ὣς φάτ' Ἀθηναίη· ὁ δ' ἐπείθετο, χαῖρε δὲ θυμῷ·
ὅρκια δ' αὖ κατόπισθε μετ' ἀμφοτέροισιν ἔθηκε
Παλλὰς Ἀθηναίη, κούρη Διὸς αἰγιόχοιο. 547

vers 542 : διογενὲς Λαερτιάδη, πολυμήχαν' Ὀδυσσεῦ
vers 548 : Μέντορι εἰδομένη ἠμὲν δέμας ἠδὲ καὶ αὐδήν

du premier rang, Ulysse tombe alors avec son noble fils : du glaive et de la pique, de revers et de taille, ils frappent ; sous leurs coups, tous auraient succombé et perdu le retour, si la fille du Zeus à l'égide, Athéna, n'eût pas poussé un cri qui, tous, les arrêta :

ATHÉNA. – « À quoi bon, gens d'Ithaque, cette cruelle guerre ? sans plus de sang, quittez la lutte, et tout de suite ! »

À ces mots d'Athéna, tous ont verdi de crainte : la terreur fait tomber les armes de leurs mains ; le sol en est jonché. La voix de la déesse ne leur laissant au cœur que le désir de vivre, ils s'enfuient vers la ville. Le héros d'endurance, avec un cri terrible, se ramasse ; il bondit, cet Ulysse divin, et l'on eût dit un aigle à l'assaut de l'éther. Mais le fils de Cronos, de sa foudre fumante, frappe le sol devant la déesse aux yeux pers, et, tournée vers Ulysse, la fille du dieu fort, Athéna, lui commande :

ATHÉNA. – « Fils de Laërte, écoute ! ô rejeton des dieux, Ulysse aux mille ruses ! Arrête ! Mets un terme à la lutte indécise, et du fils de Cronos, du Zeus à la grand-voix, redoute le courroux ! »

À la voix d'Athéna, Ulysse, tout joyeux dans son cœur, obéit : entre les deux partis, la concorde est scellée par la fille du Zeus à l'égide, Athéna : de Mentor, elle avait l'allure et la voix.

# Bibliographie

## ODYSSÉE, XVI-XXIV


C. C. ADAM, « Les rites de l'hospitalité », in *Analyses et Réflexions sur Homère. L'Odyssée*, Paris, 1992, 55-60.

A. W. H. ADKINS, « Threatening, Abusing and Feeling Angry in the Homeric Poem », *JHS*, 89, 1969, 7-21.

–, « Homeric Gods and the Values of Homeric Society », *JHS*, 92, 1972, 1-19.

M. ALDEN, « An Intelligent Cyclops ? », in Σπονδὲς στὸν Ὅμηρο. Ἀπὸ τὰ πρακτικὰ πρὸς συνεδρίου γιὰ τὴν Ὀδύσσεια (2-5 σεπτεμβρίου 1990), Ithaque, 1993, 75-95.

M. J. ALDER, « Ψεύδεα πολλὰ, ἐτύμοισιν ὁμοῖα », in J. Pinsent, H. V. Hurt (éd.), *Papers of the Third Greenbach Colloquium, April 1987, Liverpool Classical Papers* 2, 1992, 9-14.

M. ALEXIOU, *The Ritual Lament in Greek Tradition*, Cambridge, 1974.

–, « The Reunion of Odysseus and Penelope », in C. H. Taylor (éd.), *Essays on the Odyssey*, Bloomington, 1963, 100-121.

E. K. ANHALT, « A bull of Poseidon : the bull's bellow in *Odyssey* 21. 46-50 », *CQ*, 47, 1997, 15-25.

D. ARNOULD, *Le Rire et les larmes dans la littérature grecque d'Homère à Platon*, Paris, 1990.

E. AUERBACH, *Mimésis. La représentation de la réalité dans la littérature occidentale*, Paris, 1968.

Chr. AUFFARTH, « Protecting Strangers, Establishing an Fundamental Value in the Religion of the Ancient near East and Ancient Greece », *Numen*, 39, 1992, 193-216.

N. AUSTIN, *Archery at the Dark of the Moon. Poetic Problems in Homer's Odyssey*, Berkeley, 1975.

A. BALLABRIGA, *Les Fictions d'Homère. L'invention mythologique et cosmographique dans l'*Odyssée, Paris, 1998.

–, « La prophétie de Tirésias », *Mètis*, IV, 2, 1989, 291-304.

P. BACRY, « Trois fois Pénélope ou le métier poétique », *RFA* 93, 1991, 11-25.

W. BECK, « Dogs, Dwellings, and Masters : Ensemble and Symbol in the *Odyssey*», *Hermes*, 119, 1991, 158-167.

V. BÉRARD, « Le concours de l'arc dans l'*Odyssée* », *REG* 68, 1955, 1-11.

W. BURKERT, *Greek Religion : Archaic and Classical*, trad. angl. J. Raffan, Oxford, 1985.

C. BRILLANTE, « Scene oniriche nei poemi omerici », *MD* 6, 1991, 31-46.

C. BYRE, « Penelope and the Suitors Before Odysseus : *Odyssey* 18, 158-303», *AJP* 108, 1988, 153-173.

J. CHURCHILL, « Odysseus' Bed, Agamenon's Bath », *College Literature* 18, 1991, 1-13.

N. CURRY, *The Bending of the Bow A Version of the Closing Books of Homer's Odyssey*, Londres, 1993.

M. DAVIES, « Odyssey 22. 474-7 : Murder or Mutilation ? », *CQ* 44, 1994, 534-536.

R. D. DAWE, « The Case of the Bald-headed Lamplighter », *ICS* 16, 1991, 37-48.

I. J. F. DE JONG, « Eurycleia and Odysseus'Scar », *CQ*, 35, 1985, 517-518.

Th. DILLWORTH, « The Fall of Troy and the Slaughter of the Suitors. Ultimate Symbolic Correspondence in the *Odyssey* », *Mosaic* 27, 1994, 1-24.

M. O. PIERO DI LUCA, « Aspectos comicos en la Iliada y en la *Odisea* », *Rivista de Estudios Clasicos* 23, 1993, 145-170.

E. R. DODDS, *Les Grecs et l'irrationnel*, Paris, 1975.

L. E. DOHERTY, « Athena and Penelope as Foils for Odysseus in the *Odyssey* », *QUCC* 39, 1991, 31-44.

C. DOUGHERTY, « Phemius'Last Stand : The Impact of Occasion on Tradition in the *Odyssey* », *Oral Tradition* 6, 1991, 93-103.

–, « Phemius'Last Stand : The Impact of Occasion on Tradition in the *Odyssey* », *Oral Tradition* 6, 1991, 93-103.

Chr. EMLYN-JONES, « The Reunion of Penelope and Odysseus », in I. McAuslan et P. Walcot (éd.), *Homer*, Oxford, 1998, 126-143.

–, « True and lying tales in the Odyssey », in I. McAuslan et P. Walcot (éd.), *Homer*, Oxford, 1998, 144-154.

B. FENIK, *Studies in the Odyssey*, *Hermes*, suppl., 30, Wiesbaden 1974.

M. I. FINLEY, *Le Monde d'Ulysse*, trad. fr., Paris, 1990.

P. FORTASSIER, « Sur trois épithètes homériques : φυσίζοος (χειρὶ), παχείῃ, εὐρυάγυια », *REG* 106, 1993, 174-180.

B. FRANK, « Homer, the *Odyssey*, Book-17, lines 291-327», *Explicator* 51, 1993, 202-203.

H. C. FREDRICKSMEYER, « Penelope *Polytropos :* the crux at *Odyssey* 23. 218-24 », *AJPh*, 118, 1997, 487-497.

Chr. FROIDEFOND, *Le Mirage égyptien dans la littérature grecque, d'Homère à Aristote*, Aix-en-Provence, 1971.

Ch. FUQUA, « Proper Behavior in the *Odyssey* », *ICS* 16, 1991, 49-58.

Cl. GALAZZI, « P. Cair. JE 45620 e il codice P. Oxy. XV, 1820 (= Pack 2 1133) », *CE* 66, 1991, 193-197.

G. GLOTZ, *La Cité grecque*, Paris, 1968.

B. E. GOFF, « The Sign of Fall : The Scars of Orestes and Odysseus », *CA* 10, 1991, 259-267.

G. GUIDORIZZI, « The Laughter of the Suitors : a case of collective madness in the *Odyssey* », in L. Edmunds et R. W. Wallace (éd.), *Poet, Public and Performance in Ancient Greece*, Baltimore et Londres, 1997, 1-7.

H. JACOBSON, « Homer, *Odyssey* 17, 221 », *CQ*, 49, 1999, 315.

S. I. JOHNSTON, « Penelope and the Erinyes : *Odyssey* 20. 61-82 », *Helios* 21, 1994, 137-159.

P. V. JONES, « The Past in Homer's *Odyssey* », *JHS* 112, 1992, 74-90.

M. JOST, *Aspects de la vie religieuse en Grèce du début du Vᵉ siècle à la fin du IIIᵉ siècle avant J.-C.*, Paris, 1992.

B. KING, « The Rhetoric of the Victim : Odysseus in the Swineherd's Hut », *CA* 18, 1999, 74-93.

A. KÖHNKER, « Die Narbe des Odysseus », *Antike und Abendland*, 22, 1976, 101-114.

H. D. KOLIAS, *The return home. A study of recognition in the* Odyssey, Binghampton, N. Y., 1983.

T. KRISCHER, « Die Bogenprobe », *Hermes* 120, 1992, 19-25.

–, « Die Webelist der Penelope », *Hermes* 121, 1993, 3-11.

–, « Arcieri nell'epica omerica. Armi, comportamenti, valori », in Fr. Montanari, *Gli aedi, i poemi, gli interpreti*, Florence, 1998, 79-100.

W. F. HANSEN, « Odysseus' last Journey », *QUCC*, 24, 1977, 27-48.

P. H. HARSH, « Penelope and Odysseus in *Od.* 19 », *AJPh* 71, 1950, 1-21.

J. HENDERSON, « The Name of the Tree : Recounting *Odyssey* XXIV, 340-2 », *JHS*, 117, 1997, 87-116.

W. K. LACEY, « Homeric Heedna and Penelope's *Kurios* », *JHS* 86,1966, 55-68.

M. LACROIX, « Ἤπιος - Νήπιος », in *Mélanges Desrousseaux*, Paris, 1937, 266-275.

D. LATEINER, « The Suitor's Take : Manners and Powers in Ithaka », *Colby Quarterly* 29, 1993, 173-196.

D. E. LEVINE, « Penelope's Laugh : *Odyssey*, 18, 163 », *AJPH* 104, 1983, 172-189.

H. L. LEVY, « The Odyssean Suitors and Host-Guest Relationship », *TAPA* 95, 1963, 145-163.

M. LOSSAU, « Parodie de l'*Iliade* dans l'*Odyssée* », *REG* 106, 1993, 168-173.

–, « Retter-Licht (φόως, φάος) bei Homer und den Tragikern », *Eranos* 92, 1994, 85-92.

Br. LOUDEN, « An Extended Narrative Pattern in the Odyssey », *GRBS* 34, 1993, 5-33.

–, « Eumaios and Alkinoos : the audience of the *Odyssey* », *Phoenix* 51, 1997, 95-114.

M.-M. MACTOUX, *Pénélope. Légende et Mythe*, Besançon, 1975.

P.-E. MALMNÄS et H. MATHLEIN, « Odysseus' Bedroom », *Gymnasium*, 106, 1999, 1-3.

A. MOREAU, « *Odyssée* XXI, 101-139 : l'examen de passage de Télémaque », in A. Moreau (éd.), *L'initiation, Actes du colloque international de Montpellier 11-14 avril 1991*, Montpellier, 1992, 93-104.

K. MORGAN, « *Odyssey* 23, 218-222 : Adultery, Shame and Marriage », *AJPh* 112, 1991, 1-4.

G. W. MOST, « Asichten über einen Hund, zu einigen Strukturen der Homerrezeption zwischen Antike und Neuzeit », *A & A* 37, 1991, 144-168.

M. N. NAGLER, « Penelope's Male Hand : Gender and Violence in the *Odyssey* », *Colby Quarterly* 29, 1993, 241-257.

G. NAGY, *Le Meilleur des Achéens*, trad. fr., Paris, 1994.

M. OLCOTT, « 'Αάτος at *Odyssey* 22. 5, Greek and Indo-European Oaths », *Word* 44, 1993, 77-90.

S. D. OLSON, « Telemachos' Laugh (*Od.* 21. 101-105) », *CJ* 89, 1994, 369-372.

–, « Servant's Suggestions in Homer's *Odyssey* », *CJ* 87, 1992, 219-228.

R. B. ONIANS, *The Origins of European Thought*, Cambridge, 1954.

L. G. Pocock, *Reality and Allegory in the* Odyssey, Amsterdam, 1959.

L. H. Pratt, « *Odyssey* 19. 535-50 : On the Interpretation of Dreams and Signs in Homer », *CPh* 89, 1994, 147-152.

P. Pucci, « Les figures de mètis dans l'*Odyssée*», *Metis* 1, 1986, 7-28.

–, *Ulysse Polutropos. Lectures intertextuelles de l'Iliade et de l'Odyssée*, trad. fr., Paris, 1995.

H. W. Parke, *Festivals of the Athenians*, Londres, 1977.

R. Parker, *Miasma, Pollution and Purification in Early Greek Religion*, Oxford, 1990 (1re éd. 1983).

–, *Athenian Religion. A History*, Oxford, 1997 (1re éd. 1996).

S. Reece, « The Cretan *Odyssey* : A Lie Truer than Truth », *AJP* 115, 1994, 157-173.

R. Renehan, « The Stauching of Odysseus'Blood : The Healing Power of Magic », *AJPh* 113, 1992, 1-4.

E. Rohde, « Nekuya », *RhM*, 50, 1895, 600-635.

W. D. Roller et L. K. Roller, « Penelope's Thick Hand (*Odyssey* 21. 6) », *CJ* 90, 1994, 9-19.

J. de Romilly, « Trois jardins paradisiaques dans l'*Odyssée* », *SCI* 12, 1993, 1-7.

L. E. Rossi, « L'epica greca fra oralità e scrittura », in *Reges et Proelia VII, Orizzonti e atteggiamenti dell'epica antica, Pavia, 17 mars 1994*, Côme, 1994, 29-43.

J. W. Roth, *Speech Acts and the Poetics of Manhood : the "Lies" of Odysseus*, New York, 1991.

J. A. Russo, « Interview and Aftermath : Dream, Fantasy and Intuition in *Odyssey* 19 and 20 », *AJPh*, 103, 1982, 4-18.

–, «*Odyssey* 19, 440-443, the Boar in the Bush : Formulaic Repetition and Narrative Innovation », in R. Petragostini (éd.), *Tradizione e innovazione nella cultura greca da Omero all'età ellenistica. Scritti in onore di Bruno Gentili, I-III*, Rome, 1993, 51-59.

R. B. Rutherford, « The Philosophy of the *Odyssey* », *JHS*, 106, 1986, 156-177.

Fr. RUZÉ, *Délibération et pouvoir dans la cité grecque de Nestor à Socrate*, Paris, 1997.

S. SAÏD, « Les crimes des prétendants, la maison d'Ulysse et les festins de l'*Odyssée* », *Études de Littérature ancienne*, PENS, 1979, 9-49.

E. SCHEID-TISSINIER, « Télémaque et les prétendants, les νέοι d'Ithaque », *AC* 62, 1993, 1-22.

–, *Les Usages du don chez Homère. Vocabulaire et pratiques*, Nancy, 1994.

R. S. SCODEL, « The Removal of the arms, the recognition with Laertes, and narrative tension in the *Odyssey* », *CPh*, 93, 1998, 1-17.

–, « Odysseus and the Stag », *CQ* 44, 1994, 530-534.

Ph. DE SOUZA, *Piracy in the Graeco-Roman World*, Cambridge, 1999.

J. STRAUSS CLAY, « Homeric *arceion* », *AJPh*, 1984, 73-76.

–, « The Dais of Death », *TAPA* 124, 1994, 35-40.

N. SULTAN, *Exile and the Poetics of Loss in Greek Tradition*, New York-Oxford, 1999.

A. THORNTON, *People and Themes in Homer's* Odyssey, Dunedin, 1970.

H. VAN EFFENTERE et M. VAN EFFENTERRE, « Arbitrages homériques », in G. Thür (éd.), *Symposion 1993 : Vorträge zur griechischen und hellenistischen Rechtsgeschichte*, Cologne, Weimar, Vienne, 1993, 3-10.

A. J. B. WACE et F. H. STUBBINGS (éd.), *A Companion to Homer*, Londres, 1962.

H. WALTER, « Die Wiedererkennungsszenen in Homers "Odyssee". Überlegungen zur Wirkungsweise des Anagnorismos », *RPL* 15, 1992, 61-69.

D. WENDER, « The Last Scenes of the *Odyssey* », *Mnemosyne*, suppl. 52, Leyde, 1978.

V. J. WOHL, « Standing by the Stathmos : Sexual Ideology in the *Odyssey* », *Arethusa* 26, 1993, 19-50.

W. J. WOODHOUSE, *The Composition of Homer's* Odyssey, Oxford, 1930, réimpr. 1969.

G. WÖHRLE, *Telemachs Reise. Väter und Söhne in* Ilias *und* Odyssee *oder ein Beitrag zur Erforschung der Männlichkeitsideologie in der homerischen Welt*, Göttingen, 1999.

A. ZERVOU, « Λαέρτης ἥρως », in Σπονδὲς στὸν Ὅμηρο. Ἀπὸ τὰ πρακτικὰ πρὸς συνεδρίου γιὰ τὴν Ὀδύσσεια (2-5 σεπτεμβρίου 1990), Ithaque (Centre d'études odysséennes), 1993, 149-175.

## QUELQUES COMPLÉMENTS BIBLIOGRAPHIQUES

W. S. ANDERSON, « Notes on the Simile in Homer and his Successors », I et II, *CJ* 53, 1957-1958, 81-87 et 127-133.

C. BAILIN, *Voices of the Loom : Weaving and Metaphor in the Homeric Poems*, Harvard, 1992.

A. M. BIRASCHI, « Salvare Omero. Aspetti de la tradizione omerica nella descrizione del Peloponneso », in A. M. Biraschi (éd.), *Strabone e la Grecia*, Naples, 1994, 23-57.

E. K. BORTHWICK, « Odysseus and the return of the swallow », in I. McAuslan et P. Walcot (éd.), *Homer*, Oxford, 1998, 155-163.

E. L. BOWIE, « Lies, Fiction, and Slander in Early Greek Poetry », in Ch. Gill, T. P. Wiseman (éd.), *Lies and Fiction in the Ancient World*, Exeter, 1993, 1-37.

L. BRACCESI, « Gli Eubei e la geografia dell'Odissea », *Hesperia* 3. *Studi sulla grecità di occidente*, Rome, 1993, 11-23.

J. M. BREMER, I. J. F. DE JONG, J. KALFF (éd.), *Homer : Beyond Oral Poetry. Recent Trends in Homeric Interpretations*, Amsterdam, 1987.

C. BRILLANTE, « Scene oniriche nei poemi omerici », *MD* 6, 1991, 31-46.

–, « Il cantore e la musa nell'epica arcaica », *Rudiae* 4, 1992, 7-37.

D. L. CAIRNS, *Aidos. The Psychology and Ethics of Honour and Shame in Ancient Greek Literature*, Oxford, 1993.

G. M. CALHOUN, « The Poet and the Muses in Homer », *CPh* 33, 1938, 157-66.

–, « Homer's Gods – Myth and Märchen », *AJPh* 60, 1939, 1-28.

R. CARPENTER, *Folk Tale, Fiction and Saga in the Homeric Epics*, Berkeley et Los Angeles, 1958.

M. CASEVITZ, « Étymologie diachronique et étymologie synchronique », *RPh* 65, 1991, 83-88.

C. CATENACCI, « Il finale de l'Odissea e la recensio pisistratide dei poemi omerici », *QUCC*, 44, 2, 1993, 7-22.

J. CHURCHILL, « Odysseus' Bed, Agamenon's Bath », *College Literature* 18, 1991, 1-13.

H. W. CLARKE (éd.), *Twenthieth century interpretations of the* Odyssey. *A collection of critic essays*, Englewood Cliffs, 1983.

M. COFFEY, « The Function of Homeric Simile », *AJPh*, 78, 1957, 113-132.

F. DAKORONIA, « Homeric Towns in East Lokris : Problems of Identification », *Hesperai* 62, 1993, 115-127.

B. C. DIETRICH, *Death, Fate and the Gods*, Londres, 1965.

E. R. DODDS, *Les Grecs et l'Irrationnel*, trad. fr., Paris, 1965.

J. DRIESSEN, « Homère et les tablettes en linéaire B », *AC* 61, 1992, 5-31.

A. T. EDWARDS, « Homer's Ethical Geography, Country and City in the *Odyssey* », *TAPA* 123, 1993, 27-78.

–, *Achilles in the* Odyssey, Königstein, 1985.

M. W. EDWARDS, « Homer and the Oral Tradition : The Type Scene », *Oral Tradition* 7, 1992, 284-330.

–, « Type-scenes and Homeric Hospitality », *TAPA* 105, 1975, 51-72.

H. EISENBERGER, *Studien zur* Odyssee, Wiesbaden, 1973.

B. FENIK, *Studies in the* Odyssey, *Hermes*, suppl., 30, Wiesbaden, 1974.

M. FINKELBERG, « Royal Succession in Heroic Greece », *CQ* 41, 1991, 303-326.

H. P. FOLEY, « Reverse Similes and Sex Roles in the *Odyssey* », *Arethusa* 11 (1-2), 1978, 7-26.

C. GIL et T. P. WISEMAN (éd.), *Lies and Fiction in the Ancient World*, Austin, 1993.

D. H. F. GRAY, « Metal Working in Homer », *JHS*, 1954, 1-15.

J. GRIFFIN, *Homer on Life and Death*, Oxford, 1980.

–, « The Epic Cycle and the Uniqueness of Homer », *JHS*, 97, 1973, 39-53.

J. B. HAINSWORTH, *The Flexibility of the Homeric Formula*, Oxford, 1968.

–, « Structure and Content in Epic Formulae : the Question of the Unique Expression », *CQ*, 14, 1964, 155-164.

–, *The Idea of Epic*, Berkeley, 1991.

A. HEUBECK, *Die homerische Frage*, Darmstadt, 1974.

–, *Der Odyssee-Dichter und die Ilias*, Erlangen, 1954.

A. HOEKSTRA, *Homeric Modifications of Formulaic Prototypes*, Amsterdam, 1965.

I. M. HOHENDAHL-ZOETELIEF, *Manners in the Homeric Epic*, Leiden, 1980.

U. HÖLSCHER, « Der epische Odysseus », *Gymnasium* 98, 1991, 383-396.

J. HOUSTON, *The Hero and the Goddess : The* Odyssey *as Mystery and Initiation*, New York, 1992.

Chr. HUNZINGER, « L'étonnement et l'émerveillement chez Homère, les mots de la famille de *thauma* », *Revue d'Études comparatives Est-Ouest* 106, 1993, 506-508.

–, « Le plaisir esthétique dans l'épopée archaïque, les mots de la famille de θαῦμα », *BAGB*, 1994, 4-30.

J. IRIGOIN, « Du jeu verbal la recherche étymologique : Homère et les scholies homériques », in *Étymologie*

*diachronique et étymologie synchronique en grec ancien. Actes du colloque Rouen des 21-22 nov., Paris, 1991* [1993], 127-134.

I. J. F. De Jong, « Narratology and Oral Poetry : The Case of Homer », *Poetics Today* 12, 1991, 405-421.

–, « The Subjective Style in Odysseus'Wanderings », *CQ* 42, 1992, 1-11.

–, « Between Word and Deed : Hidden Thoughts in the *Odyssey* » in I. J. D. Jong, J. P. Sullivan (éd.), *Modern Critical Theory & Classical Literature*, Leinden, 1993, 27-50.

–, « Studies in Homeric Denomination », *Mnemosyne* 46, 289-306.

K. Kamimura, « Hercules and Orestes as paradeigma : *Aeneid* VI, VIII and *Odyssey* I-V, XI », *JCS* 40, 1992, 78-87.

P. Karavites et Th. Wren, *Promise-giving and Treaty-making. Homer and the Near East*, New York-Köhl, 1992.

M. A. Katz, *Penelope's renown. Meaning and indeterminacy in the* Odyssey, Princeton, 1991.

A. Kirchhoff, *Die Homerische* Odyssee *und ihre Entstehung*, Berlin, 1879.

G. S. Kirk, *The Songs of Homer*, Cambridge, 1962.

–, *Homer and the Oral Tradition*, Cambridge, 1964.

G. S. Kirk et A. Parry (éd.), *Homeric Studies*, Yale Classical Studies, 20, New Haven, 1966.

A. M. Komornicka, « Hélène de Troie et son "double" dans la littérature grecque : (Homère et Euripide) », *Euphrosyne* 19, 1991, 9-26.

M. Knox, *Huts ans Farm Buildings in Homer*, 27-31.

M. Lacore, « Les mères homériques », *Kentron* 8, 1992, 211-239.

D. Lanza, « Pius Ulixes », in R. Petragostini (éd.), *Tradizione e innovazione nella cultura greca da Omero all'età ellenistica. Scritti in onore di Bruno Gentili* I, Rome, 1993, 9-18.

J. Latacz (éd.), *Homer. Die Dichtung und ihre Deutung*, Darmstadt, 1991.

D. J. N. LEE, *The Similes of the* Iliad *and the* Odyssey *compared*, Melbourne, 1964.

A. LESKY, « Homeros », Sonderausgabe der Paulyschen Realencyclopädie der classischen Altertumswissenschaft, Stuttgart. (= RE Suppl. 11, 687-846).

M. LEUMANN, *Homerische Wörter* (*Schweizerische Beiträge zur Altertumswissenschaft*, Heft 3), Bâle, 1950.

D. E. LEVINE, « Penelope's laugh : *Odyssey*, 18, 163 », *AJPh* 104, 1983, 172-189.

J. LINDSAY, *Helen of Troy*, Londres, 1974.

A. A. LONG, « Morals and Values in Homer », *JHS* 90, 1970, 121-139.

A. LORD, *Epic Singers and Oral Tradition*, Ithaca, 1991.

A. B. LORD, *The Singer of Tales*, Cambridge (Mass.), 1960.

H. L. LORIMER, *Homer and the Monuments*, Londres, 1950.

M. LOSSAU, « Parodie de l'*Iliade* dans l'*Odyssée*», *REG* 106, 1993, 168-173.

Br. LOUDEN, « An Extended Narrative Pattern in the *Odyssey* », *GRBS* 34, 1993, 5-33.

S. LOWENSTAM, « The Uses of Vase-Depictions in Homeric Studies », *TAPA* 122, 1992, 165-198.

–, *The Scepter and the Spear : Studies on Forms of Repetition in the Homeric Poems*, Maryland, 1993.

–, *The Death of Patroklos. A Study in Typology*, *Beiträge fur klassischen Philologie*, Heft 133 (Königstein), 1981.

G. MACHACEK, « The Occasional Contextual Appropriateness of Formulaic Diction in the Homeric Poems », *AJPh* 95, 1994, 321-335.

I. MALKIN, « Ithaka, Odysseus and the Euboeans in the eight century », in M. Bats et B. d'Agostino (éd.), *Euboica. L'Eubea e la presenza euboica in Calcidica e in occidente. Atti del convegno internazionale di Napoli 13-16 novembre 1996*, 1998, 1-10.

–, *The returns of Odysseus. Colonization and ethnicity*, Berkley, 1998.

P. A. MARQUARDT, « Penelope as Weaver of Words », in *Woman's Power, Man's Game. Essays in Classical Antiquity in Honour of Joy K. King*, Wauconda (Illinois), 1993, 149-158.

–, « Clytemnestra : a Felicitous Spelling in the *Odyssey* », *Arethusa* 25, 1992, 241-254.

B. MARZULLO, « Hom. α 3 (νόον vs. νόμον) », *MC* 29, 1994, 27-36.

–, *Il problema omerico*, Milan-Naples, 1970.

A. MELE, *Società e lavoro nei poemi omerici*, Naples, 1968.

–, *Il commercio greco arcaico*, Naples, 1979.

R. MERKELBACH, *Untersuchungen zur Odyssee*, *Zetemata*, II, Munich, 1969.

E. MINCHIN, « Homer Springs a Surprise : Eumaius'Tale at *Od.* ο 403-484 », *Hermes* 120, 1992, 259-266.

C. MIRALLES, *Ridere in Omero*, Pisa, 1993.

–, « Laughter in the *Odyssey* », in S. Jäkel et A. Timonen (éd.), *Laughter down the Centuries*, vol. I, Turku, 1994, 15-22.

M. MOGGI, « Strabone interprete di Omero (Contributo al problema della formazione della polis) », *Athenaeum* 81, 1993, 537-551.

Fr. MONTANARI, *Introduzione ad Omero con un appendice su Esiodo*, Florence, 1992.

J. MORRISON, « The Function and Context in homeric Prayers : A Narrative Perspective », *Hermes*, 119, 1991, 145-157.

Cl. MOSSÉ, « Ithaque ou la naisssance de la cité », *Annali del Seminario di Studi del Mondo Classico*, « Archeologia e storia antica II », Naples (Istituto universitario orientale), 1980, 7-19.

–, *La Femme dans la Grèce antique*, Paris, 1983.

G. W. MOST, « Il poeta nell'Ade : catabasi epica e teoria dell'epica tra Omero e Vergilio », *SIFC* 85, 1992, 1014-1026.

C. MOULTON, *Similes in the homeric poems*, Göttingen, 1977.

S. MURNAGHAN, *Anagnorisis in the Odyssey*, Ann Arbor, 1986.

–, *Disguise and recognition in the Odyssey*, Princeton, 1987.

O. MURRAY, « Omero e l'etnografia », Κώκαλος 34-35, 1988-1989 [1992], 1-17.

O. MURRAY et S. PRICE (éd.), *La Cité grecque d'Homère à Alexandre*, Paris, 1992.

W. NESTLE, *Vom Mythos zum Logos : Die Selbstentfaltung des griechischen Denkens von Homer bis auf die Sophistik und Sokrates*, Stuttgart, 1940.

M. NDOYE, « Hôtes, thètes et mendiants dans la société homérique », in M.-M. Mactoux et E. Genty (éd.), *Mélanges Pierre Lévêque*. Annales littéraires de l'Université de Besançon, 1992, 261-271.

–, « Faim, quête alimentaire et travail », *DHA* 19, 1993, 63-91.

R. OSWALD, *Das Ende der Odyssee. Studien zu Strukturen epischen Gestaltens*, Graz, 1993.

W. OTTO, *Les Dieux de la Grèce. La Figure du divin au miroir de l'esprit grec*, Paris, 1981.

D. L. PAGE, *The Homeric Odyssey*, Oxford, 1963.

–, *Folktales in Homer's Odyssey*, Cambridge, Mass. 1972.

M. C. PANTELLA, « Spinning and Weaving : Ideas of Domestic Order in Homer », *AJPh* 114, 1993, 493-501.

I. PAPADOPOULOU-BELMEHDI, « Le chant de Pénélope », *L'attente. Autrement* 141, 1994, 107-117.

–, *Le Chant de Pénélope. Poétique du tissage féminin dans l'*Odyssée, Paris, 1994.

R. PARKER, *Miasma, Pollution and Purification in Early Greek Religion*, Oxford, 1990.

A. PARRY (éd.), *The Making of Homeric Verse : The Collected Papers of Milman Parry*, Oxford, 1971.

H. PARRY, « The Apologos of Odysseus : Lies, All Lies ? », *Phoenix* 48, 1994, 1-20.

M. PARRY, *L'Épithète traditionnelle dans Homère ; les formules et la métrique d'Homère*, Paris, 1928.

H. PATZER, « Die Reise des Telemach », *ICS* 16, 1991, 18-35.

V. PEDRICK, « The Muse Corrects : the Opening of the *Odyssey* », *YCS* 29, 1992, 39-62.

E. PELLIZER, « L'ironia, il sarcasmo e la beffa : strategie dell'omiletica », *Lexis* 12, 1994, 1-9.

J. PERADOTTO, « Prophecy Degree Zero : Tiresias and the End of the *Odyssey* », in B. Gentili et G. Paioni (éd.), *Oralità : Cultura, Letteratura, Discorso, Atti del Convegno Internazionale, Urbino*, Rome, 1986, 429-459.

–, *Man in the Middle Voice. Name and Narration in the Odyssey*, Princeton, 1990.

–, « The Social Control of Sexuality : Odyssean Dialogics », *Arethusa* 26, 1993, 173-182.

I. N. PERYSINAKIS, « Penelope's ἔεδνα again », *CQ* 41, 1991, 297-302.

M. O. PIERO DI LUCA, « Aspectos comicos en la *Iliada* y en la *Odisea* », *Rivista de Estudios Clasicos* 23, 1993, 145-170.

B. POWELL, « Narrative Pattern in the Homeric Narrative of Menelaus », *TAPA* 101, 1970, 419-431.

L. H. PRATT, *Lying and Poetry from Homer to Pindar : Falsehood and Deception in Archaic Greek Poetics*, Ann Arbor, 1993.

A. G. PRIVITERA, « L'aristia di Odisseo nella terra dei Ciclopi », in *Tradizione e innovazione nella cultura greca da Omero all'età ellenistica, scritti in onore di Bruno Gentili I-III*, Rome, 1993, 19-50.

K. A. RAAFLAUB, « Homer und die Geschichte des 8. Jh. v. Chr. », in *Zweihundert Jahre Homer-Forschung : Rückblick und Ausblick, Colloquium Rauricum 2*, Stuttgart, 1991, 205-256.

R. RABEL, « Impersonation and representation in the *Odyssey* », *CW* 93, 1999, 169-183.

W. H. RACE, « First Appearances in the *Odyssey* », *TAPA* 123, 1993, 79-107.

J. M. REDFIELD, « The Economic Man » in C. A. Rubino et C. W. Shelmerdine (éd.), *Approaches to Homer*, Austin, 1983.

S. REECE, *The Stranger's Welcome. Oral Theory and the Aesthetics of the Homeric hospitality Scene*, Ann Arbor, 1993.

–, « The Cretan *Odyssey* : A Lie Truer than Truth », *AJP* 115, 1994, 157-173.

R. RENEHAN, « The Stauching of Odysseus'Blood : The Healing Power of Magic », *AJP*113, 1992, 1-4.

C. A. RUBINO et X. W. SHELMERDINE (éd.), *Approaches to Homer*, Austin, 1983.

H. SCHRADE, « Der homerische Hephaestus », *Gymnasium*, 57, 1950, 94-122.

R. SEAFORD, *Reciprocity and Ritual. Homer and Tragedy in the Developing City-State*, Oxford, 1994.

Ch. P. SEGAL, « *Kleos* and its Ironies in the *Odyssey* » *AC*, 42, 1983, 22-47.

–, « Divine Justice in the *Odyssey*: Poseidon, Cyclops and Helios », *AJPh* 113, 1992, 489-518.

–, « Bard and Audience in Homer », in R. Lamberton et J. J. Keaney (éd.), *Homer's Ancient Readers. The Hermeneutics of Greek Epic Earliest Exegetes*, Princeton, 1992, 3-29.

–, *Singers, Heroes and Gods in the* Odyssey, Ithaca et Londres, 1994.

A. SEVERYNS, *Le Cycle épique dans l'école d'Aristarque*, Liège-Paris, 1928.

G. P. SHIPP, *Studies in the Language of Homer*, Cambridge, 1953 et 1972.

L. SLATKIN, « The Wrath of Thetis », *TAPhA* 116,1986, 1-24.

–, *The Power of Thetis : Allusion and Interpretation in the Iliad*, Berkeley, Los Angeles, Oxford, 1991.

R. Y. SMITH, *Homer's Telemachus. Man and Hero*, Ann Arbor, Mich., 1985.

Ph. SPITZER, « Les *xénia*, morceau sacrés d'hospitalité », *REG* 106, 1993, 599-606.

W. B. STANFORD, « The Homeric Etymology of the Name Odysseus », *CP* 47, 1952, 209-213.

M. STEINRÜCK, « Der Bericht des Proteus », *QUCC* 42, 1992, 47-60.

H. STEINTHAL, « Frauen um Odysseus : Studien in Poetik, Erotik und Ethik », *Gymnasium* 98, 1991, 497-516.

M. SUZUKI, *Metamorphoses of Helen, Authority, Difference and the Epic*, Ithaca, 1992.

J. SVENBRO et J. SCHEID, *Le Métier de Zeus. Mythe du tissage et du tissu dans le monde gréco-romain*, Paris, 1994.

L. K. TAAFFE, « There is no Place like Home : ἀσπάσιος and Related Words in the *Odyssey* », *CJ* 86, 1991, 131-138.

J. R. TEBBEN, « Alkinoös and Phaiakian security », *SO* 66, 1991, 27-45.

W. G. THALMANN, *The Swineherd and the bow. Representations of class in the* Odyssey, Ithaca, Londres, 1998.

–, *The* Odyssey *: An Epic of Return*, New York, 1992.

R. THOMAS, *Literacy and Orality in Ancient Greece*, Cambridge, 1992.

A. THORNTON, *People and Themes in Homer's* Odyssey, Dunedin, 1970.

O. TOUCHEFEU-MEYNIER, *Thèmes odysséens dans l'art antique*, Paris, 1968.

O. TSAGARAKIS, « The Flashback Technique in Homer : A Transition from Oral to Literary Epic ? », *SIFC* 85, 1992, 781-790.

G. VAGNONE, « Avere l'ultima parola nell'*Odissea*. Discorsi e dispute tra i Proci ed il falso mendico », *QUCC* 44, 1993, 23-26.

M. H. VAN DER VALK, *Textual Criticism of the* Odyssey, Leiden, 1949.

E. VERMEULE, *Aspects of Death in Early Greek Art and Poetry*, Berkeley, Los Angeles, Londres, 1981.

V. VISA, « Les compétitions athlétiques dans l'*Odyssée* : divertissement, mise à l'épreuve et jeux funèbres », *BAGB*, 1994, 31-40.

P. Von der Mühll, « Zur Frage, wie sich die Kyprien zur *Odyssee* verhalten », in *Kleine Schriften*, Basel, 1976, 148-154.

–, « Odyssee », *RE*, Supplementband 7, coll. 696-768, Stuttgart, 1940.

# Index nominum

## A

## B



## Γ



## Δ

## Ε

## Z



## H

## Λ

## M



## N

## O

## Ρ



## Σ

## Τ



## Υ



## Φ

## Χ



## Ψ



## Ω

# Table

*Dans la même collection*

1. Aristophane, *Lysistrata.*
2. Aristote, *Constitution d'Athènes.*
3. Cicéron, *L'Amitié.*
4. Platon, *Alcibiade.*
5. Suétone, *Vies des douze Césars, Claude ~ Néron.*
6. Plotin, *Première Ennéade.*
7. Eschyle, *Les Sept contre Thèbes.*
8. Platon, *Critias.*
9. Aristote, *La Poétique.*
10. Horace, *Odes.*
11. Pline l'Ancien, *Histoire Naturelle,* XXXV, *La peinture.*
12. Virgile, *Bucoliques.*
13. Platon, *Ménexène.*
14. Tacite, *Vie d'Agricola ~ La Germanie.*
15. Platon, *Protagoras.*
16. Sophocle, *Antigone.*
17. Sénèque, *La Vie heureuse ~ La Providence.*
18. Cicéron, *Le Bien et le Mal, De finibus*, III.
19. Platon, *Gorgias.*
20. Hérodote, *L'Égypte, Histoires*, II.
21. César, *Guerre des Gaules*, I-II.
22. Ovide, *Les Amours.*
23. Plotin, *Deuxième Ennéade.*
24. Sophocle, *Œdipe Roi.*
25. Tite-Live, *Histoire romaine, I, La Fondation de Rome.*
26. Virgile, *Géorgiques.*
27. Pseudo-Sénèque, *Octavie.*
28. Catulle, *Poésies.*
29. Aristote, *Politique*, II.
30. Aristophane, *Les Guêpes.*
31. Homère, *Iliade*, chants I à VIII.
32. Euripide, *Les Bacchantes.*
33. Plaute, *Pseudolus.*
34. Tertullien, *Apologétique.*
35. Homère, *Iliade*, chants IX à XVI.
36. Platon, *Phèdre.*
37. Homère, *Iliade*, chants XVII à XXIV.
38. Salluste, *La Conjuration de Catilina.*
39. Cicéron, *Pro Milone.*
40. Platon, *Lysis.*
41. Plotin, *Troisième Ennéade.*

42. Diogène Laërce, *Vie de Platon.*
43. Pline l'Ancien, *Histoire naturelle*, XXXIII, *Nature des métaux.*
44. Pétrone, *Satiricon.*
45. Apulée, *Apologie.*
46. Lucien, *Alexandre ou le faux prophète.*
47. Plutarque, *Les Vies parallèles. Alcibiade ~ Coriolan.*
48. Démosthène, *Sur la Couronne.*
49. Euripide, *Hécube.*
50. Mamertin, *Panégyriques de Maximien* (289 et 291).
51. Platon, *Hippias mineur.*
52. Xénophon, *Anabase*, I-II.
53. Suétone, *Vies des douze Césars, Tibère ~ Caligula.*
54. Salluste, *La Guerre de Jugurtha.*
55. Eschyle, *Les Perses.*
56. Sophocle, *Ajax.*
57. Horace, *Satires.*
58. Homère, *Odyssée*, chants I à VII.
59. Homère, *Odyssée*, chants VIII à XV.
60. Homère, *Odyssée*, chants XVI à XXIV.
61. Juvénal, *Satires.*
62. Cicéron, *De la vieillesse (Caton l'Ancien).*
63. Julien, *Misopogon.*
64. Aristote, *Économique.*
65. Pline l'Ancien, *Histoire naturelle*, XXX, *Magie et pharmacopée.*
66. Platon, *Apologie de Socrate.*
67. Eschyle, *Les Suppliantes.*
68. Christopher Marlowe, *La Tragique Histoire du Docteur Faust.*
69. *La Bhagavad-Gîtâ.*
70. Ben Jonson, *Volpone ou le Renard.*
71. William Shakespeare, *Richard II.*
72. William Shakespeare, *Les Joyeuses Commères de Windsor.*
73. Pierre Gassendi, *Vie et mœurs d'Épicure*, vol. I & II.
74. Thomas Middleton, *Femmes, méfiez-vous des femmes.*
75. John Marston, *La Tragédie de Sophonisbe.*
76. John Webster, *La Duchesse d'Amalfi.*
77. Jean Second, *Les Baisers* - Michel Marulle, *Épigrammes.*
78. Plutarque, *Sur les oracles de la Pythie.*
79. Euripide, *Hélène.*
80. Hérodote, *Marathon, Histoires*, VI.
81. Sénèque, *Lettres à Lucilius*, livres III et IV.
82. Apulée, *Les Métamorphoses ou L'Âne d'or.*
83. Suétone, *Vies des douze Césars, César ~ Auguste.*
84. Aristophane, *Ploutos.*

85. Plutarque, *Érotikos. Dialogue sur l'amour.*
86. Xénophon, *Économique.*
87. Julien, *Lettres.*
88. Hésiode, *Théogonie.*
89. Lucien, *Portraits de philosophes.*
90. Lucien, *Voyages extraordinaires.*
91. Aristophane, *Nuées.*
92. Théocrite, *Idylles.*
93. Ovide, *Les Métamorphoses.*
94. Mullâ Sadrâ Shîrâzî, *Le verset de la lumière. Commentaire.*
95. Thucydide, *La Guerre du Péloponnèse*, livres I, II.
96. Thucydide, *La Guerre du Péloponnèse*, livres III, IV, V.
97. Thucydide, *La Guerre du Péloponnèse*, livres VI, VII, VIII.
98. Cicéron, *Pour Sextus Roscius.*
99. Lucrèce, *De la Nature.*
100. Platon, *Le Banquet.*
101. Lysias, *Contre Ératosthène.*
102. Lucien, *Comédies humaines.*
103. Plutarque, *Sur les délais de la justice divine.*
104. Sénèque, *Tragédies.*
105. Basile de Césarée, *Aux jeunes gens.*
106. Sophocle, *Philoctète.*
107. Aristophane, *Les Grenouilles.*
108. Euripide, *Médée.*
109. Cicéron, *Les Catilinaires.*
110. Achille Tatius, *Le Roman de Leucippé et Clitophon.*
111. Porphyre, *Vie de Plotin.*
112. Virgile, *L'Énéide.*
113. Cicéron, *Les Devoirs.*
114. Eschyle, *Agamemnon.*
115. Plutarque, *Vie d'Antoine.*
116. Lucien, *Dans les secrets des dieux.*
117. Lucien, *Jouer avec les mots.*
118. Flavius Josèphe, *Guerre des Juifs*, V.
119. Flavius Josèphe, *Contre Apion.*
120. Euripide, *Héraclès.*
121. Hésiode, *Les Travaux et les Jours.*
122. Porphyre, *Lettre à Marcella.*
123. Pline le Jeune, *Panégyrique de Trajan.*
124. Épicure, *Lettres, Maximes et Sentences.*
125. Ovide, *Héroïdes.*
126. Aristophane, *L'Assemblée des femmes.*
127. Athénée, *Les Deipnosophistes*, livre XII, *Les plaisirs.*

*Ce volume,*
*le soixantième*
*de la collection « Classiques en poche »,*
*publié aux Éditions Les Belles Lettres,*
*a été achevé d'imprimer*
*en août 2025*
*sur les presses de*
*l'imprimerie Présence Graphique*
*37260 Monts, France*

*N° d'éditeur : 11311*
*N° d'imprimeur : 082582152-02*
*Dépôt légal : mars 2017*
*Imprimé en France*